團體輔導（第二版）

吳武典、洪有義、張德聰　著

作者簡介

吳武典（第一、三、九、十二、十三、十六章）

　　美國肯塔基大學哲學博士（學校心理學）
　　現任國立台灣師範大學特殊教育學系名譽教授、
　　國立屏東大學榮譽講座教授、國立台中教育大學講座教授、
　　廣東嶺南師範學院特聘教授

洪有義（第二、四、十、十一、十五章）

　　美國威斯康辛大學教育學碩士、溫德堡大學博士研究（心理輔導）
　　曾任教國立台灣師範大學教育心理與輔導學系三十餘年
　　現專職心理諮商與企業管理顧問

張德聰（第五、六、七、八、十四、十七章）

　　國立台灣師範大學教育學博士（教育心理與輔導）
　　現任國立空中大學生活科學系副教授、中國青年救國團主任、
　　財團法人「張老師」基金會董事長

ii

第二版序

　　人是社會的動物。在群體中，人們會獲得安全感和歸屬感，並進一步探索自我、發展潛能，甚至獲得人格重塑和社會改造的契機，可見團體經驗對人類社會影響之大。如果我們能善用團體的動力於教育、輔導、諮商或治療活動中，那麼必定能使其效果倍增。

　　助人的事業講求彼此關懷、相互感應、人我和諧、共同成長，團體輔導就最符合這一要旨。所以，無論參與團體或帶領團體，皆能助己或助人。然而，帶領團體並非易事。首先，必須了解團體的性質，催化團體的潛能，發揮團體的助力，減除團體的阻力；其次，從事團體工作除了要了解團體輔導基本原理和策略外，尚需具備團體輔導的技巧和經驗，「知而能行，行而有方」。再者，身為現代的「社會人」，對團體的其他有關資訊和活動，也不能不關注，更不能置身事外。

　　基於上述的理念，《團體輔導》這本書，既是為心理輔導專業人員而寫，也是為所有從事教育事業和社會工作的「有心人士」而寫。1996 年本書初次出版時，全書共十二章；2004 年再版時，增加了三章，共有十五章。這次重新修訂，除原來各章文字和內容有所修補外，再增加兩章，共為十七章，仍整合在「導論」、「技巧」與「實務」三大篇之下。導論部分仍包括導論、團體諮商理論、團體動力與團體倫理等四章；技巧部分除團體輔導基本技巧外，包括團體前之準備、團體開始與轉換階段及團體工作與結束階段的技巧，另外增加了「團體輔導活動設計實例」一章，共五章；實務部分涉及各種團體的理論與技巧，包括自我成長與人際關係團體、親子關係、婚姻與家庭團體、問題解決團體、班級團體輔導、學校社團團體、價值澄清團體及創造性團體，另增加了「探索教育於團體輔導的運用」一章，共八章。本書除了介紹各種團體理論，更著重實務討論和經驗分享。在體例上，每章都先提示學習目標和摘要，幫助讀者掌握重點；文末都有關鍵詞彙和自我評量題目，便於讀者檢索和思考；書末還列有參考文獻和中英文名詞索引，便於讀者稽查。

　　本書三位撰著者在團體輔導方面皆有涉獵，也都有實際參與及帶領團體的經驗，並皆曾在大學擔任此類課程，我們很希望藉著「團體輔導」這本書，與大家

分享我們的心得；如有不周的地方，也請大家多多指正。

吳武典　謹識

2010 年 1 月 20 日

於國立台灣師範大學

目　次

第 二 篇　　技 巧 篇

第三篇　實務篇

第 一 篇

導 論 篇

第一章

團體輔導導論

● 吳武典

學習目標

—— 研讀本章內容之後,讀者應能達成下列目標:

1. 了解團體與團體輔導的意義和種類。
2. 了解團體輔導的功能及限制。
3. 了解團體輔導與個別輔導的異同及使用時機。
4. 了解團體輔導的基本原理、基本策略和基本模式,作為進一步探討的基礎。

摘要

團體輔導是兩個或兩個以上個體的組合,並具共識、互動和規範。團體輔導乃是藉著人際互動以幫助個人的歷程,其種類甚多,可概分為輔導團體、諮商團體、治療團體、工作團體與混合型團體等五種,其目標與運作有程度上的差別;但其功能不外乎教育、預防與診療,各有偏重。團體輔導有其功能,但非萬能,若干不利和無效的情況應予避免,並與個別輔導相輔相成。

團體輔導的基本原理是「催化」—— 發揮團體內的助力,減少其阻力;在團體中運用自我表露、回饋、嘗試、澄清等策略,可促進自我開拓。設計團體輔導方案,應兼顧問題(需要)、方式、情境等三要素。

這是一個群眾的時代，我們則處在由各式各樣的團體組成的社會中。自古人類就有團體的存在，透過團體，以求生存發展；透過團體，形成社會體系，代代相傳，人類的文化，也得以綿延不斷。今日人們對團體的依存，更勝於往昔，從家庭到學校，從學校到社會，團體無所不在，也無時無刻不在影響著個人的日常生活。團體輔導（group guidance）、團體諮商（group counseling）以及各種團體工作的重要性也與日俱增。個人之於團體，猶如魚之於水，如何透過團體歷程（group process），幫助個人成長發展或解決問題，乃是今日教育或輔導上的重大課題。團體究為何物？有何功能與限制？其基本原理為何？其發展與演進又為何？這些都是本章討論的重點。

第一節　團體與團體輔導的意義

一、什麼是團體

形式上，團體（group）是一些人（至少兩個人）的組合；實質上，他們必須有某些關聯（如興趣、目標、功能等）。這可以從下列學者們的定義來說明：

團體是個人的集合，個人彼此關聯而有某種程度的互相依存。（Cartwright & Zander, 1968: 46）

團體是指互動的兩個或兩個以上的人——他們彼此影響。（Shaw, 1981: 454）

團體的存在是指兩個或兩個以上的人在一起，自認為團體的成員，且也被其中的成員（至少一人）所承認。（Brown, 1988: 2-3）

兩個或兩個以上獨立的個體透過社會互動，互相影響。（Forsyth, 1990: 7）

小團體是兩個或兩個以上的人集合在一起：(1)互相交往；(2)互相依存；(3)自認也被認為屬於這個團體；(4)遵守規範並參與團體；(5)互相影響；(6)從團體中獲得好處；(7)追尋共同目標。（Johnson & Johnson, 1994: 13）

由此可知，一個有意義或有功能的團體，除了具備兩個或兩個以上的人的形

式「組合」條件之外，尚須實質上結合共識、互動和規範三要素（吳武典，1993；吳武典主編，1994）。

（一）共識（consensus）

即大家有一些共同的目標、理想、興趣或價值，志同道合，榮辱與共。就像拔河比賽，大家目標一致。假如沒有共識，團體即不成為團體；即使一些人勉強湊合在一起，也如一盤散沙。有了共識，就有「我們都是一家人」的感覺；否則，便是「我們一家都是人」，毫無意義。共識愈強，團體的凝聚力愈大。

（二）互動（interaction）

即互相依存、互相影響。團體內的互動有兩種：正向互動與負向互動。彼此了解、關懷、支持、鼓勵、欣賞、協助等，屬於正向互動；彼此挑剔、責備、諷刺、欺騙、打擊等，則是負向互動。團體內缺乏互動，則冷漠而缺乏生機；正向互動愈多，則愈健康而有活力；反之，負向互動愈多，愈可能分崩離析。

（三）規範（norms）

透過共識和互動，形成規範——包括明文（外顯）的和非明文（潛在）的。明文的規範形諸文字，如生活公約、校規、法律等；非明文的規範則是一種默契，包括道德、風俗、習慣等。規範愈清楚明白，且為大家所遵守，團體便愈健全、穩定；反之，團體缺乏規範，便淪於「無序」狀態；有規範而不被遵守，則是「脫序」。「無序」或「脫序」均是病態，易導致團體的衰亡。

這三個要素可用以檢驗一個團體是否健康、有效。一個團體若是上下同心（具有共識）、彼此關愛（互動良好）、互相尊重（遵守規範），便是健康的、有效的；反之，若是離心離德、彼此鬥爭、自私自利，便是病態的、無效的。

二、什麼是團體輔導

團體輔導或團體工作乃是在團體中藉著人際互動以幫助個人的歷程。人類是社會的動物，人類的行為也大都具有社會的意義，透過團體歷程進行的學習，是既真實又有價值的。這種學習包括「了解自己」、「改變自己」和「實現自我」（吳武典，1987）。

美國團體諮商的先驅 George Gazda 為團體工作所下的定義是：

> 團體工作涉及個人的組合及其間的動力性互動（dynamic interaction）。其目的在於預防或矯治困難，或促進個人成長。它係透過互動進行，成員基於共同的目標，在預定的時間，相聚在一起。（Gazda, 1989: 260）

美國團體工作者協會（The Association for Specialists in Group Work, ASGW）為團體工作所下的定義是：

> 團體工作泛指在團體情境裡提供協助或完成工作的一種專業。它是由合格的專業人員應用團體的理論和歷程，協助互相依存的一群人，達成個人性、人際性或與工作有關的共同目標。（ASGW, 1990: 14）

綜合而言，團體輔導須具備下列四項要素。

（一）團體情境

助人性情境的構成是團體輔導的前提。在團體中所展現的溫暖、真誠、支持、信任、同理等特質和氣氛，均有助於成員的個人成長或問題解決。

（二）團體歷程

大家針對某些需要或問題，進行持續的、動力的、有目標的行動。團體歷程有三種運作途徑：成員對成員、成員對團體、團體對成員。透過團體歷程，得以增進合作、提昇士氣、凝聚向心力。

（三）團體領導

有效、負責的領導者能幫助團體達成目標。領導者經營團體的成效決定於是否能讓每位成員的潛能充分發揮，且又能保持團體的和諧。然而，團體的領導功能並不局限於一人，當成員開始去幫助別人時，他就是一位協同領導者（co-leader）了。

（四）團體壓力

透過人際互動，團體裡每個人都被期待有所反應或互相認同，這會對個人形成壓力。這種壓力往往暗示著成員要「順勢而為」或依照他人的願望行事。由之

轉化成團體規範及社會增強體系，團體的次級文化逐漸形成，類似個人特性（個性）（individuality）的「團性」（syntality）也由之而生了。

　　團體輔導是一種動力的過程，其過程千變萬化。有經驗的團體領導者（團體催化員）都知道，每個團體就像每個人，團團不相同；個人有個性，團體有團性。不僅如此，每次的團體歷程也不相同：有的是高潮起伏，有的是沉悶單調；有時是話題不斷，有時是糾纏不清；有時如行雲流水，輕舟快渡，有時如千山萬水，險阻重重……。它是那麼多姿多采，也充滿挑戰！帶領一個團體，特別是心理諮詢團體，要有自信，也要有心理準備，熟稔團體的基本章法之外，也要隨時應付特殊的情境。

第二節　團體的種類

　　各種團體工作，通常可分為團體輔導、團體諮商和團體治療（group therapy）三個層次。Mahler（1969）根據下列七項標準區分這三種類型的團體工作：(1)團體的目標；(2)團體的大小；(3)活動的內容；(4)團體的期間；(5)領導者的角色；(6)問題的嚴重性；(7)領導者的資格。Gazda（1989）認為，三者是連續體，其目標、內容、領導等有很多重疊，其差異是程度上的。他以圖 1-1 來說明三者的異同。

　　美國團體工作者協會（ASGW, 1990）修正前述的三分法，根據團體目標、工作重點和領導資格，界定四種類型的團體：輔導團體（或稱心理－教育團體，psycho-educational group）、諮商團體（或稱人際問題解決團體，interpersonal problem-solving group）、治療團體（或稱人格重整團體，personality reconstruction group）及工作團體（task/work group），茲分別說明如下。

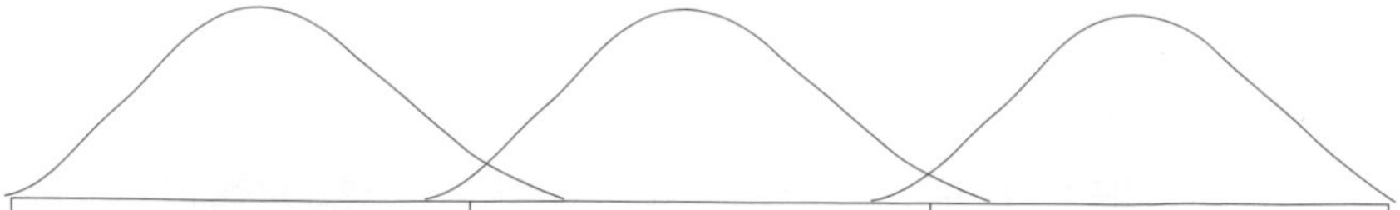

預防及促進成長	預防－成長－矯治	矯治
團體輔導	團體諮商	團體治療
生活技能（社會技能）訓練團體	學習團體 敏覺性訓練團體 組織發展團體 會心團體 結構性團體 （含生活技能及社會技能訓練團體）	生活技能（社會技能）訓練團體

圖 1-1　三種團體歷程的關係

資料來源：Gazda (1989: 9)

一、輔導團體（guidance group）

此種團體發源於學校情境，故有時被稱為教育性團體。其主要功能是藉著資訊的提供與價值的檢驗預防個人性或社會性的失常。它強調透過知識獲得成長；其活動內容甚廣，包括個人、社會、職業與教育資訊等的提供。其預防性與成長性的活動多樣化，人數也較不受限制，而最常使用的是不具威脅性的練習活動與團體討論。問題解決討論團體、價值澄清團體、班級團體、學生社團等，皆屬於這一類型。

二、諮商團體（counseling group）

強調在團體中個人行為的改變和成長，透過人際互動解決問題。團體動力與人際關係在此團體中顯得特別重要。輔導團體幾乎歡迎人人參與，但諮商團體則較有選擇性，它伸臂歡迎的對象主要是有若干生活上的問題，但不是太特殊以致無法自行解決的。在形式上，它總是以小團體的方式進行，人數可從兒童團體的 3 至 4 人到成人團體的 8 至 20 人；聚會的次數通常為 6 至 16 次。領導者（催化員）的角色是增進團體的互動，然而隨著團體的進展，逐漸減少提供指導。這類團體的談論主題通常包括發展性或情境性的問題，如與教育、社交、生涯、個人

有關的短期可解決的問題。它比輔導團體更直接切入困擾問題，因此，需要較多的互動、回饋和互助。在 1990 年代早期，有多達七千萬美國成人曾參加過的會心團體（encounter group），便是屬於這種團體（Yalom, 1995）。

三、治療團體（therapy group）

治療團體或稱人格重整團體，其功能是「矯治」——幫助長期陷於深度心理困擾的人「脫離苦海」。它多半出現於心理治療機構。在性質上，它可能是開放性的（隨時歡迎新成員加入），也可能是封閉性的（不容許新成員中途加入）。其主要目的是藉著深度解析，重整人格。團體的人數可從 2、3 至 12 人不等，聚會的期間則以「月」計，甚至持續好幾年。帶領這類團體的人員必須是受過嚴謹心理衛生專業訓練而能處理嚴重情緒困擾問題者，如精神科醫師、臨床心理師、諮商心理師、社會工作師、精神科護士等。他們的責任一方面是解決問題，一方面是催化潛能。

四、工作團體（work group）

隨著工作性質的不同，工作團體也有許多種，包括自願團體、任務團體、目標團體等，有時它被稱為特別小組（task forces）、委員會、計畫團體、社區組織、討論團體及學習團體等（ASGW, 1990: 14）。其共同點是：透過合作性的努力，成功有效地完成工作目標。與上述三種團體不同的是，工作團體不強調改變個人；團體成敗與否，取決於團體動力——成員間的互動和領導者的才幹。雖然工作團體人數不限，但最有效的工作團體通常不超過 12 個人。其工作期間也很有彈性，但其歷程則與其他類型團體一樣，大體經過起始、工作和結束三個階段；唯一不同的是它在結束階段，可能在工作完成之後，大家一哄而散，而無「綿綿情意」。

五、混合型團體（hybrid group）

除了美國團體工作者協會界定的四種類型團體，事實上還有一種混合型團體（Gladding, 1995）。它的活動內涵多元而常變，最典型的混合型團體是自助團體（self-help group），它時而教導，時而治療，有時雙管齊下。此種團體或是由既存的助人專業團體或個人所組成，稱為支持性團體（support group）；或由自發性的內建團體（如某特定族群）所組成，稱為自助組織（self-help organization）。

兩者在領導與控制方面雖有所不同（後者領導與控制性較強），但皆由具有共同興趣和目標的人們所組成，他們兼具成長、矯治與工作的需求。雖是「自助」，成員們卻也常用到若干諮商技巧，如回應、積極性傾聽、面質等（常是在錄音帶的提示下進行）。由於成員具有特定的興趣和目標，因此這種團體易使成員獲得成就感，然而這也相對限制了他們的視野和活動的廣度，故是利弊互見。在美國，自 1950 年代及 1960 年代民權運動蓬勃展開以後，助長了自助團體的發展，迄1980 年，有一千萬人參加過這樣的團體（Gladding, 1995; Yalom, 1985）。

第三節 團體輔導的功能與限制

一、團體輔導的功能

根據團體動力學（group dynamics）的研究，我們可以這麼說：一個人要了解自己，最好從團體中去了解；要改變自己，最好從團體中去改變；要實現自我，最好從團體中去實現（吳武典，1987：422）。就輔導者的觀點，團體輔導的功能，可從下列三個層面加以分析。

（一）教育的功能

在團體中可以做資訊交流、互相模仿、檢驗現實、嘗試與創造、學習人際關係的技巧和擔負社會責任等。這些皆具有教育的意義。

（二）預防的功能

在團體中可以學習了解自己、接納自己、了解別人、接納別人、滿足隸屬感和互諒、互助、互愛的需求。這些皆具有預防（prevention）的效能。

（三）診療的功能

在團體中，個人的問題或困擾可以藉著一般化作用而勇於面對，藉著澄清與回饋獲得了解，藉著淨化作用與洞察獲得紓解（吳武典，1987：422-423）。

以上團體輔導的三種功能可歸納如表 1-1 所示。

表 1-1　團體輔導的三種功能

教育的功能	預防的功能	診療的功能
資訊交流	了解自己	面對問題：一般化作用
互相模仿	接納自己	了解問題：澄清與回饋
檢驗現實	了解別人	紓解問題：淨化與洞察
嘗試與創造	接納別人	
學習人際技巧	滿足隸屬感	
學習擔負責任	滿足愛的需求	

　　當然，團體輔導是否能達成上述三種功能，還需視其方式與性質而定，如圖 1-2 所示。一般而言，較大、較知性的團體，教育的意義強於預防和診療的意義；較小、較感性的團體，預防與診療的意義則大於教育的意義。然而，此種區別只是程度上的，我們很難說它是純教育、純預防或純診療的。即以本書第一作者吳武典曾經指導的一項，對來自不美滿家庭國中生所實施的小團體輔導而言，其內容以感性為主，以知性為輔，對於缺乏家庭教育的學生來說，頗具教育價值；就「犯罪少年大都出身於破碎家庭」的觀點而言，則具預防價值；對少數已有不良適應行為（如逃家、孤僻）的少年而言，則具有治療作用。整體而言，是以預防為主，教育與治療為輔。在學校的情境裡，基於學校特定的功能和團體領導者的條件，學校中的團體輔導，似乎較著重教育與預防的功能，而鮮少能進到團體治療的層次（吳武典，1987：423）。

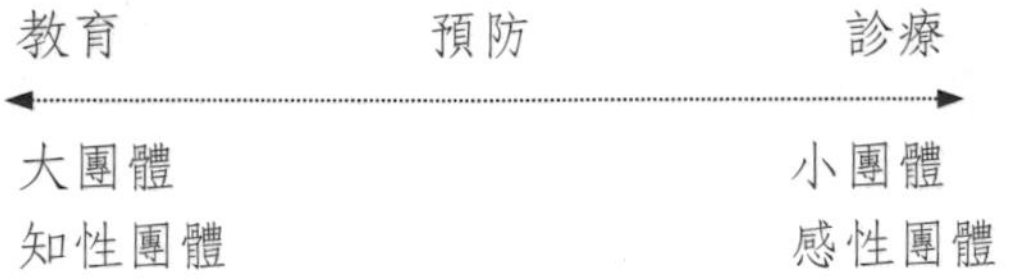

教育	預防	診療
大團體		小團體
知性團體		感性團體

圖 1-2　三種團體輔導功能的相對性

二、團體輔導的限制

　　團體輔導有極大的潛能，但也不是萬能。在下列的情況下，它的助人潛能將受到限制，團體經驗甚至會對個人造成負向的影響。

（一）個人的不良特質

例如依賴性過強、人際焦慮過高或太自我中心的人，在團體裡非但不易獲得好處，甚至會妨礙團體的進展。

（二）團體的同質性或異質性過大

同質性過大，利於互相認同，卻不利於激盪創造；異質性過強，利於激盪創造，卻不易產生凝聚力。

（三）團體內自我表露的壓力過大、時機不當

個人和團體在還沒有充分準備的情況下，由於受到團體的壓力而自我表露，會造成不安，甚至傷害。

（四）團體外關係的介入

個人把團體外的角色帶進團體，或以團體為媒介發展團體外的私人關係，均可能妨礙團體內的坦誠溝通或彼此的信任。

（五）個人關照程度不足

團體內的多元關係對需要一對一深度關係的成員而言，顯然是不夠的。由於團體領導者對每個成員都須關照，勢必相對減少對單一成員的交流，而無法滿足特殊成員的特殊需求。

因此，並非每個團體都一樣有效；同樣的團體，也不可能對每個成員都有同樣的效果。如果團體的負向效應產生了，便可能有「一加一加一小於三」（1 ＋ 1 ＋ 1 ＜ 3）的現象。Johnson 和 Johnson（1994）便指出，有效團體和無效團體之差別如表 1-2 所示。

表 1-2　有效團體與無效團體的比較

有效團體	無效團體
1. 目標清楚且是合作構成的；目標的改變是為了使個人目標與團體目標更契合。	1. 目標是強制的、是評比之後產生的。
2. 雙向溝通，強調公開而正確地表達各人的意見和情感。	2. 單向溝通，只表達意見而忽視或壓制情感表達。
3. 成員均等參與且分享領導權；強調達成目標、內部和諧及發展性的改變。	3. 誰來領導是根據職位指派的；成員不均等地參與，而由少數高權威者壟斷；只強調完成目標。
4. 能力與資訊決定影響力；透過契約以滿足個人目標和需要；權力均等而分享。	4. 地位決定影響力；權力集中在高位者；講求順從權威。
5. 針對情境做決策；不同時間使用不同方法；重要決定必尋求共識；鼓勵參與及討論。	5. 高位者做一切決定，很少團體討論，成員的參與很少。
6. 把爭議和衝突看作是契機——促進成員的參與、提昇決策的品質和創意，使團體繼續健全地運作。	6. 忽視、拒絕、避免或壓制爭議和衝突。
7. 強調人際及團體間的互動；透過包容、關懷、接納、支持和信任，以促進和諧；容許個性存在。	7. 強調成員應執行的功能；忽視和諧，透過威脅控制成員；要求嚴格順從。
8. 問題解決的適切性高。	8. 問題解決的適切性低。
9. 成員評鑑團體效率並決定如何促進團體功能；對於目標達成、內部和諧及團體發展同等重視。	9. 高位者評鑑團體效率並決定如何促進團體目標的達成；強調安定，忽視內部和諧及團體發展。
10. 鼓勵人際效能、自我實現和革新。	10. 鼓勵做一個守秩序、求安定、講條理的「機構人」。

資料來源：Johnson & Johnson (1994: 28)

　　由此可見，團體的功能與限制不是絕對的，它與團體領導及成員參與有密切關係。

第四節　團體輔導與個別輔導的比較

團體輔導與個別輔導有何相同和不同之處呢？茲分析如下。

一、相同處

（一）目標

積極方面，都在幫助個人由自我了解、自我接納，以達到自我統整和自我實現；消極方面，都在幫助個人解決問題、減除困擾。

（二）原則

兩者均強調以接納和坦誠袪除當事人的自我防衛，使個人由於受到尊重而能自在地檢視自我，產生自信，並能為自己的決定負責。

（三）技術

兩者均強調輔導者的技術，舉凡回饋、澄清、複述、場面構成、情感反映等技術，都適用於兩者的情境。

（四）對象

皆以發展中的個體為主，而以有適應困難者為優先。

（五）倫理

兩者皆強調在輔導過程中要嚴守保密原則，尊重當事人的隱私權。

二、相異處

（一）互動

團體情境中可有各種方式的人際交往，體驗親密的感受，滿足社會性的需求，得到多方面的回饋；在個別輔導的情境中，人際互動為一對一的關係，非常

單純，深度夠而廣度不足。

（二）助人

在團體情境中，「我助人人，人人助我」，團體愈有凝聚力，成員間就愈能互相扶持。這種合作、互助、分享的關係和氣氛是個別輔導情境中較欠缺的。

（三）問題

以團體輔導處理人際關係問題，通常優於個別輔導；但若處理個人深度情緒困擾問題，則反之。

（四）領導

在團體輔導情境中，人際互動之性質，複雜而多變，領導者僅有個別輔導技巧是不夠的，他必須敏察團體的特質和動態，使用各種「催化」（facilitation）技巧，以發揮團體的潛力。

（五）場所

團體輔導需要較大的活動空間，並得視活動內容做特殊布置；個別輔導則僅需小空間，通常無須特別布置。

三、使用的時機

既然團體輔導與個別輔導各有其特色，何時使用何者較為恰當呢？Mahler（1969）曾針對個別諮商與團體諮商適用的情境進行如下的分析（如表 1-3 所示）。

值得注意的是：團體諮商經驗往往導致個別諮商，因為一位開始自我探索歷程的成員，很可能盼望有更進一步自我探索的機會（吳武典主編，1990：230）。可見團體諮商與個別諮商相互為用，是很經常的事情。

表 1-3　對於使用個別諮商與團體諮商的建議

個別諮商適用情況	團體諮商適用情況
1.原因與解決辦法都很複雜的危急情況。	1.對於他人及他人對事物的感受想獲得更多了解者。
2.為了當事人及他人的安全，需要保密的情況。	2.須學習對異於自己的人有更深的尊重者。
3.解釋有關個人自我概念的測驗資料時。	3.需要學習社交技巧（與人談話、交往等）者。
4.對於在團體中講話有極大恐懼的個人。	4.需要與他人分享隸屬感者。
5.因為拙於與人交往，而可能為團體其他成員所拒絕的個人。	5.有能力談及自己的憂慮、問題及價值觀者。
6.自我覺察力狹隘的個人。	6.需要他人對於自己的問題憂慮有反應者。
7.涉及性行為（特別是不正常的性行為）的情況。	7.認為朋友的幫助有益者。
8.有強迫性需要被注意及被認可的個人。	8.喜歡緩慢的接受諮商，當感覺受威脅時能有後路可退者。

資料來源：Mahler (1969: 18-19)（引自吳武典主編，1990：229）

第五節　團體輔導的基本原理

一、基本原理

在 20 世紀的各種社會運動中，「小團體運動」（small group movement）無疑是最多姿多采，而且令人著迷的一種，迄今仍然盛行。它的著眼點無非是藉著團體的參與，來達到自我實現的目的。

事實上，團體對個人的成長，可能產生助力，也可能發生阻力。以腦力激盪術（brainstorming）來說，透過團體歷程，可以集思廣益、激發潛能、解決問題，這是團體的助力。以「坦誠團契」或「會心團體」（encounter group）來說，在溫暖接納的氣氛下，自我表露，互相回饋，解除心理障礙，增進情感的交流，這

亦是團體的助力。然而，在團體中，亦可能由於依賴他人而產生「一個和尚挑水喝，兩個和尚抬水喝，三個和尚沒水喝」的局面，或由於團體壓力而導致焦慮緊張、手足無措的情形，這就是團體的阻力。

　　運作一個團體所面臨的主要問題是如何發揮團體的助力，減除團體的阻力，從而幫助個人成長發展，也就是「催化」。如果一加一加一的力量大於三，那我們便可以說：團體的助力產生了。如果一加一加一的力量小於三，那我們便要說：團體的功能已經發生了阻礙。在這方面，團體動力學的實驗研究已給了我們不少的啟示，例如：在工作效率和人際和諧方面，許多實驗證實合作性的團體優於競爭性的團體。在解決問題方面，辯論的方法不如腦力激盪的方法──前者著重對立，力量容易抵消；後者著重合作，力量累積倍增（吳武典，1985）。

二、基本策略

　　吳武典（1985）嘗試用「周哈里窗」（Johari Window）來說明「自我開拓」的基本策略，似也可用以說明團體輔導的基本策略。

　　由「周哈里窗」（如圖 1-3 所示）可看出人們的行為特質有以下四個領域。

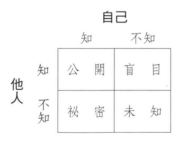

圖 1-3　周哈里窗示意圖

（一）公開的領域

　　這是自己知道、別人也知道的領域，如自己的姓名、身分、身材、學歷等。此領域愈大，自我實現程度就愈高，其心理能量就愈多用於創造發明；反之，公開領域愈小，則自我愈萎縮，其心理能量多用於自我防衛。

（二）祕密的領域

這是自己知道而他人不知道的領域，如自己的銀行存款、病歷、戀愛史等。一個人的祕密領域愈大，則意謂大多精力將消耗於自我防衛，其心理能量用於創造的便相對減少了。

（三）盲目的領域

這是自己不知道、他人卻知道的領域，如自己的口頭禪、習慣性動作等，往往是一個人不自覺的缺點所在。此領域愈大，行為效能便愈差。

（四）未知的領域

這是自己不知道、別人也不知道的領域，可能是個人的潛能或潛意識。此領域愈大，意謂自我的開拓愈少，行為愈幼稚、愈不成熟。

每個人的內在世界，皆有這四個領域。公開領域愈大，愈能自我實現（self-actualization）；公開領域愈小，愈自我萎縮（如圖 1-4 所示）。輔導的目標應是幫助個人努力開拓公開的領域，以達自我了解和自我肯定。其方法是減少祕密的領域（主要透過自我表露），減少盲目的領域（主要透過互相回饋）和減少未知領域（主要透過嘗試和澄清），而這些策略（自我表露、回饋、嘗試、澄清等），在團體中實施，特別有效。事實上，在團體歷程中，這些策略或活動，也是經常被強調應用的。

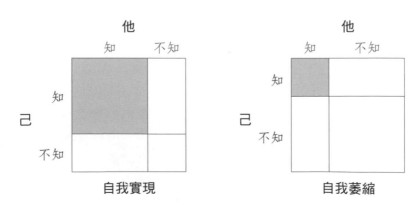

圖 1-4　兩種不同自我開拓狀況的人

三、基本模式

吳武典（1981，1985）曾根據問題（需要）、方式、情境三向度，提出一個學校中團體輔導模式，如圖 1-5 所示。

個人參加團體，必有他的需要或問題，包括下列情形：(1)訊息的尋求；(2)學業問題或工作技巧；(3)「做決定」（decision-making）的技巧或生涯（career）問題；(4)人際關係問題或社交技巧；(5)特殊的恐懼或焦慮；(6)個人內在的困擾。

在學校中，團體輔導的方式約有下列幾種：(1)演講會；(2)參觀訪問；(3)幻燈、影片欣賞；(4)團康活動（唱歌遊戲）；(5)共同工作；(6)角色扮演；(7)團體討論；(8)團體諮商。

在學校中，上述活動可以透過下列情境來實施：(1)各科教學活動；(2)學校正式集會；(3)社團活動或聯課活動；(4)童軍活動；(5)輔導活動課；(6)班（級）會；(7)正式小團體；(8)非正式小團體。

團體輔導的課題是如何針對成員的「問題或需要」，採用適當的「輔導方式」，在適當的「情境」中來實施。在圖 1-5 之模式中，理論上有 384 個因子（6×8×8），即有 384 個組合，如：(1)在各科教學活動中，使用演講法（如專題演講、教師講述、即席演講等），做資訊的交流；(2)在輔導活動課程中，應用角色扮演，探討人際關係問題；(3)在正式的小團體（如融融社、心橋社、欣欣社等）中，以團體諮商方式，協助個人解決考試的焦慮。當然，有的因子似乎很難在實際情境中出現，如：(1)在學校集會情境中，實施團體諮商，以解決個人內在困擾；(2)在班（級）會中，進行參觀訪問，以解除個人特殊恐懼。到底哪些是可行的，有待進一步試驗、研究。但此一模式似可作為設計團體輔導方案或評析團體活動的參照架構。

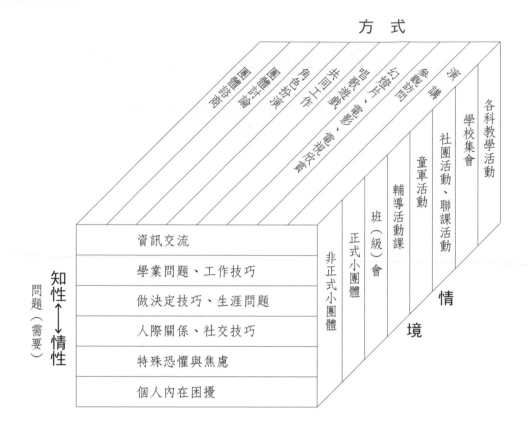

圖 1-5　團體輔導基本模式

　　在各種團體輔導方式中，應以團體討論（group discussion）與團體諮商最為重要。大體上，團體討論較適合一般教師使用，也較適合配合各種教育活動實施，其主要目的在溝通意見、集思廣益、解決問題，故較屬知性活動；團體諮商則較適合輔導專業人員使用，且宜以小團體實施（8 至 12 人最適宜），其主要目的在促進自我覺知、自我成長、行為改變和人格重塑，故感性較強。

　　須注意的是：任何團體輔導活動的設計，都應具有其依據或原理，而不是為了「好玩」（遊戲）。把握住團體輔導的原理，才不會迷失在活動中，也才能真正發揮團體的助力，減少團體的阻力，達到透過團體功能幫助個人成長發展或解決問題的目的。

關鍵詞彙

團體	共識	互動
規範	團體輔導	團體情境
團體歷程	團體領導	團體壓力
團性	輔導團體	諮商團體
治療團體	工作團體	混合型團體
催化	周哈里窗	團體討論

自我評量題目

1. 構成團體的要素為何？試據以分析某一種團體。

2. 舉例說明各種不同類型的團體。

3. 團體輔導的功能為何？不同情境的團體輔導之功能是否有所差別？試舉例說明之。

4. 帶領團體，重在「催化」，試列舉催化技巧。

5. 對團體的發展，有哪些助力和阻力？對可能的阻力，如何化解？

6. 試就書中團體輔導模式，根據三向度（問題或需要、方式、情境），列舉三種可行的組合。

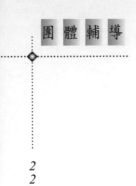

第二章

團體諮商理論

● 洪有義

學習目標

—— 研讀本章內容之後，讀者應能達成下列目標：

1. 了解團體諮商理論各學派的主要觀點。
2. 明瞭各學派的團體目標。
3. 了解各學派的團體領導者之角色與功能。
4. 了解與應用各學派的團體技術與方法。
5. 綜合各學派不同的理論與技巧，增進學習者個人團體諮商的理論基礎。

摘要

本章探討九大學派——心理分析學派、阿德勒學派、存在主義學派、個人中心學派、完形學派、溝通分析學派、行為學派、理性情緒行為治療學派、現實治療學派。各學派先指出主要代表人物及學說重點，再分別就：(1)主要觀點；(2)團體目標；(3)團體領導者的角色與功能；(4)團體技術等加以扼要說明。「主要觀點」在說明各學派對人性觀點、人格發展、個體行為或團體互動的看法；「團體目標」簡要說明團體的方向與目的；「團體領導者的角色與功能」指出領導者體認在團體中的應有任務；「團體技術」闡明領導者在團體中所運用的方法。另外因為篇幅有限，針對各學派的評價方面則予省略。晚近的理論中，也有將心理劇（psychodrama）或自助團體列入討論，本章未予以闡釋。

團體諮商有其專業理論體系，以作為從事諮商時的依據。各學派的創立與發展，各有其背景與基礎，逐漸形成一套理論信條。諮商理論從傳統的粗分為指導學派與非指導學派，到後來增加折衷學派為三大學派，歷經數十年的發展，超過十個學派，各學派對諮商工作各有其影響與貢獻。近年來更盛行家族諮商與家族治療，後現代諮商趨勢又重視焦點解決短期諮商（Solution-Focused Brief Counseling）與敘事治療（Narrative Therapy）。

第一節　心理分析學派

心理分析（Psychoanalysis）學派由 S. Freud 首創，主要是探討個人在發展的過程中適應各種衝突的歷程，從心理層面分析造成現在行為的原因。雖然 Freud 注重個體動力學（psychic dynamic），以及病人與心理分析者一對一的關係，其觀點與貢獻對分析取向團體治療的實務有種種啟發（Corey, 1995）。首先使用心理分析原理和技術的人是 A. Wolf，他強調在團體中的心理分析不治療一整個團體，而將著眼點放在與其他個體相互交往的每一個人。

一、主要觀點

（一）人性論

Freud 的人性論是悲觀的命定論（determinism），人無法主宰自己的命運，個人的行為受過去經驗的影響至深。人受本能驅力——慾力（libido）影響，驅使個體追求生理需要與本能的滿足。人有生的本能與死的本能，生的本能即是性，死的本能即是攻擊。

（二）人格結構

Freud 認為，人格包括本我、自我、超我三部分，但三部分是統一體，並非各自獨立操縱著個人的人格，說明如下：
1. 本我（id）：包括所有與生俱來的本能。它受「快樂原則」的支配，以降低緊張、逃避痛苦、尋求滿足為目標，是「生物性」的。
2. 自我（ego）：個體的意識和理性部分，根據「現實原則」以理性思考的方

式，調和本我與超我，得與現實世界保持接觸，同時滿足個人需要，是「心理性」的。

3. 超我（superego）：由良心和理想合成，得自父母的教導發展而成，以管制個體行為，使其合乎社會規範與道德標準。「道德原則」使個體追求完美，合乎理想，有利他思想、惻隱之心，是「社會性」的。

（三）人格發展

Freud 重視幼時經驗對長大人格的影響，依「心－性發展」（psychosexual de-velopment）將人格發展分為五個階段，而新 Freud 派學者 E. Erickson 更從「心理－社會發展」（psychosocial development）分成八階段，每階段都有「自我」（ego 或 self）的危機，此稱為自我統整的危機（identity crisis）（吳武典、洪有義，1996），說明如下：

1. 口腔－感覺期（oral-sensory）：出生至 1 歲，課題是基本信任或不信任。
2. 肌肉－肛門期（muscular-anal）：2 至 3 歲，課題是自動自發或羞恥、懷疑。
3. 運動－性慾期（locomoter-genital）：4 至 5 歲，課題是創造自發或罪疚感。
4. 潛伏期（latency）：6 至 12 歲，課題是勤勉或自卑。
5. 青春期（puberty and adolescence）：13 至 18 歲，課題是自我統整或角色混淆。
6. 成年前期（young adulthood）：19 至 25 歲，課題是親密或孤立。
7. 成年期（adulthood）：26 至 40 歲，課題是生產或停滯。
8. 成熟期（maturity）：41 歲以後，課題是自我統整或失望厭倦。

（四）潛意識

潛意識是由一些被隔離在意識本我之外的思想、情感、動機、衝動和事件構成的。從 Freud 的觀點來看，人的絕大多數行為是由意識體驗之外的力量所驅動的。兒童早期的痛苦經歷和它們相聯繫的情感都被埋葬於潛意識中，這些早期創傷可能致使兒童在意識領域中產生無法容忍的焦慮。兒童期的壓抑並不能自動地解除，當事人因恐懼這種壓抑而做出種種反應。「過去歷史的陰影」籠罩著現實，治療者要幫助病人進行潛意識的意識化。

（五）焦慮

焦慮是一種擔憂厄運將至的體驗，它因被壓抑的情感、記憶、慾望、經驗欲浮出意識表面而產生。在團體歷程中，當成員坦露自己的防衛時，他們體驗到焦慮。這種焦慮被看作是在團體中承擔風險的一種必要之副產品，一種最終能導致建設性改變的過程（張景然、吳芝儀譯，1995）。

（六）自我防衛機制

由於本我、自我與超我的衝突，產生焦慮狀態，若自我能採取適當的對策以解除危機，則焦慮不復存在，但若焦慮無法消除，則個體可能採取防衛機制，以協助自我調適此種危機。主要的自我防衛機制有：壓抑（repression）、否定（denial）、投射（projection）、退化（regression）、轉移（displacement）、反向作用（reaction formation）、合理化作用（rationalization）、昇華作用（sublimation）、補償作用（compensation）、認同作用（identification）、固著（fixation）。

（七）抗拒

抗拒是個體不願把令人驚駭的、先前被壓抑或否定的潛意識內容帶到意識中來經驗，也可看作是阻止團體成員處理潛意識的材料，使得團體無法進展的行為。Wolf 於 1963 年認為，成員抗拒時常表現毫無反應或拒絕參與，以此來逃避個人探索；更可能表現一些抗拒行為，如總是遲到或乾脆不來、保持自滿或漠不關心態度、理智化、表現不信任、行為上不合作、造作表演等。

（八）移情

移情（transference）是指，將自己過去生活裡對重要他人的反應中所產生出來的感情、態度、幻想等，潛意識地轉移向治療者或他人。透過移情作用重新體驗自己的過去，是讓當事人領悟、認識過去經歷妨礙現時功能發揮的方式。由於移情也會透過團體成員嘗試贏得領導者的讚賞而在團體中表現出來，而探討當事人的問題。團體可提供一種動力性的情境，使當事人在團體外的生活中發揮功能。

二、團體目標

　　心理分析團體在提供一種幫助當事人重新體驗早年家庭關係的氣氛。在這種氣氛中，當事人能發掘出與那些影響現時行為的事件相伴隨、被埋藏的情感，進而促進當事人對失敗之心理發展根源的洞察，更激發成員矯治性的情緒經驗。

　　心理分析的目標是重建當事人的性格與人格系統，這一目標是經由使潛意識衝突進入意識層次來實現的。具體地說，心理分析團體本身以一種象徵性的方式再現原生的家庭，以便每一個團體成員的歷史在團體面前重演。

三、團體領導者的角色與功能

　　在心理分析團體中，領導者幫助創造一種接納性的寬容氣氛，以增進團體成員的互動。領導者多具有以客觀、溫暖而不偏不倚的態度，以及較隱匿的個人身分之風格，目的是要促進投射與移情作用的發生。領導者須提示各種抗拒與移情的徵兆，並解釋它們的意義，協助成員勇敢面對並妥善處理。領導者亦應協助成員們解決未完成的問題，促進成員的獨立性。

　　在團體中，領導者示範簡明、真誠和直率，在團體搖擺不前時，保持樂觀的態度。領導者應留意團體中的個別差異，鼓勵成員自由地表達自我。領導者更須為團體內和團體外的行為設限。

四、團體技術

（一）自由聯想

　　成員們被要求報告自身的經驗，團體討論應保持澈底開放，允許其他成員們提出任何內容，而不是圍繞著一個預先設定的主題予以處理。

　　自由聯想（free association）是鼓勵成員揭示被壓抑或潛意識內容的過程，以便能達到對自己心理動力更深刻的洞察。這種方法還促進了團體的整體性和對團體歷程的積極參與（Corey, 1995）。

（二）夢的解析

　　夢的解析也是揭露潛意識內容的方法，因為它表達了個人隱藏在潛意識的需要、矛盾衝突、願望、恐懼和被壓抑的經驗。當夢在團體中公開並研究時，成員

對隱藏在它背後的動機和未解決的問題獲得了新的認識。討論中成員們能以一種具體的方式來應付那些他們過去無法面對的情感和動機。

領導者宜在第一次團體聚會中，告知成員坦露自己的夢、幻想和自由聯想，對於分析和理解混亂的思想、情感和行為背後的原因是十分重要的。

隨著成員們分析夢並進行他們自己的聯想，他們也投射出自己的某些重要問題。換句話說，團體成員既解釋又投射的過程通常會引出極有價值的領悟。

（三）解釋

解釋（interpretation）是一種用於對自由聯想、夢、抗拒、移情等進行分析的治療技術。在進行解釋時，團體領導者須指出並解釋行為的潛在意義。成員可運用適當時機準確的解釋內容、整合新的材料，從而產生新的洞察。

解釋應當在當事人情緒上能接受的程度範圍內，由淺入深地進行。其他成員雖不能像領導者一樣系統地做出解釋，但能經由自己直率的、不加修飾的、面質性的行為，對其他人產生深刻的影響。

第二節　阿德勒學派

阿德勒學派（Adlerian Counseling）創始人阿德勒（A. Adler）原為心理分析學者，後來不能接受 Freud 關於性和生物決定論之觀點而自立門戶，創立個體心理學（individual psychology），主張人們的基本問題與他們為了成為所希望成為的人的努力有關。行為是有目的的。他認為人生來就具有社會性，個人必須與他人關聯，共同從事社會活動，個人的人格也就在社會中形成，即是阿德勒社會心理的人性觀。阿德勒學派否定認為有些人是心理「不健康」和需要「治療」的觀點。相反地，他們把治療工作看作是教導人們應付生活任務挑戰的較佳方法，提供指導，協助人們改變自己的錯誤想法，並為沮喪的人提供激勵（Corey, 1995）。

一、主要觀點

（一）整體論

個體心理學中的整體論是指從統一的整體上看待一個人，也意味著人格的統

一性。個體大於他的各個部分總和，思想、情感、信仰、信念、態度、行為都是一個人的獨特性表現。當事人被看作是社會系統的一個整合部分。治療者了解當事人的社會環境以及他對環境的態度，對人際因素的注重更多於對個體內因素的注重（Corey, 1995）。

（二）目的論

所有形式的生命特徵都有一種成長和發展的傾向。阿德勒用目的論的解釋取代了決定論的解釋：人的生存是有目標和目的，是受其對未來預期所推動的，他們創造了意義（張景然、吳芝儀譯，1995）。阿德勒強調，認識行為之目的比探討徵狀的原因或先天遺傳更重要。

（三）社會興趣

社會興趣（social interest）是指，一個個體對待周圍其他人的態度，它包括努力追求人性更美好的未來。阿德勒相信社會興趣為人格中內在的因素，我們的快樂和成功大都與社會聯繫性有關。我們有很強烈的慾望想要與別人相結合，只有在這時，我們才能夠有勇氣面對並應付生活中的問題。具有社會興趣的人才可能是健康的。團體的普遍目的是增強自尊和發展社會興趣。

（四）生活方式

生活方式（style of life）是指，一個人對生活的基本取向，和使他的存在具有特殊化的型態。生活方式包括四部分：(1)自我觀念：對自己的看法；(2)理想我：對自己的期望；(3)世界觀：對人、事、物的態度；(4)倫理信念：個人是非善惡的觀念。生活方式受到一個人的家庭星座（family constellation，與排行、出生序有關）和家庭氣氛影響。阿德勒把情緒困擾、不良適應稱為「生活中的失敗」。心理與行為的違常可看作不正確的生活方式或錯誤作為所造成。它們包括不良的生活方式、不正確的成功目標，及不健全的社會興趣。

（五）自卑與超越

人常有自卑情結，我們對求助的知覺就帶有自卑的特徵。這種自卑感通常是兒童早期依賴於成人的地位所形成的。阿德勒並不把自卑看作是一種消極力量；相反地，我們能從自卑之中，產生出想要控制環境的動機，這就是追求卓越（striving for superiority）。我們努力的目標就是從自卑轉向超越，一種致力成功的目標，實現理想和自我支配的動力。

二、團體目標

阿德勒式的團體創造了一種治療關係，鼓勵團體成員探索自身的基本生活假定，實現對生活型態更確切的了解。團體提供了一種社會背景，成員們可以在其中建立歸屬感和一體感，使成員體會他們許多問題都與人際有關，他們的行為具有社會意義，他們的目標可在社會目的架構中得到最恰當的了解。

團體為人的行為提供了一面鏡子，幫助成員認識他們自己的優點和做出改變的能力，因為團體為成員檢驗現實和嘗試新的行為提供了探索的機會。團體氣氛鼓勵成員為自己所選擇的生活方式和想要做出任何的改變承擔其責任。

三、團體領導者的角色與功能

阿德勒式團體領導者是建立並維持團體歷程的人，積極地參與並建立種種能促進成長和人際學習的規範。領導者承擔促進者的功能，創造並鼓勵治療條件的建立和發展。另外表現一些積極手段，如面質、自我表露、解釋、生活模式分析。對成員的信念與目標提出挑戰，協助他們把團體歷程中所學到的內容轉化為新的信念和行為。

領導者在團體中示範如何關心別人，幫助成員觀察行為的社會情境，接受和利用其自身資源，使成員發展對自己的認識、承擔責任及考慮替代性的觀念、目標和行為。

四、團體技術

（一）階段一：建立並維持關係

在初期階段，重點放在團體成員被鼓勵積極參與建立一種良好的治療關係，彼此相互合作和尊重。阿德勒式團體的治療關係是一種平等的關係，一種民主的氣氛。領導者與當事人（成員）向著共同的目標前進。建立契約可說明成員對團體的需要和期望，闡明領導者與成員的責任，有助於建立並維持適宜的治療關係。

（二）階段二：分析與評價——探索個體的動力（評估）

此階段在探索個人生活方式，並了解它如何影響個人在生活中各方面的現實功能。領導者可先探索成員如何在工作和社會情境中發揮功能，以及他們感受到自身和性別角色的認同。阿德勒團體使用大量評量技術，探索成員的家庭星座、困難關係、早期回憶、夢所帶來個人生活目標和生活方式。分析和評價方法，一則應用問卷，另一評估方法是請成員報告早期回憶與這些兒童時期事件相伴隨的情感和想法。

（三）階段三：對團體成員談論自我的了解（領悟）

阿德勒的領悟與心理分析之觀點不同，心理分析認為人格是不能改變的，除非所領悟；而阿德勒認為，領悟只是邁向變化的一個步驟，而不是變化的必要前題，而且領悟本身不是目的，而是達到目的的手段。團體中建立了社會聯繫感，使成員們能夠在別人身上看到自己的影子，較能協助成員獲得領悟並重新調整他們錯誤的目標及錯誤的觀念（Sonstegard, Dreikurs, & Bitter, 1983）。解釋是一種促進獲得對現今生活方式領悟過程的技術；解釋也是探討成員此時此地行為方式的原因。經由提供外在的參考架構，協助成員從不同角度看待自己的行為，從而獲得更廣泛的替代方法。阿德勒的解釋強調的是目標，他對當事人的面質不僅是他的感覺，而是這些感覺的目的（黃月霞，1991）。

（四）階段四：重新定向

此團體歷程的最後階段，成員會放棄錯誤的信念與目標重新定向。激勵成員承擔風險和做出改變，考慮使用替代性的態度、信念、目標和行為。在團體中，經由鼓勵，成員開發體驗自己的內在資源，以及為自己抉擇和指導自己生活的能力，為了向自我限制的假定挑戰，成員被鼓勵採取行動，並做出承諾，願意把領悟轉化為具體行動。

第三節　存在主義學派

存在主義（Existentialism）哲學思潮用於諮商與治療方法是反對心理分析和

行為主義兩大學派而發展起來,尤其反對這些取向對人類本性所採取的決定論觀點。存在主義取向背離心理學多年的實證方法,認為人的行為不能僅靠客觀方法予以理解,以外在的觀點研究人類,強調考慮個體的內在參照架構和主觀體驗。人的情況應被視為有目的(purpose)、選擇(choice)、自由(freedom)、責任(responsibility)。人因為自由選擇與行為而界定自己。存在主義學派重視個人的獨特性、重視存在(present)、重視人與人的關係(person-to-person relationship)。人要努力去自我實現(self-actualization),了解個人主觀的世界。代表人物如 R. May 及 V. Frankl 等。

一、主要觀點

(一)自由意志與自我覺察

人有意志的自由,人雖受生物、心理甚至社會情境的限制,但卻有選擇採取何種態度對待該情境的自由,甚至做自我反省、自我覺察,成為自己行為的判斷者。自我覺察(self-awareness)的能力使我們能夠做出自由選擇,覺察能力愈強,自由可能性愈大。在團體中,能經由協助成員發現他們是這世界中的獨特存在來實現自我覺察的目標。

(二)尋求意義

努力尋求生活中的重要意義和目的感是人類的一個獨有特徵。尋求意義(the search for meaning)和個人認同並提出種種有關存在的問題(Corey, 1995)。對存在主義者來說,生活本身並沒有什麼積極的意義,而有賴於我們去創造意義。Frankl 認為,缺乏意義是現代社會中存在的壓力和焦慮的主要來源。工作、愛、創傷、為別人效勞都是尋找意義的方法。

(三)自我決定與個人責任

我們是自我決定的存在,有自由在各種可能性中做選擇,因此有責任指導我們自己的生活並決定我們的命運。我們如何生活以及成為什麼樣的人,取決於我們自己的選擇。Frankl 強調自由與責任之間的關係,認為我們的自由不可能被取代,因為我們至少還可以選擇對任何特定環境的態度。

此外,存在主義學派還深入探討有關存在焦慮(existential anxiety)、死亡與

不存在（death and nobing）、孤獨與關聯（aloneness and relatedness）等概念問題。存在主義基本假設人有能力擴展自我覺察，自我覺察導致增加自由與責任，同時產生存在的焦慮。存在主義學派強調個人自由選擇，而焦慮是體認選擇的作用。存在主義重視意義與價值的尋求，也重視處理人與人之間的互動，去尋求真實的生活。團體提供有效的背景，在這裡成員可以探察自我，公開表達非自我實現的方式及生活的恐懼，認識怎樣損害自己的整合性。另外存在主義更強調，我們實際上是既孤獨又與他人相關聯的，而肯定別人與自己的重要性。人因有死亡而了解生存的意義。

二、團體目標

　　存在主義治療團體在提供一個有利的情境，使成員們能擴大自我覺察（self-awareness），在此種情境下，成員因能充分探索自我，而能減少個人成長的阻礙。存在主義團體代表一個微縮的世界，在這裡成員得以自在的生存並發揮功能。成員為尋找自己是誰這一目的而聚在一起，採用的方法是公開坦露自己的現實問題，提供了開始傾聽自己並關注自己主觀體驗的勇氣。

　　在存在主義團體中，協助成員發現及應用自由選擇，且對自己的選擇負責。每一位團體成員必須經過痛苦矛盾的過程，去發現自己的目標。

三、團體領導者的角色與功能

　　在存在主義的團體裡，領導者成為團體成員感受到完全存在的中心角色。領導者與成員充分地互動，使成員理解到他們主觀地存在於這世界（being-in-the-world）。

　　領導者藉由開放自我以及用相當關懷的態度，面質成員以產生人對人的關係。領導者也鼓勵成員了解彼此主觀的世界，建立確切的坦誠（encounter）而非虛假（pretense）。領導者透過不斷的相互討論，強調存在。成員在相互的討論與充分的互動中，領導者協助成員發現做選擇的能力。成員對決定他們所要探索的主題，以及因此而決定團體的方向負責。

四、團體技術

　　存在主義團體的主要目標在創造一種氣氛，促使成員擴大自己成長、自我覺察及自發性（spontaneity）。為達到此種目標，因而強調「了解為先，技巧其

次」。基本上是一種對人的態度，很少對其中的技巧做清楚的定義。換句話說，存在主義團體比較不重視具體而有形的技巧，而是了解每位成員的獨特性，鼓勵成員真實地投入團體，探索自我。

存在主義團體的領導者常借用其他學派的技巧，更能了解成員的世界，以加深治療工作的深度。面質（confrontation）是團體過程中常用的方法。

存在主義團體重視成員與人相處的不確定性，所以特別注意肯定自己的存在，領導者不斷促使成員在坦誠的互動中，了解自己真實的存在。領導者常鼓勵成員去澄清自己的選擇，在團體中，領導者以及成員的自我（self）被當作是主要討論的課題。

第四節　個人中心學派

個人中心學派（Client-Centered Counseling）的創始人為 C. Rogers，他基本假設：人是向上、向善的，還有人有解決問題的能力。人們傾向於朝向著健康、積極和自我實現發展，因此能在領導者或催化員極少的協助下，找到自己的方向。領導者在承認與接受成員解決自己問題的潛能，以使成員能充分探索自己。Rogers強調領導者良好的人格特質，而不是領導的技巧。團體氣氛開放而真誠、尊重與關懷，允許成員表達全部感受。成員在良好的治療氣氛下，感受到溫暖與接納，便會放棄他們的防衛性，朝向具有個人意義的目標努力，導致適宜的、有益的行為改變。

一、主要觀點

（一）成長的治療性條件

Rogers 強調領導的態度重於技術，團體能提供具有明顯促進性的心理氣氛，成員便能自我了解，而改變他們的自我概念、態度與行為。欲達此諮商效果，領導者須做到以下三項條件：

1. 真誠一致（genuineness or congruence）：領導者的真實性與一致性，尊重成員為獨立的個體，與成員坦誠相對。領導者充分知覺和了解自己內在的經驗，自然流露在團體歷程中。

2. 無條件積極地關切（unconditional positive regard）：以非批判式的了解與回應成員，表現對成員的接納與關心，是非占有性的，成員被充分而不是有條件地肯定與讚美。

3. 同理的了解（empathic understanding）：試著將自己融入成員的感覺世界中，設身處地地從成員的立場去體會成員的感受，準確地反映給成員。表達對成員充分的了解。

（二）領導者良好的特質

個人中心團體強調領導者的態度比技巧重要。領導者能創造出良好的治療性團體氣氛，成員能有充分的互動，端賴領導者的良好特質。領導者除了能有同理心（empathy）、尊重與接納、真誠一致外，領導者更能適度的自我開放（self-disclosure），坦然地表露自己、溫暖（warmth），表現親和力與關懷；積極地傾聽（active listening），表現接納與了解。其他如輔導員的彈性與變通、安全感與信任感、敏銳，容忍樂觀與積極進取的態度等，都是領導者的良好特質。

（三）團體歷程中的信任

要推動團體往前發展，必須建立一種可接受的信任氣氛，使成員們在其中表現出他們通常隱藏的部分，並轉向去做出新的行為（張景然、吳芝儀譯，1995），例如：

1. 從扮演角色轉為更直接地表達他們自己。
2. 從對經驗和不確定性持較保守的態度，轉為更開放地接受外在現實和忍受不確定性。
3. 從不能觸及內在的主觀體驗，轉為能覺察到它。
4. 從在自身的外部尋找答案，轉為願意向內指導他們自己的生活。
5. 從缺乏信任、封閉、畏懼人際關係，轉為對別人更具開放性和善於表達自己。

二、團體目標

個人中心團體在提供一種安全氣氛，使成員能充分探索自己的感覺。在領導者的催化下，成員充分開放自己，表達自己的感受。領導者協助成員更能接受新的經驗，並對自己以及自己的判斷更具信心。

個人中心團體的目標在鼓勵成員以此時此地的經驗與感受彼此坦然會心，利用團體的互動克服疏離感，鼓勵成員活在現在，這樣就更能發展開放、誠實、自然的特質。

三、團體領導者的角色與功能

個人中心團體領導者的角色，主要是扮演催化員（facilitator）的工作，建立信任的氣氛，協助團體有效的運作，強調成員之間充分互動的重要性。

領導者的核心任務是在團體過程中，呈現真實的自我，對成員表現關懷、尊重與了解。領導者主要角色在創造一種寬容與試驗的氣氛，讓成員勇敢地去坦露自我，更學習如何去傾聽自我、信任自我。

在團體中，領導者處理妨礙團體溝通的障礙，分享對團體中發生的事務之個人感受、印象與經驗，以及對成員適當地回饋，從而積極地投入團體中，領導者盡可能極少提供預先架構與指導，而將個人融入團體，直接地參與團體。

四、團體技術

個人中心方法被廣泛應用於團體治療、教育、工作坊中，Rogers 認為，治療團體與成長團體（會心團體）過程有極相似之處，雖然每個團體都不同，Rogers則依他大量的團體經驗，描述了 15 階段的過程模式，它們發生於任何類型的個人中心團體之中（詳見本書第十章）。

個人中心團體強調催化者的態度與行為，很少會有結構式與預先計畫的技術。基本技巧包括：積極傾聽、感受的反映、澄清、支持與成員會心等：

1. 以主動和敏感的方式傾聽。

2. 反映。

3. 澄清。

4. 摘要。

5. 連接。

6. 分享個人經驗。

7. 與團體成員經驗會心、交集。

8. 對成員表現非批判性的關心，尊重成員。

9. 支持與面質成員。

10. 隨著團體的自然發展，而不試圖指導團體發展。

11. 肯定成員自我決定的能力。

第五節 完形治療學派

完形治療（Gestalt Therapy）學派由 E. Perls 首創，認為困擾的產生乃是由於心理元素產生了痛苦的分裂，這種不協調可能發生在個體內，亦可能發生在人與人之間，因此諮商過程主要是將這些分裂的元素透過相互的自我開放與面質，使其恢復統整，亦即形成一個「完形」（gestalt），不再干擾個體（宋湘玲、林幸台、鄭熙彥，1985）。個體必須在生活中找到自己的道路，並接受個人責任。完形治療法不探究或分析個體症狀的由來，重點在處理個體此時此地所經驗的思想與感覺，協助個體增加對目前經驗的覺察，重視個體完全的存在與統整。

一、主要觀點

（一）組織與統整性

Perls 認為，人是一個整體的組織，由各種事實、知覺、行為、思想、情緒等許多相互關聯的部分組織而成新的架構，任何一部分皆無法獨立於整體之外，這一整體雖由各部分組成，卻大於各部分的總和。

人無法脫離環境而生存，個體必須與環境交互作用，始能構成行為的整體。個人亦必須透過有組織的整體，才能對外在事物及自己的本性有所了解。

（二）此時此地

完形治療是一種經驗主義的治療，不是語言式或解釋性的治療，目的在幫助當事人在現實中與自己的經驗進行直接的接觸。Perls 強調，學習充分地欣賞和體驗現實：此時是唯一重要的時刻。因為，過去的已經過去了，未來則還沒有到來。

由於完形治療重視現時的能力，絕大多數完形技術都是設計用來促使當事人更密切地接觸現實的體驗和增進其意識到此時此地的感受內容。

（三）覺察與責任

覺察是指認識我們所思想的內容，我們所體驗、感受和正式做的行動之過

程。覺察是一種不斷進行的過程，可以針對我們的情感、價值觀、需要或期望（Corey, 1995）。完形治療者激勵當事人學習充分運用自己的感覺，覺察到他們怎樣忽略顯而易見的內容，如個人的外顯行為，方法是集中注意當事人的活動、姿勢、語言模式、語調、手勢及與別人互動。覺察到變得能看到現在發生在眼前的內容。完形治療法協助成員為他們所體驗和所做的任何內容承擔責任，而不是因為他們自身的現狀去指責別人。承擔責任的關鍵是，我們能意識到每一時每一刻的體驗，並看到我們如何為這種經驗提供了意義。

（四）未解決的問題

「未完成的事務」（未竟事務，unfinished business）包括未表達的情感——諸如不滿、憎恨、憤怒、痛苦、傷心、焦慮、內疚、憂慮——以及種種事件和記憶，希望得到解決。除非這些未竟事務得到妥善處理，否則會一直干擾現時中心意識及有效地發揮功能。

人們傾向於避免面對和充分體驗自己的焦慮、憂傷、內疚，以及其他令人不愉快的情緒，這些情緒妨礙我們充滿活力的生活。我們必須擺脫迴避傾向，處理那些干擾現時生活的未竟事務，才能朝向健康和統整發展。

二、團體目標

完形治療團體促使成員們能夠密切地注意他們隨時隨地（moment-to-moment）的體驗，以便能夠認識並統合那些被他們自己所疏離、所否定的各個層面。完形治療法的基本目的是獲得覺察。有了覺察便有能力了解他們所造成的困境與障礙，從自身尋找解決問題的資源，並尋找可能改變的條件。

三、團體領導者的角色與功能

完形治療團體的領導者以各種技術來幫助成員增進體驗，並覺察他們的身體訊息（body messages），協助當事人認知與克服干擾現在功能的未完成事務。

團體領導者激勵成員走出困境，從而使其有可能成長。領導者幫助當事人找到癥結，完成從外部支持到內部支持的轉換，去除妨礙當事人自立的障礙。對個人經驗及障礙的覺察，本身就具有治療性。

在完形治療團體中，領導者特別注意成員的行為與情感，並促使團體成員必須積極主動，表達他們的情感，學習以自己的方式澄清問題，自行作出解釋。

四、團體技術

完形治療法運用各類行動取向（action-oriented）的技術，設計用來協助成員增強立即的經驗（immediate experiencing）與覺察現在的情感。其技術有：面質、空椅法（empty chair）、對話遊戲（game of dialogue）、想像法（fantasy approaches）、翻轉法（reversal procedures）、預演技術（rehearsal techniques）、誇張行為（exaggerating a behavior）、夢的處理。各種練習被設計用來使成員能夠提高對軀體緊張與情緒親密接觸之恐懼感的認識，使成員有機會實驗新的行為，體會種種情緒。最常用的技巧列舉如下。

（一）空椅法

想像與成員衝突的人，此時就坐在成員對面的椅子上，與他對話。

（二）投射

投射（playing the projection）是鼓勵成員在團體中將自己內心中的不愉快經驗，在扮演角色的對話中說出來。

（三）繞場

成員在團體中，繞場（go-around）輪流與團體內的每一位成員交談。通常是個人不愉快的事。

其他如幻想導遊、心像等技術，都是用來激勵成員們刺激想像。

所有完形的活動設計都用以強化成員覺察的層次，使得成員能體會自己在特定時候自己的所作所為，然後成員在自我覺知的情況下，能自己決定去改變。

第六節　溝通分析學派

溝通分析（Transactional Analysis, TA）學派由 E. Berne 創始，他提出一套特殊的人格組織理論，根據此人格組織中三部分的自我狀態（父母、成人、兒童）之間的互動情形，可深入了解個體的行為，並深入分析人與人之間的互動狀態。TA 是一種互動與契約式的治療方法，特別適用於團體中。古典或 Berne 學派強調

現實的溝通分析，把團體看作一個微縮的世界，處理四種分析方式（結構分析、溝通分析、遊戲分析、生活分析），Mary Goulding 和 Robert Goulding 的重新決定學派把 TA 與完形、家庭治療、心理劇、行為治療的原理和技術相結合，幫助成員體驗他們的困境或感到僵滯的部分，重現早期抉擇情境，若發現有些抉擇無效，即做出新的有效抉擇。

一、主要觀點

（一）人性論與生活腳本

溝通分析認為人基本上是沒問題（O.K.）的，但早期若自父母處學到壞的腳本（scripts），則會產生「問題」。Berne 認為，人在 3 歲時，其生命計畫中已發展出四種基本的心理地位（life position）：

1. 我沒問題──你也沒問題（我好－你也好）。
2. 我沒問題──你有問題（我好－你不好）。
3. 我有問題──你沒問題（我不好－你好）。
4. 我有問題──你也有問題（我不好－你也不好）。

這四種模式在人的生命歷程中不斷出現於人際溝通關係中。

（二）自我狀態

自我狀態（ego state）是「一種思想和感覺的系統，此一系統直接與相對的一組行為型態有關」（Berne, 1961）。TA 認為，人格有三種自我狀態──「父母」（Parent, P）、「成人」（Adult, A）和「兒童」（Child, C）。

父母自我狀態主要是幼時模仿父母的行為與態度。在外表上，父母自我狀態是在對他人表達批評、命令、偏執和照顧、安撫等行為，從內在上看它是以訓示的方法影響著內在的「兒童」。父母狀態分為「批評式父母」（critical parent），言語上表現是：「你好笨」、「不可以」，以及撫育式的父母（nurturing parent），口語是「你辛苦了」、「你進步了」。

成人自我狀態是人格中客觀而類似電腦的部分，能根據事實，把外界資料轉化成知識，加以評估，然後表現出適切、令人滿意的行為。成人自我狀態不是情緒性也不是判斷性，僅是處理事實和外在現實。言語表示為：「你做的如何？」「大致說來……」。

兒童自我狀態包括：情感、衝動、自發行為。兒童自我狀態分為三種：自然兒童（natural child）——天真而不造作；學者兒童（little professor child）——透過直覺的思考而做適當的反應；適應兒童（adapted child）——順從、退縮或不服氣的執拗。

　　針對上述三種自我狀態，可進行結構分析（structural analysis），探討個人思維、感覺與行為。

（三）對撫慰的需要

　　TA 以渴望（hunger）表示人的動機與需要，其中最重要的是對撫慰的需要（the need for strokes）。TA 理論的一個基本前提是：人需要得到身體和心理的撫慰，以便建立起對環境的信任感和愛他們自己的基礎。撫慰需求來自嬰兒時期需要父母的接觸，長大後演變成需要別人的讚賞，藉以表示其存在獲得認可。

　　撫慰有正面的，如表達溫暖、愛心、微笑、讚賞，對心理健康有益；負面的如感到被輕視、貶低、吵架等，有礙心理健康，但總比完全沒有撫慰好，這意味被忽視。團體成員被教導以如何識別他們需要的撫慰動機，並敏感地覺察他們否定自己的方式。TA 團體還教成員如何撫慰自己。

（四）遊戲

　　TA 理論的心理遊戲基本上就是一種曖昧的溝通，除了表面訊息外，還隱藏著許多訊息，結果表面上看起來很親密，事實上每個人都好像在玩捉迷藏，缺乏真正的溝通，而且遊戲的結果常有不愉快的感覺，不是別人感到「不好」，就是使自己覺得「不好」（宋湘玲等，1985）。

　　團體情境提供了一個理想環境，使成員覺察到：他們以怎樣的具體方式選擇了玩遊戲的策略，作為迴避真誠接觸的方式，以及如何選擇種種最終導致自我妨礙的思想／情感／行為模式。成員們可分析團體中反應與其在童年生活情境反應的關聯，以及從觀察團體中他人的行為來了解他們自己的遊戲和困境（Corey, 1995）。

二、團體目標

　　TA 理論的基本假設是我們已經決定的事務能重新決定。所以溝通分析的治療目標在給予成員某種程度的覺察，使得他們對生活的方向做新的抉擇。

溝通分析團體協助成員去除與他人互動中所使用不好的腳本或遊戲，激發成員重新檢視早期的決定，能應用自己新的覺察，做出新的、有效的決定。

為了發展這種覺察，TA團體鼓勵成員探討早期父母的訓令、早期價值與生活地位，覺察他們扮演的自我狀態，學習如何去確認他們逃避親密的遊戲。成員應用這些方法以便能主控他們自己的生活。

三、團體領導者的角色與功能

TA 團體領導者扮演教誨、教導（didactic）的角色，教導成員如何去體認他們為親密所玩的遊戲、成員溝通時所表現的自我狀態，還有早期決定與和所採納生活計畫中自我妨礙、自我挫敗的情況。

雖然 TA 強調行為的合理性成分，但領導者仍鼓勵成員領悟理性與情緒兩方面的自我。領導者的角色類似教師，解釋 TA 的主要觀念，協助成員發現早年所決定的不利面，以發展處理人際相處的策略。

TA團體中領導者的風格傾向於促進團體環境中的個別治療，而不是促進團體成員間的交往，因此鼓勵成員自己的治療。

四、團體技術

（一）契約

TA強調領導者與成員的平等關係，彼此分擔責任，如訂立特別契約即是。契約（contract）內容包括成員將獲得的具體目標之陳述，還有達到此目標所決定的準則。成員與領導者逐字讀出契約，思考所想做的改變以及在團體中所想探索的問題。

為實現契約的特定目標，領導者與成員共同討論一些作業。這些「家庭作業」（homework assignment）將改變的責任加諸於成員身上，期望成員以他們新的自我覺察去行動。

（二）古典的 Berne 式方法

1. 結構分析

結構分析的目的在協助成員學習如何鑑別和分析他們自己的自我狀態，以便能夠改變他們感到僵滯的行為模式。成員們意識到其父母、成人、兒童的自我狀

態之內容與功能，探索個人的思維、感覺與行為模式，例如：分析自己言行是哪一種自我狀態的操縱？在其人格中哪一方面最突出？這一過程使成員發現自己的行為與思考方式，找出他們可能的抉擇，以及掌握自己的方向。

2. 溝通分析

　　TA 理論觀點：溝通是來自某一個人自我狀態的刺激以及另一個人自我狀態的反應。因為有三種自我狀態所發出的刺激和反應而形成了各種形式的溝通，主要有以下三種類型的溝通：

(1)互補式溝通（complementary transactions）：來自一個自我狀態的訊息，收到了來自另一個人特定自我狀態的預期反應，例如：甲的成人自我說：「你昨天的工作進度如何？」乙的成人自我回應：「大概70%了。」此為成人／成人自我之間的互補式溝通，溝通路線是平行的。

(2)交錯式溝通（crossed transactions）：對一個人所發出的訊息產生了未預料的反應，例如：先生發出成人對成人自我的訊息：「太太，我們中午吃魚好嗎？」而太太的回答反應是：「你自己去煮好了，我才不理你！」（父母自我對兒童自我）溝通路線形成交叉。

(3)隱藏式溝通（ulterior transactions）：涉及兩種以上的自我狀態，以及一種偽裝的訊息。個體表面說一件事，心理意味著另一種意思，例如：太太成人自我對先生成人自我：「你看我這新衣好看嗎？」而心理卻隱含著：「唉呀！你整天都沒注意到我的新衣。」（兒童自我對成人自我）的曖昧狀態。

3. 遊戲分析

　　Berne 探討人們常以防止親密性和操縱別人，以便得到想要東西的防衛策略和「把戲」。Berne 強調學習觀察和理解為什麼會發生遊戲、它們的結果是什麼、為何使人們相疏遠的狀況。協助成員學習如何終止和避免遊戲。

4. 生活腳本分析（life-script analysis）

　　成員被要求回憶童年時所喜歡的故事、了解他們是怎樣適應於這些故事及故事怎樣融入現在的生活經歷。團體活動中重演他們生活腳本的各個部分，成員了解童年時不加批判地接受的種種禁令、對這些指令的反應及所做出的抉擇、現在為維持這些早期抉擇所運用的遊戲和騙局。團體提供支持性的機會，成員討論探

索自己。

（三）重新決定模式（redecision model）

Goulding 夫婦建立新的模式協助那些正處於兒童自我狀態的人做出重新抉擇。具體做法是使他們重新體驗早期情境，就像它們在現時重演一樣。幫助成員走入他們的兒童自我狀態，並從該角度出發做出新的決定計畫。做法則按團體階段不同來實施。

團體初期階段先建立良好關係，取得信任，願意說出問題，下一步驟審查成員有關改變的實際契約。強調的重點放在成員現在要採取行動做一些能夠促成改變的事。

團體的工作階段，在完成契約後，進行遊戲與分析，主要是了解如何支持和維持痛苦的經歷，使他們為自己承擔責任。領導者創造團體氣氛，成員迅速意識怎樣經由自己的行為和想像維繫長期的不良情緒，激勵他們發現替代性的選擇。

團體後期階段，一旦從兒童自我狀態重新做出抉擇，團體成員們會發現當事人的聲音、軀體和面部表情的變化。成員被鼓勵在團體中報告新的經驗，以替代舊的故事，通常接受團體支持新抉擇的語言和非語言的撫慰。最後激勵成員把團體情境中的改變轉換到他們的日常生活中去。

第七節　行為學派

行為諮商法（Behavioral Counseling）源自心理學上行為主義的學習說，認為不適應的行為是經由學習而來，它們也可以經由新的學習歷程而被矯正。藉著實驗心理學所建立的學習原則來修正刺激與反應之間不適當的聯結，改變不適應的行為，其特色在於使用科學方法驗證諮商效果。後來由於認知心理學的發展，逐漸承認認知因素在個人人格發展的重要，而提出認知－行為治療（cognitive-behavior therapy）。行為諮商法的倡導人物如 H. Eysenck、J. Wolpe、A. Bandura、J. Krumboltz 等。

一、主要觀點

（一）人性論

　　行為學派認為人天生無善惡之分。行為是學習的產物，任何行為都由刺激所引起，行為就是對刺激的反應，反應的模式是學習的結果。行為學派持環境決定論的觀點：行為是經由環境制約的結果。雖然行為學派不否認遺傳對行為發展的影響，但認為改變環境要比改變遺傳來得容易，因此重點乃在於透過環境的改變（包括諮商情境）以改變當事人的行為（宋湘玲等，1985）。近年來，其諮商觀點較不堅持極端的決定論，承認個人的自主性，強調增進當事人的自我選擇與決定的能力。

（二）行為學習與行為評估

　　行為是制約學習而來，行為是學習的產物，人同時為環境的產物和創造者。正常行為經由增強作用與模仿而來；不正常行為是錯誤學習的結果。行為諮商重視外顯行為的討論，強調現在行為的改變。

　　行為諮商認為行為是可以客觀評量的，且行為可做評估。有關行為評估，Kuehmel 和 Liberman（Corey, 1995）區分出六個步驟：(1)鑑別那些被認為適應不良行為並評定行為的頻率、強度、持續時間；(2)確定當事人的資源和優點；(3)把蒐集到的訊息納入問題行為所發生的情境中，包括行為前因與後果；(4)確定一套方法來測量每一行為的基準；(5)對當事人潛在增強物進行測量；(6)確定治療目標。

（三）行為治療的過程

　　Corey（1995）將團體行為諮商與治療的一般過程，分為以下三個流程：

1. 明確治療目標：行為經過評估後，團體領導者的任務是協助成員們把泛泛的一般目標，化為明確的、具體的、可供測量的，能夠以有規律的方式實現之目標。
2. 治療計畫：成員明確了他們的目標之後，可以建立一個實現這些目標的治療方案。引導成員進行團體互動的技術，例如：示範、行為預演、教導、家庭作業、回饋等。

3. 客觀評價：一旦目標行為已被明確指明，治療目標已被確立、治療方向已被確定，便可以對治療的效果進行客觀的評價。每一次團體聚會都要評價一次行為變化，以便成員能確定他們的目標得到了怎樣的結果。

二、團體目標

行為諮商法的團體目標是在協助成員排除適應不良行為，並學習有效的行為模式。行為諮商法的「治療」較類似一種教育過程，教導成員建立有關學習方法的新觀點，嘗試更有效的改變其行為、認知、情緒的方法。

行為諮商法的團體協助成員在確定治療目標後，將要達到各種遠大的行為目標，分解為具體的細目標。行為諮商的過程，常應用心理學的漸次接近法而使用逐步改變的方式，從具體而容易改變的細目標開始較容易達到預期的結果。

三、團體領導者的角色與功能

在行為諮商團體中，領導者常扮演行為矯治的專家角色。領導者講求諮商技能，協助成員解決問題，具有指導性角色；領導者也扮演教師或訓練師角色，因為行為團體諮商被看作是一種教育。在團體中，領導者主動傳授訊息給成員、教導成員因應技巧（coping skills）和行為矯正方法，以便成員能在團體外進行實踐。

在團體中，領導者適當的行為和價值觀提供成員一個榜樣。領導者對成員的問題進行不斷的評估。領導者蒐集資料，以確定對每一個成員的治療效果。一般說來，在行為諮商團體中，領導者與成員的平等互動較少。

四、團體技術

行為諮商法的主要技術是以行為和學習原理為基礎而發展出具體的各種行為諮商策略，領導者更負責積極地教導，並使團體進程能遵從預先確定的活動計畫實施，目的在於成員行為的改變和認知重建。

在團體的初期階段，重點在建立團體凝聚力，熟悉團體治療的組織結構，鑑別要被矯正的問題行為。團體工作階段在治療計畫和技術的運用，按照成員的問題，分別使用不同的治療策略。團體後期階段，領導者關心使成員把在團體中表現出來的轉化到日常環境中。

行為諮商團體常使用的技術包括：系統減敏感法、肯定訓練、嫌惡治療、操

作制約、自助技術、增強和支持方法、教導、示範作用、回饋，以及各種挑戰和改變認知的方法。

第八節　理性情緒行為治療學派

理性情緒行為治療（Rational Emotive Behavior Therapy, REBT）學派由 A. Ellis 首創，他認為一個人的情緒困擾主要是來自他個人不合理、非理性的信念，也認為發生在很多人身上的同一事件，所造成的結果與反應不同，原因是個人對該事件的認知與信念不同。如果信念系統是不合理、不切實際的，則結果也將是不合理的，常因而產生情緒的困擾。他引用 Epictetus 的說法：「造成你困擾的原因不是發生在你周遭的事件，而是你對這事件的看法。」理性情緒行為治療要找出個體的非理性信念，並加以駁斥，協助當事人採取合理性的想法。

一、主要觀點

（一）人性論

Ellis 認為，人同時是理性與非理性的動物，當人能做理性思考時他能保護自己，表現出有效率、快樂、有能力的行為；當人不能做理性思考時，他會破壞自己，逃避責任、偏執武斷。人的困擾不是來自外界的因素，而是源自個人在生物上和文化上歪曲事實和自我困擾的傾向。此種傾向透過父母、師長、同儕、大眾傳播影響而來，藉其信念系統使自己陷於困境（宋湘玲等，1985）。但人也有能力去改變其認知、情緒與行為，也有能力向過去挑戰，建立新的信念系統，表現適宜的情緒，重新適應。

（二）A-B-C 理論

Ellis 認為，發生在很多人身上的同一事件（Activating event, A）所造成的結果（Consequence, C）都不盡相同，顯示 A 與 C 之間存有中間變項，是人們對該事件所持的信念系統（Belief system, B）不同所致。Ellis 強調，人們對某些事件發生後隨即產生的情緒反應，並非該事件導致情緒狀態，而是人們對事件的看法、解釋的不當所產生的情緒結果；他更強調，個人的焦慮、憂鬱、憤怒、排拒、罪

惡以及疏離等情緒，都是來自於自我挫敗的信念體系。而該信念體系乃由於兒童時期不加判斷地吸收非理性觀念所致，人們常不斷對自我做負面、絕對性和不合邏輯的陳述，更加強其自我挫敗的信念。

（三）非理性信念

Ellis 認為，人有能力改變自己的認知、行為和情緒。如果個人發揮不同方式的思考和行動的潛在選擇能力，即可以改變困擾，成為建設性的方式。人可藉由避免事件 A 盤據在心，認清並抗拒停留在無休止的情緒結果 C 的誘惑，達成改變的目標。人能選擇去檢驗、挑戰、修正和根絕 B 對事件 A 所持的非理性信念。

Ellis 列舉出十餘項一般人具有的非理性信念，例如：「每個人都必須得到每個重要他人的喜愛和讚賞」、「一個人必須能力十足，在各方面均有成就，這樣的人才是有價值的人」、「每個人均應經驗快樂而非痛苦，如果環境不能使個人快樂的話，那是令人難以忍受的事」等等。這些非理性信念或價值觀便是導致情緒困擾的原因。

Ellis 教導人們看到非理性信念如何影響情緒和行為困擾時，即可駁斥（Dispute, D）。團體領導者可示範如主動且強而有力地駁斥這些非理性信念直到去除殆盡。駁斥的歷程包括三個 D：探測（detecting）非理性信念，並看到其不合邏輯和不符合現實的地方；辯駁（debating）這些非理性信念，提醒自己它們是不被任何證據所支持的；區辨（discriminating）非理性思考和理性思考（張景然、吳芝儀譯，1995；Ellis & Bernard, 1986）。在 D 之後，E 即隨之而至。所謂 E 是駁斥的效果（Effect, E）。接著產生新的感覺（Feeling, F）；捨棄自我毀滅的想法，獲致較理性與符合現實的生活哲學，以及對自我、他人和日常生活中不可避免的挫折能有更大的包容力。

二、團體目標

理性情緒行為治療團體的目標是在教導成員改善個人不適應的情緒和行為，並處理其生活中可能產生的各種不愉快事件。團體領導者教導成員為自己的情緒困擾反應負責，協助他們辨別並摒棄導致他們困擾的自我灌輸過程。經由自我語言的陳述及改變信念和價值觀，即能改善其情緒困擾，如果他們獲得嶄新且更合於現實的生活哲學，則能處理生活中大多數的不幸事件。

理性情緒行為治療團體協助成員消除生活上的非理性（irrational）與自我挫

敗（self-defeating）的觀念，並以更堅忍、更理性取代之。

三、團體領導者的角色與功能

理性情緒行為治療團體領導者的功能是教導性的，在團體過程中不斷地擔任解釋、教導、再教育的工作。領導者的首要任務是向成員展示他們如何突破自己的困境，澄清其情緒、行為困擾與其價值觀、信念和態度之間的聯結關係。理性情緒行為治療團體領導者協助成員正視並積極地面對自己的非理性、不合邏輯的思想，以及認知自我挫敗的行為和非理性信念之間的關聯，並教導他們如何改變自己的思考和行為模式。

領導者扮演教師的角色，而非與成員密切關係的夥伴。一般說來，在領導者與成員的互動中，傾向於指導性與面質性的。雖然理性情緒行為治療團體領導者不試圖建立支持性的氣氛，以避免增強人們對愛和贊同的神經性需求，但取而代之的是鼓勵成員表達對彼此的完全接納（Wessler, 1986）。理性情緒行為治療特別強調無條件接納，即使成員表現不佳。

四、團體技術

理性情緒行為治療團體基本的技術是積極性教導（active-directive）。領導者探測、面質、挑戰、強制性的指導、示範並教導理性的思考方法，對當事人進行解釋、說服、鼓勵，甚至直接反駁與訓誡，盡一切可能證明當事人的自我語言（self-statement）以及對事件的看法是不合理的，一旦自我語言中的敘述被證明不合理後，再協助當事人採用較合理而健康的方式思考。領導者運用迅速激勵方式，要求團體成員們持續使用他們的認知技巧。

在理性情緒行為治療團體中，領導者使用廣泛的行為技術，例如：反制約作用（deconditioning）、角色扮演、行為研究、家庭作業，以及肯定訓練等。Corey（1995）詳列了理性情緒行為治療技術和歷程如下。

（一）理性情緒行為治療團體的認知策略

向成員強調其信念與自我語言是他們困擾的原因，提供技術以消除這些自我挫敗的認知。團體中強調思考、駁斥、辯論、挑戰、說服、解析、說明和教導。

1. 教導理性情緒行為治療團體 A-B-C 理論：使成員從領導者演示中知道如何將 A-B-C 理論應用於生活周遭的問題上。

2. 駁斥非理性信念：駁斥當事人的非理性、不合邏輯、絕對性、災難化，以及合理化的想法。

3. 因應式的自我陳述：成員被教導如何以有意義的自我陳述來對抗非理性信念。

4. 心理教導方法：鼓勵成員閱讀書籍和利用 CD，例如：Ellis 出版與錄製了許多有關理性生活的書籍與 CD。

5. 認知性的家庭作業。

6. 幽默的使用。

（二）理性情緒行為治療團體的情緒策略

1. 無條件接納：不管成員們在治療或治療外的行為有多惡劣，理性情緒行為治療團體都會完全接納他們。

2. 理情心像：教導成員如何想像一些最難堪的事，接著訓練他們以適當的情緒去替換負面的情緒。

3. 羞惡攻擊演練：鼓勵成員冒險做一些自己不敢做的事，藉以挑戰害怕難堪的神經質恐懼感。

4. 角色扮演：包含情緒性和行為性層面。

（三）理性情緒行為治療團體的行為策略

1. 指定家庭作業：包括讀書練習、冒險練習、放鬆練習、書面的 A-B-C-D-E 分析、聆聽 CD 等。

2. 增強和懲罰：成員實踐一項特定家庭作業後，可用自己喜歡的事物增強自己；未完成家庭作業時，則加以懲罰。

3. 角色扮演和楷模示範：在團體中做肯定訓練、行為預演及冒險練習的角色扮演較為有效。團體中的領導者和其他成員均可視為楷模，提供示範，以使成員模仿。

4. 技巧訓練：在團體中訓練特定的技巧，如肯定、社會化，以及研讀等。

5. 回饋（feedback）：成員從團體中獲得有關無效表現、非理性思考，以及自我毀滅性觀念、陳述和行為的回饋，利用這些回饋，他們將以全新的或修正過的假定為基礎，練習新的行為。

第九節　現實治療學派

現實治療（Reality Therapy）學派由 W. Glasser 所創。現實治療法強調現實、責任、對與錯四者與個體生存的關係，針對當事人目前的行為，引導當事人更正確地了解自己，成功地找到認同目標，面對現實，並在不傷害他人的原則下滿足自我的需求（宋湘玲等，1985）。現實治療要求當事人去察覺自己目前的所作所為，並為之負責，而非停留在過去的行為與感受。現實治療法著重解決問題，在迎合社會中現實的要求下又能滿足個人需求。現實諮商法比較上是主動的、引導性的，以及教誨性的方法，強調目前的行為，自我負責的再教育過程。

一、主要觀點

（一）人性論與人類需求

Glasser 認為，人類行為不是外在事件的反應，而是內在需求的反應。人主要有四種心理需求：歸屬（belonging）、權力（power）、自由以及歡樂（fun），人也有一種生理需求，即求生存（survival）（Gladding, 1995）。人類的行為都有其目的，人們必須負責去滿足他們的需求，對於不能滿足需求的人，Glasser 稱之為「不負責任」（irresponsible）的人，而不稱為「心理失常」（mental ill）。

Glasser 認為，人在需求沒有得到滿足時，常會為自己的行為找藉口，以否定現實。現實治療的本質在教導人們負起責任，學習如何實際地滿足需求。

（二）控制理論

Glasser（1985）的控制理論（control theory）強調，我們所有行為都產生自我們的內心，目的是為了滿足我們的基本需求，所以「行為」是「知覺」的控制樞紐（Corey, 1995）；我們無法控制現實世界中的實際情形，但是我們能試著控制我們的知覺。我們如何去感覺並不是受到別人或外在事件的控制。我們不是別人的心理奴隸，除非我們自己做此選擇。不管外在環境如何，我們的行動、思考、感覺在當時總是最能夠滿足內在驅力的。

（三）成功認同

　　個人需要學習如何滿足需求，需求獲得滿足的程度與狀況形成個人對自我成功或失敗的認同。擁有「成功認同」（success identity）的人視自己為能愛與被愛、對別人具有重要性、能感受到自我價值，表現出對人、對家庭、對社會都有關注之情。能在不犧牲別人的情況下滿足自己的需求。而尋求治療的人通常具有「失敗認同」（failure identity）：孤獨、寂寞、無助，自認為是受苦者，視自己為不被愛、不受歡迎、覺得沒有人關心他，他也不關心別人，不認為自己有何價值，常持負面的評價；視自己為沒有希望的失敗者，最後形成退縮、對己對人漠不關心，認為生活是受難和不幸的歷程之態度。

二、團體目標

　　現實治療法的主要目標是引導成員不斷學習現實的、負責的行為。透過領導者的教導，成員了解評鑑行為「正當」（right）與否的標準，對自己的行為做出有價值的判斷，並制定出改變的行動計畫。

　　現實治療協助成員建立一種「成功的認同」，所以在團體過程中，幫助成員增強對自我行為的責任感，積極地接受現實（reality），滿足自我的需求。

三、團體領導者的角色與功能

　　現實治療法團體領導者的重要任務在於介入成員的問題中，協助他們面對現實，鼓勵成員評價自己的行為，做出種種能夠使他們以社會所接受的方法實現自己需要的選擇。為了能扮演此種角色，Corey（1995）認為領導者須執行許多功能，其中主要為下列幾項：

　　1. 扮演楷模角色，示範負責的行為與成功認同的生活表現。
　　2. 以關懷和尊重的態度與個案建立治療關係，如此才能鼓勵與要求對方表現負責任與實際的行為。
　　3. 主動與個案討論其目前行為，不贊同對方找藉口。
　　4. 建立評價歷程，使個案了解何者是其滿足的慾望。
　　5. 教導成員擬訂並執行改變其行為的計畫。
　　6. 建立團體聚會的結構與限制。
　　7. 以開放的心態挑戰及探索個人的價值觀，並與團體成員分享。

8. 鼓勵成員們介入彼此的問題中，讓別人分享自己的經驗，並以負責任的態度彼此合作去解決問題。

9. 協助成員設定治療的時間與範圍。

10. 教導成員將團體中所學的應用到每天生活中。

四、團體技術

現實治療法運用相當廣泛的技術，例如：角色扮演、面質、示範作用、幽默、契約以及行動方案或具體計畫。在治療過程中，現實治療法有八個基本步驟，可用於個別與團體治療中。另外在團體中更強調運用特殊的技巧。

（一）現實治療法八大步驟

1. 建立關係並詢問當事人的期望：藉領導者的關懷、積極參與，減低當事人的孤獨感，使其重新建立自信。透過領導者有技巧的詢問，鼓勵當事人確認、界定與澄清他們希望如何滿足其需要。

2. 強調目前的行為：領導者促使成員專注在他們目前的行為，能夠做選擇，以及能夠改變自己的生活。

3. 促使當事人評量其行為：要當事人評量他所選擇的行為能否能達到他的目標，治療者的任務在於，以當事人的行為來面質他們，可促使他們去判斷行動的品質。

4. 規劃與行動：成員在領導者的指導與協助下，詳細計畫更好的行動。

5. 執行計畫的承諾：承諾可用口頭方式，也可以用契約方法。

6. 不接受藉口：如果當事人未實現合約、完成計畫，領導者不接受任何藉口，而與當事人重新評估計畫，協助修正原計畫並再承諾實踐計畫的決心。

7. 不懲罰：懲罰會導致雙方關係破裂，讚賞才能增加關注而引導當事人採取負責的行為。可暫時限制其自由或剝奪其權益，或不能進行下一計畫，鼓勵再試一次。

8. 永不放棄：領導者必須克服求取速效的心態，能永不放棄協助的信念，當事人在體認領導者如同好友伴他行，就更有意願嘗試新的改變。

（二）現實治療法團體中的特殊技術

Wubbolding（1988, 引自 Gladding, 1995）延伸現實治療法四種特別技術運用在團體中：

1. 技巧性詢問的藝術：領導者確實掌握詢問「哪些」問題、「如何」詢問、在「什麼時機」下詢問。多用開放式問句、試探性或邀請式的問法等。

2. 自助技巧：成員在團體中，成員學到各種自助技巧，如學習新的社會技巧。自助的過程重點在強調正向的、有目的的行為。

3. 使用幽默：團體有足夠的凝聚力之後，幽默的使用才能產生正面的效果。成員在幽默情境中理解事物，輕鬆地看待他們以前在團體中傷心的事。

4. 使用矛盾技術：有時候促成改變的最好方式是採取間接迂迴的方式，以某種令人預期不到的方法處理問題。以反面的觀點來看待成員的行為，倒果為因及倒因為果。

關鍵詞彙

心理分析	人格結構	本我
自我	超我	潛意識
自我防衛機制	自由聯想	夢的解析
阿德勒學派	整體論	目的論
社會興趣	生活方式	自卑與超越
存在主義	自我覺察	存在焦慮
個人中心學派	真誠一致	無條件積極地關切
同理的了解	同理心	完形治療學派
完形	未竟事務	空椅法
溝通分析學派	腳本	自我狀態
結構分析	互補式溝通	交錯式溝通
隱藏式溝通	遊戲分析	生活腳本分析
重新決定模式	行為學派	行為評估
理性情緒行為治療學派	人性論	A-B-C 理論
非理性信念	現實治療學派	控制理論
成功認同	失敗認同	

自我評量題目

1. 心理分析學派的主要觀點如何？
2. 簡述心理分析學派的團體目標、領導者角色與團體技術。
3. 阿德勒學派的主要觀點如何？
4. 簡述阿德勒學派的團體目標、領導者角色與團體技術。
5. 存在主義學派的主要觀點如何？
6. 簡述存在主義學派的團體目標、領導者角色與團體技術。
7. 個人中心學派的主要觀點如何？
8. 簡述個人中心學派的團體目標、領導者角色與團體技術。
9. 完形學派的主要觀點如何？
10. 簡述完形學派的團體目標、領導者角色與團體技術。
11. 溝通分析學派的主要觀點如何？

12. 簡述溝通分析學派的團體目標、領導者角色與團體技術。

13. 行為學派的主要觀點如何？

14. 簡述行為學派的團體目標、領導者角色與團體技術。

15. 理性情緒行為治療學派的主要觀點如何？

16. 簡述理性情緒行為治療學派的團體目標、領導者角色與團體技術。

17. 現實治療學派的主要觀點如何？

18. 簡述現實治療學派的團體目標、領導者角色與團體技術。

第三章

團體動力

● 吳武典

學習目標

── 研讀本章內容之後，讀者應能達成下列目標：

1. 了解團體動力的緣起及定義。
2. 探討團體形成的原因、發展的階段及團體設計的有關問題。
3. 探討領導的性質及促進團體效能的因素。
4. 分析團體中的角色類別及角色功能。

摘要

團體動力學是研究團體中行為的科學，它強調科際整合（interdisciplinary），以探討團體性質、團體發展及團體內相互依存的關係及其影響因素。

自發性團體的形成乃基於團體中的人或事具有吸引力並能滿足個人需求；雖然沒有所謂最佳的團體發展模式，其歷程大體是：起始（準備）—形成（涉入）—中介（轉換）—修正（工作）—成熟—結束。團體方案的設計須考慮自願與非自願、開放與封閉、結構與非結構等問題。

團體的領導與被領導是可以交換的交互和合作之歷程，民主式的領導顯然較優；有效的領導固然對團體效能（人際和諧和工作效率兩方面）的提昇有幫助，但團體效能的增進尚需其他條件的配合。

團體中有形形色色的角色類型、角色扮演和角色認同，積極的角色能起催化與協助作用，消極的角色（抗拒性或操縱性）則妨礙團體的進展和效能的發揮。

團體是動態的，動態的團體才是有生命的團體。要了解一個團體、運作一個團體，必須要了解團體的動力及其功能。團體動力學自 1930 年代萌芽，1940 年代創立以來，已有豐碩的研究成果，足以釐清許多團體現象，且應用於許多學門，團體輔導受益於團體動力學的尤其多。因此，本章將扼要介紹團體動力學的涵義，並討論有關的重要課題，包括團體的形成與發展、團體的領導、團體效能、團體中的角色及其功能。

第一節　團體動力的意義

一、緣起

團體動力（group dynamics）通常指的是對於小團體中個人互動的研究，團體動力最簡單的定義是：「運作團體的各種勢力」（Jacobs, Harrill, & Masson, 1994: 23）。這種勢力存在於某一場域或情境，是相當複雜而且互相依存的。它與當代心理學中的場地論（field theory）關係最密切。場地論的創始和發展者是 Kurt Lewin（1890-1947）。所謂場地論，並非一般所說的理論，根據 Lewin 的說法，它是分析因果關係和建立科學架構的方法（Lewin, 1936）。

場地論又與完形論（Gestalt Theory）有密切關聯，特別是談到行為與經驗時，完形論中「部分與整體」的交互關係（如「全體不等於部分之和」，強調全體與部分的關係），深深影響著場地論。場地論的基本架構是：

1. 生活空間（life space）：包括在某一時間內個人或團體所存在的一切事件或事實。
2. 緊張（tension）、能量（energy）、需求（need）等，皆是行為分析的基本概念。
3. 在某一體系中的「緊張」是藉著知覺（perceiving）、思考（thinking）、感覺（feeling）、行動（acting）及回想（remembering）等，而獲得解除、恢復平衡。
4. 學習乃是改變的歷程，包括：認知結構的改變（獲得新知）、動機的改變（新的喜惡）、團體的改變（進入新的文化體系）等。

事實上，團體動力學一詞也是 Lewin 於 1947 年首先創用的（Lewin, 1947），

他也被公認為團體動力學之父。Lewin 於 1945 年在美國麻省理工學院創立了第一個團體動力學研究機構——團體動力學研究中心（Research Center for Group Dynamics, RCGD），建立了學術上團體動力學的地位，為心理學、社會學、教育學及其他社會科學開啟了新的領域、問題和方法。該中心於 1947 年 Lewin 逝世後遷移到密西根大學，之後與調查研究中心（Survey Research Center）聯合成立社會研究中心（Institute of Social Research, ISR），成為 ISR 的一部分迄今。

二、定義

繼 Lewin 之後，主持團體動力學研究中心的 Cartwright 和 Zander（1968）認為二次大戰以後，團體動力學迅速發展，但定義卻一直曖昧不清，它的通俗定義有以下三項：

1. 指一種政治意識型態：關心的是如何組織與操縱團體，如投票行為。
2. 指一套技巧：關心的是團體歷程的觀察和回饋、團體決策及各種團體技巧（如角色扮演、小組討論）等。
3. 指一種探討團體性質、發展法則及其與個人或其他團體之交互關係的知識領域。

根據 Cartwright 和 Zander（1968）的說法，團體動力學不同於傳統學術者，在於它具有下列的特徵：

1. 它強調有理論價值的實徵性研究，也就是應用諸如評量、觀察、實驗、統計等實徵研究方法。
2. 它著重於團體現象的動力及其相互依存關係：也就是它不以描述特性及其相關因素或對團體型態、團體方式予以分類為滿足，它還要探討團體現象的影響因素及在某些狀況下會產生何種現象，例如：團體人數改變時，哪些團體特性會改變？哪些不變？何種狀況下，團體會改變其領導型態？何種團體壓力能促成團體成員的意見趨於一致？何種情況會妨礙成員的創造力？何種團體的改變會提高、減少或不改變生產力？
3. 它強調科際整合的研究，包括社會學、心理學、文化人類學、教育學、政治學、經濟學等的跨學門合作。
4. 它強調研究成果的實際應用：例如應用於勞資仲裁、公共衛生教育、婚姻協談、人際關係訓練、團體間關係、社會團體工作、牧師（教士）協談、醫院管理、成人教育、公共行政、精神醫學、臨床心理、兒童教育等。

今日，團體動力學的定義已逐漸明朗化，由上述第三個通俗定義演化而成下列的定義：

團體動力學是研究團體中行為的科學，旨在促進對團體性質、團體發展及團體與個人、其他團體或社會間交互關係的了解。（Johnson & Johnson, 1994: 14-15）

團體動力學的一個重要特質是「科際整合」。它與其他學門的關係如何呢？從表 3-1 各學門與團體動力學相關的論題，可窺見一斑。

表 3-1　團體動力學的科際整合論題示例

學　　　　　門	有　關　論　題　舉　隅
心　理　學	社會性催化、問題解決、態度改變、對他人的知覺、社會性比較等
社　會　學	自我與社會、規範對行為的影響、角色關係、違常現象等
人　類　學	不同文化的團體、社會變遷、不同性別、年齡、種族的團體等
政　治　學	領導、團體間關係、政治影響、權力等
語言與溝通	團體中的訊息傳播、溝通障礙、溝通網絡等
工　商　業	動機、生產力、組織效能、目標設定等
社　會　工　作	團體參與及其適應、家庭諮商等
教　　　育	班級團體、協同教學、班級組成與教育效果等
臨床或諮商心理	團體諮商與治療效果、敏覺性訓練、坦誠團契等
犯　罪　審　判	執法機構之組織、幫派、陪審團審議等
運動與休閒	團隊表現、勝敗效應、團結與成績等

資料來源：Forsyth (1990: 16)

社會互動（social interaction）或人際互動（interpersonal interaction）是團體動力的另一項要素，此一現象可以從圖 3-1 加以了解。

圖 3-1 顯示在社會互動體系中，個人在小團體的互動受到個人因素與環境因素的交互影響。來自個人的因素有個人生物性的特質（如健康、相貌）及其衍化而來的人格（如個性、群性）；來自環境的因素為大環境（社區、社會）及在其孵育下的小環境（家庭、同儕）。生態或環境的特質影響了個人的角色認定與角色扮演，此種先定的角色特質會帶入團體中，從而影響團體中的個人間交互關係

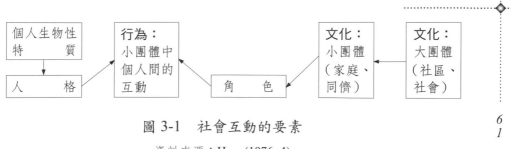

圖 3-1　社會互動的要素

資料來源：Hare (1976: 4)

（如中國傳統文化中，「君君、臣臣、父父、子子」的角色期待與角色扮演）。
因此，個人在團體中的行為表現及其與他人間的關係，實為個人特質與環境特質
交互作用的結果。

　　總之，團體動力學作為團體輔導的基礎，我們對它要有基本的認識，才能據
以了解團體的性質、發展及其複雜又有趣的團體內、外互動關係。

第二節　團體的形成與發展

一、團體形成的原因

　　有些團體是自然形成的，如家庭團體、種族團體等；有些團體是強制組成
的，如班級團體、監獄受刑人團體等；有些團體則是自發性的，如學生社團、教
會團體、成長團體等，其組成的原因各不相同。

　　就自發性的團體而言，個人參與團體的原因不外乎下列三種：

1. 喜愛團體的工作或活動：如參加網球俱樂部，是因為喜歡打網球；成為救
   國團「張老師」的一員，是因為樂於從事助人的事業。
2. 喜歡團體中的人：如由於好友邀請，最初只是為了取悅友人，後來發現團
   體中有許多志同道合的朋友，就樂在其中了。
3. 團體能滿足個人需求：如參加團體之後可以滿足其安全感與歸屬感的需
   求，或因之而能提昇其聲望或自尊，團體成為滿足其需要的媒介或工具。

二、團體的發展

　　隨著時間的變化，團體形成後，團體會在內部結構上、歷程上和文化上發生

改變。這種團體的發展，有下列四個基本假設（Sarri & Galinsky, 1985）：

1. 團體是個人改變的有效途徑。
2. 團體本身不是目的，其目的在發揮團體潛能，以改變個人，而非僅是形成一個小型社會體系。
3. 團體催化員可控制和影響團體的發展。
4. 團體發展沒有所謂最佳模式。

團體發展雖然沒有所謂最佳模式，不過 Sarri 和 Galinsky（1985）所提出的模式：起始→形成→中介→修正→二度中介→成熟→結束（分成七個階段）似乎頗為通用，說明如下。

（一）起始階段（origin phase）

即準備階段，涉及團體的組成（大小、成員特性、聚會場所）和參與取向（自發性與非自發性）等。

（二）形成階段（formative phase）

成員尋求共同和適配的價值、態度、目標和工作等。在此階段，規範逐漸形成，團體凝聚力也隨之產生。

（三）中介階段（intermediate phase）

其特徵是增進人際的聯結，使團體凝聚性達到中等程度。此一階段的主要工作是：(1)澄清目標，參與目標取向的活動，逐漸出現特定目標，工作領袖與社會－情緒領袖出現，小團體和次團體開始形成；(2)更多的規範和價值形成，並與團體運作相結合；社會控制作用形成，對於違犯規範者考慮施以懲罰；(3)成員開始經驗共同事件，開始建立共同的傳統、情操和價值。

（四）修正階段（revision phase）

對團體的領導有了挑戰和修正。此時期的主要工作是：形成角色的分化，較多成員在某能力領域內分擔了領導的角色。

（五）二度中介階段（intermediate II）

團體內的勢力再度恢復平衡，大多數成員表現出與第一次中介階段相似的行

為，但有較高的團體統合性和較大的穩定性（趨向目標性活動）。由於成員相處日久，較多傳統產生，規範也較清楚，使團體凝聚力更為提高，團體對成員的影響力也相對增加。早期團體的一些問題，可能在此時期獲得解決，因此，大家更專注於特定目標性活動，有更多的相互依賴和合作。另一方面，此時的領導權變得分散，成員角色也更趨分化。

（六）成熟階段（maturation phase）

此時，較高度的團體功能得以發揮，團體結構也更趨健全，包括階層分明、特定角色形成、互動類型形成、次團體互相結合；穩定的關係形成，建立了有效的改變方法。另一方面，團體內部也發生重要的改變——發展出適應機轉，以化解團體內可能的衝突和危機。

（七）結束階段（termination phase）

此時可能有四種情況發生：(1)目標達成，團體不需再存在；(2)計畫成立另外的團體；(3)如果團體不能達成目標，則趨向解體；(4)如果團體對外在變化與壓力不能有效因應，則形成不良適應。

關於團體發展階段，各家的分析，可說大同小異，本書第五至八章將有較詳細說明。就學校中實施的團體諮商而言，則以Mahler（1969）的五階段說（準備—涉入—轉換—工作—結束），最為流行（引自吳武典，1987：434-447）。上述Sarri 和 Galinsky（1985）的七階段說，與 Mahler 的說法相當符合（如圖 3-2 所示）。

圖 3-2　兩種團體發展階段說法的對照

三、團體設計問題

關於團體方案的設計，本書第十至十七章將有理論說明及實例。此處將針對團體設計時常遇到的三大問題加以討論。

（一）自願性與非自願性問題

成員若能自願、自然地參與團體，由於有共同的意願，就可促進團體的凝聚力，使成員提早認同團體，信任其他成員，這當然最好。但在很多情況下，我們必須毫無選擇地組成非自願團體，例如學校為輔導違規犯過學生組成的團體，成員是被挑選出來的，所以是非自願的。非自願的團體開始時會有較大的抗拒性，成員可能有很強的防衛心理，妨礙團體的順利進行。此時，領導者的催化技巧特別重要，他首先要設法促使成員由非自願參與變成喜歡團體（洪有義，1983）。

（二）開放式與封閉式問題

凡是容許成員更迭的團體，就稱之為開放式團體。在這種團體中，新成員必須是有興趣地加入，同時獲得團體成員的同意。至於成員的更迭幅度如何才適當呢？一般認為不宜過大，因為新成員若太多，必然使團體結構產生極大變化，難免影響團體的穩定性。當然，若團體已相當穩固，則新成員的加入，反而可以使舊成員成為協助者，加緊新成員前進的腳步。

一個團體，從第一次到最後一次的聚會，若其成員皆保持不變，稱之為封閉式或固定式團體，此種團體的成員有較高的和諧性和認同感。團體諮商常採用這種方式，理由是當團體在不斷進展的時候，新成員的加入就有如在平靜的湖面投下一顆石子，必須稍候片刻才能平靜下來。如此一來，將造成新成員走在後面，而舊成員已走在前面的情況，往往會影響團體的進程。

在運用上，何者較為適宜呢？一般認為須視實際狀況而定，例如對於解決夫妻問題的團體當然採開放式較符合實際需要，因為每對夫妻的問題之層次必然不同，我們當然可以讓已經解決的一對先行離去，而讓新的一對進來。又若考慮到新成員的中途介入，將破壞團體的穩定性，降低和諧感，則自然要採封閉式團體了（洪有義，1983）。

（三）結構性與非結構性問題

　　結構性團體（structured group）和非結構性團體（unstructured group），在團體目標明晰度上，有根本的差異。結構性團體的成員在參加團體時，即由領導者的說明中了解到團體的目標，有循序漸進的學習主題貫穿於團體過程中；而非結構性團體，如學習團體（learning group）、會心團體，則並無事先設定的學習主題，團體的方向在於幫助個人成長及行為、態度的改變，至於成長些什麼？改變些什麼？則完全視每一不同團體的發展而異，採用的是開放性的目標（open-ended goal）。因此，結構性與非結構團體在目標的學習、領導者的角色以及團體氣氛的塑造上都有若干的差異（夏林清，1983），如表 3-2 所示。

　　由於結構性與非結構性團體在設計和功能上的差別，它們被運用的情況也不同。一般來說，結構性團體普遍地被應用在教育情境當中，例如：研習會（workshop）、教育性成長團體（educational growth group），以及國中輔導活動課程設計。團體的時間亦視團體目標的安排及設計，可長、可短（4、6 小時以至於 20、30 小時）。人數安排上亦可由 10、20、30 人至 40、50 人（夏林清，1983）。

　　非結構性團體則常被應用於學習團體、會心團體之類的諮商團體。在時間上，因團體過程發展的需要，至少需20、30小時以上，人數亦以8至12人為佳。我們時常會有一種誤解，以為有沒有帶活動是結構和非結構團體的不同；事實上，活動只是領導者可運用的一種技巧和工具。在非結構性的團體裡，領導者也可以在過程中建議團體運用某些活動來促進團體的互動與學習。因此，結構性與非結構性團體之不同並不在於活動的有無，而在於「目標」的設計上（夏林清，1983）。

表 3-2　結構性團體與非結構性團體的比較

	結 構 性 團 體	非 結 構 性 團 體
成員的學習	成員由參與中,自由地依自己的需要及價值觀來吸收、學習;但學習的範圍和方向則易被團體領導者所設計的結構、主題所限制。	成員學習的內容較無限制,隨著成員彼此的互動,引發出任何可能的學習材料及方向。
催化員的角色	團體領導者清楚地運用其領導的角色來引導團體的進行。有時為了配合成員更有效地學習,會進行簡短的演講或印發講義等學習材料。	團體的學習有賴於成員彼此在團體過程中自然產生的情緒和行為。領導者適度地參與團體,促進團體的溝通與成員間的了解、分享;領導者領導的角色較不明顯。
團體的氣氛	團體在整個進行過程中,安全的學習氣氛是被蓄意創造的。如開始時運用暖身活動（warming-up exercise）來培養團體氣氛,醞釀學習情緒。 為了避免曖昧不清、不安全或威脅的氣氛,通常由容易或較淺的學習主題進行到較難或較深的學習主題,以幫助成員在安全的氣氛中,針對學習主題獲得最有效的學習。	因為成員的學習資源是來自彼此感情與行為的投入,成員自然地會被彼此期待和鼓勵。所以團體初期因目標的不明確而帶來曖昧不清的氣氛是有意義的,因為它提昇了成員的焦慮,而適度焦慮的壓力反而是催化、引發成員一連串真實行為反應的力量。例如:團體第一、二次聚會,因為大家都不知道要談些什麼,有不少次沉默出現,甲成員忍不住地問團體:「我們到底要幹什麼啊?」甲的疑問引發了其他成員對團體時間利用的熱烈討論。團體便開始由茫然的狀態走到找尋目標的路上了,團體的學習也就因而開始。

資料來源:夏林清（1983:72-73）

第三節　團體領導與團體效能

一、何謂領導

領導（leadership）是一種人際交互作用。當團體中的某一份子想要改變團體中的某一個人或某些人的行為（包括態度、價值、感情等）時，就是他想獲得領導權。當然，僅僅「想」控制或影響他人，領導作用並不能算是已經發生了，必須要看他是否真正發生了影響力——別人是否願意接受他的影響；一廂情願地想控制或影響別人，不構成領導的特性。

Forsyth 為領導所做的定義，便充分指出這種「交互性」和「合作性」：

> 領導是交互的、交流的和轉換的過程，團體中的某個人被允許去影響和激勵他人，以促進團體和個人目標的達成。（Forsyth, 1990: 216）

我們對於領導與被領導常有若干迷思，茲列舉這些常見的迷思，並試著導正如表 3-3 所示。

表 3-3　對「領導」與「被領導」的迷思和正思

向度	迷思	正思
1. 主從	主奴關係	互相尊重
2. 來源	天生關係	透過認可
3. 權力	獨占關係	權力分享
4. 能力	優劣關係	互相學習
5. 變異	固定關係	角色替換
6. 動機	利害關係	誠信相交
7. 得失	輸贏關係	共同成長
8. 情感	疏離關係	工作伙伴

二、誰是領袖

每個團體都有它的領袖。一個團體的領袖，有他的報酬，也有他的代價。他可能得到的報酬是以下二項：

1. 從工作成就中滿足了他的成就動機。

2. 從領導活動本身滿足了他的支配動機。

但是，他也要付出相當的代價：

1. 因為他要做團體的典範，所以難免緊張。

2. 因為他擔心失敗導致地位的喪失，所以難免焦慮。

3. 如果他把團體帶向失敗，他就難免自責與內疚。

4. 如果他的成功導致別人的失敗或挫折，可能遭致怨恨、嫉妒或規避。雖然有人對他又敬又畏，但真正愛他的並不多。朋友似乎很多，但常感到孤獨、寂寞。

作為一個團體的領袖，要擔負許多責任，例如：確立團體的目標與政策、督導政策的執行、設計達成目標的方法、做為一位專家、對外的代表、對內的和事佬、負責獎懲、作為團體的榜樣、製造團體意識、做一位「父親」或「母親」，甚至做一個替罪的羔羊。他必須要對以上的功能做某種程度的達成，否則便難孚眾望（吳武典，1987：360-361）。

這些功能可歸納為兩大類：一類涉及人際關係──是否能使團體成員和睦相處、一團和氣？一類涉及工作結構──能否引導團體達到團體的目標？如圖 3-3 所示：

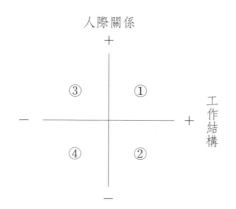

①理想領袖，民主領導
②工作專家，獨裁領導
③社會專家，好好先生
④敗事專家，放任領導

圖 3-3　領袖的類型

Lewin、Lippitt 和 White（1939）的實驗研究指出：民主型的領袖最能滿足這兩種功能──既能維持團體內的凝聚力，又能使工作的量多但質佳；獨裁型的領袖則不能維持良好的人際關係，在工作方面產量雖多而品質不佳；放任型的領袖則兩方面都很差。這說明了現在的群眾需要的是民主型的領袖。

　　Lewin 及其同事們曾研究在課餘活動中，領袖領導類型對兒童行為的影響（White & Lippitt, 1968）。他們界定了三種領導方式，即民主型（democracy）、權威型（authoritarian）與放任型（laissez-faire）。**民主式領導**之特質是：(1)在決策方面，政策由團體討論做成決定，領袖從旁鼓勵並協助；(2)在工作程序方面，第一次討論時即討論到未來的步驟，勾繪出一幅藍圖。如果需要技術性的建議，則由領袖提示若干可能的方法，以供抉擇；(3)在設計方面，各人選擇工作同伴，工作的分配由團體決定；(4)在評鑑與參與方面，領袖的獎評是客觀的，而且就事論事，盡量地在精神上成為團體的一員，但並不實際參加過多的工作。**權威式領導**之特質是：(1)一切政策取決於領袖；(2)一切方法與活動，依權威者的命令行事，未來的步驟往往不可預料；(3)領袖指定要做的工作及其性質；(4)領袖的獎評皆對人而發，避免實際參與工作，除非必要的示範。**放任式領導**之特質是：(1)完全聽任團體或個人決定，領袖不參與決策；(2)領袖無條件提供各種資料，有求必應，但不參與工作的討論；(3)領袖完全不參與工作的設計；(4)除非被要求，領袖很少批評成員的活動，也不想參與或控制活動的進行。

　　這個著名的實驗結果發現，就社會行為來看：(1)在權威式領導下，學生敵意行為發生的次數遠多於民主式的領導；(2)在權威式領導下，學生的攻擊性行為很容易類化到其他的情境，並且當權威式的教師離開現場時，攻擊性的行為立刻升高，當孩子們轉到較自由的情境時，也變得更具攻擊性；(3)在權威式領導下，團體中一些弱小者便成了「替罪羔羊」，有些則成了「小霸王」，這種現象在民主式的領導下，很少發生；(4)孩子們幾乎一致地討厭權威式的教師，幾乎一致地喜歡民主式的教師，即使對於放任式的教師，也還能接受。

　　另就工作效率來看：(1)權威式的領導，團體依賴領袖，成員間彼此紛擾不安，互相攻擊，沒有意見提出，對團體活動也表示不滿，故產量雖多，品質卻很差；(2)民主式的領導，團體對領袖的依賴不深，成員間甚少傾軋或衝突，大家都願意提供意見，對團體活動深表滿意，故產品的質、量均佳；(3)放任式的領導，成員很少依賴領袖，但彼此也是紛擾不安與互相攻擊，大家意見紛紜，對於團體的進展與成績皆表不滿，產品的質和量均欠佳。這些證據常被引用來說明民主式的領導優於權威式與放任式的領導，因為它產生了較強的工作導向及為社會所接受的行為。

　　這個著名的實驗結果，可歸納如表 3-4 所示。

表 3-4　領袖的類型及效能

	權威領導	民主領導	放任領導
社會行為	敵意行為 攻擊類化 產生「小霸王」 厭懼領袖	友善行為 和諧 滿足 喜歡領袖	冷漠 不安 產生「小霸王」 缺乏認同感
工作效率	依賴領袖 缺乏創見 產量多而品質佳	獨立自主 勇於創造、提議 產量多而品質佳	散漫無效率 沒有意見 產品的質量均差

　　在教學情境中，這三種類型的教師之行為特徵又是如何呢？根據 Adonun 等人（1950）的研究（引自郭為藩，1976：63）發現：**權威型教師**總是嚴肅而保守，有意或無意地使學生望而敬畏；他們對學生的學業成就或行為表現一向要求嚴格，賞罰分明，絲毫不苟；他們的命令必須被絕對地服從；其教學注重個人的講解，不喜歡學生表示意見或隨意發問；他們很重視教室內的秩序與學生的禮節，常因班上部分學生的過錯而責罰全班。**放任型教師**則本性隨和，不注重所謂「教師的威嚴」；很少指定作業，對學生也罕有特別的要求；不注重賞罰，凡事順其自然；上課時往往聽任學生自由行動，不大願意指揮學生行事，且很容易答應學生的請求；其教學常隨興之所至，不甚注意課程組織與教學程序。**民主型教師**有較完整的領導方式，他們不發號施令，卻能循循善誘學生循規蹈矩；與學生們打成一片，卻能威而不嚴，和而不同，普遍受到學生的尊重；他們能給學生個別的注意和必要的關懷；上課時總是積極鼓勵學生發問及表達個人意見，盡量做到全班的參與；他們培養學生自治的習慣，激發自發自動精神；在教學中盡量做到個別適應，課程力求富有彈性，待人寬宏而又重視原則；學生覺得這種老師容易親近而且了解他們。

　　至於什麼樣的人適合當領袖？過去一般以為當領袖者須具備某些領袖的「特質」，例如比其他成員更具智慧（但不要太「聰明」），比別人更易適應、更優越、更外向、更具男子氣概、不太保守、與別人接觸時較敏感等。現代社會心理學則傾向於修正這種特質說，而採取權變論（contingency approach）或「情境法」（situational approach），認為領袖並無絕對的人格特性。誰適合當領袖，須視團體性質與工作情境而定。一個人在起初時可能不具領袖特質，但當他被選為領袖

後，他便學會了做領袖的一切，並加以發揮。這就是說，在民主時代，人人可以成為領袖，只要他有機會的話。然而，有些人在某一方面可以作為領袖，在另一方面卻不一定適合。到目前為止，社會心理學家尚未能決定一套工作的界限，因此，只有賴大家實際去試探了（吳武典，1987：362）。

三、誰是從眾

個人隸屬於某一團體，就不可避免地要向團體壓力讓步，並與團體的判斷、信仰與行為相契合，在社會心理學上，這種現象稱為「從眾行為」。在形式上，從眾有下列兩種：

1. 權宜的從眾：個人在外表上與團體保持契合，而內部卻扞格不入，即「貌合神離」。這種方式也就是敷衍，只是暫時與團體妥協並存。一旦離開了這個團體，這種敷衍也隨之消失。

2. 服從的從眾：處於團體的壓力之下，無論內外，皆與團體密切契合。若干人離開了社團，仍不時回來探望他的「老家」，甚至繼續有所貢獻，便是這一類型。

與從眾相反的是「不從眾」。當個人對團體的要求表現不相契合的行為時，即是「不從眾」。不從眾也有下列兩種形式：

1. 反從眾：不但拒絕從眾，而且反抗團體的規範和行為；不但消極，而且懷有敵意，反對團體的觀點（唱反調）。這個團體對他來說，只是一種消極的參考團體罷了。

2. 獨立：即獨立的判斷與行為。個人不願意過分受團體的壓抑，也不接受團體力量的驅使。

一個團體需要有領袖，也需要從眾，兩者配合，才能推動團體。一般說來，從眾者的才慧較獨立的領袖為差，自我力量亦較弱，較有自卑的傾向，人際關係方面較顧到別人而忽略自己、較被動、較易受暗示、較依賴他人。他在團體中，同樣有其報酬和代價，他的報酬是：

1. 可以達成憑個人力量無法達成的目標。

2. 滿足了依賴的需求。

3. 藉著認同其領袖，獲得隸屬感。

4. 即使失敗了，也有領袖承擔責任，故可規避失敗，免除焦慮。

他要付出的代價是：

1. 地位卑下。

2. 對於團體活動無法控制，即使不願意，也無可奈何。

孟子曰：「既不能令，又不受令，是絕物也。」個人參加了團體，無論為領袖或為從眾，都有他的職責與貢獻。基本上，每個人都是從眾，只是由於情境的需要，某些人應運而出，成為領袖；即使成為領袖，仍不失其從眾的本質。因為領袖固然能夠影響團體，團體也能影響領袖；何況處於民主社會，領袖與從眾的交替遞嬗，乃是極其平常的事（吳武典，1987：362-364）。

四、團體效能

團體的效能可以從兩方面來看：一是工作的產量與質，一是成員基本慾望的滿足。也就是要問：工作效率（質與量）高否？社會關係和諧否？影響團體效能的因素，可從下列五方面加以分析。

（一）團體結構

顯然地，社會的大小能影響社會的效能。在某些工作方面，大團體比小團體有效，但其有效性並不一定隨人數比例而增加。有一個拔河比賽的實驗指出：大團體比小團體力量大，但每增一人，其力量只能增加單人力量的 90％。可見人多了，影響了中介變項——動機，即個人動機反而減弱了。在團體討論方面，也是小團體比大團體容易獲得參與的滿足，有名的「六六討論法」（Discussion 66）便是以 6 個人為一個小組。此外，團體愈大，愈容易出現獨裁的領袖，有一個實驗指出，團體人數超過 30 人時，領袖行為的獨裁性即隨之而增加。以上說明了理想的團體應是盡可能縮小，只需包括達成目標的一切技術就行了。

（二）成員素質

成員的素質也是影響團體效率的一項重要因素。有效能的團體是由有效能的成員所組成的。有效率的成員特質是：合作的、勤奮的、理性的。若是好鬥、自炫、冷酷、疑忌、怪異或獨裁，便減少了團體的凝結力，妨礙了彼此友誼的建立。再者，同質的團體通常也是較有效能的，如果成員具有同樣或相近的價值、態度與興趣，便有助於形成穩定而持久的團體氣氛。

（三）領袖素質

一個團體要想發揮效力，還須有一個有效的領袖。一個有效的領袖角色應是一個學習活動組織者和指導者——相當於一位成功的教師。他需要作為一個團體的典範——是社會學習中一個自然的典範，他的一言一行，影響著大家；他也不能自居於眾人之上或團體之外而被團體視作外人。換言之，他要使自身參與團體的活動，與大家打成一片，不「君臨天下」，也不「故作神祕」。

（四）團體目標

團體的效能，還有賴於團體成員對達到目標的意願。如果團體有一致的目標，便容易取得團員的合作。各懷鬼胎的自利團體，其效能必低。

（五）互動方式

根據研究，合作性團體比競爭性團體更具有效果，且對其成員慾望的滿足之程度也高。合作性團體具有的特徵是：在一定時間內產量較多，產品之品質較優良，達成目標的團體壓力較大，分工精密、合作良好，成員間溝通的阻礙較少，討論時氣氛融洽，成員對其團體及產品感到滿意。

團體成員間的親密友誼能產生愉快的團體生活經驗，減少參與的束縛，增加溝通，因而增進團體效果。

由以上的討論，可知要增進團體的效能，就要從團體結構、團體素質、領袖素質、團體目標、團體間的交互作用等因素著眼（吳武典，1987：364-366）。

Johnson 和 Johnson（1994）便指出，一個有效的團體應具備下列要素：(1)團體目標明確、適當且被認同；(2)意見與情感的良好溝通；(3)主動參與及參與領導；(4)適當而彈性的決策程序；(5)勇於面對衝突且建設性地處理衝突；(6)權力與影響力相等；(7)高度的團體凝聚力；(8)有效的問題解決策略；(9)高度的人際效能（如圖 3-4 所示）。

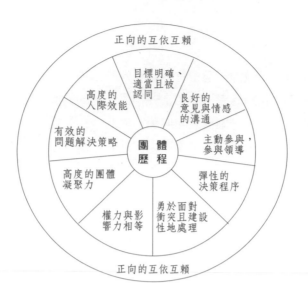

正向的互依互賴

目標明確、適當且被認同

高度的人際效能

良好的意見與情感的溝通

有效的問題解決策略

團體歷程

主動參與，參與領導

高度的團體凝聚力

彈性的決策程序

權力與影響力相等

勇於面對衝突且建設性地處理

正向的互依互賴

圖 3-4　有效團體的要素

資料來源：Johnson & Johnson (1994: 25)

第四節　團體中的角色功能

一、團體中的形形色色

（一）人在社會

　　團體中每個人所扮演的角色，各不相同，有的心存觀望，有的蓄意攻擊，有的專事防衛，有的行為囂張，有的沉默不語，有的專心聆聽，有的高談闊論，有的正襟危坐，有的專戴高帽，有的專挑毛病，有的安詳自在，有的緊張不安……。

　　人在社會中，不可避免地會和他人發生互動的關係，由自己對自己，或自己對他人的接納或拒絕態度中，可以看出下列四種情形（如圖 3-5 所示）：

　　1. 健全的個人：既能接納自己，也能接納他人。

　　2. 瘋狂的獨夫：接納自己，但卻拒絕他人；心中只有自己，沒有他人。

　　3. 寂寞的群眾：拒絕自己，而一味接納他人。他們只能從追逐時尚、模仿偶像中去肯定自己。

對他人

圖 3-5　人在社會

4. 失落的一代：拒絕自己，拒絕他人，認為自己不好，別人也不好；認為自己沒有能力，他人也沒有能力。越戰時期，許多的美國青年充滿無力感和無助感，恨自己，也恨社會，於是放浪形骸，不是什麼事都做，就是什麼事都不做。如此，不但傷了自己，也害了別人。

團體的主要目的，是使個體能接納自己和別人，並能發展出健全的人格。果能如此，才會擁有其個性和群性。如果只有個性而無群性，或只有群性而無個性，甚至既無個性又無群性，均是缺陷。因此，在團體中，應朝著培養個性和群性的目標前進，成己成人；在大我中實踐小我，完成小我以促進大我。

（二）鏡中自我

團體中要了解自己，一方面要靠自己的省思，一方面要靠他人對自己的評價。然而，個人對自我的評價和他人對自我的評價，往往有很大的差距。根據兩種評價的差距，可分析出五種不同典型的人物（如圖3-6所示）：

1. 大人物：是領袖人物。他人對自己的評價，以及自己對自己的評價都很高；兩者一致，所以沒有認知不一的煩惱。

2. 小人物：他評及自評都很低。由於有「自知之明」，雖是「小人物」，也有小人物的樂趣。

3. 普通人：他人評價及自己對自己的評價皆普通，是多數人的類型。

4. 自卑者：他人的評價很高，自我的評價卻很低，總認為自己不好或不行，這是低估了自己。

5. 自傲者：別人對他的評價很低，自己卻評價很高，且自以為是，這是高估

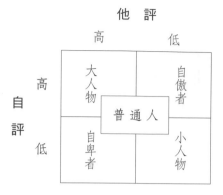

圖 3-6　照照鏡子

了自己。

　　後面兩種人都是不快樂的人，因為他們對自己的評價和別人給予的評價不一致。自卑與自傲完全是主觀的態度，這些態度和他心目中預期的標準有關，能力很高的人，也許內心非常自卑。因此，影響個人滿意度的要素，不在於外在的財富和地位，而是自己對自己成就的期許。有些不快樂來自於團體對自己的評價，有些不快樂則來自於自己給自己的壓力。無論高估自己（自傲）或低估自己（自卑），都有必要調整自我。

　　每個人皆有其存在的價值。人的價值並不在於他是否外表出眾或擁有萬貫財富，而須視其是否能自我肯定，是否能扮演好自己的角色。所以，盡其在我，有所進步，能夠自知，也被人所知，就是一種成就。

　　在團體中，並不要求每個人都一樣，或都只表現出其美好的一面，也不去區分誰是大人物，誰是小人物，而是鼓勵大家設法使自我影像（自己心目中的我）和社會影像（他人心目中的我）互相契合，以獲得調和與滿足。

二、角色扮演與角色認同

　　現在，假定我們已進入了團體，每個人都屬於團體的一份子。然而，名義上雖然都是團體的一份子，實際上卻可能有地位的差別（如圖 3-7 所示）：

　　1. 核心人物：是團體領導者，是團體的重心和希望所在。

　　2. 邊際人物：雖是團體的一份子，為團體所接納，但卻是無足輕重，是微不足道的人物。

　　3. 圈內人物：是團體內的人，各有其不同的重要性。

圖 3-7　圈內與圈外

4. 圈外人物：不屬於這團體內的人，有下列不同的涵義：

(1)很想加入團體者。

(2)被團體所排斥、拒絕者。

(3)不是團體的一份子，卻想像是團體的一份子；表面上不是圈內人物，心裡卻向圈內人物認同。

(4)名義上是圈內人物，實際上卻是屬於圈外人物；人在圈內，心在圈外，甚至「吃裡扒外」。

由於有實際的圈內人和圈外人，以及想像的圈內人和圈外人，因此，又產生了下列四種情形（如圖 3-8 所示）：

1. 實際上是圈內人，想像上也是圈內人：這種人很踏實，對團體有隸屬感，被團體所接納，能影響團體，也接受團體的影響。

2. 實際上是圈內人，卻自以為是圈外人：他向團體外認同，不參加團體活動；即使參加團體活動，也是持著消極的態度，甚至蓄意和大家唱反調。

3. 實際上是圈外人，卻自以為是圈內人：他不是團體成員，和團體沒有關係，但卻一心一意地向它認同，渴望加入這個團體。

4. 實際上是圈外人，也自以為是圈外人：他不是團體的一員，也不想和團體發生任何瓜葛，是道道地地的圈外人。

實際上和想像上的差距，乃是團體認同的問題。團體的成員必須對團體認同，產生共識，才會熱烈參與，產生互動；否則，不是傷害團體，就是傷害自己。

三、角色功能

在團體中，一個真正的圈內人，往往扮演著多重角色。他可能是一個受助

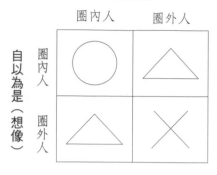

實際是

圈內人　　　　圈外人

自以為是（想像）

圈內人

圈外人

圖 3-8　真真假假

者、助人者、示範兼檢核者。作為受助者，他接受他人的幫助，達到自我成長；作為助人者，他能幫助別人解決問題；作為示範者，他以自己的示範行為影響團體；作為檢核者，他不斷地檢驗自己生活中的行為。

我們都知道，在團體中有形形色色的人，但不一定每一種角色都有助於團體的進行。常見的團體角色有三種：抗拒的角色（resistant role）、操縱的角色（manipulating role）與協助的角色（helping role）；前兩者具有破壞性，後者則具有建設性（吳武典，1987：346-358）。

（一）抗拒的角色

當個人在團體中為了保護自己，抗拒團體時，就可能有下列特殊的行為：

1. 專斷：屬於獨裁角色，專門指揮他人，隨時打斷他人的話語，使別人沒有時間來傷害他。

2. 敵對：也許是曾經有過挫折的經驗，導致對他人懷著敵意，並將敵意投射到團體中。

3. 沉默：以不說話來逃避他人注意，或以此對領導者表示抗議。

4. 退縮：孤獨局限在一角落，以表示不願參與。

5. 缺席：有種「眼不見為淨」的心態，乾脆不參與團體，認為團體發生的事和我無關。

6. 談論別人：是種間接的逃避，藉著談論他人來自我防衛。

7. 倚老賣老：拿以往參加過的團體經驗來比照現在的團體，以老手自居，口氣中常露出「應該」的字眼。這種表現往往會造成團體的緊張，妨礙團體

的自然發展。

8. 開玩笑：以小丑姿態出現，專門製造笑料，這種角色雖然受人歡迎，但卻妨礙團體的深入交談。

9. 熱衷雜務：他提供了表面上的服務，卻只是單向的服務，沒有真正地參與團體。

（二）操縱的角色

當個人藉團體來滿足人的權力慾望時，就可能有下列的特殊行為：

1. 交際大王：把小團體視為交際場所，把成員當成交際對象來應付，使團體的關係停留在膚淺的階段。

2. 替罪羔羊：找一對象加以攻擊，以轉移大家的注意；或將其過失歸罪到他人。

3. 百依百順：一味地依照且順從他人的命令行事，扮演著乖寶寶的角色。

4. 凡事依順：是一種反操縱，凡事由別人替他做主，自己沒有主張。

5. 欺凌弱小：專門注意別人的缺點及漏洞，得理不饒人；藉著攻擊，讓大家知道自己的重要性。

6. 支配他人：喜歡發號施令，扮演領導、統帥的角色，目的也是藉以提醒大家注意自己的重要性。

7. 評論是非：以絕對的「對」與「錯」來論斷是非，或評論團體外的事件，扮演著裁判的角色。喜歡評論是非的人常會妨礙團體的平行溝通，一味炫耀自己的優越而使他人感到拙劣，如此很容易引起大家的警戒和防衛。

8. 婆婆媽媽：唯恐他人挨餓受凍，以保護者的姿態出現，常常仗義執言；用意雖好，卻妨害了別人的成長。

9. 計算專家：這種人非常精明，會察言觀色；他不是在很自然的情況下出現，而總是選在最有利的時機推銷自己，理智得非常可怕。他往往不鳴則已，一鳴驚人；他的完美，常造成團體的緊張與不安，使別人不能很自在地開放自我。

（三）協助的角色

如何在團體中，幫助自己和他人呢？那就是扮演協助的角色：

1. 傾聽：是一種積極主動的參與，不但能聽出表面的話，還能聽出別人內心

的感受。帶著體諒、了解、接納、坦誠，使人覺得被接納而敢於自我開放。

2. 鼓勵：鼓勵別人多說、多想、多聽、多參與、多嘗試、多突破。並讚賞別人的優點，增加其信心。

3. 引導：以間接的暗示，引導對方思路，朝向積極解決的方向；幫助別人尋找答案，但絲毫不勉強。

4. 自我開放：坦誠表露自己的經驗或感受，使經驗一般化，令人感同身受，覺得安全。

5. 提供回饋：團體中每一個人都是一面鏡子，不但能互相回饋，並且能透過多面鏡子的校準，使自己的影像更加清楚。

6. 表裡一致：個人在團體中言行一致，能使大家感受到團體的真誠，從而接受團體的好處，並以坦然的態度面對自己的缺點。

7. 守密：對團體內的事盡量保密。基於彼此的信任和默契，能分辨出什麼事能說，什麼事不該說。除非徵得當事人同意，便不能公開成員的隱私。

8. 個人性溝通：在團體中，多用「你」、「我」，少用「他」，例如：「我覺得你……」「我們……」，而不是對著別人說：「他實在……」以「我」、「你」、「我們」、「你們」特定的對象，做個人性的溝通，才能發展出團體的親密感。

關 鍵 詞 彙

團體動力	場地論	社會互動
團體發展	結構性團體	非結構性團體
團體領導	團體效能	角色扮演
角色認同	角色功能	抗拒的角色
操縱的角色	協助的角色	

自 我 評 量 題 目

1. 試說明團體動力與團體輔導的關係。

2. 舉例說明團體動力學是科際整合的科學。

3. 任舉一種團體，分析其發展的階段。

4. 試比較結構性團體與非結構性團體的優點與缺點。

5. 試就「有效領導」與「無效的領導」，發表己見。

6. 要發揮團體的效能，應有哪些具體的做法？

7. 試就自己所屬的任一團體，分析團體中各人的角色類型或角色扮演狀況。

8. 個人在團體中，如何發揮其角色功能，使能利己利人？

81

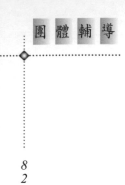

第四章

團體倫理

● 洪有義

學習目標

── 研讀本章內容之後，學習者應能達成下列目標：

1. 明瞭團體倫理的重要性與功能。
2. 明瞭團體倫理的內容。
3. 了解團體領導者專業準備的標準。
4. 了解團體輔導專業倫理標準。
5. 了解團體歷程中應考慮的倫理問題。

摘要

在團體輔導中，倫理（ethics）是領導的行事準則。團體倫理的實踐，根基於下列良好的特質之上：(1)自主性；(2)慈善性；(3)無害性；(4)正義性或公平性。

諮商是一種專業，輔導是一種服務，團體倫理的規範能提高專業服務品質，使當事人得到協助。團體倫理的內涵，包括：領導者的訓練與專業能力、當事人的權利、保密的問題、領導者與成員之間的關係、成員與成員之間的關係、團體技術的應用、領導者的價值觀念、實驗研究、出版等。

團體領導者應有足夠的專業準備，包含輔導諮商知能及經驗；領導者應恪守專業倫理一般守則及團體輔導專業倫理標準。在不同的團體歷程階段中，領導者宜考慮各階段可能產生的問題，以符合倫理原則，順利地帶領團體。

第一節　團體倫理的重要性與功能

　　團體領導者在團體中的行為與決定，影響了團體的進行與成員的利益。一位優秀的團體領導者除了應具有輔導的專業技巧、良好的人格特質外，更需要正確的輔導觀念。在帶領團體的過程中，領導者應該遵守適當的專業原則與標準，以增進團體的成效與成員的利益。

一、團體倫理的性質

　　在團體輔導中，倫理常被界定為團體領導者的行事準則。George 和 Dustin（1988）將倫理定義為：「建立在專業價值基礎之上，所提供建議的一套行為標準。」團體輔導員運用這些行為標準帶領團體及成員互動，以合乎專業精神。

　　團體倫理（group ethics）的實踐，根基於以下幾種良好的特質之上（Kitchener, 1984）：

1. 自主性（autonomy）：是指增進個人在選擇自己生活方向自我決定的能力；在團體中，成員感覺他們有權去做自己的決定是非常重要的。
2. 慈善性（benefience）：是指增進別人的益處；在團體中，領導者與成員皆應彼此友善相待，增進團體的完整性。
3. 無害性（nonmaleficence）：是指避免做傷害的事；在團體中，應使成員確知他們自己的行為改變而不會做出傷害別人的事。
4. 正義性（justice）或公平性（fairness）：是指對待所有的人一律平等；在團體中，成員們不應該因為他們的某些身分，如性別與種族，而受到不平等待遇。

　　許多團體的倫理信條，常架構在上述的四種特質之上，雖然倫理信條內容各有不同，以適應不同諮商團體的需要，但其精神常是一致的。

二、團體倫理的重要性

　　輔導與諮商是一種助人的過程，在整個過程當中，如何使被輔導者得到協助，至少讓被輔導者不致於受到傷害，某種程度的規範是很重要的。團體輔導與諮商牽涉到更多人的互動，共同遵守某些準則，期使成員經由相互關係中有些助

益，所以團體倫理至少有下列重要性：

1. 諮商是一種專業：諮商關係的建立、維持、發展及結果，是一種微妙的過程，需要專業的知識與技能的支持，而這種過程不是中立過程，而是可使當事人更好或更壞的過程。因此，諮商員的行為無形中涉及專業倫理的問題（Carkhuff & Berenson, 1976, 引自牛格正，1983；潘正德，1987）。

2. 輔導與諮商是一種服務，被服務的當事人是否能得到協助，諮商員的能力水準是一大前提：在諮商團體中，領導者的能力應具有一定水準，才能維持專業服務的品質。美國團體工作者協會（ASGW, 1989）的基本原理是：「除非團體領導者在一項技術的使用上受過完備的訓練，或是處於一個熟悉此種技術措施的專家督導之下，否則不應該嘗試運用該項技術。」

3. 在團體的過程中，所牽涉的不只是諮商與當事人的關係，也涉及到團體成員之間互動的複雜關係：舉凡成員的開放、秘密的維護、情感的投入、個人意願、權利與義務等，應有倫理規範，共同遵守。

三、團體倫理的功能

適當的團體輔導守則可能產生以下幾種重要的功能：

1. 團體領導者有足夠專業能力與資格能有效的帶領團體，成員能獲得協助。
2. 團體領導者在帶領團體過程中有實施規準，較能順利地帶領團體。
3. 團體倫理規範有助於釐清團體過程中，領導者與成員間以及成員與成員間的權利與義務，俾能負起應盡的責任。
4. 團體倫理規範可協助領導者與成員在團體過程中面對問題做出決定，常能用以解決可能面臨的道德兩難困境。
5. 團體倫理規範可協助尋求成為專業性團體領導的人，必須願意去審視自己的倫理水準和自身的能力，更能謹慎地運用諮商技術。

第二節　團體倫理的內涵

一、團體倫理所探討的問題

團體倫理的規範應該包含哪些內容，專業團體及專家們紛紛提供許多看法，

更條列出具體的倫理信條，可見其對團體倫理的重視。

Corey（1995）認為，探討的團體倫理有：團體成員的各種權利，包括對訊息的承諾和保密、團體的心理冒險、團體技術的使用和濫用、團體領導者價值的影響作用、與當事人的個人關係、社會的法律準則、培養與訓練領導者的標準，以及如何經由教育來維持發展能力等。

Gladding（1995）更具體的列出團體工作中主要的倫理問題，共有 11 項：(1)團體領導者的訓練；(2)團體成員的篩選；(3)團體成員的權利；(4)保密的權利；(5)團體成員與領導者的個人關係；(6)雙重關係（領導者與成員之間輔導關係以外的其他關係，如輔導員又是成員的老師）；(7)成員之間的個人關係；(8)團體技術的應用；(9)領導者的價值觀念；(10)照會與轉介；(11)團體結束與追蹤。

許多諮商專業團體組織更明確的訂定倫理守則信條，例如：美國諮商與發展協會（American Association for Counseling and Development, AACD）在 1981 年制定的會員倫理守則中，包含了總則、諮商關係、測驗與評量、研究與出版、諮商、私人執業等章節，規範會員無論在個別諮商或團體諮商及其執行業務時應遵守的標準。

美國團體工作者協會（ASGW）也在 1980 及 1983 年確立團體領導者的專業訓練標準及倫理指導綱領。其他的組織也有一系列的倫理標準，例如：美國團體心理治療學會（American Group Psychotherapy Association, AGPA, 1978）、美國心理學會（American Psychological Association, APA, 1973）、全國社會工作員學會（National Association of Social Workers, NASW, 1981）等。

台灣的中國輔導學會（現改稱為台灣輔導與諮商學會）也在 1988 年訂定輔導專業人員倫理守則，內容包括：前言、總則、輔導人員的專業責任、當事人的基本權益、諮商關係、諮商機密、團體輔導、測驗與評量、研究與出版、諮詢服務、青少年輔導、輔導員教育與督導等。

二、團體領導者專業準備的標準

團體領導者能夠帶領諮商團體、從事輔導工作，應該具備專業知能，接受諮商專業課程與訓練。在許多先進國家，已有輔導人員的專業證照制度，我國目前除了規定接受輔導課程學分才能成為輔導教師外，更有心理諮商師的證照制度。一般而言，專業諮商員應該修習或接受以下的訓練（潘正德，1995）：

1. 人文訓練：包含諮商倫理、基礎哲學、人生哲學或邏輯思考訓練。

2. 理論學科：包含輔導與諮商理論、學習理論、團體動力理論、學習輔導理論及生涯輔導理論。

3. 諮商技術：包含個別諮商技術、團體諮商技術、研究法、評量技術及資料處理技術。

4. 諮商實務經驗。

美國諮商及相關教育計畫資料審定委員會（Coucil for Accreditation of Coun-seling and Related Educational Programs, CACREP）在 1988 年明定授予資格證書要求接受下列課程：

1. 團體動力學原理：包括團體歷程的要素、團體的各階段，以及團體成員的角色與行為。

2. 團體領導的風格與方法：包括不同類型領導者的特點。

3. 團體諮商理論：包括各理論的共通性、獨到的特點，以及有關的研究和文獻。

4. 團體諮商的方法：包括團體諮商員的理論取向與行為、對倫理的思考、適當的選擇標準和方法，以及評定績效的方法等。

5. 其他類型的小團體研究、理論及其方法。

ASGW 在 1983 年的「團體諮商員訓練的專業標準」（Professional Standards for Training of Group Counselors）中，規定了知識能力（knowledge competencies）和技術能力（skill competencies），並提倡領導者要有在督導下的臨床經驗。

在知識能力方面，ASGW 採取的是：合格的團體領導者要在以下團體實務各方面證明有特殊的專門知識：

1. 各種團體諮商的主要理論，包括它們之間的差別及其共同概念。

2. 團體動力學的基本原理以及團體歷程的關鍵內容。

3. 個人自身的優點、缺點、價值觀，以及其他對團體領導者發揮作用的能力有所影響的個人品質。

4. 團體工作所特有的倫理與專業問題。

5. 有關團體工作研究的最新訊息。

6. 團體成員們可能會採納的促進性和妨礙性的角色和行為。

7. 團體工作的優點和缺點，以及作為一種治療干預形式所適宜或不適。

在技術能力方面，ASGW 主張：合格的團體領導者應當能夠證明掌握了下列技術：

1. 能夠篩選和評價欲參加一個團體的當事人的準備性。
2. 對團體諮商有明確的定義，並能夠對團體成員解釋它的目的和方法。
3. 診斷團體成員中的自我破壞行為，並能對表現出這些行為的團體成員以建設性的方式採取干預措施。
4. 為團體成員示範適宜的行為。
5. 以正確及適當的方式來詮釋非語言行為。
6. 在團體歷程的關鍵時刻採取措施。
7. 能夠運用團體諮商的主要技術、策略和方法。
8. 促成那些能引起團體中及個人自身改變的治療性因素。
9. 能夠使用輔助性的團體方法，例如：家庭作業。
10. 能夠與協同領導者一起有效地工作。
11. 了解如何能有效地終結一次團體活動以及如何結束整個團體。
12. 運用追蹤過程來維持及支持團體成員。
13. 運用評估方法評價一個團體的效果。

在臨床實務（clinical practice）方面，ASGW 列舉以下幾種在督導協助下的團體工作經驗：

1. 評價團體歷程的錄音（影）帶。
2. 觀察團體諮商的歷程。
3. 作為一名團體成員參加一個團體。
4. 在督導下協同領導團體。
5. 實務經驗：單獨領導一個團體，既得到督導者的指導回饋，也對自己的表現進行評估與自我分析。
6. 實習期間：在督導下作為一名團體領導者進行實務工作。

Corey（1995）更建議，除了團體歷程與團體諮商的正式課程學習和在督導之下領導或協同領導實務外，至少還應有三種經驗：(1)個人的被諮商經驗；(2)作為治療團體成員的經驗；(3)參加對團體領導者進行領導和訓練小組。

三、輔導人員專業倫理守則

身為輔導專業人員，在從事諮商有關的工作時，應恪守專業倫理準則，綜合各方面的規定，輔導人員宜遵守的專業倫理最主要的有以下幾項：

1. 輔導員的首要責任，在協助當事人學習解決問題的知識和技巧，並提供完

整的、客觀的及正確的資訊。

2. 輔導員應遵守所處社會的道德標準，謹言慎行，以免貽害社會及當事人。

3. 輔導員有責任向當事人說明自己的專業資格、輔導或諮商過程、目標和技術上之運用等，以利當事人自由決定是否接受輔導。因此輔導的服務，不能強加於被輔導者，同時輔導員不能給予任何「治療」的保證。

4. 輔導員應重視當事人的權益，不可強制當事人接受輔導員的價值觀或人生觀。

5. 輔導員應確認諮商關係是一特殊的專業關係，在諮商關係中促進當事人的福利及人格之完整，避免可能造成當事人身心傷害的任何不道德行為。

6. 從事輔導工作時，不得利用當事人滿足自己的需要或圖利他人。

7. 保守諮商機密，未徵得當事人同意，不得對外洩露任何晤談內容或其他諮商資料。

8. 輔導員應了解自己專業知能之限制，避免接受超越專業能力之個案；必要時，應予婉拒或予以轉介。

9. 輔導員不宜對自己的家族、親密的朋友從事諮商，因此種雙重關係（dual relationships）可能危害被輔導者的權益。

10. 輔導未成年之當事人時，宜徵得其家長或監護人之同意。如將輔導資料交給被輔導者之父母、監護人或其他有責任之非專業人員時，應對被輔導者保證接受資料者為合法人士。

四、團體輔導專業倫理標準

除了上述輔導人員專業倫理的一般守則外，團體領導者在帶領團體時，從成員的甄選、團體歷程、團體的結束與追蹤，甚至實驗研究，皆應考慮倫理問題。中國輔導學會在 1988 年訂定的「輔導專業人員倫理守則」，是經由專業學習討論研究，並經全體會員大會通過。守則條文規定頗能符合國情，適合輔導人員遵守採用。其中有關團體輔導有 11 條可供團體領導者參考：

1. 組成團體以前，領導者應實施團員甄選，以維護全體團員之利益。

2. 領導團體時，應明確告知團員有關團體的性質、目的、過程、使用的技術、預期效果和團體守則等，以協助當事人自由決定其參與意願。

3. 尊重團體成員的人格完整是團體領導者的主要責任，領導團體時，應採取一切必要及適當的安全措施。

4. 領導者不要為自我表現，選用具危險性或超越自己知能或經驗的技術或活動，以免造成團員身心的傷害。倘若為團員之利益，需要採用某種具挑戰性的技術或活動時，應先熟悉該項技術或活動之操作技巧，並事先做好適當的安全措施。

5. 領導團體時，應會同團員訂定團體行為原則，規範團員之行為，以免造成對團體生活之不利影響或身心傷害。

6. 領導者應具有適當的領導團體之專業知能和經驗。

7. 領導開放性或非結構性團體，或以促進自我成長及自我了解為目的之團體時，宜採用協同領導，以策安全，並應特別注意團員的素質及性格，慎重選擇，以避免因某些團員消極或破壞性行為影響團體效果。

8. 領導者應尊重團員參與或退出團體活動之權利，不得強制參與或繼續參與他不願參與的活動，以免造成團員身心的傷害。

9. 領導者應特別注意保密原則，經常提示團員保密的倫理責任，並告知團員重視自己的隱私權及表露個人內心隱密之限度。

10. 若需要將團體活動過程錄音或錄影時，領導者應先告知團員錄製的目的及用途，徵求團員同意，並嚴守保密原則。

11. 為實驗研究目的而實施團體輔導時，研究者應預先聲明研究的性質、目的、過程、技術與活動、研究結果資料之運用及安全措施等，以讓受試者自由決定是否參與。

第三節　團體歷程中應考慮的倫理問題

許多倫理守則皆是一些原則性的規範，在實際的帶領團體中，團體領導者應該體會出團體過程的變化，彈性與變通應用。在不同的團體階段中，以下有些倫理問題提供領導者參考，以利團體的帶領。

一、團體開始之前可考慮的問題

1. 考量自己的專業能力，避免從事超乎自己能力範圍的計畫。

2. 了解甄選成員應注意的事項，考慮哪些成員適合與適宜參加你的團體。

3. 了解法律與社會規範的層面，考慮對帶領團體的影響，避免引起不必要的

訴訟與指責。

4. 成員為未成年時，是否應取得他們父母的同意，或使父母了解團體的目的與過程。

5. 在成員進入團體前，是否應與成員討論團體的目的、團體進行方式以及保密等問題。

二、團體發展的初期階段應考慮的問題

1. 重新確定團體目的，確保你的技術和方法適於這些目的。

2. 考慮你個人的價值觀對團體成員的影響，確信你了解自己的價值觀，以及它們如何影響你這個團體領導者和你所選擇的介入措施。雖然將你的價值觀排除於你的團體領導實務之外是不切實際的，但你應該坦白表達自己的價值觀，而不是將它們強加於成員。

3. 了解那些來自於與你不同文化背景當事人的價值觀：考慮各種方式來修正你的技術，以適於不同文化和種族團體的獨特需要。

4. 謹慎你的行為在團體中正發揮示範的作用：你是否正在以自己為榜樣教導你的成員？你是否願意披露你個人對你在團體中所體驗之內容的反應？你是否表現出耐心和尊重？你要認識到，你的行為對於創造一種有益的氣氛是至關重要的。

5. 你對團體成員的個人反應方式可能會抑制團體歷程，對此要時刻警惕，要監控你的反移情。雖然你的個人需要可以在你的專業工作中得到滿足，但要當心這些需要的滿足是以你的團體成員為代價的，避免將團體用於你自己的治療。

6. 時時刻刻注意團體中的抗拒如何影響著你，詢問你自己：是否作為團體領導者的行為鼓勵團體成員坦誠探討他們的抗拒。當你遭遇到團體成員的抗拒時，你是否採取防衛姿態？你是否嘗試理解那些抗拒中隱含的意義，以表示對團體成員的尊重？

7. 要警覺團體成員心理衰退的徵兆，這可能意味著他們的參與將無法繼續，要能設法使這樣的當事人獲得適當的幫助。

8. 要保護團體成員的個人權利，防止團體壓力造成團體成員在團體中只披露那些他們願意與人分享的內容。阻止任何可能剝奪團體成員個人尊嚴的做法。

9. 建立並表達對團體成員以及他們領導自己生活能力的真誠尊重。

10. 如果你與他人協同領導一個團體，須花時間定期與你的協同領導者共同討論領導經驗，並提出你對團體現狀的看法。

11. 認識到不斷評價一個團體的重要性，在每一個階段後，幫助團體成員評價他們自己的進展。

三、團體發展的後期階段應考慮的問題

1. 繼續檢查自己為團體成員所提供的示範作用：你是否在團體中表現出誠實和坦率的作風？你是否願意在你自己生活中，實踐那些你正鼓勵團體成員在他們生活中去行動的那些事？

2. 考慮如何促進團體成員的獨立性：你的介入措施是否是設計來增加團體成員的能力？你組織團體的方式是否能鼓勵團體成員依循著團體所設定的方向承擔愈來愈多的責任？

3. 對於一種技術，除非你接受過如何使用它的訓練，或者在熟悉此項技術的專家之指導下使用過它，否則不要去嘗試。要設想作為你團體中的成員所可能得到的益處，作為一個團體成員去體驗你身為團體領導者欲採用的技術。

4. 在團體活動的每一階段末尾，預留出一定時間以鼓勵團體成員表達他們對此次活動的想法和感受。團體領導者的工作之一，是要幫助團體成員發展自我評價的技能。

5. 幫助團體成員應付那些當他們嘗試將團體中學到的內容運用於自己日常生活時，可能遭遇到來自他人的消極反應。幫助他們應付任何退步，鼓勵他們在團體之中建立一個支持系統，以增加維持行為改變的可能性。

6. 一旦在領導團體的歷程中出現問題，要勇於尋求諮詢與協助，尋求不斷的監督指導；尋求督導是作為一個專業人員的必要條件。

7. 要努力幫助你的團體成員，把他們在團體中所學到的內容轉化到日常生活中，要幫助他們建立一些在團體結束時能立即訴諸行動的約定。

8. 思考一些你可用以結合團體工作者與研究者兩方面功能的方法，你的研究努力能為你提供改善團體實務的重要訊息。

四、團體結束後應考慮的問題

1. 要考慮對團體成員進行追蹤觀察，以便團體成員們能檢查他們的進步，以及對團體促成行為改變的效果進行評定。

2. 如果一個團體結束後的活動無法進行，設想一些可能的替代方法，以便你能追蹤這些團體成員，考慮一些追蹤考察的方法，例如：打電話或寫信、Email 等。

3. 考慮與團體成員進行團體後（postgroup）私下談話，以便討論他們在努力實現其個人目標方面所取得的進展。這種做法是針對某些團體成員輕視團體體驗價值，所採取的預防性措施，要為進一步的發展經驗提供適宜的指導。

4. 確立各種用以評鑑一個團體效果的方法。責任心是一種改善你領導技術以及建立你自己領導風格的方法；你可以建立一些你自己的評價方法。

5. 如果你與別人合作領導團體，要安排充分的時間徹底完整地從最初的團體聚會到最後一個階段討論團體的各個重大轉折點（Corey, 1995, 引自張景然、吳芝儀譯，1995）。

關鍵詞彙

倫理　　　　　　　　團體倫理　　　　　　　　輔導人員專業倫理守則

雙重關係　　　　　　團體輔導專業倫理標準

自我評量題目

1. 團體倫理的實踐，應根基於哪些良好的特質之上？

2. 團體倫理在團體輔導過程中有何重要性？

3. 試說明團體倫理有何功能。

4. 團體倫理所探討的問題包括哪些主題？

5. 你認為團體領導者專業準備的標準是什麼？

6. 輔導人員在從事諮商有關工作中，應恪守哪些倫理準則？

7. 試舉出五條重要的團體輔導專業倫理標準。

8. 你認為在團體歷程中應考慮哪些倫理問題？

第 二 篇

技 巧 篇

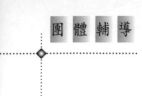

第五章

團體輔導的基本技巧

● 張德聰

學習目標

—— 研讀本章內容之後，讀者應能達成下列目標：

1. 了解團體輔導技巧的角色。
2. 明白團體輔導基本技巧之內涵。
3. 了解團體領導功能並由練習中加以學習。

摘要

　　本章分成三節，分別探討及說明團體輔導技巧的角色、團體輔導基本技巧之內涵及團體領導功能。其中第一節旨在探討團體諮商員之技術在團體輔導的角色，不同性質的團體可能需要不同團體領導功能之團體諮商員，團體諮商員之風格及特質，對於團體之帶領方式或輔導功能皆產生重要的影響，而團體諮商員的技巧對於團體的功能發展深具意義，因此團體諮商員之技巧成為團體輔導中重要課題之一。

　　然而不管何種性質的團體，團體諮商員之人格特質頗為重要，如自我覺察的能力、開放且具有彈性、自主性、安全感，耐心、能容忍模糊者、積極具創造性者、有人情味、對人有興趣、關心人及成熟統整的性格。本章第一節中，亦探討團體諮商員的人格特質與團體型態關係。

　　第二節團體輔導基本技巧之內涵，則在說明一般性團體技巧，包括團體形成前團體領導者之自我省思必須加強的知能，以及各種基本團體技巧之定義並舉例說明。第三節則對於團體領導的角色加以探討，並參考 Johnson 和 Johnson（1991）對於團體領導功能之分類及檢核表，幫助學習者自我檢核自己的團體領導功能，進而運用團體練習發展自己的團體領導功能。

團體輔導領導者必須具備團體輔導的基本技巧，並且要了解技巧之基本內涵及角色的意義，才能有效的使用技巧，而一個有效的團體領導者更須明白團體領導的功能，一方面覺察自己團體領導功能的情形，另一方面覺察團體成員之領導功能，以能因勢利導有效達成團體目標。本章共分為三節，分別探討及說明團體輔導技巧的角色、團體輔導基本技巧的內涵及團體領導功能，分述如下。

第一節　團體輔導技巧的必要條件

團體諮商員於團體輔導工作中，為了輔導團體成員朝向團體目標的一切專業性認知、情緒與行為，皆可視為團體輔導技巧或催化行為，基本上團體諮商員應具備下列幾項要件：

1. 專業訓練之要件：即團體諮商員於團體中之一切催化行為或技巧，應接受過合格專業訓練，以維護團體成員之權益。

2. 專業倫理之要件：即團體諮商員於團體中之一切催化行為或技巧，應合乎專業倫理之規範，以維護團體成員之權益。

3. 專業督導之要件：即團體諮商員於團體中之一切催化行為或技巧，應接受過合格專業督導，以維護團體成員之權益。

4. 專業經驗之要件：即團體諮商員之催化行為或技巧，應於督導下有適當的專業經驗，如本身體驗過同性質之團體，當過協同領導者，或帶領過類似性質的團體。

5. 專業之敏感度：團體諮商員於運用各項團體技巧或催化行為時，必須具專業之敏感度，覺察該項技巧或催化行為對於團體成員之正、負影響程度，並以維護當事人之權益考慮為優先。

6. 避免技巧之誤用：團體輔導技巧運用必須考量合於上述各項專業之考量外，亦須思考運用之時機、對象、場地之安全合宜，以及團體發展階段之適切性，同時要有彈性。

7. 領導風格之覺察及善用：團體諮商員之領導風格如獨裁、民主或折衷，亦可能影響團體之帶領，基本上愈民主之領導風格，團體內之溝通可能更開放，團體成員意見較多元，但也可能較沒效率；愈獨裁之領導風格，如果領導者之能力足夠，可能效率較高，但團體之氣氛可能較嚴肅或成員較不

敢或不願意表達意見。團體諮商員須自我覺察自己之領導風格亦影響團體領導技巧之應用。

　　亦有研究指出，團體諮商員的人格特質與其團體關係型態有關，Stogdill（1974）的研究分析如表 5-1 所示，由其中可以了解團體諮商員的人格特質與團體型態關係可概分為正向、負向及不確定三種，其中與團體型態關係正向關係的人格特質，包括成就動機、適應性、敏捷的、專業權威、有吸引力、外向的、自信心及善與人相處的；與團體型態關係不確定的人格特質有情緒平衡的、有朝氣的、能照顧人的及反應快；而與團體型態關係負向關係的人格特質有支配性。進一步探討有些研究指出，某些團體領導者於某種團體如重視關係導向較能發揮功能；相對之有些團體領導者於重任務取向之團體較能得心應手（Forsyth, 1990），例如：Stockton 和 Morran（1982）發現，具有中等數量之情緒刺激、高關懷、能夠善用意義賦予技巧，以及中等數量之表達及行為執行（如訂定規則、限制及團體規範）特質之團體領導者，對於帶領會心團體較有效果。

表 5-1　團體諮商員的人格特質與團體型態關係

團體諮商員的人格特質	團體型態關係
成就動機 適應性 敏捷的 專業權威 有吸引力 外向的 自信心 善與人相處的	正向
情緒平衡的 有朝氣的 能照顧人的 反應快	不確定
支配性	負向

資料來源：Stogdill (1974)

第二節 團體輔導基本技巧之內涵

一、團體形成前團體諮商員自我覺察必須充實加強的事宜

團體諮商員於團體進行中，需要建立一個安全適當之情境或人際氣氛，使參與者積極參與團體。其基本方法包括下列幾項：

1. 設計氣氛良好、清靜、安全、隱密、空氣流通之環境。
2. 引導團體成員覺察其對團體期待及動機之澄清，並因應團體性質，建立團體適切之目標。
3. 能覺察團體之動力，並善用於催化團體目標之達成。
4. 具自我覺察能力，能省思個人之期待、需要和價值觀，是否影響自己帶領團體之行為。
5. 了解個人之領導行為或領導功能，以及對團體之影響。
6. 能對過去自己領導或參加團體經驗之整理、自己時間之適合性、自己所接受之專業訓練，以檢核自己是否適合帶領此種性質團體。
7. 接受有關帶領團體性質合宜的督導。
8. 其他與團體帶領有關的知能。

二、團體輔導之基本技巧

團體輔導的基本技巧包括個別輔導的基本技巧，主要有三大類，共 24 項基本技巧，分別說明如下。

（一）反應的技巧

即於團體輔導中，對於團體成員口語及非口語反應，團體諮商員以專業的敏感，對於團體或團體成員的反應，包括：積極傾聽、簡述語意、反映、因應當事人發問之反應、澄清及摘要等六種輔導技巧：

1. 積極傾聽：即團體成員於敘述時，團體諮商員不僅只有他自己，並能引導團體成員願意以專注的態度，包括心理的專心注意傾聽，及生理的專注姿勢如大約成九十度角（square）、開放的姿勢（open）、身體微傾向對方

（lean）、眼神自然而專注於對方之口語及非口語之反應（eyes）、輕鬆而不隨便（relax），專心凝聽團體成員的敘述（listening），適時適切的非口語反應如哼嗯聲音（response），讓成員覺得團體成員對他的敘述用心在聽，願意聽他的表達，因此他願意繼續於團體中分享他的心聲。

2. 簡述語意：即團體諮商員對於團體成員之敘述，以簡單新鮮的話語，加以回應，使團體成員知道你了解他所說的內容。

　　團體成員 X：「今天一出門，就下雨，到了公車站，車子又剛走，又碰到塞車，上班遲到，真是倒楣！」
　　團體諮商員：「唉！今天你發生了好多不順的事！」

3. 反映：即團體諮商員，對於團體成員之分享，能把握住成員表達的主要情緒加以反映，像鏡子一樣，不多也不少。使成員了解團體諮商員知道他所說的主要情緒。

　　團體成員 X：「對於剛剛團體中大家給我的鼓勵，是我以前所沒有的經驗，我內心頗激動的，真不知要說些什麼！」
　　團體諮商員：「由 X 所說的，可以體會你對大家給你的鼓勵，激動得不知要說些什麼！」

4. 因應當事人發問之反應：團體中成員經常可能對團體諮商員或團體提出發問，如果團體諮商員僅就事論事回答，並非不可，但如果經常如此，一方面可能產生當事人的依賴，或由於對談太久成為單向溝通，影響其他成員的參與；因此也可以反問句，或以引導的方式讓團體成員表達出他的看法。

　　團體成員：「在這種情況，我們要怎麼辦？」
　　團體諮商員 1：「的確這是個難題，不過你是否要先說說你自己的想法？」
　　團體諮商員 2：「對於 XX 的問題，各位的看法如何？」

5. 澄清：即團體諮商員於團體過程中運用簡述語意、反映、引導及其他方法說明，以及團體回饋或分享、探究等各種方法，協助成員覺察其問題或關鍵意義，並澄清當事人的情緒及內容，以引導為例：

團體成員：「如果我擔心的事發生了，我要怎麼辦？」

團體諮商員1：「由你所敘述的，我們可以了解到似乎你很擔心，但你是否可以說得更清楚一些！」（反映當事人之情緒再引導）

團體諮商員2：「你是否說說看你擔心的事……」（引導）

6. 摘要：即團體諮商員於團體告一段落或即將結束後，以簡單的敘述，將剛剛團體發生的重要過程或內容，對團體摘要回顧，亦具有澄清、引導、增強的功能。

團體成員們針對某一主題討論了一段時間後……

團體諮商員：「剛剛我們花了好長一段時間，對於團體的……討論，雖然話題不盡相同，有些提及團體聚會大家不準時，有些提到團體分享時，有些人話太多，或不投入；但歸納起來，大家都十分關心團體，希望團體更有效率，不曉得各位的看法如何……」

（二）互動的技巧

即團體諮商員於團體過程中促進或催化團體成員間互動，以增進團體過程發展的技巧，主要的團體互動技巧，包括：協調、解釋、連結、支持、限制、保護、分享與回饋等：

1. 協調：即團體中成員，有不同觀點或意見時，團體諮商員加以協商，使彼此觀點能協調出共同接受的看法。

例句：「小邦與小華你們兩個的意見，表面上看起來似乎不同，但共同都是希望能增進團體的凝聚力，而且在方法上有些是相似的，或許我們可共同來探討你們的方法上，有哪些是相同的？」

2. 解釋：對於團體中發生之事件，能引導團體以對事不對人的觀點，對團體過程做說明，如果對於個人應以當事人與事件關係做說明。

3. 連結：即將團體成員連結在一起，以形成共識或探討主題，對於團體中的旁觀者、被冷落或被排斥者，可利用此技術加以拉回團體。

團體成員甲：「我們團體今天不是要討論下次到郊外進行嗎？怎麼到

現在都沒有討論到？」

　　團體成員乙：「可是我們團體不是也有共識，針對當下的主題先討論，我們對於剛剛討論有關人際間的困境，很想討論到一個段落。」

　　團體諮商員：「的確兩位所提的都是團體曾經有的決議，代表兩位對團體都十分投入，的確我們在有關人際相處的困境，似乎大家都分享了許多，而且意猶未盡，然而上次我們也的確提及要討論下次要郊外進行，離團體結束還有半個小時，或許各位可以表達大家的想法。」

4. 支持：即對於團體成員以口語（如：「某某的意見，我覺得滿不錯的！」）或非口語（點頭或露出讚賞的微笑）之方式予以支持。

5. 限制：引導團體對於團體共同願意遵守的規則，如對於團體的時間何時開始、何時結束、每次發言的時間長短，以及其他有利於團體運作且成員願意共同遵守的規範。

　　團體有成員發言已超過十分鐘，有些成員表現出不耐煩的神情。

　　團體諮商員：「XX 對這件事的發言頗為深入，不過為了讓大家都有機會表達自己的意見，請大家的發言時間可以控制在三分鐘以內。」

6. 保護：即團體諮商員對於團體成員在團體中是否受到過度攻擊、壓力或威脅、不當或不適時地自我開放，予以適度之保護或提醒，以避免成員受到傷害。

　　團體諮商員：「XX 我可以了解到此刻你的心情，也可以體會你很想把放在你心上的那件隱私跟大家分享，但你要不要再考慮一下，說了以後對自己可能的影響，尤其團體才進行兩次，團體成員也需要一段時間準備，或許你考慮清楚後，在以後團體適當時機，你願意時再分享？」

7. 分享：引導成員對於團體的某一話題，使每位成員皆能分享其個人觀點，以形成共識。

　　團體諮商員：「XX 剛剛所提的這件事，與我們團體的每個人都密切有關，是否請大家都談談自己的觀點？」

8. 回饋：即藉著對個人或團體的溝通，使當事人明白他所給予別人影響的事

實，協助別人考慮改變其行為的一種方式，有如導向飛彈系統，接受系統中回饋有關訊息，有助於當事人可以更適切表現出適當的行為。

筆者並由實務工作中歸納於團體互動中歸納，團體進行中回饋之十項指標如下：

1. 回饋宜對團體成員於團體中的行為，而非對成員個人之好惡。
2. 回饋宜對團體中具體觀察到的行為，而非個人之推論。
3. 回饋宜針對團體中的行為或現象描述，而非以個人價值觀遽下判斷。
4. 回饋宜針對團體中發生行為的多或少。
5. 回饋宜針對此時此刻或當下正發生的行為，而非過去發生彼時彼地的事件或行為。
6. 回饋宜採個人的分享而非強制性的建議。
7. 回饋宜引發團體對問題的探討，而非問題的解答。
8. 回饋宜具有利他性，以有利於被回饋者為前提。
9. 回饋宜適時、適地、適人、適境、適於團體目標發展。
10. 回饋宜針對事情的內容而非理由。

（三）主動的技巧

1. 開放性發問：團體諮商員以開放性問句，如：「對於團體剛才對你的回饋，你自己的感覺如何？」相對於封閉性的問句：「對於團體剛才對你的回饋，你覺得高興或不高興？」

2. 探究引導：即團體諮商員以引導性問句，引發團體或成員能更深入地探究與團體目標有關的主題或話題。

　　團體諮商員：「團體開始到現在已經一個半小時了，不知道各位目前的感受或心得如何？哪一位願意先談談看？」
　　成員甲：「我覺得我現在的感覺像小鳥一樣。」
　　團體諮商員：「你是否願意說得更清楚些？」

3. 領導風格之覺察及善用：團體諮商員之領導風格如獨裁、民主或折衷，亦可能影響團體之帶領。基本上愈民主之領導風格，團體內之溝通可能更開放，團體成員意見較多元，但也可能較沒效率；愈獨裁之領導風格，如果領導者之能力足夠，可能效率較高，但團體之氣氛可能較嚴肅，或成員較

不敢或不願意表達意見。團體諮商員須自我覺察自己之領導風格並自我提醒，如何適切發揮自己對團體最有效的領導風格。

4. 處理成員抗拒之技巧：

(1)個人之抗拒：如成員於團體中以口語或非口語方式，如沉默不語、不參與團體、缺席、遲到、早退、不合作或言語抗拒，團體諮商員可於團體前之溝通面談，先預防處理部分成員因對團體目標及動機不清楚或誤解產生之抗拒；或對於非志願成員澄清，如：「我知道你不想來參加這個團體，我們來研究為何訓導主任要你來？有什麼方法可以讓他不叫你來？」

(2)團體之抗拒：於團體發展階段，開始時因成員對團體目標渾沌不清，或成員於團體中對於團體規範尚未形成共識，亦會產生團體之抗拒，如何再澄清善用成員之情緒分享，加以溝通澄清有時發生於團體之抗拒現象，亦正好為團體發展之契機。

5. 個人感受分享或自我開放：即團體諮商員考慮團體當下的狀況，以自己的經驗開放與成員分享，具有示範之作用，但須評估團體之發展階段，團體諮商員與成員間的關係，不宜過早開放，或內容太深入。

6. 示範：團體諮商員於分享團體試驗時或進行某些活動，團體諮商員的態度、言行皆具有示範性的功能。

7. 邀請成員：團體諮商員可觀察團體成員之參與或發言內容，主動邀請團體成員分享意見或參與活動。

　　　　團體諮商員：「你對這方面的經驗最豐富了，是否發表你的看法？」

8. 時間控制：於團體形成時，團體諮商員必須將團體聚會時間的長短、次數說明，並於團體中討論分享時間的規範形成共識；於每次團體進行中適切地提醒：「團體時間還有 X 分鐘，團體就要結束了……」、「XX，從剛剛到現在你分享了許多，也談了頗久的，相信大家都了解你，也敬佩你的看法，但是否可把時間讓更多的成員也分享他們的看法。」

9. 增強及鼓勵：對於團體中有利於團體的各種行為或事件，團體諮商員須善用之，並以口語或非口語之行為加以支持或鼓勵。

　　　　團體諮商員：「剛才我們聽了 XX 的意見，我個人覺得真的有創見且

十分可行，不知各位的看法如何？」

10. 角色扮演：在許多性質團體中，如成長團體、訓練團體、家族治療團體，多會運用角色扮演的技術，即對於過去、即將發生或未來可能發生的情境，以模擬的方式，由團體成員扮演情境中分派的角色，並加以演練。演練中如果演得不順利、有困難或不貼切情境，都可以中斷重新再演；演後並可以分享討論，為一種具有預防性兼具治療性及教育性的技巧，團體諮商員的訓練亦可以運用此種方法。一般而言，團體中角色扮演之程序如下：

(1)情境說明
(2)情境界定
(3)確定角色
(4)分派角色
(5)角色說明
(6)角色揣摩
(7)嘗試演出
(8)暫停
(9)討論分享
(10)重新修正再演 ──▶ 演出不順利
　　　　　↓ 演出順利
(11)結束演出
(12)團體分享
　　　若需要再扮演其他情境

此外 Gladding（1995）歸納各種團體領導技巧，共 22 種，並將其技巧名稱、說明及目標整理如表 5-2 所示。

表 5-2　團體領導技巧歸納

技巧名稱	定義說明	目標或預期之結果
1. 主動傾聽	專注於溝通有關的口語或非口語行為，且不做判斷及評價。	增強當事人的信任、自我開放及自我探索。
2. 重述	以稍稍不同的措詞，重述當事人的話，以澄清其意思。	確定團體領導者是正確了解當事人的意思，提供支持及澄清。
3. 澄清	藉由焦點於訊息的核心，簡化當事人的敘述，澄清的重點包括訊息的感受與想法。	幫助當事人弄清楚衝突及混淆不清的感受及想法，導向更有意義的溝通。
4. 摘要	將輔導互動中重要的訊息，精要的綜合歸納。	澄清並避免誤解當事人的意思，並引導以繼續晤談。
5. 發問	以開放性的發問，以引發成員自我探索問題的內容及如何解決之道。	引導更深層之討論；蒐集資料；刺激思考；增加澄清及匯聚焦點；提供成員更深度之自我探索。
6. 解釋	對團體中某些行為、想法、感受提供適切的解釋。	鼓勵深度的自我探索；對於團體中的現象提供新的觀點。
7. 面質	對於成員於團體中的言語、行動、非口語行為中，困惑或矛盾之處加以挑戰檢視。	鼓勵成員真誠的自我檢核；提昇潛能發揮；引發對自我矛盾之省思。
8. 情感反映	溝通了解成員情感感受的內涵。	建立團體良好氣氛；鼓勵成員；促進團體信任感；催化成員向困難挑戰。
9. 支持者	提供鼓勵及增強。	建立團體良好氣氛；鼓勵成員；促進團體信任感；催化成員向困難挑戰。
10. 同理心	能站在當事人的立場，將心比心體諒其感受及想法。	培養信任的治療關係；促進溝通及了解；鼓勵當事人深層地自我探索。
11. 催化	於團體中以開放性或引導性的方法，清楚地導引成員朝向有助於團體目標探討。	提昇團體有效的溝通；促進團體達成團體目標。
12. 引發	於團體中引發行動，促使團體參與或介紹團體新的方向。	防止團體不必要的探索；增進團體過程之催化。

107

表 5-2　團體領導技巧歸納（續）

技巧名稱	定義說明	目標或預期之結果
13. 設定目標	於團體過程中，引發團體參與，並具體確定團體特定且有意義的目標。	引導團體活動的方向；幫助成員選擇及澄清團體目標。
14. 評估	評量團體進行過程及團體中成員及其相互間之動力。	提昇深層之自我覺察及幫助團體對於團體方向更加了解。
15. 給回饋	對於成員專注之觀察後給予真誠且具體的回饋。	對於成員於團體中具體行為提出回饋，以幫助團體成員自我覺察。
16. 建議	提出團體目標有關行為之資訊、方向、意見及勸告。	幫助成員發展取代性之思考及行動。
17. 保護	保護成員於團體中不必要過早地心理冒險。	提醒成員於團體中適度的心理探索深度，以避免受到傷害。
18. 開放自我	對於團體發生的事件，個人開放此時此刻的感受或想法。	催化團體更深層地互動，建立信任，示範使他人了解自己的方法。
19. 示範	藉由行動示範適合於團體的行動。	對有利於團體行為提供範例，激發團體成員完全發揮其潛能。
20. 處理沉默	藉由口語及非口語溝通之觀察，對於團體沉默現象，催化有助於團體之發展。	允許團體成員反映其感受；凸顯其焦點；統整情緒有關事件；幫助團體運用其有利之資源。
21. 阻斷	對於團體中無建設性之行為，以適當之方法加以阻斷。	保護成員；提昇團體進行過程。
22. 結束	以適當的方法，準備讓團體結束。	引導成員統整其於團體之心得；引導成員發展其將團體之心得應用於生活中。

第三節　團體領導的功能

在各種團體中，團體諮商員有許多不同的領導功能，Bates、Johnson 和 Blaker（1982）曾歸納主要的團體領導功能包括：交通指揮（traffic dierctor）、適當行為的示範者（model of appropriate behavior）、互動的催化劑（interactive catalyst）、溝通的催化者（communication facilitator）。亦有學者認為團體領導者的

主要功能包括情緒之引發（emotional stimulus）、示範（modeling）、關懷（caring）及行為執行（behavior executing）。然而團體的名稱諸多，如會心團體、訓練團體（Training group 或 T-group）等，但這幾年來這幾種不同小團體的差異愈來愈少，而有些相同名稱的團體的差異卻愈來愈大，除了與團體帶領者本身的理論背景、經驗、風格的變異有關外，與當前世界多元價值觀念、變遷快速、跨文化與跨科技觀念的相互互動，亦多有關係。但較為一般團體實務工作者所用的為「成長團體」或「小團體」。

一、如何了解「成長團體」

一般說來，「成長團體」主要由下述幾個向度加以探索。

（一）團體階段發展

於團體不同發展階段的事件與團體之目標發展情形，以及團體中成員於團體中之參與、成長與自我覺察情形。

（二）人際連結與人際角色

由團體中人際互動的頻率與內涵、角色之扮演與和諧，了解團體之運作情形。如團體中成員企盼從其他成員得到支持、傾聽他人或打斷他人之表達，企圖控制他人或附和他人，退縮或積極參與，接納他人或改變影響他人，專心參與或旁觀分離。

（三）內容與過程

由團體發生之內容為表象，是較易觀察到的團體現象，而過程則為較細膩深層的真正內涵意義。例如團體進行幾次後，成員漸漸流失或缺席，表象（內容）是因期中考到了，真實的情形（過程）可能是成員覺得團體產生困境且未能有效因應，未能達成目標，產生失望而不想來。

（四）真實世界與實驗世界

團體本身兼含真實世界與實驗世界，且較真實團體深刻且可以被仔細分析、了解，而團體之效果之一，包括在團體之學習能否有效運用於真實世界之程度。

（五）團體之效果

即探索團體對成員之正向或負向的心理影響。包括以下幾點：

1. 對團體成員自我之覺察程度。
2. 對其他成員行為之敏感度。
3. 對團體過程、功能及團體互動之了解程度。
4. 對社交、人際關係與團體互動情境之敏察及適當因應程度。
5. 與團體目標有關之良好因應行動的增加程度。

二、團體領導者的角色

探討對於團體領導者的功能前，對於領導者的角色必須先加以探討。基本上，小團體之領導者具備專家的角色、成員的角色、共同成長與學習者、觀察診斷者、催化學習者、示範者、情緒引發刺激者、資訊提供者、溝通者、行動的促進者、團體倫理之維護者、資源尋求者、關懷者，以及意義的賦予者等角色，並因角色而妥善扮演其團體領導功能。基本上有些角色是團體領導者於團體中責無旁貸的，例如：情緒引發刺激者，引發成員開放分享；行動的促進者，以維持團體的規範；關懷者；專家的角色……等。但如果團體成員能扮演適切的領導功能或角色，團體領導者可以加以鼓勵，並彈性地調整領導功能的強度。團體領導者在團體中善用團體領導功能，兼顧其團體性質所需於關係、教育或任務導向之領導功能，以順利達成團體目標。Bates 等人（1982）曾提出，團體領導者之主要功能應包括：交通指揮者，即團體方向導引、團體適切行為之示範者；互動催化者及溝通催化者。謹將團體中領導者之重要角色歸納如下：

1. 專家的角色：團體領導者應具備專業之能力，以及基於專業倫理發揮專家之功能，以期專業技術激勵團體朝向團體目標努力。
2. 成員的角色：團體領導者必須提醒自己亦為團體中的一個成員，更能同理成員的感受。
3. 共同成長與學習者：團體領導者固然將是團體的中心人物，但亦須學習如何有效地與團體成員共同分享領導功能，共同成長與學習。
4. 觀察診斷者：團體領導者必須冷靜覺察團體的發展與其中之內容與過程，敏察並能適當因應。
5. 催化學習者：設計適切的學習機會提供成員學習。

6. 示範者：為團體成員建立行為模式。

7. 情緒引發刺激者：引發團體成員情緒之開放及分享，團體和諧氣氛之塑造。

8. 資訊提供者：介紹團體與團體目標有關的刺激及資訊，以促進團體目標的達成。

9. 溝通者：催化團體之分享，促進意見之交流、摘要、說明、衝突之解決以達成團體共識。

10. 行動的促進者：包括團體規範之執行，時間之掌握，團體目標行動之催化。

11. 團體倫理之維護者：依據團體之專業倫理對成員適切之保護，以免受到傷害。

12. 資源尋求者：引導成員共同尋找有利於團體目標之各項資源。

13. 關懷者：關心團體成員的心情感受，增進團體的凝聚力。

14. 意義的賦予者：對於成員於團體中的行為，賦予與團體相關意義的詮釋，以激勵成員的參與。

三、團體領導者的功能

（一）團體領導功能之自我檢核

為更具體地了解領導者於團體中具有的領導功能，我們藉由團體領導者功能檢核表，如表 5-3 所示，加以系列分析，藉由分析一方面檢核自己的領導功能，哪些較強，哪些較弱，對於較弱的功能藉由後面的練習予以練習增強；並可藉由團體練習中，觀察者的回饋檢核自己的自我評量。

表 5-3 團體領導功能檢核表

> 當你身為一個團體成員時，通常你在團體中的領導行為如何？你會用什麼方法去影響其他成員，以達成團體目標？下面的檢核表目的在了解你在團體中的行為，以便了解你自己的團體領導功能，並進一步可由後面的練習，加以討論。
>
> 請在下面檢核表，左邊英文字母（AFOSN）中圈出你在團體中最可能表現的行為：(A)表總是如此；(F)表經常如此；(O)表有時如此；(S)不常如此；(N)從未如此。

資料來源：修改自 Johnson & Johnson (1991)

當我是問題解決（problem-solving）團體的成員時，通常我會……

AFOSN	1. 提供事實、個人意見建議及有關資料等以幫助團體進行討論。
AFOSN	2. 鼓勵團體成員參與,協助他們了解他們對團體的貢獻,開放地接受他們的意見,並友善地反應。
AFOSN	3. 對其他團體成員提供事實、資料、意見、看法、感受,以幫助團體進行討論。
AFOSN	4. 當團體成員有不同意見時,企圖說服對他們在意見上的差異做建設性的分析,找出他們看法上的衝突點,並試著調停。
AFOSN	5. 配合團體目標工作,使團體開始行動。
AFOSN	6. 在團體中以幽默及輕鬆的玩笑方式,以解除團體的緊張力,並提高成員們的愉快感。
AFOSN	7. 針對團體目標,推動團體成員發展出計畫,並引導成員將注意力集中在適切團體目標的工作中。
AFOSN	8. 在團體中表現良好的溝通技巧,並協助每個團體成員,被全體所了解,以促進成員之間的溝通。
AFOSN	9. 將團體成員提出的有關意見或建議加以整合,並能適切地摘要團體所討論的主要觀點,以幫助團體了解及澄清。
AFOSN	10. 能適切地問成員們對團體進行方式的感受,並表達彼此相互的感受。
AFOSN	11. 能藉一些方法在團體中協調,如指出不同意見之間的關係或將意見綜合起來,或將各個團體中的次團體及成員的意見連接起來。
AFOSN	12. 能敏銳觀察團體進行的過程,並善用自己的觀察來協助團體檢討,以利於團體目標之發展。
AFOSN	13. 能診斷出團體過程,未能有效進行的原因及團體目標的障礙。
AFOSN	14. 能說明團體的標準、規範及目標,使團體成員了解團體進行的方向,並且能開放地接受團體的規範與過程。
AFOSN	15. 能激勵團體成員有較好的工作表現。
AFOSN	16. 能專心聆聽團體其他成員的意見,衡量他們的看法,並且在個人不同意團體的意見時,依然順從團體的行動。
AFOSN	17. 檢查團體成員所提意見的實用性,評量各種解決的方法,並將決定與建議運用於實際情境,以觀察效果。
AFOSN	18. 接受並支持其他成員的自我開放,增強或鼓勵他們的行為。
AFOSN	19. 將團體的決定與團體的成果相互比較,並以團體目標為基準測量團體的成果。
AFOSN	20. 於團體中鼓勵開放性的討論成員間的衝突,以能妥善協調,並增加團體的向心力。

（二）團體領導功能檢核表計分換算步驟

1. 請先將表 5-3 各題前 AFOSN 圈選之代號，填於表 5-4 中各題之題號後之格子內。

2. 依各題得分之代號，換算分數如下，填於代號後之格子內：

    □圈選 A（Always）＿＿＿：得 5 分

    □圈選 F（Frequently）＿＿＿：得 4 分

    □圈選 O（Occasionally）＿＿＿：得 3 分

    □圈選 S（Seldom）＿＿＿：得 2 分

    □圈選 N（Never）＿＿＿：得 1 分

3. 累計奇數題得分之加總，即工作功能之總分。

4. 累計偶數題得分之加總，即情緒功能之總分。

5. 檢核各題得分以及參考表 5-5 之每一題代表領導功能。自我省察自己於哪些領導功能較強或較弱，以及如何充實或因應。

6. 將工作功能之總分標示於圖 5-1 之橫軸，情緒功能（支持行為）之總分標示於圖 5-1 之縱軸，由圖 5-1 及表 5-6 之座標解析說明，可以了解個人於團體領導功能之分布。

表 5-4　團體領導功能檢核表得分分析表

題號	得分		工作功能類別	題號	得分		情緒功能類別
	代號	分數			代號	分數	
1			消息、意見給予者	2			鼓勵參加者
3			消息、意見尋求者	4			協調者
5			開始者	6			緩和氣氛者
7			方向指引者	8			幫助溝通者
9			總結者	10			氣氛評量者
11			協調者	12			過程觀察者
13			診斷者	14			標準訂定者
15			激勵者	16			主動傾聽者
17			事實檢驗者	18			鼓勵信任者
19			評鑑者	20			人際問題解決者
小計				小計			

（三）團體領導功能意義

　　為了讓讀者更清楚團體領導功能意義，僅將團體領導功能分為工作功能及支持功能兩大類，並將其意義說明如表 5-5。

表 5-5　團體領導功能意義一覽表

一、工作功能
1. 消息、意見給予者：提供事實、意見、想法、建議和相關的消息來幫助團體討論。
2. 消息、意見尋求者：問團體成員，事實、消息、意見、想法，和感覺來幫助團體討論。
3. 開始者：提供目標或工作，引發團體行動。
4. 方向指引者：為團體進行提出發展計畫。
5. 總結者：將相關意見、建議做總整理。
6. 協調者：將各種不同意見、行動加以協調、安排。
7. 診斷者：針對團體進行的困難、目標，提出診斷者。
8. 激勵者：激勵成員以提高工作士氣。
9. 事實檢驗者：檢查成員意見的可行性，看能否應用在實際情境中。
10. 評鑑者：將團體標準、目標和團體的決議加以比較。
二、支持功能
11. 鼓勵參加者：溫暖地鼓勵參與、開放、友善關懷地對待所有成員。
12. 協調者：調解衝突，化解不同意見，尋求成員意見的共同點。
13. 緩和氣氛者：使團體緊張氣氛減低，建議休息，製造笑料。
14. 幫助溝通者：幫助成員確定、了解對方在說什麼，使溝通更清楚。
15. 氣氛評量者：問成員對團體氣氛的感覺，並分享這些感覺。
16. 過程觀察者：觀察團體進行過程，並幫助檢查團體的有效性。
17. 標準訂定者：表明團體標準及目標，讓成員了解團體進行的方向，並願意開放地接受團體規則。
18. 主動傾聽者：對他人的話有興趣接納地傾聽。
19. 鼓勵信任：接受、支持成員的開放並鼓勵成員冒險。
20. 人際問題解決：促使團體討論成員間的問題，以增進彼此的和諧。

（四）團體領導功能之於支持及行為功能之座標說明

　　學習者可將自己於表 5-4 最後小計之分數中，工作行為之小計分數標於圖 5-1

之橫（X）軸，支持行為之小計分數標於圖 5-1 之縱（Y） 軸，進而了解自己相
對之座標位置，並參考表 5-6 之座標意義解釋，可以了解自己之座標所在象限之
意義。

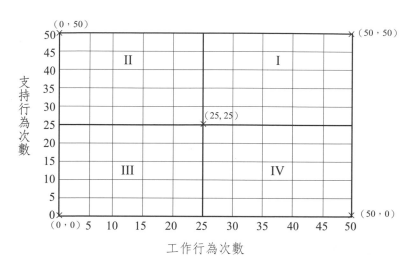

圖 5-1　支持行為與工作行為次數之座標標示圖

表 5-6　「工作－支持型態」座標之描述

座標落點	「工作－支持型態」
（0，0）	極少努力工作，不參與團體，團體中不活躍，對其他成員沒有影響力。
（5，50）	十分重視維持團體的良好氣氛，完全注意其他成員的需要以滿足的關係，創造舒適、友善的氣氛。這樣的人忙於社團人際關係，但這團體可能永遠不會完成一件工作。
（50，5）	極少注意團體氣氛，但十分強調達成團體目標。工作被認為是重要的，忽視成員間的關係。這樣的人可能是個傑出的軍事教官，但其帶領的團體之士氣和凝聚力易於受損，一旦如此，該團體的生產力可能嚴重影響。
（25，25）	工作和情緒的需要彼此平衡，讓團體成員的士氣維持在某一滿足程度下以完成工作。這樣的人不斷地在團體工作需要和團體成員支持需要間妥善協調。
（50，50）	所有團體成員共同計畫、做決定。他們建立信任和尊重的關係，並同心合力參與工作。經由了解和同意而得到合理的決定，極受重視。每個人都可充分表達他的想法、意見、態度，即使彼此不一樣。團體是一個協調的整體。這樣的成員是一個理想的領導者。

1. 座標落於第一象限者：代表支持行為多，而且工作行為也多，因而此種類型之團體領導者可能很溫暖也很關心團體成員，同時對於團體目標或任務達成之成效也十分良好，為理想的團體領導者。

2. 座標落於第二象限者：代表支持行為多但工作行為較少，因而此種類型之團體領導者可能很溫暖也很關心團體成員，但於團體目標或任務達成之成效可能較弱。

3. 座標落於第三象限者：代表支持行為較少而且工作行為也較少，因而此種類型之團體領導者可能對團體成員較不溫暖，也缺乏有效的任務達成功能，為較不理想的領導者。

4. 座標落於第四象限者：代表支持行為較少，但工作行為較強，因而此種類型之團體領導者可能溫暖較不足，但於團體目標達成之功能強而有力。

（五）團體領導功能行為範例

為增進學習者對於團體領導功能之了解，僅分別對支持性行為及工作性行為之團體領導功能，分別舉例說明如下：

※工作行為之團體領導功能範例

1. 以前我參加的團體，他們面對類似事情處理的方式，雖然團體不同，但或許可供大家參考，他們的做法是……………………（消息、意見給予者）

2. 大家是否覺得這方法可解決問題………………………（消息、意見尋求者）

3. 我們來看首先該做什麼？…………………………………………（開始者）

4. 我們不要扯太遠，趕快依照我們原定工作進度工作………（方向指引者）

5. 從剛剛所提的建議中，可看出大家都認為該先確定團體目標…（總結者）

6. 我覺得老章與小周的看法接近，可整合在一起…………………（協調者）

7. 我想我們的問題是在我們工作方法上……………………………（診斷者）

8. 可以看出來大家的努力，只要持續下去，一定會做得更好……（激勵者）

9. 或許我們試試看這方法是否有效…………………………………（事實檢驗者）

10. 若我們真能依照這方法澈底執行，我覺得可達到團體目標……（評鑑者）

※支持行為之團體領導功能

11. 李兄，你的看法如何？上次你的意見不錯…………………（鼓勵參加者）

12. 王哥，我不覺得你的看法與柳哥不同，或許你可再看看，你們彼此間相同的地方……………………………………………………………（和諧者）

13. 或許我們休息一下，再繼續工作……………………………（緩和氣氛者）
14. 由你說的意思，我覺得你不太贊同這方法，是不是這樣？其他人是否了解他剛說的意思………………………………………………（幫助溝通者）
15. 我覺得我們的解決方式不錯，大家的看法？……………（氣氛評量者）
16. 由現在工作狀況看來，好像只有部分人在做，如果大家一起努力工作，效果一定會更好……………………………………………（過程觀察者）
17. 看起來，我們團體需要決定到底以何種方式進行工作最有利
………………………………………………………………（標準訂定者）
18. 我覺得老周的看法很好，我願試試你的方法………………（主動傾聽者）
19. 小李你能坦然與大華真心交換意見，很好，你真有一套…（鼓勵信任者）
20. 我們可坦誠地來談談王哥與黃兄間的衝突，看看是否能解決他倆間的問題？
………………………………………………………………（人際問題解決者）

（六）團體中之協同領導者利弊的探討及因應

　　一般而言，團體中之協同領導者，係基於團體領導者之訓練過程，或團體所需，如成員人數超過 12 人以上，通常會安排協同領導者。團體中運用協同領導者有利有弊，好處方面包括易於帶領團體，並共同協助團體之困境、提供團體成員更多示範之機會、提供更多的回饋、分享更多與團體目標有關的特別知識、替代功能——例如團體領導者臨時發生緊急事故不能帶領團體。

　　相對的，團體協同領導者也可能有一些限制，例如可能產生缺乏協調、互相推諉、相互競爭、各自結盟導致團體分裂。

　　為避免團體運用協同領導者產生不利團體事宜，團體領導者與協同領導者間於帶領團體前必須充分溝通、相互了解、接納並培養默契，若真的未能契合，則必須適當調整，妥善分工。例如以時段或單元，甚至次別，皆可妥善溝通分工；每次團體後之團體紀錄之撰寫、分享、相互支持性的回饋及檢討，亦為共同帶領重要的過程；團體前、中、後共同接受督導亦可增進了解；較有經驗的團體領導者亦可提供示範或擔任教練。

（七）團體領導功能練習活動——選擇顏色活動

　　首先要請各位讀者詳讀表 5-4 及（五）團體領導行為功能範例，以便接下來練習時可以確實掌握扮演之角色及觀察，並練習觀察單，如表 5-7、表 5-8 之紀錄。

表 5-7　工作功能的觀察紀錄表

成員名稱：_____

功能							
消息意見給予							
消息意見尋求							
開始							
方向指引							
總結							
協調							
診斷							
激勵							
事實檢驗							
評鑑							
其他							
其他							
其他							

表 5-8 支持功能的觀察紀錄表

成員名稱：_____

鼓勵與參與							
協調							
緩和氣氛							
幫助溝通							
評量氣氛							
觀察過程							
訂定標準							
主動傾聽							
鼓勵信任							
人際問題解決							
其他							
其他							
其他							
其他							

1. 活動目的：我們要選擇一個顏色代表我們的團體。這個活動設計的目的是讓大家經由角色扮演的方式，了解並練習有關團體的各種領導功能。

2. 活動人數：20 人分成內外圈（金魚缸法），內外圈各 10 人，內圈角色扮演，外圈擔任觀察者，一人觀察一位內圈者，如圖 5-2 所示。

3. 活動指示：請你盡量依照指示語（按照甲、乙、丙信封順序）進行。

4. 活動時間：全部活動時間約須 30 至 40 分鐘。

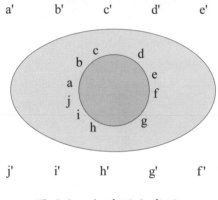

圖 5-2　內外圈觀察圓

5. 活動地點：最好中間有一個橢圓會議桌，內圈 10 個椅子，外圈 10 個椅子，內外圈間有適當距離。

6. 活動器材：碼錶一個、擴音器數個，方便發言者之聲音為參與活動者聽到，可加錄影器材，以方便事後由錄影帶進行回顧與檢核。

7. 活動步驟：

(1)說明活動目的，解釋下列團體領導功能：

　　a. 開始者。

　　b. 訊息與意見尋求者。

　　c. 訊息與意見給予者。

　　d. 診斷者。

　　e. 鼓勵參與者。

　　f. 協調者。

　　g. 緩和氣氛者。

　　h. 主動傾聽者。

　　i. 評鑑者。

(2)確定內圈及外圈人員，以及觀察員及其觀察對象，發給觀察紀錄紙，如表 5-5 所示，並教導如何使用。

(3)觀察者運用團體領導功能單（如表 5-7 及表 5-8），觀察下列事項：

　　a. 團體於活動中出現了哪些團體領導功能，或未出現的領導功能有哪些？

　　b. 團體成員參與的情況如何？

　　c. 內圈觀察的成員表現了哪些團體領導功能？

(4)將裝有角色扮演說明的幾個小信封放進一個大信封內，把大信封放於團體中間，等待指示。

(5)活動後進行經驗分享，並討論下列問題：

　　a. 每個成員扮演什麼團體領導功能行為？這些團體領導功能行為如何表現出來？

　　b. 在團體做決定中，出現或缺少了哪些團體領導功能行為？這些團體領導功能行為的出現或缺乏對團體引發怎樣的影響？

　　c. 參與角色扮演者對此次團體活動的感受及經驗為何？例如自己過去平常生活中較不會扮演類似角色，扮演後自己感覺如何？

　　d. 由此活動之參與或觀察，對於團體領導功能的省思心得或迴響為何？

8. 活動指示：

(1)大信封活動指示：

　　　　打開信封後你會看到三個小信封，小信封中有團體階段進行的指示，現在請打開第一個小信封。指示上會告訴你何時打開第二個及第三個小信封。

(2)小信封 A 活動指示：

　　a. 時間限制：15 分鐘。

　　b. 特別指示：每位角色扮演團體成員抽一張角色扮演單，依照指定角色模揣摩扮演，並確定支持立場。

　　c. 活動項目：這個團體需要選擇一個顏色代表此團體。

　　d. 注意事項：不讓任何人看到你的扮演指示。

(3)小信封 B 活動指示：

　　a. 時間限制：5 分鐘。

b. 活動項目：這個團體需要選一位主席。

(4)小信封 C 活動指示：

a. 時間限制：10 分鐘。

b. 活動項目：請針對第一階段團體進行之過程進行討論。

c. 特別指示：由第二階段的主席主持此階段的討論，討論內容包括角色、團體領導功能，以及團體成員在各階段及整個團體過程中自己的感覺及反應行為，但先由觀察員的回饋開始。通常一位觀察員報告其觀察成員角色扮演的團體領導功能及其心得後，被觀察的成員報告其扮演的團體領導功能及心得。

d. 10 分鐘後交由團體諮商員帶領團體分享。

※個人角色指示單

每個團體領導角色功能及立場如表 5-9，可製成卡片，活動人數至少要 7 個人。若少於 7 個人，可以酌減參與扮演角色人數，觀察員並可減少為 2 人，1 人觀察工作功能，另 1 位觀察支持功能。

表 5-9　個人角色指示單

團體領導角色功能	立　　場
開始者	支持藍色
訊息與意見尋求者	介紹橘色
訊息與意見給予者	支持紅色
診斷者	反對紅色
鼓勵參與者	支持綠色
協調者	當團體有極端衝突時提出類似紫色或橘紅色等綜合的顏色，以緩和衝突
隨意者 A	隨意（在此活動的第二階段將選出一位主席，你要設法讓自己當選主席）
主動傾聽者	支持藍色
隨意者 B	隨意（在此活動的第二階段將選出一位主席，你要設法讓自己當選主席）
評鑑者	支持紅色

關 鍵 詞 彙

反應的技巧   互動的技巧   主動的技巧

工作功能   支持功能

自 我 評 量 題 目

1. 試述團體輔導技巧的角色？

2. 試述團體輔導有哪些主要技巧？

3. 試述團體的領導功能有哪些？

4. 由課本表檢核你自己的團體領導功能，寫出五項你最高及最低的領導功能，並請以圖 5-1 方式，標示您的團體支持領導行為與團體工作功能行為之座標，對於較低的團體領導功能，敘述你如何充實？

第六章

團體前之準備技巧

● 張德聰

學習目標

── 研讀本章內容之後，讀者應能達成下列目標：

1. 明瞭團體發展階段的分類。
2. 明瞭團體發展階段的基本觀點。
3. 學習如何做好團體前的準備工作，包括：
   (1)如何擬訂適切的團體計畫書。
   (2)如何做好成員招募與篩選。
   (3)如何協助團體成員從團體中得到最大的收穫。
   (4)團體領導者及協同團體領導者，於團體開始前如何做好協調合作之準備。

摘要

本章的主旨在介紹團體前的準備技巧。由本章開始起為團體技巧的說明，並且配合各個團體發展階段介紹，為使讀者能對團體發展階段有一整體的概念，因此嘗試將中、外學者對團體發展的分類、分析做統整、比較，並綜合整理有關團體發展階段之統合觀點，使讀者能對團體發展階段有更清楚的概念。

本章第二個重點在引導讀者如何做好團體前之準備，包括如何擬訂團體計畫書，並舉例說明：成員之招募與篩選，其中包括招募成員必須注意的倫理，如何做好招募成員之宣導以及篩選成員之措施，如個別會談、團體預備會議等。進一步對團體成員如何從團體中得到最大收穫之準備心態，以及團體領導者與團體協同領導者的協調合作之自我檢核事項，分別加以介紹。

任何的團體，不論是學校之社團、成年人之社團、教會的團契、青少年的黨派，其團體之發展，有若人生涯之成長、探索、維持到衰退，而團體亦有其發展階段，但因各理論之不同架構而有所差異。

團體是個具體而微的社會，因團體的特性、團體的互動，可能產生許多複雜的作用或影響，一個有效能的團體輔導員，必須學習如何引導協助團體了解團體正在發展的狀況，以便適時地參與與運作。

第一節　團體發展階段的探討

Corey（1990）認為，團體是有生命的，不能將之絕對分成各個獨立的階段，而各階段間常有重疊。此外每個團體因其團體目標、領導者、成員以及影響發展的各種變項而有不同；但許多學者，包含 Corey（1990）、張德聰（1992）、Gazda（1989）、Tuckman（1965）、Tuckman 和 Jensen（1977）、Yalom（1985）、Rogers（1970）等，也認為不同之團體雖有其差異性及獨特性，但也存在某種普遍性的發展模式。如同上述學者對團體發展歷程的探討，雖然各團體有其獨特性，但其發展歷程卻有其相似之處，因此如果一個團體領導者，能更清楚團體發展每個時期的明顯特徵或傾向，才能知道哪些因素有利於團體發展，或哪些因素會阻礙團體，也能對團體中可能發生哪些危機、產生什麼問題，洞燭機先，適時介入，以促進團體的發展（黃惠惠，1993；Corey, 1990; Forsyth, 1990）。更可進而掌握先機，於團體危機發生前預防，或於團體形成前，適切處理而防患於未然。

一、團體發展階段之分類

一般而言，團體的發展階段，因各學者之觀點而不盡完全相同，如 Gazda（1989）將諮商團體所經歷的階段大致分為：(1)探索；(2)轉換；(3)工作；(4)結束四個階段。Schutz（1973）提出團體發展的三階段說：(1)接納；(2)控制；(3)影響。Mahler（1969）則分為五階段，包括：(1)準備階段；(2)涉入階段；(3)轉換階段；(4)工作階段；(5)結束階段。Hansen、Warner 和 Smith（1980）亦提出團體發展的五階段論，包括：(1)團體的初始階段；(2)團體之衝突與抵抗階段；(3)團體凝聚階段；(4)團體發揮功能階段；(5)團體結束階段。Yalom（1985）則提出團體發展三階段論，並對每階段主要特徵加以描述：(1)團體初始階段──猶豫及追尋個

人意義與團體共識；(2)團體之運作階段——衝突、控制與反抗；(3)團體的凝聚、工作階段——團體士氣、信任及自我開放的增加（Corey, 1990）。

　　林振春（1984）將團體發展細分為：(1)引起興趣；(2)導引投入；(3)主動參與；(4)團體和諧；(5)批判思考；(6)呈現問題；(7)解決問題；(8)團體決策；(9)行為改變等九個階段。

　　林振春並以表 6-1，具體設計其團體發展階段的團體活動設計，內含團體目標、團體發展階段、使用活動、目標行為、領導者注意事項，使讀者更加了解團體發展之整體性相關因素。

　　何長珠（1980）則將團體發展分為：(1)安全；(2)接受；(3)責任；(4)工作；(5)結束等五個階段。

　　而於《國小輔導研究》第七集，亦記載國內資深精神醫學學者陳珠璋教授與前東門國小葉莉薇老師，自 1963 年 2 月 6 日起於為期 16 個月，長達 133 次，針對東門國小六名 9 歲至 10 歲，約國小三、四年級適應欠佳學生（打架，上課不安靜）的輔導研究，共分為：(1)試探；(2)發洩；(3)混合；(4)牽制；(5)反抗；(6)競爭；(7)動搖；(8)集中；(9)妥協；(10)交談；(11)改變；(12)抵抗；(13)醞釀；(14)再構；(15)安定；(16)準備結束；(17)結束等 17 個階段，為我國團體發展階段有關研究文獻上分類最多者。

表 6-1　團體發展階段活動設計一覽表

團體目標	團體發展階段 123456789	使用活動	目標行為	領導者注意事項
1. 相互認識引起興趣	1、2、3	(1)自我介紹 (2)介紹我們的伴侶	團體氣氛是舒服愉快的。成員樂於與人談話。	領導者催化傾聽和溝通的重要性。
2. 培養一體感及相互融入	1、2、3	建立團體規範	對團體規範的討論，成員皆積極投入，並公開表示支持。	綜合成員意見將規範以書面呈現，此階段不可太急進，以免影響成員接受的程度。

表 6-1　團體發展階段活動設計一覽表（續）

團體目標	團體發展階段 123456789	使用活動	目標行為	領導者注意事項
3. 培養相互分享及團體親密感	1、2、3、4	合成眾意與團體決策	(1)成員對每個活動全心投入貢獻意見。 (2)成員能接受他人的意見，表現團體精神，沒有人身攻擊的情況發生。	(1)（催化和強調）積極傾聽。 (2)導引產生團隊合作。 (3)意見分享和眾意合成是主要目的。
4. 鼓勵成員批判性思考及提供成員自我表露的正向經驗	1、2、3、4、5	自我畫像	成員相互分享自己的價值觀、信仰意見，且努力澄清彼此間的差異，成員能相互學習對方的優點和特長。	要求成員相互分享彼此的看法且思考和評估團體的意見和看法。
5. 自我表露與批判性思考	1、2、3、4、5	美術拼貼	全體成員積極投入找尋完成美術拼貼所需的字和圖畫。	在此活動中，成員可能先思考再開始行動，因此會有一段期間的沉默。
6. 以成員的自我表露幫助問題的明確化	1、2、3、4、5、6	黑白面具	成員將自己生活中的事與團體分享，而每人皆能主動傾聽與接納他人。	以嚴肅的語氣來介紹此一活動，並以正向的觀點來評論成員此刻的感受。
7. 幫助成員找出影響成功的癥結所在，並明確指出所要解決的問題為何	1、2、3、4、5、6	我的問題何在	成員彼此討論個人的問題所在，並找出希望團體幫忙解決的問題。	團體是正向與支持的，成員應避免值判斷，領導者應強調針對問題讓個人得到學習和成長。
8. 幫助成員發展具體可行的計畫，以處理自己的問題	1、2、3、4、5、6、7	發展計畫	成員提出自己的問題，並相互提供意見，以解決問題。最後都能提出解決問題的計畫。	檢查每個計畫是否可行，鼓勵成員積極去解決其問題。

二、團體發展階段內涵之分析

　　Tuckman（1965），由 26 個治療團體（therapy group）中每個團體，5 至 15 個成員，期間為 3 個月以上，發展另一類型的團體發展階段，共分兩個大階段，每個階段再各分為三個階段，並由：(1)情緒項目；(2)內容主題；(3)支配性角色（中心人物）；(4)團體結構；(5)團體活動；(6)團體走向目的之動力來源；(7) 可能主要的防衛，加以分析，整理如表 6-2 及 6-3 所示。

表 6-2　Tuckman 之團體發展階段──依賴與權利關係之向度

類　別	階段 1：依賴─順從	階段 2：對抗依賴	階段 3：解決
1. 情緒項目	依賴─逃避。	對依賴爭論。避開成員間的爭論。不信任機構人員。矛盾。	親密結伴。深入參與團體工作。
2. 內容主題	討論團體外的人際困擾。	討論團體的組織；也就是討論有效的團體應如何結構較佳。	討論且定義催化員的角色。
3. 支配性的角色（中心人物）	自我肯定，且富攻擊性的成員他們通常已具有組織或社會科學的知識。	最自我肯定對抗依賴與依賴的成員，退縮而較不自我肯定，獨立的與依賴的成員。	肯定而獨立者。
4. 團體結構	依成員過去的經驗組織成小團體。	對抗依賴與依賴的行為造成兩大對立的情勢，使領導者與成員分成兩個小團體。	團體追求目標而統一，且建立新的內在權威體系。
5. 團體活動	大多數新的社會結合，出現的一些懷舊的自發行為。	尋求統合意見的機制：投票選主席，尋找有效的題材。	團體的成員把以前認為是領導者的功能給取代了。
6. 團體走向目的之動力來源	機構人員拒絕傳統的結構情境的行為，建立公平進行的行為，調節參與的情形。	建立次團體以排除焦慮，丟開機構人員，藉引入最自我肯定與最依賴的人來降低不確定性。	自我肯定的，獨立者以起動和社交的方式，放走領導者並結合小團體成為一個大而完整的團體。
7. 主要的防衛	投射醜化權威者。	團體進入第二階段。	

資料來源：Tuckman (1965)

表 6-3　Tuckman 之團體發展階段——互相依賴與人際關係向度

類　　　別	階段 4：迷戀	階段 5：冷淡	階段 6：效果的統合
1. 情緒項目	親密—逃避。團體變成一個神聖不可分析的聖像。	爭論—逃避。焦慮反應，許多成員出現不信任和懷疑的現象。	親密、了解、接受。
2. 內容主題	討論團體的歷程，通常屬於好的方面。	第一階段的主題再次出現：何謂團體？我們在這裡做了什麼？團體的目的是什麼？我個人給予團體是什麼？我個人給予團體是多少？團體給我的是什麼？私密性被破壞了，設立社會行為的標準。	課程結束，討論並評鑑成員角色。
3. 支配性的角色	第一次普遍的參與，個體自我強者常靜默。	最自我肯定與大多數的人。此時，對抗自我強者最安靜。	自我肯定又獨立者。
4. 團體結構	結合、團結、最高度的同志愛與高度的暗示性。出現所謂的「團體意志」。	團體依個人的態度分成高度親密論與個體主權論者兩組，主張個人主義者依然不融入團體，依情況而動。	個人取向產生的人際連結消失，團體結構因情緒產生而不再存在，而是因情況需要而產生結構，重要的論點易於獲得一致的看法。
5. 團體活動	笑、開玩笑、幽默、計畫團體外的活動，「機構化」的快樂伴隨著有趣的事進行。彼此高度互助與參與。	輕視團體的方式以幾種方式表現出來：缺席、遲到。破壞團體互動的開始，常發表團體無用的論調，表示團體無價值，偶爾個人會要求個別的幫助，但很快便遭到團體的拒絕。	與別人溝通人際關係中的自我系統，也就是使自己、別人了解到，自己用以了解、預測個人的行為內在系統，並以現實的層面來了解。

表 6-3　Tuckman 之團體發展階段——互相依賴與人際關係向度（續）

類　　　別	階段 4：迷戀	階段 5：冷淡	階段 6：效果的統合
6. 團體走向目的之動力來源	以丟開領導者與伴隨者的產物，得到一些方法來形成新的權威與控制的方法，使團體變得獨立和有成就。	團體的幻象破滅變得冷淡。由於團體過度熱切所引發對自我的威脅，使得團體依個人需要分成許多小團體，主張深入互動與主張個人主權的次團體，彼此疏離，並拒絕進一步參與。小團體形成用以排除焦慮。	團體即將結束的事實，使成員互相妥協，以達成團體評鑑的工作。主張個人主權的人出來帶領團體，終止自閉性參與的爭論。
7. 主要的防衛	否認孤立、理智化與疏離化。		

資料來源：Tuckman (1965)

三、團體發展之統合觀點

　　近年來學者於團體發展階段之探討，有漸趨折衷簡化之趨勢，如 Forsyth（1990）綜合 Hill 和 Gruner（1973）、Hare（1982）、Lacoursiere（1980）等學者之觀點，將團體發展分為：(1)導向階段（團體形成）；(2)衝突階段（暴風雨期）；(3)凝聚期（分配生產期）；(4)工作階段；(5)結束階段。吳武典（1987）亦參用學校團體諮商最流行之 Mahler（1969）之五階段說（準備—涉入—轉換—工作—結束）。

　　Corey（1990）更進而將團體發展階段概分為：(1)定向階段（orientation stage），這是團體開始時之探索階段；(2)轉換階段（transition stage），其特徵是處理成員間及成員對團體的衝突、防衛與抗拒；(3)工作階段（working stage），其目標為行動－處理重要的個人問題，並將由團體中的學習或領悟，轉化為團體內部及開始嘗試於團體外個體生活中的行動；(4)鞏固階段（consolidation stage），重點在運用團體中的學習，運用於日常生活中，並包括團體後問題的探討、追蹤觀察及評鑑，作為結束。

　　如果把 Corey 之團體發展觀點仔細分析，作為一個團體領導者應要了解除了

上述四個階段外，還包括團體形成前之準備階段，以及團體結束後之追蹤觀察及評鑑階段。

此外，團體領導者了解團體發展的統合觀點為下列幾點：

1. 團體是個人改變的有效途徑。

2. 團體的目的在團體的發展歷程中，藉由團體的力量激發團體及成員的潛能，以促進成員成長與學習。

3. 團體領導者對團體的發展具有影響力。

4. 團體發展歷程與團體效果有密切關係，唯有具體描述團體歷程，才能清楚地解釋團體效果。

5. 由陳若璋、李瑞玲（1987）多向度之團體研究，指出了解團體歷程與團體效果之間，可包括前置因素、中介因素及後效因素等三個因素，以及團體前預備程度、成員向度、領導員向度、團體處理向度、團體過程向度、團體發展階段因素、團體結果等七個向度；由此可知，團體發展於團體歷程及團體效果的重要性。

6. 團體發展中的發展階段，因各學者或團體領導者的理論架構、團體成員的特性、團體的目標、團體的時距，以及團體中之事件而異。有其獨特性，亦有其共同的基本模式，但沒有一個最佳的模式，宜由團體領導者依其團體的特性，適切地規劃或歸類。

7. 團體領導者於團體發展過程中，要能敏察團體於此時此刻的發展，了解團體於不同階段的變化，而其變項之效標包括：(1)團體的情緒狀態；(2)內容主題；(3)支配性角色的中人心物的變化；(4)團體結構的變化；(5)團體活動；(6)團體走向（目標）的催化來源；(7)成員的主要防衛（可參考表 6-2 及 6-3 所示），以及其團體規範的變化，成員之參與或投入行為的變化。

8. 團體領導者若能了解團體的發展及轉換過程，可以於消極上預防團體問題事件之產生，或善用團體事件催化團體發展；甚至可事先預防不必要之團體事件。

本書則綜合國內外各學者之觀點，將團體之發展，分成團體開始階段→團體轉換階段→團體工作階段→團體結束階段等四個階段，但於前後亦加強團體前之準備及團體評估及追蹤之說明，對團體領導者亦可視為六階段之觀點。

第二節　如何做好組成團體前的準備工作

一、團體組成前，團體領導者的十大省思

　　團體準備時，團體領導者需要先思考一些問題（Corey & Corey, 1992）。當團體領導者醞釀組成團體前，可能需要自我省思下述十個與組成團體有關的問題：

　　1. 當我身為團體領導者，要考慮的問題有哪些？

　　2. 如何擬訂團體計畫書？如何把此團體計畫使機構同意施行？

　　3. 於團體實施前，如何以具體可行的方法招募成員？

　　4. 於團體成員篩檢時之標準為何？若有不適合之成員如何妥善處理？

　　5. 如果採用個別晤談方式進行篩選時，通常我最常使用的問題？

　　6. 我如何解釋團體成員可能對團體的助益及風險？我又如何將此心理風險減至最低？

　　7. 我對團體中人之本質及功能，可能會有哪些錯誤的觀點（迷思）？

　　8. 於團體前，當我決定邀請成員後，如何於第一次團體聚會時，使團體成員有機會發揮其潛能，共同探討團體的目標？

　　9. 當組成團體時，我如何考量與團體專業倫理有關的問題？

　　10. 於過去團體經驗中，我把團體準備的重要性比重如何？有哪些與團體有關事宜，我可藉由團體的準備做適當處理。

二、如何擬訂適切的「團體計畫書」

　　「好的開始，是成功的一半」，許多對團體的好主意未能施行，常是因團體領導者未能事先擬訂妥切的團體計畫；例如當團體進行到某個階段，團體領導者以其專業經驗覺得如何在這個時候，讓團體成員共同體驗「瞎子走路」的團體活動，可能有助於團體成員的信任感，但因其事先未妥善計畫，成員也未準備好遮眼的布條，只好放棄。而團體的許多事件，也常是因為事先未做好妥善的團體計畫，如團體領導者帶大學四年級的生涯團體，於開始前未注意到成員過去的團體經驗，設計的一些團體活動是有些成員過去參加過的，以致成員在活動時不太投入，讓領導者承受了許多壓力，又要動腦筋克服此一團體事件。因此「團體要有

好的開始，良好且適切的團體計畫書，是十分重要的」。

（一）團體計畫書的內涵

1. 團體的目標：團體的主要目標為何？每次的子目標為何？成員參加此團體的主要目的為何？

2. 團體的對象：團體的主要對象是誰？一般考慮的要項如年齡、性別、學歷、婚姻、經驗、問題或期待改變的行為以及其他特殊之人文變項。團體主要是為誰設計？團體的性質為同質性或異質性？

3. 團體的名稱及性質：例如成長性或輔導性團體，如自我成長團體；還是針對某一特殊問題之諮商性或治療式團體，如中年危機調適團體。

4. 團體的需求：團體領導者如何去覺察成員的需求。

5. 團體領導者對此團體的基本假設：團體領導者設計此團體的基本假設為何？

6. 團體領導者的準備：含團體領導者的專業及專業資格，以及團體領導者與協同領導者的協調、溝通、默契與分工。

7. 團體成員的篩選：針對此種團體主要成員的邀請及合理的篩選過程。

8. 團體人數的上、下限：一般而言，如果只有一個團體領導者，小團體之人數為 8 至 10 人（含團體領導者）；若含團體領導者可開放至 8 至 15 人（含團體輔導員）。若低於 8 人，萬一成員流失或缺席，將影響團體動力；而若超過 15 人，又恐人數太多而影響團體互動。

9. 成員參與團體之準備：是否須有事前的準備，如公、私事宜及時間之妥善安排。

10. 此團體的結構及運用技巧的適切性：如團體成員是自願或被指定參加，團體運用的技巧為何？團體輔導員是否熟練。

11. 成員可能風險的說明及防範：成員與此團體可能冒的風險為何？團體領導者如何讓成員了解，並保護成員不犯可能的風險？如果成員中有未成年者，如何予以適切的保護措施？

12. 團體計畫的評估與追蹤：團體計畫評估以及追蹤的過程是否周延。

13. 團體討論的主題：須確定團體之主題，以及決定團體主題之決定權來自團體輔員或團體成員。

14. 團體發展階段特徵之考量：思考此團體每個階段之特徵、團體領導者的功能、可能產生的問題，以及領導者的因應措施。

15. 團體的預算書之考量：如由機構贊助、成員負擔或二者兼予考量。

16. 團體的時間：如每週一次，每次 2 小時，進行 6 週。

　　此外如同 Corey（1990）強調團體計畫書，應考慮計畫的合理性、目標的明確性、計畫之實際可行性、過程進行的發展性，以及團體效果的可評量性，此外機構及督導的同意，以及合理專業倫理的要求。

（二）團體計畫書之範例

1. 團體名稱：再創生涯第二春——中年人生涯規劃團體。

2. 團體性質：以成長性及學習性為主的團體。

3. 參加對象：

(1)以中年人士（40 至 50 歲）對自己的生涯感到困惑，或對他們未來生涯規劃有興趣者。

(2)報名後，經面談甄選邀請兩個小組，男女各半，且時間合適者（A 組於白天，B 組於晚上），每個小組 12 個人。

4. 團體目標：

(1)協助成員對生涯有正確的認知。

(2)協助成員探索自我，並正確地了解自我 —— 包含興趣、能力、心理需求、工作價值觀。

(3)協助成員了解生涯環境的機會與限制。

(4)協助成員探索生涯順境與困境，並由其中發展生涯因應能力。

(5)協助成員學習生涯決定的技巧。

(6)催化成員擬訂暫時的生涯計畫書。

5. 理論依據：

(1)根據 Levinson（1978）成年人之發展情形，40 至 45 歲為中年轉換期，45 至 50 歲為中年期，而 50 至 55 歲為生命中最有成就階段。由針對中年人士個別諮商經驗中，有關生涯探索及規劃者不少，為協助其於中年期有機會再整理自己之生涯，並進而重新規劃未來生涯。

(2)由 Super（1990）生涯發展各階段中，大週期可分為成長、探索、建立、維持、衰弱、發展等，而於各年齡層之階段發展亦有類似大週期發展之小週期，因此於中年期，亦可再探索自己生涯的目標，進而為人生之未來階段做妥善之生涯規劃。

6. 團體結構：

(1)為自願性參加之團體，成員依自己的意願參加。

(2)成員的參與由開始至結束均為固定成員，即封閉性的。

(3)成員的性別，為使成員兼含了解兩性生涯觀念，採男女各半。

(4)團體的進採取結構的方式，期使在有限的時間內有較多的學習。

7. 團體領導者：

甲：(1)○○○，男，42 歲

(2)○○大學輔導研究所博士。

(3)曾擔任○○社會輔導機構專任輔導員 14 年。

○○大學學生輔導中心兼任輔導老師 10 年。

帶領團體經驗 10 年。

(4)目前為○○大學學生輔導中心輔導老師。

乙：(1)○○○，女，40 歲

(2)○○大學輔導研究所碩士。

(3)曾擔任○○社會輔導機構專任輔導員 10 年。

○○大學學生輔導中心輔導老師 8 年。

帶領團體經驗 8 年。

(4)現任○○大學學生輔導中心輔導老師。

8. 時間：

(1)報名時間：X 月 D 日至 X 月 D ＋ 14 日。

(2)面談時間：X 月 D ＋ 21 日至 X 月 D ＋ 25 日。

(3)發出邀請函及婉拒函時間：X 月 D ＋ 27 日。

(4)團體前測時間：X 月 D ＋ 34 日，D ＋ 35 日。

(5)團體正式開始時間：X 月 D ＋ 37 日至 X 月 Y 日，共為期 6 週，每次 3 小時，合計 18 小時。

A 組：X 月 D ＋ 37 日至 X 月 Y 日，

星期三下午 14：00～17：00。

B 組：X 月 D ＋ 37 日至 X 月 Y 日，

星期五下午 18：30～21：30。

9. 場所：

A 組：○○中心團體輔導室；B 組：○○中心團體輔導室。

10. 效果評量：

(1)團體設有觀察員 2 名，每次團體結束後，由觀察員做評量記錄。

(2)設計評量表，於團體結束後，由領導者及成員填答評量。

(3)以職業探索量表及生涯信念量表，施行前後測，比較成員於參加團體後了解施測量表之得分是否有所改變。

11. 費用：

(1)擬訂預算表，經行政程序核准後支付。

(2)獲邀請的成員免費參加但需交保證金一千元，全勤者予以退費；未全勤者，捐中心基金。

三、團體成員之招募與篩選

團體計畫擬訂並獲得督導及機構同意後，即開始招募成員。於招募前，除須考慮成員之訴求對象，於合宜之宣導時間內擬訂行銷計畫外，並須考慮專業倫理之合宜性。

（一）招募成員必須考量的團體專業倫理

筆者參考我國輔導學會會員專業倫理守則「柒、有關團體輔導之專業倫理」，並綜合美國心理學會（APA, 1973）心理學家守則中，有關帶領成長團體倫理守則，以及美國團體工作者協會（ASGW, 1990）團體領導者專業倫理，提醒團體領導者於招募團體成員之資訊上需要注意的專業倫理事宜：

1. 團體之招募廣告須註明團體的目的及團體目標、團體的性質、團體的對象，所需各項費用。

2. 組成團體前，團體領導者應實施團體甄選，以維護全體成員之利益。

3. 於招募面談時，領導者必須明確告知團體成員有關團體的性質、目的、過程、使用的技術，以及預期效果和團體守則，以協助當事人自由決定其參與意願。

4. 團體領導者應有適當的領導團體之專業知能、資格及經驗，並須於專業督導下帶領團體。

5. 團體領導者不要為自我表現，選用具危險性或超越自己知能或經驗的技術或活動，以免造成團員身心的傷害。倘若為團體之利益，需要採用某種具挑戰性技術或活動之操作技巧，應事先做好適當之安全措施。

6. 領導者應尊重團員參與或退出團體活動之權利，不得強制參與或繼續參與他不願參與的活動，以免造成團體身心的傷害。

7. 若需要團體活動之錄音錄影時，領導者應先告知團員錄製的目的及用途，徵求團員之同意，並嚴守保密原則。

8. 宜適當釐清團體領導者與成員之責任。

（二）招募時之宣導

1. 於宣傳文件最好精確清楚說明團體的目的及有關事宜，並避免對成果給予誇大不實的允諾，或超出團體的目的，以使成員有不切實際之期望。

2. 宣傳的方式，可以：(1)文字媒體、海報、單張等有關的刊物；(2)立體媒體；(3)海報張貼時機地點；(4)社團活動之書面宣導。

3. 把握時效：通常宣導至少 2 週以上，有些學校並將有關整學期輔導活動印成書籤卡片，於開學時給每位同學，讓同學及早規劃參加之時間。

4. 宣傳海報上之主要內容如下：

(1)團體名稱、性質。

(2)主要對象人數、條件及邀請方式。

(3)團體目的。

(4)團體日期：含起訖日期，每週聚會時間。

(5)聯絡方式：含報名地點、電話、承辦人、截止日期。

(6)費用。

（三）成員之篩選的措施

1. 設計成員報名表，格式如表 6-4 所示。

2. 於成員報名後，安排成員個別面談，於個別談話中，領導者可依其專業經驗及客觀之向度，如表 6-5 中，考量報名者於：(1)參與動機方面；(2)可參與時間方面；(3)家庭支持程度；(4)工作影響程度；(5)期望符合程度；(6)生涯輔導迫切程度；(7)團體經驗適合度；(8)團體地點適合度；(9)身心健康適合度；(10)學業負荷適合度以及其他有關因素。相對地，報名者亦可在聽了領導者說明後思考：(1)此團體的目的與自己的期待是否相符？(2)時間地點參與之方便性；(3)領導者的資格是否夠專業化；(4)此團體的安全及保密性是否周延；(5)團體的大致運作情形是否適合自己；(6)若需要收費，費

用是否合理。

3. 於個別會談，每個人約 20 至 30 分鐘，領導者的問題參考表 6-4 中，第二
部分的內容及下述問題（曾華源，1989；黃惠惠，1993；Corey, 1990）：

(1)此人為何要參加團體及參加的意願（動機及意願）？想獲得什麼（期
望）？

(2)此人之自我概念如何？對自我的了解情形如何（自我覺察程度）？

(3)此人是否了解此團體的目的（團體目的的了解程度）？

(4)此人對團體的經驗及了解程度（團體經驗）？

(5)此人的特質及表達能力，適合此團體的程度（特質及表達）？

(6)此團體能對其目標有益（團體對報名者之助益性）？

(7)此人若參加團體，對此團體之助力及阻力（對團體的助力及阻力）？

或許有些學者認為團體前領導者與報名者之接觸，可能十分浪費時間而不必
要，但大多數學者及具實務工作經驗者，卻都認為十分必要；因為透過此次接觸，
對雙方而言，增加熟悉度，也有溝通澄清期望機會，並可消極地防止一些不適合
成員之危機及冒險。也由於此次面談，讓成員感受到參加此團體之慎重，而加強
其動機及建立合適的團體目標，亦為團體前之準備。對於不適合參加者亦可妥切
處理，而避免使之遭到不必要之傷害。

此外，亦有些領導者於團體結束後亦舉行個別會談，以評估成員之學習情
形，並討論離開團體後之計畫。

表 6-4　○○大學學生生涯團體報名表

一、基本資料表

※請於下列（＿＿＿＿）內填下您的基本資料，於（□）內填寫阿拉伯數字：

或於□內打∨。

1. 姓名：（＿＿＿＿）；2. 學號（□□□□□□□□□）；3. 出生年、月、

日（□□、□□、□□）；4. 入學年、月：（□□）年、□上、□下學期；

5. □全修生或□選修生。

※請在下列適合您的□內打「∨」：

1. 編號	2. 性別		3. 本學期是否仍選課		4. 婚姻	
	(1)男	(2)女	(1)是	(2)否	(1)已婚	(2)未婚

5. 職業							
(1)軍	(2)公	(3)教	(4)商	(5)醫護	(6)工	(7)農	(8)自由

(9)社會服務	(10)家庭管理	(11)學生	(12)其他（請填明）

6. 工作年資			
(1) 1 年以下	(2) 1 年以上 5 年以下	(3) 5 年以上 10 年以下	(4) 10 年以上 15 年以下

(5) 15 年以上 20 年以下	(6) 20 年以上

7. 轉換工作之經驗				
(1) 1 次	(2) 2 次	(3) 3 次	(4) 4 次	(5) 5 次以上

二、參與期望資料

※填答說明，1～4 題為複選題，5～7 題為單選題，請將合適之答案代號，填

於題號後之□內：

1. □ 您是否參加生涯輔導有關的課程或演講？

(1)你曾選修生涯規劃與發展課程。

(2)聽過有關生涯規劃有關演講。

(3)看過生涯規劃有關書籍。

(4)參加有關生涯規劃成長小團體。

表 6-4　○○大學學生生涯團體報名表（續）

---

(5)接受過個別之生涯諮商輔導。

(6)從未接觸。

2.□ 您是否有參加過小團體經驗？

(1)參加過成長性團體。

(2)參加過生涯團體。

(3)參加過義工訓練團體。

(4)參加過婦女成長團體。

(5)參加過親職教育團體。

(6)參加過其他性質小團體（請註明_____）。

3.□ 您參加此次團體之期望為何？（依期望強度之順序，依序填答）

(1)了解生涯規劃的方法。

(2)想與人分享生涯發展之經驗。

(3)克服生涯發展之困境。

(4)增進自我之了解。

(5)好奇心。

(6)其他：（請註明_____）。

4.□ 您由哪些管道知道此次生涯團體之資訊？

(1)空大學訊。

(2)台北第一學習指導中心。

(3)空大專版（新生報）。

(4)台北第二學習指導中心。

(5)空大前瞻（台灣時報）。

(6)學校輔導老師。

(7)學校其他老師。

(8)同學。

(9)其他：（請註明_____）。

※下列各題為單選題

5.□ 您參加此次生涯團體之動機？

(1)非常強烈意願。

(2)強烈意願。

(3)有意願。

表 6-4 ○○大學學生生涯團體報名表（續）

> (4)稍有意願。
>
> (5)不太有意願。
>
> (6)毫無意願。
>
> 6. □ 您若有機會參加此次生涯成長團體，是否能全程參與？（每週一次，每次 2.5 至 3 小時，為期 10 週，包含前後兩次心理測驗）
>
> (1)是。
>
> (2)否。
>
> 7. □ 您若有機會參加此次生涯成長團體，家庭之支持程度為何？
>
> (1)非常贊成。
>
> (2)贊成。
>
> (3)有些贊成。
>
> (4)有點不贊成。
>
> (5)不贊成。
>
> (6)非常不贊成。
>
> 8. 您若有機會參加此次生涯成長團體，您方便參加之時間為何？
>
> （請於下列空格，填下優先考慮之時間，A：代表第一方便時間　B：代表第二方便時間，自 X 月 D＋37 至 X 月 Y 日上旬）
>
> | 時間 　星期 | | 一 | 二 | 三 | 四 | 五 | 六 | 備　　　考 |
> |---|---|---|---|---|---|---|---|---|
> | 下午 | 14：00 ｜ 17：00 | X | | | | | X | X：代表輔導老師不方便之時間 |
> | 晚上 | 18：30 ｜ 21：30 | X | | | | | X | |
>
> 9. □ 您若有機會參加此次生涯成長團體，參加團體之地點：
>
> (1)台北第一學習指導中心。
>
> (2)台北第二學習指導中心（蘆洲校本部）。
>
> (3)以上皆可。
>
> 10. 面談時間：＿＿月＿＿日，上（下）午＿＿時＿＿分。

資料來源：吳武典、洪有義、張德聰（1996）

表 6-5　○○大學學生生涯團體合適程度分析表

編號：□□□　姓名：＿＿＿＿＿＿＿＿

一、綜合分析表

分類　　　　　適合程度	非常合適 (5)	很合適 (4)	合適 (3)	不太合適 (2)	很不合適 (1)
1. 參與動機適合度					
2. 可參與時間適合度					
3. 家庭支持適合度					
4. 工作影響適合度					
5. 期望符合適合度					
6. 生涯輔導迫切適合度					
7. 團體經驗適合度					
8. 團體地點及時間適合度					
9. 身心健康適合度					
10. 學業負荷適合度					
小　　計					

合計（　　　　　）

二、綜合評量

　　1. 受邀者於全體面談者中，適合度之排序：＿＿＿＿＿＿＿＿＿＿＿＿＿＿＿

　　2. 邀請函覆反應：□能參加；□不能參加；□考慮中。

　　3. 備忘事宜：＿＿＿＿＿＿＿＿＿

面談者：＿＿＿＿＿＿＿＿＿

團體領導者：＿＿＿＿＿＿＿＿＿

日期：＿＿＿＿＿＿＿＿＿

資料來源：張德聰（1999）

（四）舉行團體前預備會議

　　除舉行篩選面談外，若有時間亦可舉行團體前預備會議，使團體領導者更詳細說明團體的目的，並且澄清成員在團體中之權利及義務，使成員有機會認識其他成員並了解更多團體的資料，以及在團體中可能之學習收穫和可能的危機及困難，並使之減至最低，與成員一起討論其擔心及期望、矛盾、各種困惑，予以說

明澄清，以決定是否要參與團體。

（五）團體的基本規範之建立

於預備會議，團體成員亦可共同討論有關輔導團體的基本規範，並為擬訂團體同意書做準備。有關團體同意書範例，如表 6-6 所示（曾麗娟譯，1988）。

此外，對於未成年之青少年，更需要其父母或監護人之同意。而 Corey 等人（1992）亦提供如：

1. 閱讀團體有關資料——使團體成員可以確認自己的承諾和重點，以檢查其生活及想做的改變，例如生涯規劃團體，可以於團體正式開始前先行閱讀生涯方面之事務，相信有助於對團體目標之助益。

2. 寫團體成員成長日記，如參加團體期間，每日以 10 分鐘寫下自己的感受、想法，如下：

(1)我在這團體的感受如何？

(2)我將如何看待團體中的成員？

(3)我在團體中，最擔心什麼？如何處理？

(4)我在團體中的心得或收穫？

(5)我可能會抗拒哪些方法，該如何避免？

於團體前自我省思，亦可整理過去的日記，以對自己更清楚地探索自我。

也可引導成員撰寫自傳，由其對自我的探索及描述，協助成員整理出其一生中較重要的事，作為進入團體前之準備。

表 6-6　「生涯團體」團體同意書範例

一、我 ＿＿＿＿＿＿ 了解這個小團體將在 ＿ 月 ＿ 日到 ＿ 月 ＿ 日內每週 ＿，＿ 時至 ＿ 時定期聚會，以便努力去完成個人的生涯規劃計畫。

我個人對於下列幾項採取肯定的態度：

1. 我視我的參與為增進生涯規劃與發展而努力。此團體是我可以發揮影響的地方。

2. 有些人和我有類似的見解，我希望能得到他們的支持。

3. 除非有特殊緊急狀況，我將出席每一次聚會。

4. 我要協助我的團體完成目標，我所採取的方法是：擔負一些責任來進行團體聚會時間以外所要舉辦的活動，而我所選的責任是和我自己的生活方式、我在團體中對別人的支持，以及我為了參加這個團體所做的準備有關。

5. 我全心投入團體過程。

二、以下幾項是我們共同認定的。

1. 除非有緊急事件或生病，每次聚會都出席。在我的時間表上，我把出席聚會當作是最重要的事情。

2. 做完所有指定作業，回答所有問題。

3. 我承諾要尊重、鼓勵團體的每一位成員。

4. 在團體中發生的事，我不帶到團體外面去。我不說會使我的夥伴感到難堪、受到傷害的話。

資料來源：吳武典、洪有義、張德聰（1996），修改自曾麗娟譯（1988：114，124）。

四、團體成員如何從團體中得到最大的收穫

團體開始前，領導者和成員討論參與團體的一些引導如態度及心態，以及如何將團體中學到的東西運用於生活中，是為了使他們的參與得到最大的收穫。但提示過多亦可能影響對團體的運作，因此領導者必須思考哪些引導是於預備會議說明；另外有些說明於團體進行中，視團體的發展及成員的狀況適時提出，以便有助於團體的發展及增進團體的氣氛（曾華源，1989；Corey et al., 1992）。

以下為一般團體成員參與團體的建議。

（一）積極地參與

於團體中積極地參與，可以給自己更多的學習機會，反之，一個沉默的旁觀

者收穫可能有限,而且會使人以為不投入或具有批判性,雖然沉默也可以從別人的參與中學到東西,但也剝奪了別人想由你的參與中學習的機會。

(二)準備的心思

思考你參加團體的目標,你想在團體中學習的具體改變,於每次參加團體前,必須花些時間準備,包含生理及心理的調適。

(三)以新的經驗去享受團體的學習

有些人可能過去有參加別的團體,易於與現在的團體經驗做比較,或可放下過去,把握現在去體會及敏察自己的感受。

(四)學習於團體中表達自己

團體是一個探索及表達自己最好的地方,於團體參與中可以學習把自己於團體的感受,不論正向或負向的感受皆可表達,但強調是你個人的感受,而不涉及人身攻擊。於團體中亦可學習表達正向、負向的感受。

(五)在團體中學習實驗及成長

學習在團體中,實驗以各種不同的方法表達自己,學習實行你較喜歡的新行為,例如過去你不太敢向別人打招呼,於團體中你可以學習不同方式向別人打招呼、關心別人。並於團體中學習探索自己的感受、價值、信仰、態度、思想和考慮可能的改變,由其中的自我探索及他人的互動中學習自我成長。

(六)保持彈性

有些問題是你希望於團體中探討,也要有心理準備不是每件事都會如願,但相信團體中探討的事都可能對自己有幫助。

(七)一次只處理一件事

於團體的過程中,可能我們有許多事交雜在一起;學習一次專心地處理一件事,並於團體中適切表達出來。

（八）學習回饋的給予與接納

　　於團體中有許多機會可能會與別人分享你的感受，學習坦誠的回饋——對事不對人、不標籤化、不以偏概全，如此可增加成員的信任，亦可學習誠實面對自己的生活。反之，別人的回饋，要學習接納、傾聽及思考，但不必把別人的回饋當真理，也不必太快拒絕。對別人的回饋是給予忠告、避免質問諷刺。

（九）決定自己的開放程度，並對自己做的事負責

（十）不過度期望

　　包括不要期望立即的改變，不要期望別人會一直讚賞你的改變，不要期望團體的成員都了解你，或你認為對每個成員都十分了解；因為在團體中，不論你或其他成員於團體中表現的，只是你生活中的一部分，或自我的一面。

（十一）感謝的心

　　於團體中的相聚或會心是一種機緣，因此學習惜緣惜福，把握在團體中此時此刻的學習，由領導者及成員的互動中成長與學習，並將之適當的運用於生活中。

五、團體領導者與協同領導者之協調與準備

　　除了上一節所述，團體成員於參加團體應有之準備，團體領導者與協同領導者亦必須做好妥善的準備，否則在團體帶領過程中，可能對自己、對團體成員及對此團體都會有一些不必要的傷害。

　　於一般團體帶領前，團體領導者與協同領導者必須考慮之事項如下：

1. 我對此類型團體性質熟悉嗎？我的專業能力及經驗是否勝任？
2. 我對此團體做了多少準備？對團體計畫書是否周延？團體計畫書所計畫的我是否可以有效地執行，並做好準備（含材料、地點以及有關事宜）？
3. 經由團體前面談及團體前預備會議後，我對團體計畫是否須做更適切的修正？
4. 我過去帶領類似團體經驗是否自我整理妥當，以免帶著不當的心態進入團體？
5. 我是否和我的協同領導者有充分的溝通、協調或默契的培養？例如於團體

前由相互討論或做類似「對對新人」的遊戲增加相互了解，兩個人的個性及團體工作習慣是否可以搭配？兩人的專業取向是否配合？以及團體中發生事件之處理觀點、方法、彼此間能否相互尊重、信任？皆須於團體前充分溝通協商。

6. 我是否有充分意願及信心來帶領此團體？

7. 我是否願意全力以赴與此團體成員一起成長？

8. 我的身心狀況，於目前適合帶領此團體？

9. 我是否與我的團體督導討論我對帶領此一團體的準備及可能困境的處理。

10. 每次團體前，我需要做一些準備練習及思考如何完成每次團體的目標，並且提早到達團體場地，讓自己放鬆一下，於團體中學習亦能覺察自己的感受。

11. 團體後，與協同領導者討論整理團體過程及完成團體記錄、分享及回饋彼此於團體中的觀察學習、相互支持鼓勵、共同研商團體事件之處理、討論下次團體之進行方式。

12. 於團體進行時，定期與團體督導討論。

關鍵詞彙

團體發展階段	團體發展之統合觀點	團體前個別會談
團體計畫書	團體成員之招募與篩選	團體前預備會議

自我評量題目

1. 試述一般學者對團體發展階段之分類。
2. 試述團體發展階段之統合觀點為何？
3. 試述團體領導者於組成團體前要考慮的事宜。
4. 試述團體計畫書的內涵為何？
5. 試與同學分組研討一份團體計畫書。
6. 團體成員之招募與篩選措施為何？
7. 如果你要加入一個團體，如何挑選適合你的團體？
8. 團體成員加入團體之前，宜有何種心態方能得到最大的收穫？
9. 團體領導者與協同團體者，於團體前如何協調及準備？
10. 請參加一個團體，去體會團體經驗。

150

第七章

團體開始與
轉換階段的技巧

● 張德聰

學習目標

—— 研讀本章內容之後，讀者應能達成下列目標：

1. 了解團體開始階段的特徵。
2. 了解團體領導員於團體開始階段的任務。
3. 學習團體開始形成的方法以及開始階段的技巧。
4. 了解團體開始階段可能發生的問題與處理方法。
5. 了解團體轉換階段的特徵；學習團體轉換階段的任務。

摘要

當團體領導者做好團體前的準備，包含團體計畫的構思、設計、擬訂，進而招募團體成員，經過面談、篩選，發出通知或聯絡，邀請合適成員參與，協同領導者的協調溝通，安排好安靜、大小合適、隱密、通風良好、光線合宜的團體環境，準備好第一次開會所需的材料，你即將與你的團體成員開始「會心」了。

團體的開始階段、轉換階段皆有其特徵，但於不同性質團體、領導者的理論取向、領導者與成員之人格特質需求、團體的目標、團體的長短之不同而各有不同，每個團體皆有其獨特性，亦皆有其於不同團體階段之問題。

當一個團體的目標、大小、領導型態、持續時間以及規範等基本因素決定之後，且團體領導者是合乎專業要求資格並做好團體前的準備工作，團體便可以開始運作了（曾麗娟譯，1988）。

第一節　團體開始階段

團體的開始階段，為一個定向及探索的階段，團體成員，即使經過團體前的面談篩選，仍會帶著一些自己的期望、問題及焦慮來到團體。團體開始時，成員間彼此由於陌生，也帶著些焦慮，不知如何投入及決定開放的程度，因此也常帶著「公眾形象」即表現出自認為是被社會接受的樣子，也擔心是否為團體所接納。這個階段為團體發展的關鍵階段（Corey, 1990），「好的開始，是成功的一半」，因此團體領導者，必須了解此階段團體的特徵，如何澄清團體成員的期待及團體的目標，清楚此一階段的任務，並善用此階段有作用的團體動作及技巧，便十分重要。

一、團體開始階段的主要特徵

（一）焦慮、擔心

成員開始進入團體時，由於陌生感，對團體做什麼並不清楚，對領導者及其他成員也不清楚，也不知道自己在團體該做什麼，不該做什麼？自己的期望不知是否會在團體中達成？成員是否會接納自己，因此易於產生許多焦慮（黃惠惠，1993；Corey, 1990; Gladding, 1995）。

相對地，領導者也會有些焦慮，擔心成員是否有一些特殊的狀況，如期望過高、每人的期望差距過大或與團體目標不一致，或者成員中有特殊的成員，也會擔心是否會接納自己。初為領導者更擔心自己的領導技巧是否勝任，若有觀察員及督導情境下，亦頗有「被觀察」的壓力。

但如同 Yalom（1985）所述，團體中有太多或太少的焦慮，不利於團體的運作。因此於團體開始時，團體領導者及成員或可把握適度的焦慮，反而有利於催化團體的運作。

（二）氣氛可能較好奇、陌生、客氣

　　團體開始時的氣氛因不同性質的團體而異，若為自願參與者如成長團體成員，會較帶期盼、好奇及客氣，如同一般參加社交活動。反之若為非自願的成員，則可能較具抗拒、不安，甚至敵意。但大致而言，彼此間尚保持距離、客氣與禮貌的行為，彼此小心而謹慎地互動，由過程中逐漸學習在團體中適宜的互動行為。

（三）沉默而不流暢

　　團體成員由於初入團體，不知道如何參與，也怕說錯話、做錯事，比較會採觀望態度，也不知開放的程度為何，因此團體開始時，易較沉默而不順暢。但團體成員會尋求團體領導者的指導，並想了解這個團體究竟要做什麼？

（四）彼時彼地（there and then）

　　由於團體信任度尚未建立，成員易於找較安全的或社會較可接受的話題，常會談及他人或彼時彼地的事，即使談及自己也是比較表面的，例如：我的工作、我去年到哪兒玩，而較少涉及自己或團體「此時此刻」的感受，承擔風險較少，比較是試驗性的探索。但也有少數特殊成員可能於團體開始沒多久，即過度自我開放，團體領導者須適時地提醒及保護。

（五）團體的核心是「信任」對「不信任」的試探與學習

　　團體成員關心他們是否被接受或排斥，開始確定自己在團體中的位置。負面情緒比較會先出現，以確定是否所有情緒都會被接受的一種檢查方法。團體成員於此階段中正在探索他們能信任誰？能否信任此團體？在團體中要開放到什麼程度？付出多大的投入？於此階段中團體成員由團體中，在團體領導者的催化下，逐漸學習尊重、同理、接受、關心、反應等基本態度，以及其他有助於建立信任的態度。

（六）團體逐漸地「上路」或「開展」

　　在團體領導者催化下，團體氣氛逐漸熟悉，團體成員在澄清團體目標後，逐漸調整自己的目標及期望，了解如何參與團體，團體如何發揮功能，並學習如何參與團體。

（七）團體溝通的焦點由「單向」溝通，逐漸成為「互動」溝通

此外，團體開始階段，團體成員也可能較易於依賴團體領導者，於團體互動時，把焦點集中於團體領導者身上，團體領導者可催化成員，將意見於「團體」中表達，而非僅與「團體領導者」溝通，亦可引發其他成員對同一話題的互動，使團體成員學習如何於團體中對團體表達自己的看法，以及如可對別人回饋（黃惠惠，1993；Corey, 1990; Gladding, 1995）。

二、團體開始階段的任務

團體領導者及團體成員於團體開始時的共同任務，學者們的觀點雖有小異，但大致相同，如 Corey（1990）認為於開始階段的基本任務為：

1. 如何使團體成員被團體接納，包含團體領導者及團體成員間的相互接納。
2. 如何使團體成員逐漸發展對團體的認同感。
3. 如何使團體成員產生對團體的認同感。

而 Gladding（1995）則認為，於團體開始階段有下列五個基本任務：

1. 處理團體成員初入團體的焦慮。如協助成員相互認識。
2. 澄清團體成員與團體的目標與契約。
3. 確定團體可行的規範。
4. 設定團體的限制。
5. 提昇團體成員正向的相互催化成長，並激發團體成員繼續參與團體的動機。

綜合而言，團體開始的階段，最重要的任務在於建立「安全感」及「信任感」，否則成員不易投入，也無法逐漸深入到「自我探索」、「自我了解」、「了解別人」、「接納自己」、「接納別人」、「自我改變」、「真誠地接受他人回饋及回饋他人」的團體目標。此外，其他學者認為於團體開始階段，如果能做好下列的工作，將可對團體發展產生有益的助力（曾麗娟譯，1988）。

（一）做好團體前的準備

包含團體有關細節的準備，如團體的目標、契約及團體成員期望的再澄清，團體聚會的時間、次數、場所，團體成員的增減或進出團體的形式，如結構或非結構方式等，與團體未來發展有關事宜，皆須於開始階段加以再確定或澄清。

（二）促進團體成員的相互認識及熟悉

　　有些團體領導者習慣以結構式團體遊戲，如兩兩相互介紹、猜猜我是誰等團體暖身活動，催化團體成員間的相互熟悉，並且藉由活動學習逐漸開放自己的感受，漸漸建立團體的接納、信任、保密等安全的氣氛，以利於團體工作進展。但也有以非結構式，自然地由團體互動行為中，由團體領導者加以催化，促成成員間由漸漸開放中相互熟悉。

（三）社交學習

　　成員在團體中和其他成員交談，觀摩其他成員所用之社交方法，甚至模仿團體領導者的社交方法或人際技巧，可以學到團體內適切的人際應對方法。團體成員間的回饋，自然地接受團體的價值觀及規範，也可以學到自己的行為對別人的影響，也由每個成員的回饋中學習更多元地去了解自己及他人。

（四）利他觀念的「施」與「給」

　　團體初期，團體領導者及成員的尊重、關懷和溫暖是十分重要的，尤其團體領導者的示範及催化十分重要，一個領導者的功能中，即包含情緒的引發，如自我開放、關懷，如真誠地關心成員、團體行為規範的執行及時間的掌握。使團體於相互尊重、接納、尊重、關懷的利他態度下，才可能逐漸發展認同、安全的團體氣氛。

（五）適時適宜的提供訊息

　　團體要能發揮功能，團體開始時，要能消除一些因不了解、陌生產生的焦慮，因此團體領導者，必須適時適宜地以懇切的態度提供團體有關訊息，而非以權威式的告知，以免引起不必要的抗拒。

（六）催化共同經驗的分享

　　當團體成員於團體中開放自己的經驗，發現不只自己一個人有此經驗，別人也有與自己類似經驗時，不只有「心有戚戚焉」之感，更會有彷彿知己的分享，共同承擔、分享共同的經驗，讓成員感受到「我不是孤單的」、「我們一起面對」，會催化成員有舒服、溫馨、安全、被接納的感受，而產生認同感並覺得有

希望。

（七）自然的形成團體規範

團體規範的形成，固然有許多方法可以明文規定，如讓團體共同討論團體規範，如表 6-6 所示，或由成員個別寫下他將在團體中遵守的契約行為，如表 7-1 所示，但有許多團體的規範是自然地於團體發展中自然形成的或逐漸修改的，如某個團體成員在團體中比較偏重某一種角色，其他成員不覺間也發展適應其角色有關之因應的行為。

表 7-1 ○○團體契約書

我○○○同意為○○團體的一份子，立下此契約以達成下列目標：

內容（目標）	如何做（how）	何時（when）	何地（where）
1. 分享我的想法	口語	每一次	團體中
	口語	每天	家裡
	口語	每一堂課	學校
2. 吃得健康	選擇	每一餐	隨時
3. 運動	規則	每天	家裡
4. 控制脾氣	選擇性	隨時	家裡
	選擇性	隨時	
簽名（　　　　）日期（　　年　　月　　日）			

資料來源：Gladding（1995: 88）；吳武典、洪有義、張德聰（1996）修正。

（八）引發成員的情感自然適宜的表達

團體領導者要能逐漸引發成員於團體中，學習用一種開放、非破壞性的方式表達出來，但要注意到團體的性質與目標，此外亦注意到團體發展的階段，成員情緒抒發的合適性，如成員的準備，團體其他成員的接納，以免因過早表露情緒而產生擔心或焦慮。

三、團體開始形成的方法

Jacobs 等人（1994）建議下列七種方式：

1. 先對團體的目的及性質做開場白後，進行團體成員相互初步認識，此模式

最常用於心理教育及任務或工作團體，有時也適用於治療性團體。

2. 團體領導者以一、兩分鐘做簡要說明後，即開始做相互介紹的練習，希望團體成員一開始就能投入，彼此分享，如今天的心情，或姓名簡介，以及最喜歡的動物及原因。

3. 一個詳細的指導說明，並將有關此次團體事宜說得十分清楚，接著就進入團體的內容，通常為較工作取向的團體，以協助成員進入工作狀況。

4. 開始時簡短介紹團體性質，進一步說明團體的內容，較適合於任務／工作團體，於第一次聚會時，互相交換意見，並清楚團體目標及認識成員。

5. 開始時，先以簡短的團體介紹，進而把團體分成兩組討論團體的目標，再回到大團體分享及討論，於前述分組，可以增進成員討論機會。

6. 先對團體做簡單介紹，進而讓成員完成「語句完成形式問卷」。此問卷的目的在引導團體成員能把焦點專注於團體的目標，此方式適合於工作或任務導向團體、心理教育性及諮商治療性團體。

7. 先進行一個介紹性練習，而練習的項目中最後一項，是團體成員對此團體目標最大的期盼，此種方式不僅幫助團體成員介紹自己，並可將焦點投入團體的目標。

以下幾個例句為筆者參考 Corey 和 Corey（1992）於團體開始時的介紹，團體領導者可參考的例句如下：

- 在我們這個團體裡，不知道各位最希望學到什麼？願意以什麼樣的態度來參加這個團體？（成員對團體期望的澄清及引導成員積極參與之心態）

- 我們或許可以把每個人如何知道這個團體？為什麼會參加這團體的動機及期望談談看？（團體成員參與之動機及期望的澄清）

- 我們每個人對這個團體的期望不知道如何？或許每個人可輪流分享，此外也可以談談看您希望我們團體像什麼樣子，或者您有什麼擔心？（團體期望的澄清）

- 不知道我們團體成員中，有沒有彼此相互認識？如果有，您會擔心些什麼？（澄清團體成員的關係）

- 不知道各位過去是否參加過類似的團體？您的經驗如何？對於這次團體您的期望如何？（澄清過去團體經驗及此次團體的期望）

●您願意參加此團體嗎？如果是，您的動機是什麼？如果不是自願參加的，又為何被送來？而目前的感覺為何？（澄清自願及非自願參加者的動機及感受）

四、團體開始階段的技巧

此外，團體開始階段常使用的幾種基本技巧或方法，分述如下。

（一）結構化（structuring）

於團體開始階段，團體領導者必須決定如何結構團體，如依照團體計畫及進度，引導團體成員澄清團體目標，形成共識，確定團體進行方式、時間、地點，以及成員與團體的契約或規範，皆為團體之結構化。

團體領導者適當的結構團體，可以催化團體，使團體更有效率。而不同性質的團體其結構的程度及方式亦不同，有些團體藉由領導者的示範非正式的導引，而有些團體則由團體領導者，以較正式的方式於團體中提出討論分享。

（二）投入（involvement）

即如何引導團體成員主動地參與及投入團體的練習或成員在團體中的分享。例如於團體中以結構式活動，讓成員聆聽一段音樂時，想像自己是一種動物或一種植物，以肢體表現，於成員投入之後，再分享其當下的感受。

（三）引導成員提「希望」及願意適當地冒險

提昇「希望」為基本的治療因素之一，當團體領導者能引導成員對於個人及團體的目標產生希望，他於團體情境中便會願意嘗試不同或做得更好。領導者可以往正向催化，或以幽默積極的語氣引導成員（Childers & Couch, 1989; Gladding, 1995; Yalom, 1985）。

此外，如果團體領導者引導成員更有團體共識感，團體的凝聚力、吸引力及執行目標之行動力會大為增加，成員也較願意嘗試冒點險，於團體中開放自己。

（四）凝聚力

任何一個團體若要有效地發展，須視成員能否真誠分享其對團體的觀感。但於團體開始時，成員常只是表達對其個人的觀感（Hansen et al., 1980），不僅沒

有團體認同感，而且有時候有些成員會抗拒團體領導者的方向。

為使團體成員產生團體的共識，進而形成「我們的團體」，可由領導者催化成員表達其對團體的觀感，並促進團體成員間正向的互動，或者共同去達成一件團體的任務。例如領導者可以這樣鼓勵團體成員：「各位成員，剛才乙君在說有關○○事時，可以感覺大家都很專心而且很有興趣，是否每個人可以把自己對這件事情的觀點，於團體分享。」

或者在團體的練習中，大家共同參與，例如：某些研習會，於開始時有一段時間，讓各小組團體成員共同去編「組歌」、「組呼」，進而分組表演，由於有共同的任務及競爭壓力，很快便能形成團體的凝聚力。

（五）團體開始階段時結束的技巧

於團體開始時，亦須注意每次團體的結束如同團體開始時一樣重要。因團體結束時，每個成員的感受可能各不相同，團體領導者必須加以注意。一般而言，有經驗的領導者，於團體結束前 10 分鐘左右，會適當地引導成員對此次團體提出回饋、感受分享、摘要，並引導成員回去再思考：團體中尚未解決的問題、其他成員的一些反映，或對於此次團體的學習情形、回省自己於此次團體的參與情形、下次團體要探討的主題，或成員的行為有正向之改變等等，有些團體甚有一些適合於團體目標及過程的家庭作業，以便下次分享。

（六）其他有助於團體開始階段的技巧

此外，在團體開始階段，尚有一些有利於促進團體發展的團體領導技巧，如一般個別諮商亦強調的基本態度：真誠、具體、尊重、有效的溝通、友善、同理心。其他的團體技巧包括下列幾項：

1. 引導成員參與（joining）：於團體過程中，讓成員自然地在心理上或生理位置上接觸投入，於團體開始時的一些暖身活動，如自我介紹中加入我最喜歡的動物、我最喜歡吃的水果；或玩「大風吹」、「小風吹」的活動，進而兩兩相互介紹；討論共同的話題，皆可達到引導參與的效果。藉由引發參與，可以促進團體的互動及投入。

2. 連結（linking）：即團體領導者，於團體過程中適時將不同成員所分享的共同事宜加以連結，使團體產生共同感，例如：領導者說：「甲、乙、丙、丁，剛才你們所談到的感受，都是對我們團體真實的感受，這對我們

團體都是十分重要的。」藉由連結可以催化團體的凝聚力及共識。

3. 切斷（cutting off）：於團體進行中，若成員所擬討論的事宜已沒有足夠的討論時間時；每個成員只能分享 3 至 5 分鐘，而某成員已談了 6 至 7 分鐘，雖領導者已提醒而該成員仍欲罷不能；或成員分享其感受時，太快或太深之傾向，為保護成員，團體領導者須適當地提醒，或適當地切斷成員的話題。此外，當團體的話題或焦點岔題了時，領導者亦可適當地切斷，再拉回團體的焦點朝向團體目標。

4. 澄清團體的目標：有時候團體成員，不自覺地把焦點或話題岔開到與團體開始目標不一致時，在這樣的情境中，團體領導者需要適時地澄清團體目標以及團體成員的目標，例如：對於一個一直想岔開團體主題，談鬼故事的成員，團體領導者可以適時切斷話題，說：「乙君，可以了解你頗有興趣談鬼故事，但現在我們團體正在討論人際關係的經驗，我不太確定你所談的是否與我們團體的目標有關，但必須說明的是，我們團體的目的是如何改善人際溝通技巧。」

五、團體開始階段可能發生的問題與處理方法

於此階段，團體領導者除了顯現出基本之同理心、真誠、具體、尊重、有效的溝通、友善的態度，以及上述有關團體開始階段的具體任務要去發展執行外，亦可能會面對此階段可能發生的問題，並有效地處理。事實上每一個團體可能發生的問題，都是團體的一個關鍵或危機；危機是危險加機會，若適宜地處置，都有助於團體的發展與成長。而最好的解決方式是預防甚於治療，防患於未然。

（一）特殊成員的問題之處理技巧

雖然團體領導者於團體開始前做過面談，謹慎篩選成員，但團體中的成員仍有可能表現出一些不利於團體發展的行為，例如：團體成員的操縱、專斷、退縮、語言暴力、尖銳刻薄、沉默、不能容忍他人意見、抗拒、永遠把焦點放在別人身上，而自己不願開放者，甚至有小團體之形成。固然如同 Kline（1990）所述，團體領導者，雖避免把成員加以標籤化，但必須去敏察這些不利團體的特殊成員角色，於團體中常有可能出現，加以了解後，可以妥善與團體成員加以催化，化解之使其成為團體發展的助力。

1. 操縱型成員之處理技巧

　　操縱者之特徵是於有意或無意間使用感受或行為，來達到他們所想要的目的。通常是以生氣或團體無法解決的問題之呈現試圖操弄、威脅團體，例如：甲說：「如果你們不依照我的意見，我就不參加團體了！」

　　團體領導者對於操弄者，可以引導往正向的再建構（reframing）方式處理，例如：對於甲之情境，團體輔導員可以如此說：「很明顯的，你希望團體能為你做些什麼！而你會如此表達，似乎你對團體十分『信任』，讓我們共同看看，什麼樣的方式是你及團體成員都可接受的方法，來達到你的目的。」團體領導者及成員也可以打斷操縱者的操弄行為，如團體領導者或成員也可以說：「你的意見很值得重視，但我們現在依團體的意見，先討論○○事情。」

　　操縱者在團體開始期常出現，常會挑戰團體領導者，並試圖控制團體。

2. 抗拒型成員之處理技巧

　　抗拒者於團體中常憤怒或挫折，並將這些情緒帶給其他成員，對於團體中的練習或活動不願參與，對團體初期的形成帶來一些阻力，例如：乙說：「我沒有什麼感覺好說的，這個活動好像對我沒有什麼幫助！」

　　團體領導者可以協助抗拒者，讓他體會到團體是可以信任的，並且邀請成員參與，但並不堅持或勉強。亦有學者主張，於稍後團體進行一段時間後，通常是工作階段，允許團體領導者及抗拒者，回過頭來共同探討此一行為。而第二種處理方式，則以面質、解釋或反映方式來面對成員的抗拒行為，例如：團體領導者亦可對乙說：「我聽到你對目前團體的失望，但這似乎對你或對團體沒有什麼建設性的意義。你是否要試試看參與後，才表達你的看法。」

3. 壟斷型成員之處理技巧

　　壟斷型的成員其主要特徵為壟斷團體中的話題，而且不讓其他成員有機會做口頭之表達，也不關照其他成員之感受或看法，因他們把焦點放在自己身上，不在乎他人；也可能是因對團體的焦慮，藉此行為紓解。此種行為對於此成員及其他成員的人際關係會產生影響或傷害，而處理的方法可以適時地切斷話題，例如：「丙先生，剛剛你已經對此話題談了十幾分鐘，或許我們可以先聽聽別的成員的看法。」（Gladding, 1995; Ohlsen et al., 1988）。

4. 沉默型成員之處理技巧

沉默型的成員，或許是以「積極傾聽」的參與者，也可能是沒有參與或不參與的「旁聽者」，而沉默通常也包含著敵意（Ormont, 1988）或抗拒。沉默者之所以沉默，經常是不自我肯定、害羞，或只是對其想法及感受評估反應較慢者，也可能一時分神，不了解團體的現況。

最好的處理方法是創造適當的機會，讓沉默者說明其沉默的意義，也可以先做摘要再邀誰的方式：「丁小姐，剛才大家討論到……事情，大家的意見大約是……不知您的觀點如何？」以接納的態度，表示關心，適時澄清沉默成員沉默的意義及是否過去不愉快的團體經驗，或對沉默成員只要開始表達，予以適當的賦予意義及肯定，都有助於引導沉默型成員逐漸地開放及投入。

5. 諷刺型的成員之處理技巧

諷刺型的成員於團體中尖酸刻薄的表達方式，不同於憤怒，卻話中帶刺兒，也不是幽默而是挖苦，例如：戊小姐說：「丙先生，聽了您說的話後，您知道我有什麼感想嗎？唉！全身起雞皮疙瘩。」經領導者示範及團體分享，改以：「丙先生，剛才您說的這段話，讓我覺得不太自在，因為我覺得您太抬舉我了！」

團體領導者，可以協調諷刺型的成員，以較直接的方式，表達其憤怒或不滿；並引導團體成員學習如何以合適的回饋方式表達其不同的意見。也可於適當時機協助成員探索其此時此刻的真正感受，以及了解團體成員聽了諷刺的話之後的回饋及感受。

6. 把焦點放在他人的成員之處理技巧

此類型的成員恍若團體中之助理領導者，他們會給其他成員勸告、建議，好像他自己一點問題都沒有，藉著把焦點放在別的團體成員身上，來掩飾自己害怕開放引起的焦慮。

團體領導者可藉由「自我開放」的示範，邀請式地引導或回饋，例如：「○○同學，這幾次以來我一直看到您很關心其他成員的問題，但似乎較少聽到您自己的問題，是否您要試試看談談您自己的感受，例如我這樣問您，您的感受如何呢？」

7. 成員形成次團體之處理

有時候，在團體中，有些成員可能來自同一單位或班級易形成次團體，這可

於團體篩選時即予以處理，不讓其於同一團體中。但有些次團體是在團體過程中由於彼此之觀點、喜好相近而湊成，次團體會影響團體之互動（Yalom, 1985）。處理次團體之技巧有下列幾種：

(1)每次團體、分組分享之位置，予以技巧地分開，例如以「大風吹」或「小風吹」，或「每次分享找不同的成員」，自然地防止次團體的形成。

(2)可以適時地點出，如甲、乙、丙3個人，好像每次團體時，都坐在一起，討論時似乎也較注意到3人間的互動，較沒注意到其他成員。

(3)建立團體規範，如所有成員於團體進行的期間，如有團體外的聚會，必須於正式團體中說明。

(4)團體領導者對於團體中的次團體行為，不管口語或非口語有意的忽視，即不予增強，若有跳出次團體行為即予增強，但有時須冒整個次團體成員流失的危險。

第二節　團體轉換階段

團體過程是發展性的，若於一個12至15次團體而言，於第2或第3次的聚會，團體可能進入工作階段前的轉換階段；亦有學者指出此階段約占全部團體時間的5％至20％。此階段由團體成員的情緒表達及互動的次數，大約可以分成兩個次階段，即暴風雨期（storming stage）及規範期（norming stage）。於暴風雨期中，團體成員開始與其他成員競爭，想尋得其於團體中的一席之地，於團體中由口語及非口語中顯出團體的權力及控制的競爭，團體之特徵包含焦慮、抗拒、防衛、衝突、面質，於同一時候可能同時產生許多不同之情緒、感受（Corey & Corey, 1992; Gladding, 1994）。如果團體能克服此暴風雨期，將進入願意將感受與團體成員分享，較友善，較正向之規範期，而有機會解決壓力，更加凝聚，使團體朝向更加成長的階段。但每個團體因其團體目的、團體領導者理論導向、領導者及成員之人格特質及需求、團體的過程起伏，以及團體的氣氛是否信任，皆會影響團體轉換期的運作（Gladding, 1995; Jacobs et al., 1994）。

一、團體轉換階段之特徵

（一）暴風雨期

於團體轉換階段之主要特徵為焦慮及抗拒。

1. 焦慮

於轉換期階段，成員剛克服團體開始階段時陌生的初始壓力（primary tension），又進入面臨於團體中，不知是否要開放的衝突，擔心被誤解或不為團體接受，怕失控，因而產生二度壓力（secondary tension），如圖 7-1（Bormann, 1975; Gladding, 1995）。

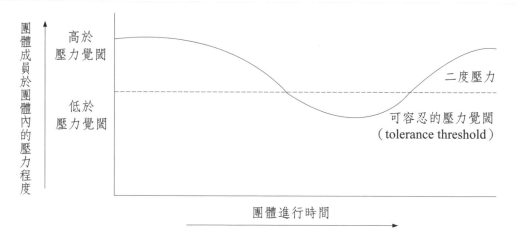

圖 7-1　團體成員於團體發展過程的衝突壓力

資料來源：Bormann (1975)

此階段中，有些團體成員為了避免冒險，可能仍保持觀望及沉默，但有些成員於團體之焦慮及自我之壓力，或許更開放，更自我肯定。

如同 Corey（1990）指出，此階段之焦慮，來自害怕別人在超出一般公眾我（public self）的程度了解自己，也產生對團體的目標、規範仍未完全了解，懷疑團體成員是否真正了解我或關心我？我若開放自我會有什麼好處？真的有好處？又怕萬一開放自己會失控，或別人會誤解。

隨著團體成員對團體領導者及成員的信任，以及觀察團體成員開放的被接

納，逐漸消除焦慮願意學習開放自我。

2.抗拒

抗拒為此階段之另一主要特徵，主要是來自因團體發展過程中的不舒服、衝突或因自我潛能成長之適應狀況，於轉換初期特別明顯。抗拒的一些現象如下所述：

(1)對討論的素材（我不想談這個主題）。

(2)對於團體領導者（你是領導者，你有責任告訴我們如何改變）。

(3)對團體特定成員（我想甲不喜歡我，我離開好了）。

(4)提出控制團體氣氛的問題（我感到不安全，所以我不想說些什麼）。

(5)對一般團體成員（你們這些傢伙都是一夥的，我不想說些什麼）。

此外有些成員於表面上接受，心裡卻是抗拒的，表現一些間接抗拒行為（un-directed resistence），如以：(1)合理化（intellectualization），即成員以十分理智的周圍的言語表達其抗拒，如：「當團體成員中有人不同意我的意見時，就代表團體拒絕我！」此外，有些成員會以(2)發問（questioning），來隱藏其焦慮及抗拒，如於一個治療性團體中，有成員提到：「我們真的要把自己真正的感覺說出來？」「為什麼乙君他說的，沒有甲說的那麼詳細？」；(3)給予勸告：一般團體中通常不鼓勵給予其他成員勸告，若有類似給予勸告之表達，代表他自己沒問題，抗拒團體焦點在他身上，把焦點轉到他人身上；(4)綁繃帶（band-aiding），即對於團體成員中當要表達其情緒時，予以過度地認同支持，使成員把想表達傾瀉之情緒壓抑下來，反而阻礙了團體的發展；(5)依賴：團體成員中有人出現依賴的行為，就易引起勸告給予者及類似綁繃帶之過度保護者出現。這種成員易於團體中表現他是無助的，或他沒能力突破，但卻拒絕聆聽他人的回饋，扮演著「拒絕接受幫助的抱怨者」（Yalom, 1985）。如丙對丁說：「你的經驗比我多，如果你在我這種情況時，你會怎麼做？我需要你的幫助！」(6)壟斷：壟斷者於團體中，常過度地表達或行動，而且常與團體無關，亦屬對團體的抗拒，因此領導者可以：a.面質其現有行為的意義；b.教導他們新的方法處理其焦慮；c.給予適度的回饋，如對其新的有效的團體溝通行為的效果予以增強；(7)攻擊或挑戰團體領導者，此為最直接的抗拒行為，但許多學者皆以積極的觀點，視攻擊團體領導者為一個引導團體形成新規範及促進團體發展的機會。挑戰團體領導者的現象常出現於團體內形成次團體，成員對團體親密感的害怕卻又需要有些人的支持，甚至於團體外

交往，例如：團體成員中有人對領導者有負向意見，易成為整個次團體對領導者的對抗，通常於團體形成前若清楚說明團體規範，明確說明團體外避免社交交往，以免影響團體的進行，可以有所預防。如果有挑戰團體領導者的行為，最好的處理方式，是領導者須覺察並穩定自己的情緒，立即且直接地去面對，引導挑戰成員開放其壓抑未處理的情緒，並引導成員共同視之為團體事件，加以澄清說明，於此種情況下可以讓成員學到，於團體中是可以允許把負向情緒、自己真正的感受表達出來，反而促進團體更安全、信任的氣氛。

於暴風雨期，如同黎明前之黑暗。當團體成員在思索著團體安全感，對領導者能力之懷疑、考驗、挑戰，對團體的信任及決定如何互動之際，有時團體「健康」性地暫緩，以便讓成員調整步伐，以便邁出團體成長發展的步伐。

3. 代罪羔羊（sacape goat）

於暴風雨期中，有時亦因團體的焦慮，會將團體焦慮以代罪羔羊方式，怪罪於團體領導者或某一成員，而未覺察到團體的問題。此時領導者須適當引導成員表達其情緒，並澄清代罪羔羊與其他成員的人際問題，並善用此現象，使團體更開放，進而面對焦慮做處理。

（二）規範期

1. 團體成員對團體產生認同感：對於團體發展過程之規範亦產生共識。
2. 存在變項的多樣化：由於團體漸有共識，團體成員也漸能開放，原本之衝突、退縮、支持、支配性之改變，領導者並要能針對其立即性的感受表達互動，以此時此刻引導成員體會互動。
3. 希望：於規範期，由於團體的信任感，使成員對團體的目標產生認知及情緒希望經驗，而更願意於未來的行為上更投入。
4. 合作：於規範期，由於團體已形成團體目標之共識，更願意共同努力朝向團體目標及分享。
5. 凝聚力：此時團體已漸有「團體感」（groupness）或「我們感」（we-ness），團體漸有其風格及凝聚力，團體之整體感、道德、信任及團結力都增加。這可由成員對團體的參與行為、注意力、守時行為、冒風險之意願、自我開放、成員流失率加以觀察（Hansen et al., 1980）；一個有凝聚力的團體，溝通會更有效，較可能達成困難的任務（Johnson & Johnson,

1991），且較具生產性，團體成員相互間更能開放及相互影響，更感到安全感，愈能表達不同觀點，也更能切合團體之規範，團體成員關係更長久，也愈關切其他成員。

二、團體轉換階段的任務

此一階段之領導者是艱辛的，要謹慎敏感面對團體成員的焦慮、抗拒，並於適當時機，採取適當之介入措施，既要提供支持又要適當之面質、澄清及自我調適可能面對成員的挑戰。其主要的任務或技巧如下：

1. 自我調適及與協同領導者的溝通並接受督導：認識及接受於團體中可能會發生之現象，並盡可能於團體前預防，若發生在積極正向之遠景，視之為轉機——危險加機會。此階段若有協同領導者，相互溝通、回饋、協調、支持，亦十分重要，並適時與督導討論。

2. 提醒團體成員，認識此階段的團體現象：認識並表達焦慮的重要性；協助成員能安全開放其防衛反應的團體環境氣氛，以及學習如何適當地表露其感覺及看法（Corey, 1990）。

3. 真誠地面對及自我開放，並以身作則作為一個一般人或團體輔導員所面臨的挑戰，為團體成員做榜樣（Jourard, 1971）。

4. 鼓勵成員漸進地、自由地參與團體，對於成員有較積極的語言或行動，引導團體成員，以團體回饋方式協助成員了解，學習真誠回饋，如對事不對人，表達自己的感受但不攻擊別人，主題是與團體此時此刻有關者（Gladding, 1995）。

5. 以同理心、支持的態度，面對成員的焦慮，並以催化的溝通技巧，協助成員表達其想法及情緒（Gladding, 1995）。

關 鍵 詞 彙

團體開始階段	結構化	投入
凝聚力	參與	連結
切斷	團體轉換階段	暴風雨期
焦慮	抗拒	規範期

自 我 評 量 題 目

1. 團體開始階段的主要特徵為何？團體領導者如何因應？

2. 團體轉換階段分為哪兩期？其主要特徵為何？

3. 如果你是一個成長團體的領導者，你如何開始形成你的團體？

4. 於團體開始階段可能會發生哪些團體事件或問題？若你是團體領導者，如何因應？

5. 團體轉換階段中，團體領導者的任務為何？

6. 試擬一個你想參加的成長團體的團體規範（或契約書）。

第八章

團體工作與
結束階段的技巧

◉ 張德聰

學習目標

── 研讀本章內容之後，讀者應能達成下列目標：

1. 了解團體工作階段的特徵、任務、問題及處理方法。
2. 了解團體工作階段的技巧。
3. 了解團體結束基本概念。
4. 了解如何於單次團體進行團體結束。
5. 了解團體結束階段之特徵、任務、運作、問題與處理。
6. 了解團體之追蹤及評估。

摘要

　　本章分別介紹團體領導者於團體工作階段以及團體結束階段所運用的技巧。

　　團體工作階段為團體於準備、形成、轉換之後的重要工作階段，此階段不僅承續前述之發展階段，也正是團體的「生產性階段」；如同團體發展之各階段，本階段亦有其特徵及發展任務。第一節分別說明此階段的八大特徵，並分別就團體共同的、團體成員及團體領導者之發展任務進一步加以說明；第二節再將此階段可能產生的問題及解決之道，分別由泛文化觀點之文化膠囊化、團體迷結、團體成員之害怕與抗拒、對領導者的挑戰等四個面向加以探討解決之道；第三節介紹此階段可以參考運用的幾種策略或方法，包括示範法、練習法、金魚缸法、腦力激盪法、名義團體法及團體目標導向流程表，提供讀者參考。

　　團體的結束階段，是團體由準備、開始、轉換、工作的連續發展過程的結束階段，其主要目標是鞏固團體的學習成果與妥善處理團體的結束以及做好團體的追蹤及評估；此階段是發展過程中團體領導者最不容易處理的階段，也是十分重要的階段。第四節首先介紹團體結束的基本概念，進而說明團體過早結束的現象以及如何預防的方法，再介紹如何於單次團體進行團體結束；第五節的焦點放在團體結束階段的特徵，進而介紹如何進行團體結束階段的運作，最後介紹此階段可能發生的問題及處理方法；第六節則說明團體追蹤的意義及做法，進而簡介團體的評估。

第一節　團體工作階段發展的特徵

　　成功踏入團體工作階段的現象，包括：團體中的問題是被控制及處理的（Schutz, 1973），而團體的凝聚力則顯著增加，如成員認同自己為團體的一份子，由旁觀者到投入於團體中，團體成員間彼此的生理及心理的位置也更緊密，對於團體有更多正向之感受，更願意自我開放、接受成員回饋，也更願意去聆聽成員之表達，對於團體的規範也較願意遵守。首先介紹此階段的特徵。

一、團體工作階段的特徵

　　綜合各學者對於團體工作階段的主要特徵如下（林振春、王秋絨等，1992；黃惠惠，1993；Corey, 1990; Gladding, 1995）。

（一）團體的目標方面

　　更清楚及明確，團體的領導功能是由團體領導者及成員所共同參與及決定的，也願意接納、承擔自己的責任，決定產生行動去解決自己的問題及產生共識去實現團體的目標。

（二）團體的氣氛方面

　　團體成員間及對領導者更加安全、信任、開放，也願意冒險去分享其「此時此刻」的感受及意義。對於成員間的彼此回饋是較真誠、自由，也較少防衛性，有時甚至會有因高度同理而產生的面質行為。成員也可以感受到自己是「有希望的」，可以感受到改變是可能的，他可以朝向自己希望改變的樣子努力。

（三）團體的凝聚力方面

　　於此階段中，團體中有高度的「凝聚力」及「歸屬感」，團體對參與者有吸引力，團體內是包容和團結的。彼此的情緒關懷是緊密的，相互認同，深入分享個人經驗，也願意冒險嘗試新的行為，因彼此皆可高度地接納及支持。

（四）時間的焦點方面

團體能專注於「此時此刻」的感受，直接而立即地分享表達其當下的經驗。

（五）團體的互動方面

溝通是清楚而直接的，成員彼此間更能開放深入、分享感受，也可以體會到是被接納、被了解及支持的，彼此是以團體互動的方式，而非各說各話或形成小圈圈的防衛。

（六）團體是朝向團體目標的有效性過程方面

1. 成員更清楚自己與團體的目標。
2. 團體間以彼此為「資源」，相互協助以達成個人及團體的目標。
3. 成員漸有信心亦可覺察其於團體中是有功能的，並願意去發揮其領導功能。
4. 團體是開放的，能尊重個人的差異性。
5. 團體形成共識、高的合作氣氛，規範亦是清楚的，以協助達成團體目標。
6. 團體的過程是為成員所覺察的，成員可以了解哪些對團體發展是正向的或負向的。
7. 對於團體的衝突是被允許開放討論及解決的。

（七）團體成員的感受與意義的統合方面

此階段強調「情緒感受」與「認知意義」的統合，不僅於團體中接納及支持成員的情緒表達或宣洩，同時也會引發成員去思考不同情緒背後的意義，以協助成員深入地自我覺察而使「情緒」與「意義」能加以統合，而不是一時地宣洩情緒。

（八）團體經驗的應用方面

團體成員會逐漸增加自己在團體中所學到的好經驗，應用於團體之外，即其生活的應用，以解決其生活的問題，或增進其生活上的成長。

Corey（1990）曾將團體工作階段以「凝聚力」及「效能」加以形容，意即此階段的團體是具有高度凝聚力，也因此團體易有信任、開放、有效的溝通回饋，並且有效地發展自己的功能及著眼於此時此刻的實際問題，更加確定自己的目標

並學會為自己承擔責任，願意在團體外工作及實踐，以實現行為的改變。成員不斷地評價他們對團體的滿意度，並積極建設性地回饋。簡言之，Corey 以「交響樂團」比擬，在此階段的成員彼此可以互相「傾聽」，並有效地「參奏」，雖然團體領導者的指揮節拍仍然重要，但他們也會主動引導自己想要發展的方向。

此外，Corey 更提出此階段的主要團體治療因素——即確保團體能超越凝聚力的安全狀況，而進入有效工作的積極改變因素，主要為「自我表露」、「面質」及「回饋」三點。其他的因素包括團體是否「信任及接納」、「有希望的」、「實驗的自由」、「承諾改變」、「適切情緒宣洩」、「意義重建」，以及「建設性的評價」。

二、團體工作階段的任務

（一）共同任務

於此階段的主要任務為「團體有效地工作」，包括領導者和成員在內，於此階段的共同任務主要有下述五點（Gladding, 1995）：

1. 發展團體及個人的目標，並去實現、學習承擔責任，並發揮領導功能。
2. 藉由「角色扮演」將其問題開放呈現，並藉由團體的資源、回饋、開放經驗加以解決。
3. 藉由「家庭作業」，將在團體中的學習經驗運用於日常生活中。如人際關係成長團體，可藉打電話關心朋友。
4. 藉著團體目標與個人目標之結合，以及團體中個人與團體目標的達成，去覺察自己從而產生自我的突破。例如：小芳一向是封閉且不自我開放的，於團體信任與接納的氣氛下，嘗試自我開放後，覺得解脫與自在，進而思考其生活中的生活型態，嘗試去調整。
5. 團隊的合作，產生共識以達成團體目標。

（二）成員的任務

對於成員而言，其於此階段的任務如下（林振春、王秋絨等，1992）：

1. 將他們想討論的個人事宜於團體中開放。
2. 願意給其他成員真誠回饋，並學習接受其他成員的回饋。
3. 學習承擔團體的責任，並分享在團體的收穫。

4. 願意把在團體中的學習，應用於生活中，並將成果在團體中分享。

5. 對其他成員支持及鼓勵，並進行自我面質。

6. 不斷地去覺察自己在團體中的滿意度，並採取步驟調整自己在團體的參與行為，積極促使團體朝向目標的達成。

（三）團體領導者的任務

團體領導者的任務如下：

1. 親身示範：如自我表露的深度與內涵、此時此刻的表達與分享、具體地回饋……等，領導者的示範，使成員學習有效的參與行為。

2. 協助成員由團體經驗中認知的重建：引導成員去覺察體驗團體的學習中，對於其原有的個人建構（personal construct）開始鬆動，如有些想法是不合理的，例如：「丈夫有淚不輕彈」因而一直壓抑，於團體接納下，此成員開放了自己多年的委屈，嚎啕大哭，宣洩完之後，於成員之關懷下，回饋引導其認知的重新建構。

3. 協助成員把領悟化為行動，或嘗試新行為：於團體的回饋及成長中雖有了領悟，必須化為具體的行動，才能有效解決問題。如成員雖已領悟要與人建立良好人際關係，須有基本的禮貌如微笑、點頭、打招呼，於團體中鼓勵成員以角色扮演練習，並當成家庭作業於生活中去應用，把成效帶回團體分享。

4. 鼓勵成員間相互支持及幫助：團體特色之一即資源多，但資源是需要開放及主動應用的，鼓勵成員由成員的資源及經驗去學習。

5. 協助成員解決問題：於此階段中，如何協助成員學習開放並面對自己的問題，並以團體的過程協助成員問題的澄清、目標之確立、策略及方法的開拓、形成及決定，並產生行動付諸實行，回饋支持及修正（黃惠惠，1993），以達到個人及團體的標準。

6. 團體事件的處理：如協助成員害怕和抗拒的處理，成員對領導者的挑戰……等，於第二節進一步說明。

7. 為團體即將進入結束階段做準備：如適時澄清團體的目標以及團體結束的時間。

第二節　團體工作階段的問題與處理

　　團體工作階段的問題，若以積極的心態觀之，是危機亦是轉機。而其問題之影響因素，包括團體準備時的不當，如未妥善篩選成員；團體成員的性格因素，如有些成員較不易開放。有些問題則是因團體發展工作階段過程中的現象，如害怕與抗拒、對領導者的挑戰、對於個人或團體目標的缺少專注。而這些問題常以下列的現象表現，如過度情緒化的成員、成員之投射或代罪羔羊行為、建設性地參與、人在團體之中，心卻在團體之外。其他如團體內成員對種族及性別之歧視，團體成員因此階段的舒適氣氛，而浸淫其中不願突破的「團體迷結」（group collusion），均為此階段的問題。

一、文化膠囊化的問題

　　於目前強調族群融合之際，加上台灣地區已愈來愈朝向國際化，外籍配偶及外勞人口也愈來愈多，加上政府之亞洲金融中心政策，台灣地區未來必面對有關美國之少數民族（minority）類似的文化融合問題。事實上，一個團體領導者，必須學習覺察自己的文化膠囊化（culturally encapsulated），即 Wrenn（1985）所述，因為自己的某些特殊態度、價值觀或行動，不僅於種族、族群、地域、職業（如對農人、工人）、年齡（如對老人、小孩之看法）、婚姻（如同居、單親），甚至某些疾病（如愛滋病、洗腎），甚至性別，皆可能有類似的現象。而這些文化膠囊不僅影響了人際之互動及自我的開放，也影響了團體的成長及進展，以及對人性觀點的窄化。

　　如果團體中有類似現象，可於團體中更自由、更彈性及更有能力地去面對的話，則可引發成員一種新的學習及體驗。團體領導者必須接受有關跨文化（cross culture）之訓練，提醒自我覺察自己的文化膠囊化的傾向，於此情況下的工作要避免或限制成員間因「文化膠囊」所產生的負向效果，並且增加敏感度及減少衝突，且視之為一種團體成長的機會。

二、團體的「迷結」

　　團體的迷結，於不同的團體或不同團體階段，或多或少皆有可能產生，只是

程度大小不一。「這是一種團體中意識或無意識地去增強團體成員的『優勢』態度、價值、行為或規範」（Butler, 1987），也是團體成員為保持其於團體的地位自我保護作用，例如：「人在屋簷下，不得不低頭」，職員有時為了保住飯碗，不得不附和公司老闆的不當意見。

過度的團體迷結，會使得團體不能開放討論，也不敢評論及解決問題，使得團體封閉，甚至窄化、退化，而形成一言堂（group think），即於團體壓力下，扭曲了團體心智、現實檢驗及道德判斷（Janis, 1982），壓抑了團體的成長、個人及團體的目標發展。

面對此種現象，團體領導者的工作之一，即為預防勝於治療，於團體中引發開放討論的氣氛及習慣，團體的目的及目標適時地澄清，團體內位置之輪換，避免形成小圈圈。其次面對問題時，有時可以類似多方辯證方法的運用，甚至有些團體於面臨重大決定時，過程加以錄影，決定前再觀看一次錄影帶；團體討論技巧的運用，如分成小組討論，亦可打散此種「迷結」；人際關係技巧如「我訊息」：「當我看到……我覺得」，讓每個人可以於「此時此刻」的感受表達，亦可打破原來因「迷結」而看別人怎麼說才說的現象。

三、團體成員之害怕與抗拒

一般團體工作階段中產生的抗拒，包括如下成員於團體中的敘述，例如：「你不喜歡我又怎樣」、「我不喜歡這裡的每個人」、「我很怕看到真正的內在自我」、「我害怕與其他人親近」、「我不了解為何必須與別人分享我們的感受，這樣做有什麼好處？」、「我在這裡沒有安全感」、「我們的團體被卡住了」。

於此階段中，因團體較具安全感，可能有些成員的回饋會較直接，成員中有些人進入狀況的速度也可能慢些，因此會有一段描述的各種敘述。基本上，團體領導者要有正向觀點的概念，如同 Corey 等人（1992）所述：「因成員所說的話而造成的傷害，很少像完全不說出來，所造成的結果那麼糟糕。」雖必須重視團體及成員之個別差異，但一般之處理參考活動如下：

1. 自然地注重團體幽默的氣氛，通常人能夠笑也是他們看得最透澈的時候，即使笑聲有時代表逃避，但必須自然，順著團體的發展。
2. 引導成員把重點放在團體真實的部分——有形的工作及具體的回饋上，例如：引導成員於團體中把他的擔心，以具體的敘述分別描述，把其敘述的

恐懼分級，如同系統減敏法一樣，配合放鬆的訓練（如肌肉鬆弛法、冥想法），讓成員由其最不害怕到最害怕的事件逐一敘述，逐一練習到他不害怕為止。

3. 引導成員去再經驗由團體的成長，例如：「你是否願意談談在這裡所經驗的每個人，從他們對你的情感表達，你獲得了什麼？」

4. 進入成員的抗拒心理，去了解、包容、引導成員把抗拒表達出來，例如下列的對話：

成員（M1）：「我很困惑，我不知道如何是好！」

領導者（L1）：「你現在最想做的是什麼？」

M2：「我想離開！」

L2：「好的，你可以離開到團體圈外休息一下，你願意進來時，再進來！」

L繼續帶團體但仍觀察M。過了一會兒，M於團體外凝視大家。

L3：「你是否想說什麼？」

M3：「我只想在這兒。」

L4：「好的，但你想說什麼時，請告訴我們！」

過了幾分鐘

M4：「我想回到團體！」

L4：「好的，現在你回來團體，是否想說什麼？」

M5：「我想靠著N。」

L5：「你想對N說些什麼？」

M6：「我感覺自己像小孩。」

L6：「你現在幾歲？」

M7：「12歲。」

L7：「你現在想對N說些什麼？」

於是M述說了一段痛苦的幼時經驗。

領導者想進入成員的抗拒心理，要注意到「你現在要做什麼？」「你現在想說什麼？」「做任何你想做的事」，但亦必須加以關照，適時再邀請回到團體（Corey et al., 1992）。

5. 尊重成員他所認為與團體其他成員維持何種程度的關係：有些成員不太容易與別人發展太快的親密關係，團體領導者必須提醒成員接納其他成員自

己的決定，尤其於分享自己感受深入的程度。也可善用角色扮演的方法，讓成員去由演練中觀摩、體會，練習對他最合適的自我開放方法。

6. 善用成員的資源：團體中抗拒的成員若願意說出其感受，就可能會提供許多更進一步解決問題的線索，其他成員也可於開放其相同感受時，對此成員有被支持、不孤單的感覺。而過去有相同或類似經驗，如今已成功適應的經驗開放，亦可提供團體討論的刺激，而成員由其中可以學習選擇許多具體的解決方法。

四、對領導者的挑戰

有時成員會對領導者發出「你們領導者的分享不夠」、「你們沒有盡到責任」的評論。對此，領導者可以視之為健康的象徵，因為這表明成員已意識到一種不平等的現象。此時領導者可以經由表達關切成員，由團體過程中讓成員了解自己，也可讓成員了解，由於領導者本身仍然在為自己的成長奮鬥，因而不認為自己所扮演的角色在自己的團體裡追求這些目標是適當的。此外，澄清發問成員的動機也是重要的，有時成員會藉著挑戰領導者而降低自己的焦慮。

著重於此時此刻的反應，引發成員的表達及傾聽，適時地把自己當下的感覺表達出來，承認自己受到打擊的部分，否認那些虛假的部分，可以幫助篩選出事實。領導者亦可詢問成員他們的希望，澄清團體目標，引導成員共同承擔責任。領導者於面對挑戰時，自己的接納及開放即為成員良好的示範。

第三節　團體工作階段領導者的技巧

於團體工作階段中，領導者除了要了解此階段的特徵，學習如何妥善處理此階段團體可能發生問題的方法外，尚有一些策略或方法，謹簡介如下。

一、示範法

此為團體領導者於團體過程中以身作則，示範有關團體中的因應方法，短時間即可學會，亦可耳濡目染，但亦取決於時機之得當、增強及正向回饋之程度、領導者之觀點、團體內之信任程度以及模仿動機之強弱（Borgers & Koenig, 1983）。

團體領導者的以身作則之外，成員間之自我表露亦可產生示範的功能，尤其是對有相似背景、年齡層及相同性別者，愈能由示範功能而產生認同。

二、練習法（exercises）

團體之結構或非結構之練習，可以由團體領導者適當地引進於團體過程，讓成員於較少的指導下，由練習中及成員彼此分享中去學習體驗，以達到團體的特殊目的（Jacobs et al., 1994）。

於團體階段中是否要有計畫地使用練習或結構化的活動，於文獻上有兩種截然不同的意見，如 Rogers（1970）反對於諮商或治療中有任何計畫的程序，此與其基本人性觀中，相信有機體（organism）有其自我導向及自我實現的自然趨向，諮商員不必刻意去計畫，只要創造出如真誠、無條件的重視，以及同理的體會及回饋下，當事人之現象我與其意識我會趨向貫串有關之行為，而團體或組織亦然，即以比較非結構式團體方法、團體的動力、資源於團體中互動自然形成。

另外有些學者如 Pfeiffer 和 Jones（1969-1975）等，則有計畫地運用一系列的團體練習，引發團體練習中體驗、分享成長，即一般所謂之結構式團體。

其他更多學者則採納折衷觀點，視團體的性質及需要，適當使用，如 Jacobs 等人（1994）。

基本上運用團體練習之理由，主要有下列幾點：

1. 引發團體成員的討論及參與。
2. 形成團體的焦點。
3. 轉換團體的焦點。
4. 提供成員體驗及學習。
5. 提供團體領導者有用的資訊。
6. 增加團體的愉快感。
7. 提供團體高興及放鬆的氣氛。

但如同水能載舟，亦能覆舟，團體之練習活動通常被有經驗的領導者用以催化團體，成為達成目標的工具或方法，領導者使用前必須事先體驗，熟悉過程，預備教材，控制時間，且必須有預備練習。此外，若團體不需要或不適合做某些練習，還能彈性使用，否則為物所役，變成為練習而練習，便失去團體練習的意義。

有關團體機構練習活動，讀者可進一步參考中國青年反共救國團青少年輔導

中心（1982）主編之《團體領導者訓練實務》、吳武典、金樹人等（1993）之
《班級輔導活動設計指引》，以及吳武典（1994）主編之《團體輔導手冊》。

三、內外圈團體觀察（金魚缸式團體）

　　團體領導者為增進此階段團體的互動了解，亦可把團體分成兩組，如圖 8-1
所示，由領導者帶領相互觀察彼此團體的功能，此種方法又叫「金魚缸法」（fish-
bowl procedure）。

　　一段時間相互觀察後，成員回到大團體彼此分享剛才觀察結果，並相互回
饋，可以幫助成員去覺察及學習成員之參與行為，觀察之方法可以內圈先自由交
談，外圈觀察，5 分鐘後外圈對內圈之觀察做回饋；內外圈交換，步驟相同，觀
察之內容可以一對一，亦可依團體行為分工觀察，亦可不限制由成員自行觀察，
由領導者帶領回饋分享及討論。此種方法具有引導成員覺察、示範、回饋、參與
及分享、修正的功能。

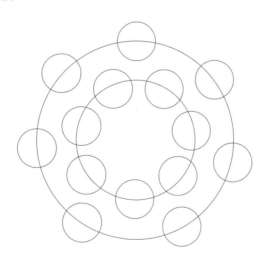

圖 8-1　團體內外圈觀察圈

資料來源：Gladding (1995: 135)

四、腦力激盪術

　　亦可運用本書第四章第一節，團體討論法中之腦力激盪術（Osborn, 1957），
於不批評、多多益善、搭便車、愈新奇愈好之四大原則下，催化成員參與團體。

五、名義團體技巧

名義團體技巧（nominal-group technique）是由 Delbecg、Van de Ven 和 Gustafson（1975）發展出來，以結構性團體技巧來處理成員對於問題定義或解決意見分歧，而成員又各持己見的任務團體，以使成員皆能貢獻己見，又可集成眾意的團體問題解決技巧。其基本觀念仍源自腦力激盪術但稍有變化，重點在精不在多，其假定為當一個人獨自思考解決問題方案時，較一群人口語交談會有更高之品質。其具體步驟如下：

1. 人數約 5 至 9 人，若人數超過，再分為 5 至 9 人之小組，最後聚集各小組成員，組織大團體的討論及票決。
2. 步驟：
   (1)每個人於事先準備之海報紙條，獨自寫下對於問題的意見。
   (2)每人逐一提報每一項意見，由主持人書寫於黑板或直接將字條貼於黑板上，讓全體看得到，此時不允許任何討論和批評。
   (3)逐條討論每個意見，以使全體成員確實了解。
   (4)投票表決，由全體公平票決，選出優先之意見。
3. 時間之考慮，於 5 至 9 人之小組約須 90 分鐘以上，亦可控制(2)(3)步驟，縮短約為 30 分鐘。
4. 團體中之討論是成員所願意及迫切討論的，領導者要熟悉過程及催化。主持人亦可由熟悉程序的成員擔任，由於耗時不短，亦須考慮團體時間之許可性。

六、團體過程觀察法

亦可藉中性的、具有團體觀察能力的第三者（指團體領導、成員之外）擔任觀察者，客觀地呈現團體觀察的現象，提供團體有用及有意義的資訊，以協助領導者客觀自我覺察的功能，也提供團體成員有機會得到客觀資訊的機會，有些團體甚至錄影，以便於團體重大決策時，有機會再回顧團體過程後再下決定。

七、團體目標導向流程表

有些領導者如 Yalom（1985）更設計團體目標導向流程表（group session chart），如表 8-1 所示，提供成員於團體過程前事先思考並寫下來，引導成員更有效

地學習。

　　以上所述於團體工作階段之策略或技巧，僅提供讀者參考，必須提醒的是，團體領導者務必妥善使用。此外，這些策略方法須視團體領導者的訓練、成員的狀況、團體的情境謹慎使用，特別是必須在接受團體督導下實施。

表 8-1　團體過程目標導向流程表

姓名：＿＿＿＿＿＿＿＿　日期：＿＿年＿＿月＿＿日，　第＿＿次團體			
今日我「想要」達成的目標	我「需要」完成的事宜	於團體中可以協助我的「資源」	我如何才能達到我今日的「目標」

資料來源：Yalom（1985）

第四節　團體結束階段的準備工作

　　團體的結束，包含每次團體的結束，如何預防及處理團體的夭折（premature termination）；整個團體的結束階段之了解其特徵與處理方法；以及團體結束後之追蹤及評估成效，因此其內容是豐富的，而且如同 Corey（1990）所言：「我把團體最初和最後的階段，看成是團體生命發展上最具決定性的時期。」於最後階段若未妥善結束，不僅團體成員未能充分把其於團體的學習運用到日常生活上，也可能給團體留下未解決的問題，甚至產生傷害。

　　Shaprio（1978）甚至認為團體的結束階段，是團體領導者最不容易掌握的階段。除了團體領導者的訓練因素外，團體領導者也可能因個人的情緒過分投入，產生抗拒或反轉移的現象。事實上，有關團體結束階段，過去亦較未受學者所重視，直到 1970 年代之後，才有學者如 Tuckman 和 Jensen（1977）於團體發展階段模式加上延長階段（adjourning stage）；忽視的理由係因有些學者假設，結束階段本來就是自然的現象，每個領導者都知道該怎麼做。其實不然，「好的開始

是成功的一半」，「好的結束更是決定是否成功的關鍵」。於團體結束階段，成員彼此了解得更深，如果適當地處理，團體結束階段可能是個人改變最重要的階段（Yalom, 1985）。更有學者積極地認為，團體的結束階段是另一個新的學習階段的開始（Cormier et al., 1993）。

團體的結束的確會給團體成員，甚至團體領導者帶來正、負向情緒的混淆，如感到高興、喜悅，但也有可能感覺失落、悲傷、分離（Gladding, 1995）；也可能有一些情感的轉移（transference）及反轉移（counter transference）現象（Kauff, 1970）。如何妥善處理這些情緒的現象，以及解決團體中「未完成任務」，並積極協助成員將團體中正向學習經歷應用至日常生活，以及結束後的追蹤處理，便成為團體結束階段的重要任務。

一、團體結束之基本概念

妥善的團體準備，應於團體計畫階段即開始了。團體領導者應於心中惦念著：他所帶領團體的性質，團體的期間多長？團體何時結束？於結束前要做怎樣的準備？於每次團體進行時，亦應思考團體於何時、何種時機、如何結束，對團體是最有利的（Cormier et al., 1993）。

（一）團體結束之內涵及時間向度

團體結束之內涵向度，包含團體成員個人及整個團體的成長過程將告一個段落；而其考量之時間向度則包括每次團體的結束及整個團體過程的結束。

（二）團體結束的基本步驟

不論每次團體聚會或整個團體過程之結束，基本上皆包含四個步驟（Epstein et al., 1981）：

1. 導向說明。
2. 摘要。
3. 回顧團體目標之討論。
4. 追蹤。

於導向步驟時，團體結束之主題為成員所預知，而讓成員心理有所準備。於摘要步驟則讓成員有機會回顧所經歷的重要過程及內容，理想上於此步驟宜讓成員及團體領導者皆有機會摘要回顧。於回顧團體目標之討論步驟時，則著重在讓

成員比較團體開始與結束的目標之達成及改變狀況，以及團體結束後進一步的發展目標。而追蹤之步驟，則於團體結束一段時間後，追蹤成員達成其目標之情形。

（三）團體結束之時間準備

對於治療性團體之病人，其改變乃因人而異，於開放性團體如精神病人之治療團體，有些是可預測性的，如精神病人需要治療 12 至 24 個月才可能產生改變（Yalom, 1985）。

於一般封閉性團體，即不允許中途加入成員的團體，每次團體結束時間約須 5 至 30 分鐘，有些領導者會以導向方式引導結束，有些則僅簡單宣布：「再 15 分鐘我們此次之團體將告一段落。」一般而言，治療性及諮商性質團體所花於結束之時間，比任務性及教育性團體皆要長些。

而於整個團體過程之結束，於心理治療性團體至少為 2 至 4 次（Gazda, 1989; Maples, 1988），而任務性及教育性團體雖可較快些，但亦須於團體過程末期提醒及說明，使成員有所準備。

（四）團體結束之個人效應

團體結束時，對團體成員個人之效應因許多因素，如團體性質是開放性或封閉性，而有所不同。對開放性團體而言，成員之進進出出是團體特性之一，成員較能接受；反之，封閉性團體則因較有情感之投入，較易有割捨情結。團體的性質亦是因素之一，如任務性及教育性團體，由於較重「知性」之探討，於達成任務即為團體之結束，反之治療性及諮商性團體則較重「情感投入」，緩衝的時間亦須較長些。此外領導者之引導及計畫也可能影響團體成員個別的效應。

一般而言，團體成員於團體結束時，可能產生的心理情緒，如惜別症候群（farewell-party syndrome），包括：(1)害怕：擔心未來沒有人能再支持他；(2)憤怒：生氣的是他還不想結束；(3)沮喪：如他希望團體更延長些，以使成員能再對他的能力再予以保證（Gladding, 1995; Shulman, 1992）。但亦有正向的，如愉悅、充實感，覺得他可以把團體所學習的經驗擴展應用於生活中。每個成員之個別差異相當大，其間酸甜苦辣混在一起，十分複雜。

團體領導者於團體結束時，對於成員之個別差異性可能須加以考量，如甲君可能過去於人際分離時有較負向經驗，可能須多予以照顧，引導團體過程正向經驗之回顧。而對有些於結束時仍未適當處理者，則須考慮下列三種處理方法：

1. 個別諮商：當需要特別注意其失落引發的問題。

2. 轉介至其他團體或國家：能提供特別合適協助其狀況者。

3. 再體驗：於更小的補救性團體，重新體驗其於先前團體所失落的經驗。

上述三種方法皆為補救性，其目的皆在於擴展成員之能力以達成其目標，但更重要的是積極地預防，避免產生負向及補救性之情形，於團體帶領過程中，團體領導者除必須每次在團體結束後自我省思，作團體記錄；若有協同領導者，必須於團體前後相互研商；更必須接受督導，以維護團體成員之權益。

二、如何防止團體之過早結束

團體之提早結束，基本上包括整個團體過程之提早結束、成功的團體成員之早熟結束，以及不成功的團體成員之過早結束三種形式（Yalom, 1985）。

對於團體成員過早之結束或離開，有些學者如個人中心學派（personal center）相信，團體成員自己可以做對他最好之決定；而現實治療（reality therapy）則會嘗試勸阻成員不要離開，去面對現實與困境負責；心理動力取向之學者則會去探討其早熟之結束是否與其個人內在反應（intrapersonal reaction）有關。

但不論何種學派，於美國團體工作者協會（ASGW, 1990）之團體倫理守則明訂，對於提早結束皆應予追蹤，以免產生負向之影響。

（一）團體之過早結束

對於整個團體過程結束，可能發生在團體領導者或團體成員之身上。如團體領導者可能因生病、意外、不得已之搬遷、調職等適當理由而提早結束，成員可能覺得不滿足（Pistole, 1991）。

於此種情況下，團體領導者必須安排向團體說再見的機會，並適當向團體成員說明。團體的過早結束也有可能是因團體領導者本身的不舒服，未能妥善處理團體事件而造成團體成員之流失，以致提早結束（Bernard, 1979）。

預防之道除了團體領導者的資格及素質必須有一定水準，並須接受督導，而且事先做好團體為個人事宜之準備之外，同時亦可邀請協同領導者共同帶領團體，以防不時之需。

（二）團體成員之過早離開團體

團體成員提早結束之原因主要有下述幾點：

1. 不可抗拒的外在因素（如時間不能配合或外在壓力，如家人反對或臨時被調職）。

2. 團體疏離感（成員覺得他不適合這個團體）。

3. 親密感的問題（不敢與人有太親密的接觸）。

4. 害怕情緒的觸及（如觸及自己或成員負向的情緒或問題）。

5. 不能與他人分享團體領導者（期待團體領導者只關注他）。

6. 個別諮商與團體諮商的糾葛不清或產生衝突（團體諮商員又兼個別諮商員）。

7. 過早的反抗（以口語對團體表達不滿）。

8. 團體諮商導向不足，使得團體成員不能適應（未能妥善建立團體的信任關係，及團體開始形成時未能妥善澄清團體的目標及進行方式）。

9. 由於團體內次團體的衝突。

其中不可抗拒的外在因素也可能是一種藉口，如個別諮商與團體諮商發生衝突的因素可能是合適的原因，而治療上不足夠之導向思考，常是團體成員提早離開的原因。也可能因為成員否定其自我探索及自我了解，保護自己避免於團體中，因較深的個人成長必須改變引發的抗拒。

通常團體領導者會詢問他們的原因，並於離開前適當安排向成員說再見。

（三）如何預防成員之過早結束

如果團體成員有可能不當過早結束時，可以參考下列幾種做法：

1. 準時：團體之開始及結束都能準時。

2. 團體成員之承諾：團體成員承諾並簽下團體契約書，能全程參加。

3. 以適當的方法處理成員的問題。

4. 提醒：若團體聚會時距太長，須適當提醒，如由成員輪流於團體前相互通知。

此外，於團體形成時，提醒成員儘量事先於團體前安排團體聚會之公私事宜，如果真發生不可抗拒原因而一定要提前結束，必須提早與團體領導者商量。於團體塑造安全、保護氣氛，讓成員了解團體可能達成之正向成就，讓離開成員報告其於團體過程之收穫及困難，亦可引發團體之開放，並預防團體之過早結束。

三、如何於單次團體聚會進行團體結束

　　每次團體聚會的結束，對團體成長亦是十分重要的。有經驗的團體領導者，通常會留下至少 10 分鐘時間，進行該次團體結束。而一般之做法有下列幾種。

（一）時間的提醒

　　「還有 10 分鐘，我們團體就要結束了。」

（二）讓成員摘要回顧此次聚會

- 不知道在今天的團體過程中，你最深刻的感受，或許我們可以簡短地說明！
- 在這次團體中，你經歷到最重要的事情是什麼？
- 在下次聚會之前，你最想的是什麼？
- 今天，別人表現最讓你感動的是什麼？（Corey et al., 1992; Gladding, 1995）

例如：有成員回顧：

- 今天我由成員甲的分享學習到，其實有些困擾不是只有自己才有，表達出來之後舒服許多。
- 今天我鼓起勇氣於團體中發言，這對我很有意義，尤其大家都能專心聽而且聽得懂，讓我增加信心！
- 我覺得由大家分享是頗有收穫的，但某些人占了太長的時間，是否下次大家可以把握一下時間！

（三）團體領導者之回顧

　　團體領導者於回顧之摘要時，除要留意如何去凝聚團體外，對於團體今天討論的主題之成果，以及成員對於某些較具挑戰性的主題及冒險，還有成員表達之負向情感均應予以考量，特別對於團體過程有利發展之行為予以增強。

　　例如：有位領導者於團體聚會結束時回顧：

於今天聚會時，我十分高興大家都能融入，而且十分投入。其中甲君，我十分欣賞你能面對乙君生氣表達的方式，我不知道你的生氣解決沒有，但至少你已表達了，而乙君也能接受及說明。我也很肯定丙君於這次團體，更有信心地表達意見。對於丁君，我十分期待你的參與及表達，我可以看出其實你很專心聆聽其他成員的表達……今天的團體讓我們分享了許多，相信下次見面時，我們有更多可以分享的，今天的團體到此告一段落，下次見！

（四）團體結束可參考的團體練習

於團體結束時，有些領導者用過覺得效果不錯的團體練習，有下列幾種：

1. 轉輪練習：由成員輪流對此次團體簡短的摘論，每人以一、兩句話，通常引導為正向的描述，如此可以了解每個成員今天的感受（Trotzer, 1989）。

2. 配對討論：於團體結束時，讓成員找一個他最願分享的成員，一對一地分享，也可依坐位之鄰近搭配。時間不必太長，每個人 2、3 分鐘，若時間許可，亦可再回到大團體看看剛才的分享是否有需要與大家分享的。必須考慮的是若團體成員為奇數，可以有一組為 3 人分享及照顧找不到配對者的成員，領導者亦須適當地控制時間。

3. 寫下感受：此種練習有以下三種方式：

   (1)於團體聚會結束時，由領導者引導成員寫下自己今天最深刻的感受，但不一定每次都會，也不一定要彼此分享，由領導者看當時之狀況決定。

   (2)規則性的，每次團體結束後，立即以兩、三分鐘寫下自己此次最深刻的感受，內容可採結構的，例如：今天我在團體中學習到的是＿＿＿＿。亦可開放不拘形式的方式。

   (3)不僅寫下紀錄，亦可配合音樂或畫畫，以各種象徵方式於團體結束時，表達自己的感受。

4. 評量表方式：亦可於團體結束時以評量表之勾選方式，對於自己投入、情緒開放、回饋及對團體之貢獻方面以量表方式評量，例如：

	非常同意	有些同意	同意	不太同意	非常不同意
今日我在團體中能開放自己的經驗	☐	☐	☐	☐	☐

(1)今天於團體中我最喜歡的是_____

(2)今天我對團體最有貢獻的是_____

(3)我想今天的團體,如果多做了些什麼會更好?_____

5. 家庭作業:有些團體領導者會安排家庭作業,讓成員回去於真實生活中,把團體的學習加以應用,作為該次團體聚會的結束。例如於父母效能團體中領導者說:「今天最後的分享,大家都提到很有收穫,也很想實際應用於生活。或許各位回去到下次聚會前找一個晚上,好好觀察你的小孩有哪些正向行為,並立即鼓勵,下次聚會時,一起分享!」

第五節　團體結束階段的處理

　　第四節所敘述有關團體結束時必須考慮的事宜,於團體結束階段都可加以參考。本節首先說明團體結束階段的特徵,進而補充一些此階段可運用的方法。

一、團體結束階段的特徵

一般團體結束階段之特徵有以下三大特點(黃惠惠,1993;Corey, 1990):

1. 情緒的波動:此時團體成員可能有離情依依之傷感及焦慮,也會有人不願結束,要求團體延長,但亦有些會提到成長的喜悅,達到個人目標的快樂,因此情緒是混淆的、波動的。甚至有些會因團體即將結束熱情不再而退縮。

2. 對結束團體的因應:成員正在決定他們採取什麼樣的行為方案,逐漸準備以角色扮演、行為演練方式,以因應其日常生活情境或重要他人。

3. 對於團體的評量,並提出來離開團體後之目標。

二、團體結束階段之任務

1. 處理離別之情緒：領導者首先要處理自己的神經質需求，其次處理成員的情緒，計畫性的團體，可提前於結束前一、兩次即告知成員，讓其心理上有準備，並鼓勵及引導成員把擔心及情緒表達出來，並提醒成員團體結束的積極意義。

2. 協助成員預備適應外界的情境，引導成員討論對外在世界的擔心，互相支持，如何把自己於團體中的學習經驗由自己改變，以適應外在世界。

3. 協助成員整理學習成果，並運用於生活中。

4. 處理未完成的工作，對於團體中該處理而未能於團體完成之事宜，加以處理或提供資訊，或合適地轉介，如參考附錄社會資源銀行。

5. 回饋及祝福：團體領導者引導成員相互真誠、具體地回饋及祝福。

6. 提醒保密：保密是團體的基本規範，於結束前再次提醒，使成員繼續尊重及維護成員的權益。

7. 提供團體成員有效的資源：對於有些成員需要進一步的諮商或資訊，提供有關合適的資源及研習活動。

8. 評估團體效能：於每次團體結束後，領導者即必須評估團體的功效，於整個團體結束後亦須整理整個團體的功能，可由成員之回饋、評量；團體領導者（含協同領導者）之評量；團體觀察員之觀察回饋、評量；督導的評估及回饋，一方面視為了解團體的正向及負向效能之因素，以作為對團體成員之補救措施，另一方面作為下次類似團體改善的參考（林振春、王秋絨等，1992；黃惠惠，1993；Corey, 1990）。

三、團體結束階段之運作

團體工作階段的結束，充滿了情緒與任務的複雜性，而成員行為的改變也是可目睹的，於成功的團體充滿了正向的回饋，以及達成某種程度的預期目標。反之於失敗的團體，卻充滿了憤怒、挫折，因於個人或團體的目標並未達到其預期。於此階段之處理問題，常環繞著成員之分離及獨立的焦慮以及自主的衝擊，領導者本身於此階段的運作及面對與團體分離，亦是一個最好的示範。於此階段領導者之處理要點，主要有下列幾項：

1. 對團體結束時間之預告及限制，可於結束前幾次即告知成員。

2. 運用蓋覆法（capping），即以認知之反映取代情緒的互動（Bates et al., 1982），具體之步驟如下：

(1)回顧及摘要團體工作過程經驗，尤其是團體經驗的高潮。

(2)評估團體成員於團體中的成長、改變或成就。

(3)完成未完成的任務。

(4)演練新角色：將團體中之正向改變經驗運用於日常生活，以角色扮演或行為演練方法、成員回饋修正以及分享家庭作業。

(5)提供成員間及成員對團體之回饋。

(6)掌握適當時間讓團體結束，讓成員表達分離之情緒，並向團體及成員互道再見。

(7)讓成果和計畫更明確：計畫團體結束後的發掘解決問題的途徑（Jacobs et al., 1994）。

3. 探討離別的問題：引發團體對結束的重視，並讓成員表達如何結束的期待、做法，一方面使成員心理有所準備，一方面表達其離情，一方面參與及規畫其較滿意的結束方式。

4. 採取漸進的結束，必要時可以延長幾次。

5. 為未來行動訂定契約（Corey & Corey, 1992; Gladding, 1995）。

四、團體結束階段可能產生的問題及處理

於團體結束時，可能產生的問題主要有下列幾項。

（一）否認團體的結束

成員於團體結束時，因否認團體的結束，因此限制到將團體經驗擴展於日常生活的機會。領導者一方面接納成員之情緒，並鼓勵成員表達；事先告知結束之時間，且引導成員回顧團體過程中之收穫，並於團體中正視此問題，由團體之討論中，可能可以取得解決方法，亦可向其他專業同仁同儕諮詢或接受督導，個別諮商。

（二）由於分離焦慮，使成員不再熱情投入，以免割捨不掉

領導者本身的持續投入，接受並開放自己的情緒，有示範之作用；成員中可能有正向之行為表現者，可以增強；使成員把團體結束視為團體之大事加以關注，

參與討論結束亦為可行方法。

（三）團體成員拘泥於結束而不會放眼未來

可參考團體結束之技巧，探討結束後的計畫，使計畫變得更明確，並為未來行動訂定契約，定期追蹤。

（四）轉移之問題

轉移，為把團體成員對他人的情感移轉至他人身上（Ohlsen et al., 1988），有時會轉移至團體領導者或其他成員，而產生依賴；領導者可引導藉由團體的正向及負向回饋取得平衡，亦可接受督導，或團體結束後之個別諮商。

（五）反轉移

團體領導者亦可能對團體成員產生反轉移，此與領導者本身有未解決的問題或其重要他人之關係有關，例如對某一成員之特別照顧或排斥。此時除了領導者之自我覺察、協同領導者之回饋外，並須接受督導。

（六）藕斷絲連

團體雖結束，卻經常聚會。一般團體結束後隔三至六個月有需要再追蹤，如果有私人性質之聚會，於結束時必須讓成員了解，成員有自行決定參加與否的權利，不受原團體之規範限制。

第六節　團體的追蹤和評估

一、團體的追蹤

團體的追蹤是團體於結束後，為了團體成員達成個人或團體目標之情形，並可協助團體中未完成任務之團體過程，通常為團體結束後 3 至 6 個月進行，但可依團體性質而定，其方式如下：

1. 追蹤時間：領導者於團體結束後數週或幾個月後，對每位成員做一次私人訪問，藉以督促成員繼續成長，亦可評估團體成效，若有需要亦為推薦成

員轉介有效資源的好時機。

2. 鼓勵成員於結束後，於相互同意下，互相聯繫，了解成長之情形，以相互支持、督促，一方面自我負責，另一方面建立支持系統。

3. 安排追蹤聚會：藉此了解成員團體學習經驗於日常生活運用情形，並了解團體成長效果，更可滿足團體再見面之需求，但須於結束後數個月後才進行。

4. 安排個別晤談：亦可徵得成員同意，於團體結束後幾週至幾個月內，安排個別晤談，亦可了解團體成效、個人進展以處理私人之未完成任務，有需要時做合適之轉介。

5. 提供進一步學習之資訊：包括進階團體或研習會、個別諮商或治療。其他如閱讀資料、相關演講，成員亦可互道有關資訊及成長計畫（Corey & Corey, 1992; Gladding, 1995）。

二、團體的評估

團體的評估亦是團體發展之重要課題，除了團體領導者於每次團體結束後之自我評估外，整個團體結束後亦必須進行評估。

（一）評估之向度

1. 團體目標之達成，包含團體目標及成員之目標。
2. 團體計畫之合宜，包括準備、計畫之可行及周延。
3. 團體領導功能之發揮，包括領導者及成員之領導功能。
4. 團體之過程，包含團體之關係、氣氛、計畫執行、團體事件之處理、團體結束之妥善，及追蹤之處理。

（二）評估之執行者

1. 團體督導。
2. 團體領導者可評估自己之領導風格、技巧、目標。
3. 團體之觀察員可針對領導者之技巧、過程，亦可針對成員之行為。
4. 團體之成員可評估自己之參與程度、目標之達成。
5. 團體成員之有關重要他人。

（三）評估之工具

可以運用評估量表，如表 8-2 團體活動自我評鑑表、表 8-3 團體成員評量表、表 8-4 團體領導員評量表。

包含領導者亦可運用團體之工作目標，表 8-5 團體成員自我評量表，觀察者及成員之學習日誌如表 8-6。近年來亦有利用錄音、錄影，並對團體之過程做過程評估研究。而團體活動之紀錄表亦可作為評估，如表 8-7 及 8-8。

（四）評估方式

以量化如客觀評估量表之前後測，或質性之過程描述研究方式，或以總結性評鑑及形成性評鑑（可參考張德聰、周文欽、張景然、洪莉竹，2004，《輔導原理與實務》二版，第十三章）。

此外，有關團體之評估，亦必須考量團體之專業倫理，如資料之保密及保護、資料之使用限制、使用資料之同意權等。

表 8-2 團體活動自我評鑑表

班級：_____ 姓名：_____ 座號：_____ 日期：_____年_____月_____日

你參加了幾次團體諮商活動後，覺得與以前有什麼不同？假定參加團體活動以前是你在「0」的位置，參加了以後，你覺得向哪一方向變化，請在適當的位置上打「∨」。

1.　　　　-5　　-4　　-3　　-2　　-1　　0　　1　　2　　3　　4　　5
　　自我中心　　　　　　　　　　　　　　　　　　　　　關懷別人

2.　　　　-5　　-4　　-3　　-2　　-1　　0　　1　　2　　3　　4　　5
　　懷疑自己　　　　　　　　　　　　　　　　　　　　　信賴自己

3.　　　　-5　　-4　　-3　　-2　　-1　　0　　1　　2　　3　　4　　5
　　緊守秘密　　　　　　　　　　　　　　　　　　　　　分享經驗

4.　　　　-5　　-4　　-3　　-2　　-1　　0　　1　　2　　3　　4　　5
　　拘束不自在　　　　　　　　　　　　　　　　　　　　自由自在

5.　　　　-5　　-4　　-3　　-2　　-1　　0　　1　　2　　3　　4　　5
　　無責任感　　　　　　　　　　　　　　　　　　　　　有責任感

6.　　　　-5　　-4　　-3　　-2　　-1　　0　　1　　2　　3　　4　　5
　　不信賴別人　　　　　　　　　　　　　　　　　　　　信賴別人

7.　　　　-5　　-4　　-3　　-2　　-1　　0　　1　　2　　3　　4　　5
　　依賴別人　　　　　　　　　　　　　　　　　　　　　幫助別人

8.　　　　-5　　-4　　-3　　-2　　-1　　0　　1　　2　　3　　4　　5
　　不了解自己　　　　　　　　　　　　　　　　　　　　了解自己

9.　　　　-5　　-4　　-3　　-2　　-1　　0　　1　　2　　3　　4　　5
　　不了解別人　　　　　　　　　　　　　　　　　　　　了解別人

10.　　　-5　　-4　　-3　　-2　　-1　　0　　1　　2　　3　　4　　5
　　不喜歡參與此類活動　　　　　　　　　　　　　　喜歡參與活動

補充說明或意見：_____

資料來源：吳武典、洪有義等（1983）

表 8-3　團體成員評量表

團體時間：自＿＿年＿＿月＿＿日至＿＿年＿＿月＿＿日　領導者：＿＿＿＿＿

　　你好！經過〇次的團體，現在總算告一段落了。為了明瞭每一位成員由團體的訓練中所獲得的成長，請每位訓練員依每位成員在團體中的表現，給予適切的評量。填寫本表格請以 1.2.3.4.5. 標明其程度；1.表示「非常不同意」；2.表示「稍不同意」；3.表示「中等、沒意見」；4.表示「稍同意」；5.表示「非常同意」。謝謝您的協助！

註：「姓名」一欄請填上所有團體成員的名字。

項目 ＼ 姓名								
1. 良好的表達及溝通能力								
2. 能夠了解並接納其他成員								
3. 能夠了解並接納自己								
4. 具有基本的領導者特質								
5. 有良好的組織能力								
6. 能表現出適當的領導技巧								
7. 與團體成員能保持多面向的互動								
8. 足夠的熱忱及虛心學習的精神								
9. 適合擔任團體領導者								
10. 其他評語（請填答在附件 1）								
總　分								
總評（請勾選） 適合做 Leader	—	—	—	—	—	—	—	—
適合做 Co-Leader	—	—	—	—	—	—	—	—
待考慮	—	—	—	—	—	—	—	—

資料來源：救國團張老師（1985）

表 8-4　團體領導員評量表

領導者姓名：＿＿＿＿＿＿＿＿＿＿＿＿＿			評量者姓名：＿＿＿＿＿＿＿

日期：＿＿＿年＿＿＿月＿＿＿日

　　　　　　　　　　　　　　　　　　低　　　　　　　　　　高

1. 有效地領導團體進行其活動或目標
　　　　　　　　　　　　　　　　　1　　　　　5　　　　　9

2. 成員角色的適當澄清
　　　　　　　　　　　　　　　　　1　　　　　5　　　　　9

3. 適切的對團體活動的說明與總結
　　　　　　　　　　　　　　　　　1　　　　　5　　　　　9

4. 運用團體時間十分恰當
　　　　　　　　　　　　　　　　　1　　　　　5　　　　　9

5. 能將焦點放在團體過程之主題上（如去協
調、要求、遵守規範、妥協、緩和氣氛……
等）
　　　　　　　　　　　　　　　　　1　　　　　5　　　　　9

6. 能有效催化團體表達其感受
　　　　　　　　　　　　　　　　　1　　　　　5　　　　　9

7. 具有團體診斷能力（如為什麼團體會如此表
現）
　　　　　　　　　　　　　　　　　1　　　　　5　　　　　9

8. 具有良好溝通技巧（如傾聽表達——清晰、
具體、溫暖、尊重等）
　　　　　　　　　　　　　　　　　1　　　　　5　　　　　9

9. 能有效催化團體及成員自我了解（如我們在
做什麼？）
　　　　　　　　　　　　　　　　　1　　　　　5　　　　　9

10. 能適切地嘗試達成團體目標多樣性之行為
　　　　　　　　　　　　　　　　　1　　　　　5　　　　　9

其他（請填明）：＿＿＿＿＿＿＿＿＿＿＿
　　　　　　　　　　　　　　　　　1　　　　　5　　　　　9

資料來源：救國團張老師（1985）

表 8-5　團體成員自我評量表

成員姓名：＿＿＿＿＿＿＿	評量者姓名：＿＿＿＿＿＿

日期：＿＿＿年＿＿＿月＿＿＿日

	對團體的助益性低		對團體的助益性高
1. 傾聽技巧	1	5	9
2. 說話技巧	1	5	9
3. 開放	1	5	9
4. 信任	1	5	9
5. 回饋	1	5	9
6. 了解自己的行為	1	5	9
7. 嘗試多樣性之行為	1	5	9
8. 促使團體了解團體行為	1	5	9
9. 有效地解決問題	1	5	9
10. 協助團體的維持	1	5	9
11. 團體診斷能力	1	5	9
12. 整體而言我是個有效的成員	1	5	9
其他（請填明）：＿＿＿＿＿＿＿	1	5	9

資料來源：救國團張老師（1985）

表8-6 學生「生涯團體成員成長日記」紀錄表

姓名：

次　序	日　期	今天我在團體中的心得	下次團體時我準備以……的心情參與
1			
2			
3			
4			
5			
6			
7			
8			
9			
10			

資料來源：作者自編

表 8-7　團體活動紀錄表（一）

＿＿＿＿研習班第＿＿＿＿期團體輔導活動紀錄表						參加人員位置圖 A○ ○H B○ ○G C○ ○F D○ ○E
組別	第　組	輔導員		助理員		
次數	第　次	活動日期	年　月	時　間	時　分	
參加人數　人		缺席人數　人		缺席名單		

時間分配	活動內容進行方式	學員對活動的參與情形	輔導員的處理技巧	學員參與活動後的感受	處理技巧對目標達成之評估	希望行政配合的事項	督導意見

資料來源：作者自編

表 8-8　團體活動紀錄表（二）

○○○○學生輔導中心　　　學年度第　　　學期團體輔導活動紀錄表

一、團體名稱：

二、單元名稱：＿＿＿＿＿＿＿＿＿＿＿＿＿＿＿＿＿＿＿＿（第＿＿次活動）

三、時間：＿＿＿＿＿＿＿＿＿＿　　地點：＿＿＿＿＿＿＿＿＿＿＿

四、缺席者：＿＿＿＿＿＿＿＿＿＿＿＿＿＿＿＿＿＿＿＿＿＿＿＿＿
　　　　　　＿＿＿＿＿＿＿＿＿＿＿＿＿＿＿＿＿＿＿＿＿＿＿＿＿

五、領導者：＿＿＿＿＿＿＿＿＿　協同領導者：＿＿＿＿＿＿＿＿＿
　　觀察者：＿＿＿＿＿＿＿＿＿

六、活動概要（進行內容、過程簡述）
七、團體動力
八、團體特殊事件記要
九、感想與建議
十、督導意見

資料來源：作者自編

關鍵詞彙

團體工作階段	文化膠囊化	團體迷結
示範法	練習法	金魚缸法
腦力激盪術	名義團體技巧	團體目標導向流程表
團體結束階段	轉移	反轉移
團體之過早結束	轉輪練習	配對討論
蓋覆法	團體的追蹤	團體的評估

自我評量題目

1. 試述團體工作階段在團體發展階段的地位。
2. 試述團體工作階段的特徵。
3. 試述團體工作階段的任務，就團體共同任務、成員的任務、團體領導者之任務分別說明之。
4. 試述團體工作階段中可能發生的問題為何？就其中三則，參考本書中之解決方法，提出你個人的解決方法。
5. 團體工作階段中，可能被運用的策略或技巧為何？
6. 試述團體結束之準備應考量的事宜。
7. 試述如何進行單次團體之結束。
8. 試述如何預防團體之過早結束。
9. 試述於團體結束階段時如何進行。
10. 團體結束階段可能的問題及處理？
11. 如果你是一個團體的成員，如何評估團體？
12. 如果你是一個團體領導者，如何進行團體的追蹤？

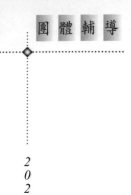

團體輔導

2
0
2

第九章

團體輔導活動
設計實例

● 吳武典

學習目標

——研讀本章內容之後，讀者應能達成下列目標：

1. 了解團體輔導結構性設計的用意。
2. 了解如何依團體發展的階段來設計團體輔導或團體諮商的單元活動。
3. 了解如何依團體輔導策略來設計團體輔導的單元活動。
4. 了解如何依團體輔導的目的來設計團體輔導的單元活動。
5. 會評估各種結構性活動適用的時機與實施方法，並做適切的選擇。

摘要

團體輔導課程的設計，是藉著若干「練習」，催化團體動力，使參加的成員在坦誠、關懷和同理的氣氛中，進行自我和人際的深度意義的探索，以促進個人的心理成長和團體的發展。

為使團體輔導的理論和方法化成具體的課程和行動，本章特別提供三種類型的團體輔導活動設計實例：第一種是一套依據五個團體發展階段、曾在中小學實際應用的團體諮商系統課程設計，共 10 課，附團體諮商開場白說詞；第二種是根據十二種團體輔導策略設計的單元式團體輔導活動，共有 30 個單元活動（因篇幅有限，僅介紹 15 個單元活動）；第三種是根據特定團體輔導目的設計的主題式套裝團體輔導課程，以「做自己的主人——自我控制訓練」主題為例，設計有 10 個單元，適用於個性衝動、缺乏自制力的中學男生。這些設計，是野人獻曝，也是拋磚引玉，提供給團體輔導員參酌採用。

為使團體輔導的原理、原則、過程、策略化成實際的行動，有必要設計一些「結構性的練習」（structured exercises），構成具體的團體輔導課程內容，以催化團體的運行。這在學校情境裡，更是真實。本章特別提供三種類型的團體輔導活動設計實例：第一種是根據團體輔導歷程設計的系統式套裝團體輔導課程，第二種是根據團體輔導策略設計的單元式團體輔導活動，第三種是根據特定團體輔導目的設計的主題式套裝團體輔導課程，以供帶領團體者（團體輔導員）視需要參酌採用。因此，本章將就團體輔導系統式活動設計實例、團體輔導單元式活動設計實例，以及團體輔導主題式活動設計實例，分三節進行介紹。

第一節　團體輔導之系統式活動設計實例

團體輔導課程的設計，目的是在促進個人心理成長。透過種種的小團體活動，使參加的學生在坦誠、關懷、溫暖和體諒的氣氛中，了解自己和互相了解，進而達到自我接納和相互接納，最後能自我指導，邁向理想的自我。它並不是專為某種特殊對象設計的，因此對一般學生，更為適用。團體輔導課程的內容包括若干「練習」，用以增進人際交往和訊息溝通。這些練習大部分涉及語言的溝通，也有屬於非語言的接觸。本節介紹一套完整的、有系統的團體輔導試驗課程。

一、設計旨趣

吳武典（1976）曾設計一個完整的團體輔導試驗課程，應用於中、小學。全部課程共有 10 課，「10 課」意為 10 次的團聚（團契）。每次團聚以 60 至 90 分鐘為準。最好在有乾淨地面（地氈更佳）的房間進行，由一位催化員（團體輔導員）主持。每個小組人數以 8 至 12 人為宜，最多不宜超過 15 人。本課程係屬「團體輔導」的試驗課程，不以任何一種特殊的團體或心理治療團體名義作標榜，惟其重點放在情感方面的自覺與成長，頗類似學習團體（T-Group）或基本會心團體（basic encounter group），而不同於一般偏重於認知發展的教學活動，也不是以心理治療或人格重塑為目的的治療性團體（therapeutic group）。課程設計大體依照 Mahler（1969）所提團體輔導的五個階段，循序漸進。即在準備（團體形成）之後，由涉入（第 1、2、3 課）到轉換（第 4、5 課）、工作（第 6、7、8、9 課），以迄於結束（第 10 課）。關於五個階段的意義，參見本書第三章第二節所

述。因其為試驗課程，實際應用時，宜斟酌各校實際狀況和輔導對象及目的，作適當的調整。

二、開場白

團體第一次聚會時，團體輔導員宜作適當的開場白。茲試擬一開場白說詞，以供參考：

「這是一個難得的機會我們相聚在一起。在這開始的時候，或許你在懷疑，或許你感到不安，或許你有點好奇：我為什麼被邀請來參加這個團體？這究竟是怎樣的團體？……這是一個屬於我們大家的團體，你我都是團體中的一份子，或許我們可以暫時把它叫做「學習團體」。當然，它是不是一個有效的團體，就要看我們每一個人是不是熱心參與。

大家都知道，這是一個溝通的時代。我們每個人都可能有許多喜怒哀樂，都可能有許多寶貴的經驗、待解決的問題，以及藏在心底的話，如果都能夠敞開心胸，彼此坦誠溝通和分享，豈不是一件美妙的事？更重要的是：藉著彼此的了解和互動，以實現更理想的自我，創造一個互信、互助的社會。也許這個理想很遙遠，但是只要你我願意，便可以一步一步地向著它邁進。

我在這個團體裡是來幫助大家的。當然，我跟大家一樣，有許多事情要嘗試、要學習，請把我看作是你的朋友或是大哥（大姊）。我的工作就是和大家一同工作、一同學習。我不是一個完人，我也一樣會犯錯，但我相信我是努力地在學習，努力地在幫助大家，如果你需要我的幫助的話。

我們預定有○次的團聚，盼望每次的團聚對你我都是一個愉快而有意義的經驗。讓我再強調一點：你的積極和主動的參與是使這個團體成功的要素，請你每次務必準時前來參加，如果有事不能前來或準時出席，請事先讓我們知道。

現在，讓我們靜默一分鐘，想想此刻的心情、感受、困惑或期望。希望一分鐘以後，有人願意把他此時此刻的感覺說出來，與大家分享。」

三、團體發展

以下為這個團體輔導試驗課程的設計（參見吳武典，1976，1987：第 23 章）。

第一課：見面活動

（一）目的

1. 激發個人對他人的興趣。
2. 引導個人參與團體活動。

（二）一般說明

透過一系列短暫的活動，使團員們互相接觸，體驗人際間的坦誠、親密與信任。

（三）實施方式

1. 澄清目的：由催化員說明團契的目的或引導團員說出他們參加團體的原因。
2. 交互介紹：
   (1)2 人一組，互相自我介紹。（每人 3 分鐘，共約 10 分鐘）
      自我介紹內容：
      a. 基本資料：如姓名、家庭狀況。
      b. 三個「最」：如最喜歡的事、最討厭的事、最得意的事。
   (2)回到團體（圍成圓圈），介紹朋友。（約 20 分鐘）
      向大家介紹剛才認識的朋友，由被介紹者再作補充。
   (3)討論剛才的經驗。（約 10 分鐘）
3. 闖關：
   (1)全體團員手臂相勾圍成圓圈，面向四周。某一團員站在圈外，適用各種方法闖入圈內。其他成員逐一嘗試。（約 10 分鐘）
   (2)討論剛才的經驗。（約 10 分鐘）
4. 推轉：

(1)這是一種信賴遊戲，眾人緊緊圍成一個圓圈，一個人站在中間，閉目放鬆全身肌肉，兩足不動，上身任其東倒西歪，任由眾人扶來推去。最後眾人將他高高舉起，輕輕放下。每人逐一嘗試。（約 10 分鐘）

(2)討論剛才的經驗。（約 10 分鐘）

第二課：基本原則

（一）目的

1. 探究自己與他人的感情。
2. 重視「此時此刻」的交互作用。

} 建立有利的學習氣氛

（二）一般說明

參與團契必須把握兩個原則：

1. 鑽進去個人和團體的內部去體驗。

2. 搬出來個人此時此刻的感受。

在面對面的接觸時，還要注意：

1. 以第一人稱（我）來說話。

2. 注視對方說話。

3. 叫出對方的名字。本課是利用一些活動來履行這些規則。

（三）實施方式

1. 說明規則：由催化員舉例說明上述規則，強調團體中經驗分享的重要性與方法。（10 分鐘）

2. 背靠背：2 人一組，背靠背坐著。靜默幾分鐘後，其中一人先開始在不見面的情況下，告訴對方自己的感覺及他感覺到對方的情緒和感覺，再由另一人作同樣的報告。（10 分鐘）

3. 面對面：2 人一組（同上一組），面對面坐著，凝視對方臉部數秒之後，互述彼此的感受。（10 分鐘）

4. 手拉手：同「面對面」，但兩人手拉手，閉眼。靜默數分鐘後，互述彼此的感受。（10 分鐘）

5. 討論：恢復團體，討論剛才的經驗。（30 分鐘）

第三課：回饋

（一）目的

1. 練習提供回饋的方法。
2. 運用回饋以促進學習。

（二）一般說明

1. 催化員須先說明清楚回饋的重要性及有益的與無益的回饋之區別，然後用輪流的方式，讓每一個人練習提供和接受有益的回饋。
2. 回饋的方式，可以是語句、姿勢或表情，回饋的內容可以是積極的或消極的情感。
3. 有益的回饋有二「要」：(1)讓對方確實知道他的什麼行為使你有此種感覺；(2)如果提供的是你所不喜歡的事情，這些事情必須是可以改變的——只要對方願意，如穿著、動作、談話等。
4. 無益的回饋，應該避免；有二「不」應遵守：(1)不做判斷；(2)不做建議。

（三）實施方式

1. 舉例說明回饋的重要性及有益的回饋與無益的回饋有何區別。
2. 提供回饋：從某人開始，大家輪流給予回饋，一次一個，說出對方的什麼儀態、行動或言語引起你怎樣的感受。再由另一人以同樣的方式接受大家的回饋。全體輪流完畢為止。（50分鐘）
3. 應用回饋：討論剛才的經驗。（30分鐘）
【註】上述兩個程序亦可混合實施——即刻討論其回饋經驗，再轉至另一人，直至全體輪流完畢為止。

第四課：檢驗

（一）目的

1. 複習過去三次團契的一些概念。
2. 評價自己的進步情形或妨礙進步的因素。

（二）一般說明

這是一個中途的回顧與檢驗，個人冷靜地回想和報告在過去三次團契中所發生的事情。

（三）實施方式

1. 提示：由領導者提示過去三次團契的主要活動──見面、基本規則（鑽進與搬出）、回饋。（5分鐘）
2. 回顧與檢驗：逐一或自動報告個人的體驗和感想。（60分鐘）
3. 綜合討論。（15分鐘）

第五課：秘密大會串

（一）目的

1. 練習表達「同理心」。
2. 加深相互的信任。

（二）一般說明

以無記名的方式，每個人寫下一件個人的秘密，將紙條攪和之後，每人任抽一張，公開讀出來，並說出假如自己也有此秘密的話，將有何感受。實施時需注意：

1. 確保無記名：紙張與鉛筆最好有一律的形式。
2. 如有人抽到自己的秘密，即全部重新攪和重抽。
3. 出以嚴肅的態度，不可寫下開玩笑的事件。

（三）實施方式

1. 舉例說明。（10分鐘）
2. 寫下個人的秘密。（5分鐘）
3. 抽籤。（2分鐘）
4. 宣讀並報告「假如我有這種秘密……」（30分鐘）：
   (1)說明設身處地時的感受。

(2)提供給當事人客觀的回饋。

5. 如果時間充裕，且大家興致很高，可以重頭做一遍（寫下另一個秘密）。
（35分鐘）

【註】同理心有三要素：(1)設身處地（跳進去）；(2)保持客觀（跳出來）；
(3)傳達感受（回饋）。

第六課：突圍與尋物

（一）目的

1. 指出並比較個人解決同一問題的不同方法。
2. 利用他人提供的線索解決問題。

（二）一般說明

問題的解決往往各有訣竅。對於個人問題的解決，團體有時構成一種障礙，有時構成一種助力，體驗這種個別差異和團體的力量是很有價值的經驗。這一課程藉著兩種遊戲來促進個人的洞察。在「突圍」的遊戲中，團體是個人自由的障礙，被困的感覺和脫困的心情，必然不同。在「尋物」的遊戲中，團體幫助個人指點迷津，問題是如何利用這些線索，解決問題。

（三）實施方式

1. 突圍：
   (1)說明遊戲規則：全體手拉手圍成圓圈，一人站在中間，他嘗試用各種方式突圍。如果最後仍然不能成功，可找一人協助。每個人逐一嘗試。事先須注意移去危險器物，有健康顧慮者可不參加。（5分鐘）
   (2)進行遊戲：每個人輪流站在中間，嘗試突圍。（20分鐘）
   (3)討論剛才的經驗。（15分鐘）
2. 尋物：
   (1)說明遊戲規則（5分鐘）：
      a. 每人準備一件可以發出聲響的器物。
      b. 一人為尋物者，在室外候命。其餘諸人在室內圍成圓圈，席地而坐。在全體同意下指定室內一物要尋物者尋找。然後讓尋物者入室，大家

即用手持物品發出聲響，尋物者愈接近目標，發出聲響愈大。如果嘗試錯誤，便繼續嘗試，直到找到目標為止。每人逐一嘗試，每次指定不同物件為標的。除了聲響，不給予任何暗示。

(2)進行遊戲。（20分鐘）

(3)討論剛才的經驗。（15分鐘）

【註】如果未準備發出聲響的器物，可以哼調（如唱「你在找東西，我來告訴你，在這裡，在這裡，在這裡」）或拍手代替之。

第七課：描述

（一）目的

1. 增加訊息提供和交流。
2. 加深個人的參與。

（二）一般說明

用輪流的方式，使用隱喻的語言描述團體中的每個人，例如：以某種動物、傢俱、汽車、植物或自然現象做比喻，如「我覺得你好像一部摩托車……」，然後說明為什麼他得到這種印象。

（三）實施方式

1. 舉例說明。（5分鐘）
2. 輪流說明：自某一人開始，等到大家都把他描述完畢之後再換一人，逐一實施。（60分鐘）
3. 討論被描述的感受。（15分鐘）

【註】上述後兩個程式亦可混合實施，即某人接受全體描述之後，即刻說出自己被描述的感受，再轉至另一個人，直到全體輪流完畢為止。

第八課：優點轟炸（merit bombing）

（一）目的

1. 學習發現別人的優點。

2. 從強調長處中促進個人自尊和追求個人成長的動機。

（二）一般說明

用輪流的方式，每個團員：(1)用 2 分鐘時間說出自己的長處；(2)以大約 5 分鐘時間傾聽別人說出他的優點。自說己長時，不得使用「假如」或「但是」字眼；聽說己長時，只需默然靜聽，不必表示感激，亦不可潑冷水。

（三）實施方式

1. 說明規則。（5 分鐘）
2. 優點轟炸（70 分鐘）：
   (1)自說己長：由一人計時，必須說完 2 分鐘。
   (2)聽說己長：輪流「轟炸」。
   (3)逐一實施，至無一倖免為止。
3. 討論「被炸」的經驗。（15 分鐘）

第九課：予與求

（一）目的

1. 體驗「利他」正所以完成自己的道理。
2. 藉非語言活動體驗到自己是有價值的個體。

（二）一般說明

1. 活動一（予與受）：選 3 個最不願意讓別人接近的團員，逐一站在圓圈中間（或坐著），讓其他團員逐一去至圓圈中間用非語言的方式（如擁抱、握手）表達積極的情感，受者（圓圈中的人）只受納而不必回報。3 人輪流完畢之後，可徵求其他願意的人也來嘗嘗「受」的滋味。
2. 活動二（合作拼圖）：5 人一組實施，如有多餘的人，可作為監視者。
   (1)準備用具：5 個裝有硬紙片的封袋（每人一個），袋裡的硬紙片可拼合成五個正方形卡片（每張卡片為 6 公分見方）：

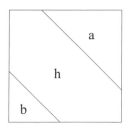
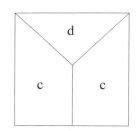
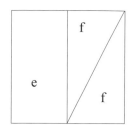

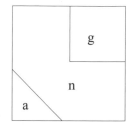
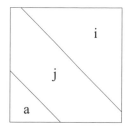

(2)5 個封袋內的卡片組合如下：

　　（A.）i,h,e（B.）a,a,c（C.）n,j（D.）d,f（E.）g,b,f,c

　　每個封袋上寫明 A、B、C、D、E。

　　每塊紙片背後註明 A、B、C、D、E，以便於用後放回原封袋。

(3)實驗規則：

　　a. 每個人有一個裝有紙片的信封，等待信號拆開信封。

　　b. 每組的工作是完成 5 個相等的正方形。

　　c. 每人必須負責完成一個等面積的正方形。

　　d. 實驗時大家嚴守靜默。

　　e. 只予不求：每個團員可將紙片給人，助其完成任務，但不得以說話、
　　　手勢或寫字向人索取。

（三）實施方式

1. 活動一（予而不受，或受而不予）：

　(1)說明實施方法。（5 分鐘）

　(2)實施予、受活動。（20 分鐘）

　(3)討論單向予、受的經驗和感受。（10 分鐘）

2. 活動二（合作拼圖）：

　(1)說明實施方法及規則。（20 分鐘）

(2)進行實驗。（20分鐘）

(3)討論「只予不求」的合作經驗和感受。（10分鐘）

第十課：道別活動

（一）目的

1. 了解彼此經過團契後的改變。

2. 討論團體結束時的感覺。

（二）一般說明

在這結束的階段，重溫第一階段交互介紹（亦可改為自我介紹）與推轉的活動，完成過去所未完成的工作，強調關懷與體諒是一種生活方式，應該擴展到更大的生活層面，並互贈禮物道別。禮物可以是一束花、一箋信、一張郵票、一張照片、一句贈言、一首歌曲……

（三）實施方式

1. 重溫舊事：重複第一課交互介紹（或自我介紹）與推轉活動。（30分鐘）

2. 互贈禮物：全體團團坐，逐一送上禮物並祝福。（20分鐘）

3. 談論離別時的情感以及以後的展望。（20分鐘）

四、結語

這個試驗課程曾在台灣地區若干國、高中試驗過，學生反應頗為良好。設計者（吳武典，1987）綜合各校使用經驗，提出下列建議：

1. 團體輔導員（催化員）最好由兼有教學經驗、個別輔導經驗及小團體經驗者擔任之。

2. 每次團契，催化員及有關人員應事先討論實施細節及模擬可能發生的情況及因應措施，事後檢討得失，交換經驗。

3. 場所與時間宜作妥善之安排。場所方面，最好布置一間團體輔導室；時間方面，最好配合輔導課（心理健康課）、課外活動課或自修課，以寬裕而不影響功課為原則。如果不可能，不妨以正式課外活動或社團活動方式行之，名稱可定為「心橋社」、「融融社」、「勵友社」等。

4. 各課內容可視時間多寡及團員興趣，酌予增刪，不必受到原來所列參照時間的限制。

5. 全部課程可視團員性質及輔導目的加以修改，例如：設計若干腦力激盪或角色扮演的課程，以因應特殊的需要。

第二節　團體輔導之單元式活動設計實例

吳武典（1985）歸納輔導的基本策略，有下列 12 種：關係策略（關注與回饋，所謂的「同理心」）、認知策略（閱讀治療與認知改變）、制約策略（行為練習與行為改變）、模仿策略（角色扮演、示範作用、同儕輔導）、環境策略（家族治療、改變環境）與自制策略（自我管理）。這些策略皆可應用於團體的情境，因此可作為團體輔導單元活動設計的依據。本節介紹對應於這 12 種策略的團體輔導單元活動設計實例。團體輔導員可依需要，抽取其中適用的單元，加以組合，形成系統的團體輔導課程。

一、輔導基本策略

首先，簡要說明這 12 種輔導的基本策略如下（參見吳武典，1985：53-56）。

（一）關注（positive regard）

乃是無條件的接納與關懷，尊重他的人格，並以無限的愛心、耐心和誠懇、親切的態度與當事人建立良好的關係。

（二）回饋（feedback）

輔導員作為當事人的一面「明鏡」，引導當事人自我探索，以達於自我了解。他首先要作一個良好的「傾聽者」，然後隨時作必要的回應。回應時，他要表現尊重、溫暖、坦誠等特質，並運用同理、具體、立即、面質等技巧。

（三）閱讀治療（bibliotherapy）

包括推薦青少年讀物，並編印書卡、月刊等，以供青少年閱讀。在團體輔導中，有時進行書報討論，各人交換心得，頗能收到益智和怡情之效，並有助於態

度改變。

（四）認知改變（cognitive change）

對於由於「思想短路」而導致行為偏差或情緒困擾的當事人，使用認知改變策略，使恢復合理的思考。在建立關係之後，使用教導、暗示、說服、面質等方法，以消除其非理性的信念，進而導致情感與行為的改變。

（五）行為練習（behavior exercise）

對於一些缺乏自信和行動勇氣的人來說，最需要的莫過於行為練習了。在此情形下，輔導員指定一些行為作業（如每天至少主動向別人打 10 次招呼），並予以督導和鼓勵，以促進當事人的「自我肯定」。

（六）行為改變（behavior modification）

在心理治療上，相當普遍應用獎賞原則，以塑造或增強良好的行為；應用懲罰法、隔離法、嫌惡法（aversion method）、削弱法（extinction）、系統減敏法（systematic desensitization）等以消除不好的行為或情緒。一般而言，在輔導上，應用積極增強者較多，其餘僅偶爾用於需要治療的個案。

（七）角色扮演（role-playing）

此一策略在輔導員自我訓練及輔導實務中應用甚廣。尤其是在學習團體及社區青少年輔導中，最常被使用。在自然、自發的氣氛下，演出希望的、害怕的或衝突的角色行為，對於個人的心理成長，往往構成很大的衝擊。

（八）示範作用（modeling）

輔導員本身就是青少年所崇拜的榜樣，他時時受到提示要嚴守助人專業的職業道德，如保密、公正、熱忱、守信等，即是要起示範作用。

（九）同儕輔導（peer guidance）

同儕團體往往是青少年認同的對象，過強的外控力量反而容易引起青少年的反感。輔導員深切了解青少年此種心理，因此儘量利用同儕資源，了解團體動力，並取得「有力分子」的合作，實施「青年帶青年」、「青年教育青年」的辦法，

以補輔導員力量的不足，成效甚佳。這在各種團體工作中，特別明顯。

（十）家族治療（family therapy）

或稱為「家族輔導」（family counseling），通常是約請家長與子女同來輔導室晤談，利用家庭輔導技術，增進家庭中父母與子女的溝通與了解。

（十一）改變環境（environmental change）

包括「中途之家」的暫時性安置，協助學校和家庭實施調校、調班、離家住校或離校住家。當然更包括設計週末營或夏（冬）令營活動，讓青少年在新環境中體驗新生活。

（十二）自我管理（self-management）

這是一種提升當事人主動參與助人歷程的策略，希望發揮當事人求好、求上進的動機，提供最少的限制、最大的機會，讓當事人學習自我控制、自我指導，以達到輔導的最終目的——自立自助。此一策略要求當事人作自我觀察、自我監督、自我評價和自我增強。輔導員本身的成長，即是透過此一歷程，輔導青少年，應視時機和對象，逐步應用此一策略。

二、活動單元實例

為便利團體輔導員選用適當活動單元，特依據 12 項輔導策略，設計 30 種活動單元，其配當如下（參見吳武典主編，1994：32-91）：

		關係		認知		制約		模仿		環境		自制	
		1.關注	2.回饋	3.閱讀治療	4.認知改變	5.行為練習	6.行為改變	7.角色扮演	8.示範作用	9.朋輩輔導	10.家庭諮詢	11.改變環境	12.自我管理
編號	單元名稱	1.	2.	3.	4.	5.	6.	7.	8.	9.	10.	11.	12.
1-1	連環泡	✓											
1-2	最佳拍檔（略）	✓											
1-3	化妝舞會（略）	✓											
2-1	紅色炸彈		✓										
2-2	猜猜我是誰（略）		✓										
2-3	聖誕老公公（略）		✓										
3-1	學海無涯			✓									
4-1	愛的進行式（略）				✓								
4-2	其實你不懂我的心				✓								
4-3	強棒出擊—情況測驗（略）				✓								
5-1	擋不住的吸引力					✓							
5-2	英雄本色					✓							
5-3	我是大明星					✓							
6-1	風與草的對話（略）						✓						
6-2	風雲榜						✓						
7-1	我有話要說（略）							✓					
7-2	將心比心							✓					
7-3	超級明星（略）							✓					
7-4	自我肯定訓練（略）							✓					
8-1	心情故事								✓				
8-2	現代啟示錄（略）								✓				
8-3	特別的愛給特別的你								✓				
9-1	親善大使									✓			
9-2	愛的連線（略）									✓			
10-1	一見如故（略）										✓		
10-2	交流道										✓		
10-3	心心相印（略）										✓		
11-1	個性空間											✓	
12-1	作自己的主人（略）												✓
12-2	全神貫注												✓

註：單元名稱後的「略」字，表本書未介紹。

茲列舉各項策略活動單元如下。

策略一、關注策略

（一）活動 1-1：連環泡

1. 目的：

(1)引發個人參與團體的興趣。

(2)促使成員關注別人，也體會到被關注的感覺。

(3)成員彼此認識，建立初層次團體互動關係。

2. 策略：關注策略。

3. 時機：團體形成初期，適用於促使成員互相認識。

4. 情境：

(1)人數：20 人以內。

(2)場地：團輔室。

5. 時間：約 40 分鐘。

6. 準備材料：麥克風（道具）。

7. 實施程序：以「接龍式」自我介紹訪問進行之。

(1)腦力激盪：全體互相討論自我介紹應有內容，並且考慮當一名記者與被訪問者所應注意的事項（如聲音、禮儀等）。

(2)由領導者持麥克風（不必通電）訪問一位成員，再由這位成員訪問另一位成員，再由這位成員訪問另一位成員。如此反覆進行，直到全體皆被訪問完。（訪問內容，可如：「能否告訴我們大家，你貴姓大名？」）

(3)過程應保持活潑生動，比如可對被訪問者說：「麻煩看著正前方，我們的攝影機正在對著你。」

8. 分享心得。

策略二、回饋策略

（二）活動 2-1：紅色炸彈

1. 目的：

(1)學習發現別人的優點，並進而欣賞、仿效之。

(2)從他人回饋中，肯定自我、並促進個人自重和追求個人成長的動機。

2. 策略：回饋策略。

3. 時機：團體中期，或成員大多缺乏自我肯定時。

4. 情境：

(1)人數：15 人以內。

(2)場地：團輔室。

5. 時間：約 50 分鐘。

6. 準備材料：紙、筆。

7. 實施程序：

(1)請每位成員先用紙筆寫出自己認為擁有的長處或優點。

(2)再請一位成員至團體中央，其他成員輪流說出在中央成員的優點（丟炸彈時間）。

(3)每位成員輪流被「轟炸」。

(4)每位成員對照自己和他人對自己肯定處的異同。

(5)分享讚美別人與接受別人讚美的感受，並對照自己與他人對自己的肯定，有何異同？

8. 備註：

(1)過程中，所強調的是「優點」，避免有攻擊嘲笑的情況出現。

(2)必要時，可規定自寫優點和輪流說別人優點的項數。

策略三、閱讀治療策略

（三）活動 3-1：學海無涯

1. 目的：透過競賽方式增進學員的法律常識。

2. 策略：閱讀治療策略。

3. 時機：

(1)團體中期。

(2)輪站遊戲中使用。

4. 情境：

(1)每組人數 7～10 人，可分成 3～4 組。

(2)場地：團輔室或空地。

5. 時間：約 15 分鐘。

6. 準備材料：3 張寫好題目的海報紙，需彩色筆約 10 支，獎品若干，5 本與題目有關的法律小冊子。

7. 實施程序：

(1)發給成員 5 本與題目有關的法律小冊子。

(2)發給 3 張寫好 10 個題目的海報紙，答案就在書裡面，團體輔導員請成員發揮團隊精神，將正確答案找出，完整地寫在海報紙上。

(3)時間到時，由團體輔導員批改得分。

(4)依序進行其他組別，並排列出各組名次。

(5)頒獎。

8. 備註：

(1)書籍數目如果足夠，不妨每一本都發兩份，共 10 本，查閱起來較方便。

(2)5 本供查閱的書，諸如：《防範少年竊盜行為宣導手冊》、《恐嚇勒索犯罪預防宣導手冊》、《防制毒品泛濫宣導手冊》、《法律假期》、《少年生活小百科》等，以政府出版品為主要來源，事先備妥。

(3)10 個問題，諸如：想要戒菸或戒毒的話，可以到哪個機構接受輔導？寫出一般青少年吸食的毒品三種，並簡單的分別敘述其副作用。男女性各要幾歲才算達到所謂的法定適婚年齡？哪一性質電動玩具不合法，需要取締？哪幾型的人最容易被恐嚇勒索？根據《刑法》的規定，恐嚇罪將判處怎樣的刑罰？事先編妥備用。

策略四、認知改變策略

（四）活動 4-2：其實你不懂我的心

1. 目的：協助成員了解自己的煩惱及解決之道。

2. 策略：認知改變。

3. 時機：團體中期，特別適用於有情緒困擾的成員。

4. 時間：約 60 分鐘。

5. 情境：

(1)人數 10～15 人。

(2)場地：安靜寬敞的空間，如團輔室。

6. 準備材料：每人一張煩惱區分圖（如備註附錄，可放大成一張 A4 紙），一張大海報，小紙條 360 張。

7. 實施程序：

(1)領導者發給每位成員，每人 6 張小紙片，寫上自己目前生活中的煩惱及麻煩。

(2)成員不記名地將煩惱紀錄紙丟到團體中央。

(3)領導者蒐集煩惱，和成員討論分類，即看看在個人煩惱區分圖（如下圖）上屬於哪一區，並填在自己的圖上。

(4)連續 6 次拋出煩惱及在區分圖上劃記，並簽下成員大名。

(5)領導者將區分圖收回，抽出成員共同的煩惱，用腦力激盪法找出解決策略，完成問題解答。

(6)團體分享：討論今後該如何面對煩惱。

8. 備註：煩惱區分圖如下：

<table>
<tr><td></td><td colspan="2">我知道的煩惱</td><td></td></tr>
<tr><td rowspan="2">別人知道的煩惱</td><td>1</td><td>2</td><td rowspan="2">別人不知道的煩惱</td></tr>
<tr><td>3</td><td>4</td></tr>
<tr><td></td><td colspan="2">我不知道的煩惱</td><td></td></tr>
</table>

策略五、行為練習策略

（五）活動 5-1：擋不住的吸引力

1. 目的：幫助成員透過遊戲，練習拒絕別人不當的請求，並體會拒絕別人與被人拒絕的感受。

2. 策略：行為練習、示範作用。

3. 時機：團體中期。

4. 情境：

(1)人數 10～12 人。

(2)地點：團輔室。

5. 時間：約 40 分鐘。

6. 準備材料：準備兩個信封，A 封裡面寫著：「親愛的伙伴：好東西要和好朋友分享！請你們用這句話作藉口，想盡辦法讓對方答應你們的請求。記住，這是個比賽，勝利的一組可以得到一份獎品。祝你們成功！」B 封裡面寫著：「親愛的伙伴：不管對方用什麼方法邀請，你們的心裡實在不想答應，所以請你們用各種理由、各種方式，拒絕他們！告訴他們：『不可以，因為……』。記住，這是個比賽，勝利的一組可以得到一份獎品。祝你們成功！」

7. 實施程序：

(1)將成員分成 A、B 兩組。

(2)將 A 封交給 A 組，B 封交給 B 組。

(3)輔導員說明比賽規則：由 A 組成員先開始提出請求，B 組成員皆可拒絕。活動進行中，只能動口，不准動手；超過 5 秒未提出邀請（或拒絕），該組即扣一分。

(4)輔導員視團體狀況，適時裁決比賽中止，帶領成員討論下列問題：

　a. 拒絕別人時，心情如何？（不好意思？高興？或是有點衝突？或……）

　b. 拒絕別人時，你所說的理由如何？（合理？合情？合法嗎？）

　c. 被人拒絕時的心情如何？（生氣？無所謂？或……）

　d. 邀請別人時，你所說的理由如何？（合理？合情？合法嗎？）

8. 備註：

(1)可視團體需要，另行設計一個類似問題，使 A、B 組的立場互換，體會不同的感受。

(2)獎品之質量可視經費及成員需要，由領導者自行決定。

(3)裁決勝負之時機：領導者可依團體互動情形決定要讓二組分出勝負，或是使其平分秋色。（但獎品一定要送）

（六）活動 5-2：英雄本色

1. 目的：幫助成員練習適當的介紹自己，讓別人認識。

2. 策略：行為練習、示範作用。

3. 時機：團體中期或團體初期。

4. 情境：

(1)人數 10～12 人。

(2)地點：團輔室。

5. 時間：約 50 分鐘。

6. 準備材料：無。

7. 實施程序：

(1)成員 2 人一組，一為甲，一為乙。

(2)甲向乙吹牛 2 分鐘，話題可關於他們的生活範圍，如成就、專長、不平凡的經驗等。乙坐在甲的對面，像鏡子一樣反映甲吹牛的模樣。

(3)甲乙角色互換，乙進行吹牛活動 2 分鐘。

(4)討論彼此在吹牛、當鏡子時的感覺。

(5)2 人一組，甲先介紹自己 2 分鐘，每說一個缺點，就要說一個優點。2 分鐘後，甲乙角色互換。乙向甲介紹自己 2 分鐘。

(6)討論前後二次活動的感受。兩次有無不同？怎樣介紹自己可能比較容易被接受？效果較佳？

(7)2 人一組，用討論所得的方法，再練習一次。

8. 備註：前後共三次分組，每次都搭配不同的成員。

（七）活動 5-3：我是大明星

1. 目的：透過演戲活動練習處理生活中的衝突、矛盾事件。

2. 策略：行為練習、角色扮演。

3. 時機：團體中期。

4. 情境：

(1)人數：10～12 人。

(2)地點：團輔室。

5. 時間：約 50 分鐘。

6. 準備材料：表演道具、劇本、順序籤。劇本內容如下：「朋友邀約家凱外出遊玩（跳舞），雖向父親承諾晚上 9 點以前回家，但朋友百般挽留（威脅利誘），以致返家時已深夜，父母焦急、憤怒地等待，走進家門，家凱自然是遭受一頓責罵⋯⋯」

7. 實施程序：

(1)成員分組，並派代表抽表演順序籤及劇本。

(2)分組排練。

(3)第一小組演出。

(4)討論：

　　a. 劇中主角的心情如何？其他人物的心情又如何？

　　b. 如果你是劇中人物，你會如何處理此事？

(5)換另一組成員以該組的觀點，並參考討論結果，再將該劇演一次。

(6)再次討論前述之問題，探討兩次行為方式有何不同？何者較適合自己的需要？

(7)分享此次團體的心得。

8. 備註：活動劇本內容可依團體需要加以修訂。

策略六、行為改變策略

（八）活動 6-2：風雲榜

1. 目的：

(1)成員發揮創意，想出介紹自己的方式。

(2)藉由風雲榜上的出席紀錄，得以增強成員的出席行為。

2. 策略：行為改變。

3. 時機：團體初期。

4. 情境：

(1)人數：10～15 人。

(2)場地：團輔室。

5. 時間：約 30 分鐘。

6. 準備材料：海報紙、彩色筆、每個成員的照片。（預先通知成員準備）

7. 實施程序：

(1)團體輔導員說明製作風雲榜的目的，在於讓每個人能隨心所欲地用文字或塗鴉方式介紹自己，並留一空白以備製作出席紀錄。

(2)團體輔導員發給每位成員一張二開海報紙，顏色由學員自選，團體輔導員先用彩色筆在紙上預留 20 公分見方的空白，以製作出席表。

(3)成員用自己喜歡的綽號介紹自己，例如「神秘客」、「現代馬蓋先」、

「楚不留香」……，並加上自己特色的描述，最後貼上事先帶來的照片。（如果自認沒合適的，可用自畫像代替。）

(4)完成後剪成自己喜歡的形狀，張貼起來。

(5)輔導員以貼紙（或其他標誌）貼上本次的出席紀錄，以後的出席也按次貼上。

(6)向成員說明活動結束後，風雲榜將交由成員帶回作紀念。

策略七、角色扮演策略

（九）活動 7-2：將心比心

1. 目的：

(1)練習「同理心」（empathy）的表達。

(2)經由角色互換，更深入地了解自己的問題，以及他人的感受。

(3)在了解自己和他人缺點之餘，仍能接納自己是個有價值的、可愛的人。

2. 策略：角色扮演。

3. 時機：團體中期，團體需要更多互動時。

4. 情境：

(1)人數：10～14 人。

(2)地點：安靜舒適的空間，如團體輔導室。

5. 時間：約 60 分鐘。

6. 準備材料：無。

7. 實施程序：

(1)問題情境內容，如：親子衝突事件、同學間交惡或暴力事件等。

(2)由團體輔導員引導該成員陳述「問題情境」，並進行角色扮演（參見備註）。

(3)兩人扮演至適當時候，團體輔導員可要求兩人互換角色（位置），繼續角色扮演；B 重述 A 的敘述，A 重述 B 剛才的敘述。

(4)討論

　a. 不同角色的心情和盲點，體會他人的感受。

　b. 以自己的問題為核心，從「父母」、「老師」或重要他人的立場反觀他們的期望。

　　c. 由團體輔導員及成員陳述自己的缺點及對缺點的感覺，是否影響自我
　　　的評價？

8. 備註：若沒有成員自動提出問題討論和扮演，則團體輔導員可自行提供問
　　題情境，例如：「林同學常藉口到同學家溫習功課，實際上卻跑去打電動
　　玩具」、「平常在學校上課不遵守秩序、吵鬧，偶爾會蹺課，令媽媽十分
　　生氣……」。

策略八、示範策略

（十）活動 8-1：心情故事

1. 目標：
　(1)增進成員彼此更深入的了解。
　(2)透過情緒事件的分享，成員彼此提供並示範排解負向情緒的方式，供其
　　　他成員參考、運用。

2. 策略：示範作用

3. 時機：團體中期，更適合女性成員。

4. 情境：
　(1)人數：10～12 人。
　(2)地點：團輔室。

5. 時間：約 40 分鐘。

6. 準備材料：收錄音機、錄音帶或 CD、錄音筆。

7. 實施程序：
　(1)前一次團體結束時，請成員各選一首最能代表自己心聲的歌曲，在本次
　　　團體時帶錄音帶來。
　(2)徵求自願的成員，播放最能代表自己心聲的歌曲與其他成員分享。並討
　　　論下列的問題：
　　a. 這首歌為什麼能代表我的心聲？
　　b. 其他成員是否也有過類似的心情，如果有，你是如何排解的？效果如
　　　何？
　(3)請能有效處理類似心情的成員示範其處理方式。
　(4)團體討論各種排解負向情緒的方式是否適合自己？會不會有不良的後遺

症？如果有，該如何避免？

(5)徵求另一位自願成員，繼續分享他個人的心情故事。

(6)聽過別人的心情故事，與成員分享自己的心得。

8. 備註：

(1)視團體需要，可將此活動分成幾次團體進行。

(2)若成員準備錄音帶、CD 等有困難，也可以在團體中嘗試把自己的心聲唱出來。

（十一）活動 8-3：特別的愛給特別的你

1. 目的：透過活動幫助成員能夠適度地表達對別人的關懷。

2. 策略：示範作用。

3. 時機：團體中期。

4. 情境：

(1)人數：10～12 人。

(2)地點：團輔室。

5. 時間：約 40 分鐘。

6. 準備材料：錄音機或錄音筆、紙、筆。

7. 實施程序：

(1)播放伍思凱的歌曲「特別的愛給特別的你」。請成員一邊欣賞，一邊想想：是不是也有那麼一個特別的人，自己想對他（她）說些話、表達對他（她）的關心，但是一直沒有付諸行動？

(2)請成員用紙筆把所想的記下來，只給自己看，不給別人看。

(3)討論伍思凱用歌唱的方式表達他特別的愛，我們可以用什麼方式來表達呢？

(4)經團體討論，決定一個想關懷的對象（如母親），徵求成員扮演，其他成員可視自己的個性、能力，練習用各種方式（口語或非口語，或藉助道具）向他（她）表示自己的關愛。輔導員可先行示範。

(5)請角色扮演者談談他的感受和看法。

(6)請成員談談做情感表露時的心情，有無困難？

(7)徵求自願的成員，演出其真實的對象，進行情感表露的練習。

(8)用一句話來代表此次團體給予自己的感受。

策略九、同儕輔導策略

（十二）活動 9-1：親善大使

1. 目的：
   (1)藉由同儕間的示範、模仿與學習，增進個人的人際關係。
   (2)提醒成員如何在團體中表現得更好。
2. 策略：同儕策略。
3. 時機：團體中期，欲增進同儕人際關係能力時。
4. 情境：
   (1)人數：40 人以內。
   (2)場地：團輔室或教室。
5. 時間：約 60 分鐘。
6. 準備材料：小紙片，親善大徽章（三枚），紙、筆。
7. 實施程序：
   (1)由成員間相互票選出團體中人員最佳的親善大使 3 位。
   (2)頒發親善大使徽章。
   (3)團體分組，一組 3～4 人，討論親善大使們之所以受人歡迎的原因。
   (4)請親善大使們發表被選感想，並說出自己與人相處的原則與方法。
   (5)領導成員分享心得與自我檢討，並要求成員列下自己應改善的地方，確實改進，於下次團體中討論，看看是否有盡力去修正自己的行為。

策略十、家庭輔導策略

（十三）活動 10-2：交流道

1. 目的：增進家庭親子問題之間處理能力。
2. 策略：家庭諮商。
3. 時機：團體中期。
4. 情境：
   (1)人數：親子共約 20 人。
   (2)場地：教室或空地。

5. 時間：約 90 分鐘。

6. 準備材料：親子問題數則。

7. 實施程序：

(1)主持人說明，親子間必然有些觀念、做法不一致，所以才會有衝突和誤解。

(2)就以下這些狀況，每家可以選一個題目來做，親子共同想一想平常我們是怎麼做的：

　　a. 孩子有異性朋友來信時，我怎麼辦？孩子希望父母怎麼做？

　　b. 孩子考試成績不好的時候，我怎麼說？我希望父母怎麼說？

　　c. 孩子的朋友來訪，孩子的父母不太欣賞，父母怎麼辦？孩子希望父母怎麼做？

　　d. 父母在孩子面前鬥嘴，孩子希望父母怎麼做？父母可以怎麼做？

　　e. 父母喜歡把他們的經驗拿出來和孩子討論及比較，孩子父母怎麼說？父母可以怎麼做？

　　f. 孩子希望父母多給一些零用錢，孩子會怎麼說？父母可以怎麼做？

　　g. 孩子想玩電玩，孩子希望父母怎麼做？父母可以怎麼做？

　　h. 孩子覺得補習太累，孩子可以怎麼說？父母可以怎麼做？

　　i. 孩子因事很晚才回家，父母急得像熱鍋上的螞蟻，父母希望孩子怎麼做？孩子希望父母怎麼說？

　　j. 孩子升學或工作志願的決定，父母希望孩子怎麼做？孩子希望父母怎麼做？

(3)針對成員問題提出意見，並作綜合解答。

策略十一、改變環境策略

（十四）活動 11-1：個性空間

1. 目的：幫助成員嘗試去改變自己房間的擺設，並體會此一環境對自己心境的影響。

2. 策略：改變環境。

3. 時機：團體中期。

4. 情境：

(1)人數：10～12 人。

(2)地點：團輔室及成員的房間。

5. 時間：分二次進行，第一次約 30 分鐘，第二次約 40 分鐘。

6. 準備材料：色筆、紙、相機。

7. 實施程式：

(1)分給每個成員一張白紙（約 16 開），上面畫一個方框（大小自定），代表成員個人的房間。

(2)請成員用色筆將自己房間的感覺畫出來，只要將方框塗上顏色即可，不必具體描繪。

(3)將個人的房間色圖展示給團體分享，並討論下列問題：

　　a. 為什麼要使用這幾種顏色？

　　b. 對目前房間的感覺滿不滿意？

　　c. 在可能的情形下，我想改變房間的哪些部分？

　　d. 要改變房間的擺設有無困難？需不需要和家人協調？

　　e. 我願不願意嘗試去改變它？

(4)鼓勵成員在可能的範圍內，對自己的房間稍做改變，並用相機拍下改變前後的不同，約定下一次團體時，將照片帶來與大家分享，並討論下列問題：

　　a. 改變自己房間的擺設，遭遇什麼困難？如何解決？

　　b. 家人的反應如何？

　　c. 動手布置自己的窩，感覺如何？

　　d. 重新裝潢過的房間，對自己的心情有什麼影響？

　　e. 為自己的窩取個名字吧！

8. 備註：準備相若有困難，則在第二次活動時，仍用房間色圖的方式做一對照比較。

策略十二、自我管理策略

（十五）活動 12-2：全神貫注

1. 目的：

(1)使成員能在規定時間內迅速決定一個目標，專注一件事。

(2)使成員能定下工作時限，並依約完成。

(3)使成員會把自己的進步情形加以比較，藉以提高自我的工作動機及效率。

2. 策略：自我管理策略。

3. 時機：團體中期，針對缺乏注意力的學生。

4. 時間：約 50 分鐘。

5. 情境：

(1)人數：10～15 人。

(2)地點：安靜舒適的空間。

6. 準備材料：每人一支筆、一張紙。

7. 實施程式：

(1)〔鏡中人〕活動：兩人一組面對面，一人自由做動作，讓另一人模仿，不可說話。2 分鐘後角色互換。

(2)〔複述練習〕：兩人一組，一人說話，另一個照原話語重複敘述，2 分鐘後角色互換。

(3)討論集中注意力專心做事的重要性及方法。

(4)兩人一組，練習在緊迫規定時間內，定下目標，努力完成；並練習擬定一週的讀書計畫，定下自我觀察紀錄及自我增強方法（是否實行，於下次活動中討論）。

(5)團體分享：今日的活動感想及今後的實用性。

第三節　團體輔導之主題式活動設計實例

　　針對青少年的主要輔導需求：行為改變、法律常識、生涯規劃及領導訓練等，吳武典（1994）主編的《團體輔導手冊》曾特別設計四個主題單元：(1)做自己的主人──自我控制訓練；(2)歡樂週末營──法窗對話；(3)希望之鴿──生涯試探;(4)明日看我──領導才能訓練。每個主題單元各有 10 個活動單元，可依序實施，構成完整的團體輔導課程或方案。

　　茲以「做自己的主人──自我控制訓練」主題單元為例，說明如下（參見吳武典主編，1994：92-117）。

一、適用對象

個性衝動、缺乏自我控制能力而有外向性偏差行為的中學男生。

二、設計旨趣

青少年發生偏差行為的原因，各家說法紛紜。一般而言，青少年之所以表現出偏差行為主要原因有二：一是未習得適當行為；另一是已習得不當行為。因此，本體輔導方案即持此觀點，針對青少年自我控制能力的不足或失當，設計一系列團體輔導活動，藉以幫助青少年減少已習得的不當行為，並培養其良好的適應行為、維持良好的適應行為。最終目的在增加青少年自我控制的能力，做自己的主人，走向積極、富建設性的人生。

根據了解，時下校園中學生偏差行為的排行榜依序是：偷竊、破壞公物、施暴、恐嚇和抽菸。推究箇中原因，有大部分人犯錯是由於不小心、惡意報復、純粹好玩，或是發洩情緒；而且多數犯錯者事後會覺得不應該，且有不少人會有罪惡感。

可見致使青少年犯錯的一大主因，是青少年無法妥善控制他們的情緒，常是在情緒衝動下行事。因此，如果心理輔導人員能透過輔導策略，幫助青少年學習如何控制自己的情緒，學習有效的因應技巧，將有助於改善目前校園中的暴戾之氣，也可避免青少年因經常犯錯，時日一久，對其偏差行為失去羞惡之心。

本團體輔導活動方案設計，為兼顧團體發展歷程及增進成員自我控制能力之目的，因此在第一、二單元活動中，注重成員彼此的認識與接納，促進團體凝聚力，並幫助成員學習較適當的行為方式，如有效自我介紹的方法，當別人意見與自己不同時，如何調整自己情緒。

第三、四、五單元中則注重增進團體的信任感，讓成員能自在地表露自己，加深自我探索的程度，並學習如何處理自己的負向情緒，如何表達自己意見和感覺。

第六單元是以大地遊戲的方式，練習在誘惑或衝突情境中，如何把持自我，避免受同儕影響，或是受情緒衝動控制，而做出與意願相違背的事。

第九單元是探討兩性交往應注意的事項，如何建立異性友誼，又不致於引發更多問題，如何調節性衝動，以及澄清一些錯誤的性偏見。

第十單元是準備結束團體，運用回饋的活動（「把心留住」），一方面幫助

成員整理有關自我的訊息，一方面則是讓成員對未來的生活作一展望。

在整個團體過程中，團體領導者要扮演積極的催化員角色，並能適時地提供某些行為示範或觀念，以彌補團體中可供學習楷模的不足。

三、目標

1. 幫助青少年自我了解與自我接納。
2. 幫助青少年學習在團體中自我表露與自我控制。
3. 幫助青少年習得在誘惑與衝突情境中的因應技巧。
4. 培養青少年兩性交往的適當態度與技巧。

四、實施方式

1. 人數：以 10～12 人為宜。
2. 本團體輔導方案包含 9 次小團體輔導，1 次大地遊戲。
3. 小團體輔導在團輔室進行，每次團體時間約 60 分鐘。
4. 大地遊戲可與其他團體共同舉行，活動時間共約 3 小時，活動地點可在校園裡或到郊外。
5. 本課程分 10 個單元，依序進行。

五、活動單元

（一）第一單元：群英會

1. 目標：
   (1)團體形成，讓成員彼此認識。
   (2)練習適當地介紹自己的方法。
2. 策略：關注、回饋。
3. 準備材料：無。
4. 活動程序：
   (1)「名字串聯」活動。由領導者（團體輔導員）說明並示範簡單的自我介紹，包含：姓名、年級、班別、喜歡的人或物；換下一個人（甲）介紹，甲必須先介紹領導者的姓名，再介紹自己；輪到乙介紹時，乙則必須先介紹領導者及甲的姓名，再介紹自己，依次類推，完成第一輪。第

二輪時，名字之外加上年級、班別；第三輪時，加上自己的嗜好或個性特色……如此繼續下去，到全部成員均自我介紹完畢，且記住其他人的名字和特色。

(2)「英雄本色」活動（參閱本章第二節，活動單元 5-2）。

（二）第二單元：圖畫完成

1. 目標：

(1)增進團體凝聚力，培養合作態度。

(2)幫助成員心平氣和地處理與自己不同的意見。

2. 策略：示範作用、行為練習。

3. 準備材料：圖畫紙、彩色筆、獎品。

4. 活動程序：

(1)領導者介紹本活動性質，並說明規則：

　　a. 這是一種圖畫接力分組比賽的活動。美醜不重要，重要的是一組要完成一張屬於自己組的畫。

　　b. 我會給每個成員一個題目，每個人的題目組合起來便是自己小組的畫。所以一定要把你抽到的題目畫出來。

　　c. 活動進行時，只能眉目傳情，不能開口說話、也不能代畫或把自己的題目給別人知道。

(2)將成員分成 3～4 組。

(3)將題目寫在紙條上，摺好分給成員。不同組的題目不同，同一組成員題目均相同（成員彼此不知道）。

(4)各組開始作畫。各組成員輪流畫，誰先開始都可以。順序如下圖：

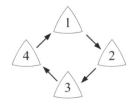

(5)自圓其說：各組成員對該組所完成的圖畫做解說。

(6)討論：在活動過程中，當別人所畫的東西妨礙到自己時，我的感受如何？我是如何處理別人對我的妨礙？重畫？不管它，繼續畫自己想畫

的？還是藉助他人的畫表達我自己的意思？

(7)頒獎：每組各得一種獎項，如「最佳馬蓋仙獎」、「最佳抽象獎」、「最佳眉目傳情獎」、「最佳亂七八糟獎」等。

(8)分享此次團體的心得與感想。

（三）第三單元：小錫兵與布娃娃

1.目標：

(1)增進團體信任感。

(2)體會操縱與被操縱的感受，了解自我意識的重要。

2.策略：角色扮演、認知改變。

3.準備材料：無。

4.活動程序：

(1)要成員選擇和自己相同體型的同伴，二人一組。

(2)分配甲、乙角色，甲是小錫兵，乙是他的指導者，小錫兵只能前進，不能思考也不會做決定，行動像是機器玩具兵。乙的工作是指導甲轉動，免得他去撞到牆、桌子或其他行走的士兵。

(3)5 分鐘後，甲、乙角色互換，再進行 5 分鐘。

(4)甲當一個布娃娃，完全放鬆的躺在地板上，乙的任務是讓甲站立起來。甲可以決定在什麼時候、怎樣的動作時，才接受乙的擺布。如此進行 5 分鐘後，甲、乙角色互換，再進行 5 分鐘。

(5)活動結束後，分享彼此的感受。討論下列問題：

a. 是士兵（布娃娃）好當，還是指導者好當？

b. 被人操縱（或操縱別人）時的感受如何？

c. 當對方不合作時，你的感受如何？如何應對？

d. 實際生活中，你常像小錫兵，還是比較像指導者？

e. 分享此次團體給予自己的感覺。

5.備註：

(1)若團輔室空間不足，可至草地上進行，但宜規定活動範圍，且無太大干擾為宜。

(2)請成員挑選一首最能代表自己的歌曲，於下次團體時介紹給成員，可準備錄音帶。

（四）第四單元：心情故事（參閱本章第二節，活動單元 8-1）

（五）第五單元：特別的愛給特別的你（參閱本章第二節，活動單元 8-3）

（六）第六單元：大地遊戲

1. 目標：
   (1)增進團體合作態度。
   (2)從遊戲中練習前 5 次活動所習得的技巧。
2. 策略：改變環境、行為練習。
3. 準備材料：積分表（如附錄）、貼紙、分站路線圖、獎品。
4. 活動程序：
   (1)成員約 6 人一組，將積分表、分站路線圖交給成員（需不需要小組長自行決定），開始進行。
   (2)分站遊戲共有 5 個：
   　　a. 請問芳名：每一個組員均要為小組取個名字。之後，再從這些名字當中，決定一個最能代表自己小組的組名，並繪製一面組旗，分站輔導員再為其評分。
   　　b. 瞎子走路：2 人一組，分別扮瞎子和導盲員，走到標的物後折回，以接力的方式進行，所費時間愈短，得分愈高。
   　　c. 自我推銷：請用各種方式，在最短時間內，讓分站輔導員認識你（姓名、特色……），並形成好印象。
   　　d. 露天舞台：自「心情故事」活動中的歌曲中隨機抽一首歌，請該小組盡力把它唱出來（至少要唱一段）。再請問：如果遇到這種心情，該怎麼辦？（至少舉出三種方法）
   　　e. 摩登洗車場：組員站成二列，然後有個組員從中間穿過，當作車子。當他通過時，每個人拍拍他，對他說些鼓勵讚美的話，每個組員都要被洗一次。所說鼓勵讚美的話，愈不一樣、愈適合當車子的人，便愈好，而這個組的得分也愈高。
   (3)每站積分最高 20 分，評分標準各分站輔導員協調後訂定，寧可給高分，不要給太低分。

(4)頒獎。

5.備註：分站活動涉及事先協調準備的工作，甚多且雜，在此不詳述。

6.附錄：

小組分站活動積分表

組名：＿＿＿＿＿＿ 組員：＿＿＿、＿＿＿ ＿＿＿、＿＿＿ ＿＿＿、＿＿＿ ＿＿＿、＿＿＿	站名＼得分	2 4 6 8 10 12 14 16 18 20	總分

（七）第七單元：擋不住的吸引力（參閱本章第二節，活動單元 5-1）

（八）第八單元：我是大明星（參閱本章第二節，活動單元 5-3）

（九）第九單元：當哈利碰上莎莉

1.目標：

(1)增進成員自我控制能力。

(2)學習以適當方式與異性交往。

2.策略：認知改變、自我管理。

3.準備材料：錄放影機、影帶、紙、筆。

4.活動程序：

(1)播放 15 分鐘有關男女生理發展的影片（如「人之初」系統）。

(2)討論下列問題，可記在紙上：

　　a. 喜歡她，如何讓她知道？

　　b. 我喜歡她，但是她不喜歡我，怎麼辦？

　　c. 愛她，就要……

　　d. 如何控制自己的性衝動？怎麼做？

(3)澄清成員所提意見的正確性、並帶領成員從情、理、法三個層面去探討
　　所提意見、方法的適當性。

(4)分享此次團體的心得。

5. 備註：在此活動中，團體輔導員必須對青少年兩性關係深入了解，並具備正確的性知識。

（十）第十單元：把心留住

1. 目標：

(1)給團體回饋。

(2)結束團體，對未來的生活作適當的預估。

2. 策略：回饋與關注。

3. 準備材料：筆，心形小卡片，錄放音機、錄音帶（或錄音筆）。

4. 活動程序：

(1)播放輕柔的音樂。

(2)發給成員約 15 張心形卡片。

(3)請成員在卡片上寫出所有自己所擁有的、所想要的好的特質或東西（一張卡片一項）。

(4)這些卡片就像成員的一顆心，請成員衡量自己及其他人的需要，送給每個成員自己的一點心意。

(5)請成員談談：

　　a. 送禮物的心情如何？為什麼要送這些「心」而不送另外那些「心」？

　　b. 接受禮物的心情如何？你想送禮物的人的用意如何？

　　c. 帶著這麼多成員送的「心」，離開團體後，你會有何打算？

(6)唱一首大部分成員會唱的歌（如「心情故事」裡的歌曲或充滿活力的歌，如：「向太陽怒吼」），結束團體。

5. 備註：團體結束活動不一定要使離情依依，充滿活力、盡興，效果更佳。

關鍵詞彙

結構性的練習	優點轟炸	關注
回饋	閱讀治療	認知改變
行為練習	行為改變	角色扮演
示範作用	同儕輔導	家族治療
改變環境	自我管理	

自我評量題目

1. 設計團體輔導的練習活動，其用意為何？

2. 團體輔導的練習活動，可依團體發展階段的考量來設計，試就團體發展階段的任一階段，設計一個團體輔導單元活動。

3. 團體輔導的練習活動，可依團體輔導策略的考量來設計，試就團體輔導策略的任一策略，設計一個團體輔導單元活動。

4. 團體輔導的練習活動，可依團體輔導目的的考量來設計，試就某特定團體輔導目的（如：養成良好習慣、去除不良習慣、改善人際關係、減除考試焦慮、人生目標的追尋），設計一個團體輔導單元活動。

5. 試說明「優點轟炸」活動適用的時機與實施方法。

第 三 篇

實 務 篇

第十章

自我成長與
人際關係團體

● 洪有義

學習目標

—— 研讀本章內容之後，學習者應能達成下列目標：

1. 了解成長團體的意義與目標。
2. 了解成長團體的過程。
3. 了解人際關係團體的意義。
4. 了解團體經驗與健全人際關係的發展。
5. 透過成長團體活動的演練，能增進個人的自我成長與人際關係。

摘要

　　成長團體以小團體呈現，使成員在自由、安全的氣氛下，彼此互相尊重與接納，坦誠交換解決問題的意見，或分享生活的經驗，促進個人成長。最常見的成長團體有訓練團體、會心團體、敏感度訓練團體以及學習團體。

　　成長團體的發展過程沒有固定的模式與步驟，但有其一般的脈絡，例如：Trotzer 分為安全與信任、接納、責任、工作、結束五階段；Rogers 更依成員心理轉變可能的序階，細分為 15 個階段，可了解成員在團體過程中的心理與行為的表現。

　　成長團體促進個人成長中，涵蓋了成員人際關係的發展，也有以專門為增進與改善成員人際關係與溝通技巧的人際關係訓練團體。人際關係團體能培養成員健全人際關係的特質，例如：真誠、溫暖、同理心、自我開放等。

　　輔導與諮商的目的，在協助個人解決問題，更促進個人自我了解與自我悅納，增進個人人際關係與生活適應，發揮個人潛能，做好個人生涯規劃，期能達到自我實現。

　　一個人的適應良好在於他個人需求的滿足以及與人相處的和諧，換句話說，個人的發展與成長，受到「個人需求」與「人際關係」兩者交互作用的影響。在個人需求方面，期望得到滿足，必須自己感覺有「成就感」；在人際關係方面，期望相處和諧，必須自己感到「溫暖」。在正常生活方面如果沒有感到成就感與溫暖，可能會從不是正常適應方面得到補償，例如：參加不良幫派的青少年，大部分在功課與工作上均感到挫折，而在幫派上可以當「堂主」等領袖的頭銜；他們感覺在社會上受到排斥，而在幫派中「哥兒們」互相協助；他們所表現的行為可能是非法的，但是他們卻能得到成就感與溫暖。

　　團體輔導與諮商的特性之一是使成員在團體安全與溫暖的情境中，在相互信賴、關懷、接納及回饋的過程中，找到協助他人的成就感與被協助而有溫暖的感覺。雖然團體的類別很多，團體的目的也各有不同，然而自我成長與人際關係儼然成為許多種團體的主要目標或次要目的。成長團體便成為促進個人自我成長與人際關係良好為目的的團體之統稱。

第一節　成長團體與自我成長

一、成長團體的意義

　　成長團體是一種情緒和認知並重的教育方法，以小團體的型態呈現，使成員在自由、安全的氣氛下，彼此互相尊重與接納，而且坦誠開放交換解決問題的意見，或分享生活的經驗，並透過團體互動的歷程，促進自我了解與成長，學習改善人際關係的技巧，進而達成自我實現（Trotzer, 1977）。

　　成長團體以團體經驗為方法，用以促進個人成長，讓人有機會在密集的團體互動經驗中，了解自己、體會自己、找到自己、改變自己以及接納自己，而能在生活環境中，做更好的適應，增進良好的人際關係。

　　關於成長團體的組成與方式甚至名稱，有很多不同的意見（牛格正，1980；呂勝瑛，1981；Schutz, 1973; Trotzer, 1977），不過對團體的目標與認定，卻傾向

於一致的。最常見的成長團體是訓練團體、會心團體、敏感度訓練團體以及學習團體，說明如下。

（一）訓練團體

訓練團體（training group）為 Lewin 於 1946 年與另三位同事主持的一項訓練方案，訓練一批領導人員有效執行一項職業法案時發現，它是訓練人際關係技術的好方法（黃惠惠，1993）。Lewin 去世後，其同事先後成立了基本社交訓練團體及設立了「國家訓練實驗室」（National Training Laboratory, NTL），繼續研究團體動力與團體過程。此後，訓練團體就在美國各地發展開來，這就是小團體最早使用的名稱。

（二）會心團體

會心團體（encounter group）則由很多社會學家與心理學家的努力，尤其是完形學派及 Rogers 最有貢獻，主要重點在於團體中成員的成長。Rogers 認為，會心團體的基本原理在於密集的團體聚會中，創造安全的團體氣氛，使成員放下防衛與不安，坦誠表達自己內在的感受，了解自己與別人，改變個人的態度與行為，並學習與他人建立良好的關係。

（三）敏感度訓練團體

敏感度訓練團體（sensitivity training group）是 J. Weir 根據訓練團體的經驗，1946 年在加州設立第一個個人成長實驗室，逐漸改變發展為個人成長團體，其主要目的是透過成員的互動，促進個人成長及增進其對自己及他人感覺的敏感度。

一般說來，會心團體注重個人成長和創發性經驗，敏感性團體則強調個人及團體過程的學習，注重團體動力。從這種區分的觀點來看，彼此間的差異應該是程度問題而非對立的（何長珠，1980）。會心團體較注重面質化、坦誠性，而訓練團體則強調對人對己的知覺、敏感和學習。

（四）學習團體

學習團體（learning group）並非源於單一的理論，它結合各種派別，吸收各種諮商理論的優點。如同會心團體一樣，學習團體受到當事人中心治療理論、完形心理學、心理劇、團體動力及團體治療的影響。學習團體中的成員都是學習者

的角色,在一種結構性不高的團體運作下,把握「此時此地」(here and now)的原則,學習如何學習(learn how to learn),以增進自我了解,改善人際關係。學習團體強調以團體經驗為基礎的學習。也就是經由團體成員彼此信任的發展與回饋,而去除情緒的障礙,促進個人更加成長。

成長團體數十年來在美國迅速推展,紛紛被應用在學校、工廠、教會、政府機構、民間團體,甚至監獄及其他輔導與感化機構。世界各國也相繼地實施與推展各種成長團體。我國也陸續推展,開始在學校及教會實施較多,近幾年來在社會各輔導機構、婦女團體,甚至企業界也逐漸重視成長團體。究其原因,個人原本就是在社會情境中成長,人類的潛能唯有在真誠、有效的團體中,才可做最大的實現(黃雪杏,1988)。Rogers(1970)認為,人們已經發現這種密集的團體經驗可以減輕他們的孤獨,鼓勵他們成長、冒險和改變,並帶給人們更真實的人際關係。

二、成長團體的目標

成長團體的基本目標,顧名思義,是在促進個人的成長。Trotzer(1977)認為,成長團體組織的目的,在經由團體過程協助心理健康的人變得更敏感、知覺,完全發揮功能和自我實現。成員被假定要對自己負責,並有能力處理曖昧情境和緊張的人際關係。

朱秉欣(1975)認為,會心團體是藉由團體成員間的交互反應,而促成個體成長發展,便利成員間的溝通,改善成員之間的關係。Eddy 和 Lubin(1971)也認為,會心團體強調擴充成員的知覺,探索內心與人際關係,解除內在的壓抑,達到個人的成長。

學習團體如一個學習的實驗室,其目標須視領導者或成員不同的需要而有不同的目標,但其終極目的也在促進成員個人的成長。Kemp(1970, 引自黃雪杏,1988)即認為,一般學習團體有以下三個目標:

1. 發展行為的技巧。
2. 發展個人對行為的後果有更好知覺的能力,同時從中獲得學習。
3. 發展對團體的功能及個人的價值與目標間之關係,有更清楚的了解。

由此可見,無論是成長團體,或特別強調為會心團體或學習團體,不管團體組合與形式不同,其目標皆期望成員經由團體歷程中,促使個人更能自我成長。

三、成長團體的過程

　　成長團體的發展過程沒有固定的模式與步驟，每個團體進行的過程亦不盡相同。各家各派根據其理論及帶領經驗提出團體進行方向，雖然所用名詞有些不同，但仍有其類似的脈絡可循，除了本書前面各章所述階段外，Mahler（吳武典，1976）提出團體進行分為四階段：(1)參與階段；(2)轉換階段；(3)工作階段；(4)結束階段。Trotzer（1977）認為，團體的進行過程分為五個階段：(1)安全與信任階段;(2)接納階段;(3)責任階段;(4)工作階段;(5)結束階段。

　　Rogers（1970）根據他多年領導會心團體的經驗，依會心團體成員心理轉變可能的序階，劃分成 15 個階段，這些階段可使領導者了解成員的心理與行為表現，作為帶領團體的指標：

1. 磨菇（milling around）：團體剛開始時，領導者讓成員有相當大的自由，成員不必為團體的發展方向負責。成員彼此不認識，也不知道團體的目的何在，因之，起始的困惑、尷尬的沉默、禮貌上的寒暄或挫折等可能隨之而來。誰會告訴我們如何進行、團體的目的何在，是此時成員的主要話題。

2. 不願意探索自我和表達自我（resistance to personal expression or exploration）：在這個階段，成員不希望在公眾面前談論自己真實的經驗與內心的我，卻渴望別人能打破沉默，但又不希望有人控制團體。

3. 描述過去的感受（description of past feeling）：雖然成員對團體的信任感仍處於衝突中，但已慢慢開始表達自己的感受，尤其會談論對往事的感受。

4. 表達消極的感受（expression of negative feeling）：由於有些成員太過於表現自己，喧賓奪主，或領導者沒有適當地引導，因而造成許多成員的不滿。

5. 表達及探查個人切身的問題（expression and exploration of personally meaningful material）：團體成員慢慢已發現團體是個自由的地方，即使消極的感情也能為團體所接納及包容。成員會覺得自己是團體的一份子，應該用較有意義的方式來表達自己切身的問題。因此，團體的信任感氣氛慢慢培養起來，成員也比較願意開放自己，讓其他人了解其內心的感受。

6. 在團體中表達直接的人際感受（the expression of immediate interpersonal feeling in the group）：在此階段，成員彼此之間明顯地表現了開放的經驗，

這種經驗可能對團體是積極的，也可能是消極的。但是此經驗常能增進團體信任的氣氛。

7. 在團體中發展助人的能力（the development of a helping capacity in the group）：在此階段，最令人驚奇的是每位成員皆能表現自然而然的能力，並以一種助人的、催化的、治療的方式來處理別人的痛苦和困擾。

8. 自我接納及開始轉變（self-acceptance and begining of change）：由於團體的接納，而漸能培養自我的接納，同時對其他人表現真摯的感情，促成自我的改變。

9. 揭開假面具（the cracking of facades）：隨著時間的繼續，團體成員對於任何成員拿著面具相處的情形已經無法忍受了；每位成員皆希望大家均能表現他真實的自己，卸下假面具，不要再企圖自我防衛或隱藏自己。

10. 接受回饋（received feedback）：成員在自由表達與互動的過程中，會從他人之處獲得許多有關自己行為的訊息或資料，這些訊息反應或回饋有助於自我了解，並讓我們了解他人對我們的看法。

11. 對質：由於回饋可能過於溫和，而無法真確表現此時所發生的事或感受，使用對質常是一種很好的方法。對質雖然偶爾帶有積極的感情，但是絕大部分是針對不明確的事，所以常是消極的。然而善用對質，卻常能促進成員彼此間真正的了解，同時也能幫助自我接納。

12. 團體活動外的助人關係（the helping relationship outside the group）：成員的困擾和痛苦，不只能在團體中得到其他成員的幫助及撫慰，在團體外也能發展這種相互輔助的關係。

13. 基本會心（basic encounter）：團體成員彼此之間具有高度的同理心和親密感，這種極親密的關係也就是人類基本的會心和我—汝（I-thou）的關係。

14. 積極感情和親密的表達（the expression of positive feeling and closeness）：此時成員能自由表達自己的感情，同時接納彼此的關係。溫暖、信任、團體共識是此時團體氣氛的最佳寫照。

15. 團體中行為的改變（behavior change in the group）：在最後階段，團體成員的行為產生改變，他們變成更能了解、接納、尊重自己，而且表現得更具有同理心、溫暖、誠實、真誠；一言以蔽之，他們所表現得一舉一動猶如自我實現的人。此外，人際關係有所改善，個人的困擾也解決了。

第二節　人際關係團體與自我成長

一、人際關係團體的意義

在團體過程裡，人的知覺和人的關係成為日趨重要的課題。提到人際關係與成長團體包含兩種概念：第一種概念是一般成長團體中，都有促進人際關係的功能，也就是說人際關係是個人成長的一部分，成員參與成長團體便能增進個人的人際關係能力。許多研究與團體實務經驗都顯示成長團體確能增進成員的人際關係（如阮美蘭，1983；劉德生，1980；蕭文，1977；羅俊昌，1984），國內學者之相關著作，如朱秉欣（1975）所撰《怎樣改善人際關係——坦誠團契的理論與技術》一書，及林家興（1980）編著之《會心團體與人際關係訓練》一書，皆指出成長團體與人際關係二者是息息相關的。

第二種概念是認為，人際關係有其獨特的目的，即專門訓練成員的人際關係技巧，改善成員的人際關係，甚至治療成員人際關係方面的困擾問題。Trotzer（1989）指出，人際關係團體的成員人數可從 6 至 72 人，在大團體中再分成小團體，團體焦點放在溝通及關係建立上能力的發展，而過程包括演示、活動中的經驗參與和團體討論，學習了解並欣賞人與人之間、族群間的差異性和相似性。領導者負責策劃和導引成員互動，促進彼此討論。每次聚會通常是事先照計畫擬定。聚會時間從 1 至 3 小時，或是以一種研討會的方式進行。成員可自參與中獲益，因為社交技巧對人、我之覺察與領悟，可以立即應用到生活中。國內也有以小團體的方式，在團體過程中進行人際關係訓練的設計，用以改善成員的人際關係。

二、團體經驗與人際關係的發展

（一）健全人際關係的特徵與溝通原則

人際關係團體的目標在改善與增進成員的人際關係，促進成員與他人良好的溝通。和諧的人際關係與溝通，必須培養一些健全人際關係的特質。Rogers 根據其「當事人中心」的諮商觀，提出以下四項健全人際關係的特質（引自 Derlega & Janden, 1981）：

1. 真誠：與人相處，誠實地表達內在感受而不刻意隱藏自己；只要坦誠相待，彼此關係會逐漸深入。

2. 溫暖：彼此溫暖地接納，也就是無條件積極地關懷，尊重對方為獨立的個體。

3. 同理心：設身處地去了解對方的世界，傾聽與關懷對方。

4. 自我開放：適當的時候能坦然表露自己而不壓抑與孤立自己。彼此信任得到友誼。

如何健全人際關係？黃堅厚（1985）提出下列四個重要原則：

1. 我們應能了解彼此的權利和責任。

2. 我們對自己宜有適當的了解。

3. 我們要能客觀地了解他人。

4. 對和他人的關係有明確的認識。

總之，與人交往與溝通，必須遵守以下原則：(1)尊重；(2)接納；(3)體諒；(4)關懷；(5)坦誠；(6)開放；(7)信賴（洪有義，1988）。

（二）團體經驗對人際關係訓練的效果

參與人際關係團體期能增進成員健全人際的發展，培養成員良好的特質。透過團體經驗的實證研究，顯示人際關係團體對於成員產生良好的效果，例如：Gibb（1972）認為，團體可以提升成員的人際關係能力，包含了下列幾項：

1. 敏感力（sensitivity）：對自己產生更敏銳的感受力，對他人的感覺、知覺，以及對一般人際情境產生更正確的敏感性。

2. 善於處理感覺（managing feelings）：覺知個人自己的感覺，接受自己對言行的感受和行為一致，清楚地表達感覺，統整日常生活中的情緒問題。

3. 處理動機（managing motivations）：覺知自己的動機，與人清楚溝通自己的動機，更具活力，自我決定，發揮個人能力。

4. 以更佳的態度看自己（functional attitudes toward self）：自我接受、自尊、實際我和理想我一致，更為自信。

5. 以更佳的態度看別人（functional attitudes toward others）：接納別人、減少偏見、減少權威與控制，認可他人。

6. 互賴行為（interdependent behavior）：良好人際關係能力、工作有效率、具有團隊精神、民主領導、問題解決有效率、互相信任。

第三節 成長團體活動設計

　　小團體諮商的帶領方式，領導者有採用結構式活動的，也有採非結構方式進行的。就國內目前的情況來說，往往需要許多結構式活動的輔助，以利團體目標的達成。換句話說，在小團體諮商中，結構式活動是加強團體凝聚力與加速團體目標達成的催化劑，尤其是對於經驗不足的領導者更有幫助。

　　團體諮商的過程，雖然各人方法不一，然而可以看出大同小異，有共同的脈絡可循。Trotzer（1977）將團體分為安全（security）、接納（acceptance）、責任、工作（work）、結束（end）五個階段。以下的十個活動，即依據這五個階段的方法而設計，可以看出整個團體階段進行的過程。活動（一）、（二）、（三）為安全階段；活動（四）、（五）為接納階段；活動（六）、（七）為責任階段；活動（八）、（九）為工作階段；活動（十）為結束階段。

活動（一）　認識大家

一、目的

1. 引發個人參與團體的興趣。
2. 促進團員彼此的認識。

二、一般說明

團體開始，藉此自我介紹、複述與熟記所有團員個人資料的活動，使彼此有概括性的認識。

三、實施程序

1. 領導員（第一號）先報自己的姓名，然後右手邊的團員（第二號）報自己姓名，接著複誦第一號的姓名（團員圍圈而坐）。
2. 第二號的右手邊團員（第三號）報自己的姓名後，再複誦第二號的姓名與第一號的姓名。依此類推，按逆時鐘方向進行（複誦次序則依順時鐘方向進行）。
3. 第一號複誦所有團員姓名。
4. 第二次除姓名外，加上複誦其他一種資料，如住處或班別（若團員來自不同班級）。
5. 第三次又加上其他資料，如個人主要興趣，第四次為特徵或個性等。

四、注意事項

1. 第二次開始，第一號可輪流擔任，四次最好由四個方向的團員開始。
2. 此活動在原先不認識之團員團體效果更佳。
3. 活動結束時，可將彼此有關之興趣、特徵等歸類與配對及進行經驗討論。

活動（二）　我的世界

一、目的
1. 發洩自我的情感及發掘自己的問題。
2. 分享他人的經驗。

二、一般說明
藉著非文字的表達方式，探究自己的生活世界，並將自己的世界分享他人，使彼此有進一步的溝通。

三、實施程序
1. 每人發給四開或八開白紙一張。
2. 在白紙上畫一大橢圓形。
3. 橢圓形頂上寫上「○○○的世界」（自己姓名）。
4. 將自己過去的回顧、現在的經驗、未來的展望，以圖的方式表現在大橢圓形內，內容由自己決定，如包括難忘的事、得意的事、煩惱的事、嚮往的事、影響自己的人、事、物、週遭的環境、價值的判斷等。
5. 將畫好的世界呈現給其他團員看，並做解釋。
6. 討論剛才的經驗。

四、注意事項
1. 此活動亦可用於班級大團體，畫好後可分成 3 至 5 人小組，將自己的世界，介紹給小組團員。
2. 領導者告訴團員，所畫的為與自己有關，表達方式由自己決定。

活動（三）　三個祕密

一、目的

1. 試探個人信賴團體的程度。
2. 促使個人覺知團體的歷程。

二、一般說明

　　這是一個試探個人在團體中信賴別人程度的遊戲，從自己祕密不能告訴別人的原因中，了解祕密存在的意義與團體進行歷程的關係。

三、實施程序

1. 給每一位成員一張小紙片，要每一位寫上三個祕密，這三個祕密，在此時無論如何，自己絕對不願意告訴其他成員的。寫好後，自己保存著，不讓別人看到。從一人開始，輪流說出每一個祕密現在不願告訴別人的原因。

2. 領導員可試探以開玩笑的口氣，企圖使成員的祕密公開出來，但不得強迫成員說出祕密，除非他自己願意說出來。

3. 討論。

活動（四） 背面討論

一、目的

1. 運用團體過程提供回饋。
2. 促進個人與團體的溝通。

二、一般說明

藉著團體討論，提供回饋，幫助個人了解自己的優點、缺點，澄清成員之間的誤解與錯誤的印象，促進成員間彼此的溝通。

三、實施程序

1. 領導員說明每個人都有優點與可改進的缺點，其中某些自己不知道，必須經由別人來指出。優點繼續保持，缺點力求改進。另外，別人對你的印象，有時是錯誤的，必須經過澄清方可增進彼此了解。

2. 由某一人開始，背向大家坐著。其他的成員開始討論他們對他的印象與了解，包括優點與缺點。在討論時，背向大家的那位成員，只能靜聽，不能講話，待討論完畢後面向大家，說出他對於大家對他印象的看法，必要時可以加以澄清。再由另一人依同樣方式進行，至全體輪流完畢為止。

3. 討論剛才的經驗。

活動（五） 眾志成城

一、目的

1. 體認合作的重要。

2. 增進團體的氣氛。

二、一般說明

這是一個身體接觸的活動，藉著團體成員的思考與合作，達到解決問題的目的，並體會個人在團體中的價值。

三、實施程序

1. 領導者在地上畫約一公尺見方的正方形。

2. 領導員說明規則：所有成員都進入正方形內，無論用任何方式都可以，就是不可將腳踏出正方形外。

3. 由成員合作活動，直至全部成員都在正方形內，活動結束。

4. 討論個人感受。

四、注意事項

1. 注意成員安全。

2. 考慮異性成員一起的可行性，必要時可縮小正方形，分男女兩組進行。

活動（六）　角色互換

一、目的
1. 練習「同理心」的表達。
2. 更深入了解自己的問題，進而解決問題。

二、一般說明
　　這是角色扮演的活動之一，藉著互換扮演的角色，「有問題」的成員可站在不同角度去看自己的問題，另一成員可揣摩「有問題」成員的問題，了解其感受。

三、實施程序
1. 領導員請一「有問題」的成員出來（最好是成員自動出來），放兩張椅子相對，此成員坐其中一張椅子（A），請另一成員坐另一張椅子（B），將這成員當作問題的對象開始角色扮演，其他成員為觀察員。
2. 兩人談話至適當時候，領導員可令兩人互換角色（同時互換座位），再繼續角色扮演，這時 B 必須重複 A 剛才的敘述，A 重複 B 剛才的敘述。
3. 討論。

活動（七） 各得其位

一、目的

1. 澄清自己在團體中的角色。
2. 了解在團體中投入的程度。

二、一般說明

利用排隊站位的方式，澄清自己在團體中投入的程度，從別人對自己的看法，了解自己在團體中的地位。由排頭到排尾一條線代表一件事連續的情形，如由最愛說話到最不愛說話、從最信任別人到最不信任別人。排頭與排尾代表兩個極端。

三、實施程序

1. 先請成員前後排成一排。領導員說明規則，規定兩邊牆壁（或兩點）為一件事之兩極端。請各成員移動站在線上一點認為與自己情形最相符合的地方。
2. 由一位團員開始，大家修正其所站位置，直到大家滿意為止。依此類推。
3. 討論。

活動（八）　我願改變的三件事

一、目的

1. 協助成員洞察問題及尋求解決方法。
2. 學習擬情、提供回饋。

二、一般說明

　　個人不能解決問題，往往因為他們不能確知自己想改變的是什麼。這活動幫助他們認清需要改變的，與探討解決問題的方法。

三、實施程序

1. 請每位團體成員寫下自己希望改變的三件事，輪流將這三件事告訴其他成員，並做簡短的解釋。
2. 每位成員從自己所列的三件事中選擇一件，按下列步驟做更詳細的描寫與討論：
   (1)敘述你自己不喜歡（或不滿意）的現狀是什麼？（問題）
   (2)敘述你希望做如何改變？（目標）
   (3)與團體討論你可能做如何的改變？並研擬改變的策略。（計畫）
   (4)執行計畫，並向團體報告你進步的情形。（追蹤）
3. 輪流討論其他成員的問題。

四、注意事項

　　第(4)項執行計畫於討論後施行之，必要時可用「訂立契約」的方式，再於下次團體時報告進步情形。

活動（九）　水晶球

一、目的

1. 由現在展望未來。
2. 增進個人的信心。

二、一般說明

　　這是一個「未來取向」的遊戲，成員藉著對未來的展望，投射他現在的感受，並經由其他成員的回饋中，增進其自信心。

三、實施程序

1. 將一物當作是水晶球，從水晶球當中，可以看到自己的未來。由一成員開始，拿著水晶球，敘述從水晶球中，看到自己五年後的情形（時間為幾年後，長短可由領導員彈性規定）。
2. 敘述完畢後，其他成員給予回饋，然後將水晶球傳至右手邊的成員，依次進行活動。
3. 討論。

活動（十）　祝福與道別

一、目的

1. 了解彼此經過團體後的改變。
2. 圓滿地結束團體。

二、一般說明

　　藉著數個小活動，討論團體的成果，增進彼此友誼，以及圓滿地結束團體。

三、實施程序

1. 改變印象：由一成員開始，大家輪流討論對他現在的印象與剛參加團體時有何不同，或者認為此成員參加團體以來所改變的是些什麼。討論後，此成員述說自己的感受。接著換另一位成員接受討論，依此類推。

2. 互道祝福：給每一成員一張八開白紙，要成員在白紙頂端寫上「對○○○（自己姓名）的祝福」，然後向右遞給每一位成員，其他成員在白紙上寫上一句或數句祝福的話或用作畫方式來祝福，然後由他右手邊成員唸出其他成員對其左手邊成員祝福的話（若用畫的方式，須由繪畫成員加以解釋）。

3. 結束活動：大家站起，手臂搭在左右成員肩上圍成圈，哼著優美的歌曲，如〈友情〉、〈偶然〉、〈愛的真諦〉、〈驪歌〉等，隨後輪流緊握雙手道別。

關 鍵 詞 彙

訓練團體　　　　　　會心團體　　　　　　敏感度訓練團體

學習團體　　　　　　敏感力

自 我 評 量 題 目

1. 試比較訓練團體、會心團體、敏感度訓練團體以及學習團體的特性與目標。

2. 試說明成長團體的目標。

3. 成長團體的過程階段，學者專家有不盡相同的分法，你的看法如何？

4. 人際關係團體的意義為何？

5. 健全的人際關係，應包括哪些特質與原則？

6. 團體經驗對人際關係的訓練有何效果？

7. 試設計一套成長團體的活動。

8. 試設計一套訓練人際關係的活動。

第十一章

親子關係、婚姻與家庭團體

● 洪有義

學習目標

—— 研讀本章內容之後，學習者應能達成下列目標：

1. 了解夫妻溝通與婚姻生活的關係。
2. 了解婚姻的課題與婚姻成長團體。
3. 了解親子關係與親子溝通的方法。
4. 了解家庭溝通與成長團體。
5. 透過團體活動，促進夫妻溝通與親子關係。

摘要

家庭影響每個人的成長最為重要。婚姻為家庭之肇始。婚姻必須面對許多課題，而和諧溝通是婚姻美滿重要的因素，夫妻應該了解溝通困難的原因，建立正確的溝通態度以及講求溝通的方法。有許多種不同的夫婦成長團體，幫助參加研習者學習與體驗夫妻相處之道，以增進婚姻生活的美滿幸福。

親子關係亦為家庭重要課題，父母與子女雙方應該了解親子間和諧溝通的基礎，應用溝通的原則，增進彼此之間的關係。同樣的，近年來有關家庭溝通與親子研習活動漸受重視，在研習中有很多的活動設計，使參與研習者能體會家人與親子相處之道。

家庭是個獨特的團體，家庭決定我們成為哪一種人。每一個人在家庭中成長，家人的互動關係影響每一個人的人格特質，造就了每一個不同的人。

每一個家庭的組成都不相同，夫妻、親子、手足的關係是最基本的，而家庭團體中的每一個成員都互相影響著。傳統大家庭的家人關係甚為複雜。隨著社會型態的改變，家庭結構亦隨之變化，變得更多樣化。

社會的病態萌生，根本原因在於不健全的家庭，而不健全的家庭又大都是婚姻不美滿的結果，不美滿的婚姻又常影響子女的成長。

成功的父母常先擁有成功的婚姻，父母溫馨的情愛、和諧的溝通方式是孩子良好人格發展的理想環境。

第一節　夫妻溝通與夫妻團體

一、夫妻溝通與婚姻生活

婚姻為家庭之肇始，夫妻為家庭組成之根本，夫妻關係影響著家庭每一個成員。婚姻的不美滿常導因於夫妻溝通不良。許多夫妻成長團體、夫妻懇談團體的目的都在探討夫妻之間的問題，以促進夫妻彼此和諧相處之道，因此，夫妻溝通便常為夫妻團體的主題。

（一）夫妻溝通困難的原因

1. 生活背景的不同、思想觀念互異

夫妻從小是生活在背景不完全相同的環境下，婚姻是一種彼此適應的過程。若以自己的生活方式、想法來表達意見，要求對方完全接受，則易有紛爭。因此，必須要和對方做良好的適應，去了解對方，才能溝通良好。舉個例子來說，有對新婚的小夫妻，婚前兩人還會互相容忍一些不太能容忍的事，婚後坦誠相見，結果男方來自保守農村家庭，有男女授受不親的觀念；女方卻來自宗教家庭，從小與教會中的兄弟姊妹相處愉快。先生不能忍受太太與其他人有說有笑，而回到家卻不如對他人那般愉快，因此產生不滿，這就是生活背景不同而造成溝通上的困難。

2. 溝通意願不足、感情因素

　　有些夫妻雙方因身體上的勞累，懶得講話，而不願溝通，這是溝通意願不足所引起的，這會讓對方誤解，以為對自己不友善。有時是雙方感情本來就不好，當然不願去溝通。

3. 單調的生活、嚴肅的家庭氣氛

　　婚後的生活會被柴、米、油、鹽、醬、醋、茶等這些瑣碎的事壓得喘不過氣來，有時為求家庭更好，將注意力轉移到物質生活的改善，先生拚命賺錢，而忽略太太需要的溝通；太太一直將重心放在孩子身上，忽略了先生的需要。這種太過單調的生活，每天一成不變，使得家庭氣氛嚴肅，也會造成夫妻溝通困難。

4. 男性中心思想與女性支配慾

　　雖然社會漸趨男女平等，但大男人主義還無法完全去除，如果在家庭中太太覺得與先生是平等的，但先生還有大男人沙文主義思想時，溝通就會很困難。有些家庭情形正好相反，女權至上，先生在家庭中沒有地位，形成溝通困難。有時太太支配經濟大權，控制經濟，支配慾太強就有溝通上的困難，例如：有個太太常嫌先生買東西太貴，因此先生只好存了許多私房錢，買東西回家報帳時，差額由私房錢補貼，這種太太支配慾強，無法坦然與之溝通，也容易產生問題。

5. 溝通時間、地點、內容及方式的選擇不當

　　假設說先生喜歡一個柔順、會撒嬌的太太，但是如果太太在公共場合對先生撒嬌，先生就會受不了、起雞皮疙瘩，這就是溝通的時間、場合不對。夫妻若要講出心裡的感受，當著其他人的面，與單獨溝通的反應可能不同；有時在別人的面前講對方的缺點，可能會傷其自尊，這與對方單獨談的感受是不同的。溝通應依內容關係，選擇適當的時間、地點、方式。

6. 認知的差異、態度不當

　　兩個人對事情的了解程度不一樣，當然溝通困難，這種情形不只會發生在夫妻之間，父母與孩子之間的代溝，也是彼此觀念、思想的不同，因此對事物看法不一致所引起的。多年前報紙上曾登過一則消息，一位大學畢業女生，嫁了個小學畢業的男生，曾經轟動一時，最後卻走上離婚一途。與其說他們溝通不良的離婚是起源於學歷上的差異，不如說是因為學歷而引起對事物的看法不一致、興趣不同、想法差異所造成的結果。很可能這位大學畢業的女生喜歡看西洋電影，但

先生卻喜歡看布袋戲，生活上基本的步調不一，難免會有磨擦，久而久之很多觀念都難以協調溝通。

7. 主觀的猜測與堅持己見

每個人常常會用「我以為……」的說法，以自己的心來揣度他人之腹，這種情形發生在夫妻之間最多，常會影響溝通。有些太太對先生照顧得無微不至，讓先生感到過分束縛、壓迫感，常是起於「我以為……」的主觀猜測與堅持己見。

8. 欠缺溝通能力、溝通時敏感度不夠

有些人不知如何溝通才算恰到好處；有些人因為個性使然，不善表達。當然表達不僅限於口語，也可用表情、動作，但完全不表達，對方就不知道，所以即使不用口語，也要用行動表示出來。「愛」就是要把這份情意表達出來，讓對方知道。有時對對方表達方式感受的敏銳程度不夠，也會產生問題，有些人不高興就不講話，如果不能體會這一點，常會溝通不愉快。有時我們表現於外在的，並不代表真正內心溝通的方式，表面上一句話溝通的形式是不愉快的，事實上不然，若溝通雙方都能了解其隱藏的意義，這就是有默契，例如說先生吹口哨時，常代表很多不同的意義，有時心情愉快、有時無可奈何、有時是發脾氣的前奏，要先了解對方表達方式代表什麼，方能有效溝通。有些是害怕被拒絕，安全感不夠，難以表達，覺得如果自己講出來，對方會更生氣怎麼辦？這些都是欠缺溝通能力而造成溝通上的困難。

（二）夫妻和諧溝通的正確態度

夫妻如何相處會比較愉快？婚姻生活如何能更幸福？怎麼樣才是夫妻兩人之間的和諧溝通與應有正確的態度，以下說明之。

1. 面對問題，而不逃避問題才能解決問題

沒有兩個人的想法是完全一致的，本來可以立即解決的問題，逃避可能使對方產生誤解。不願面對問題，把事情愈壓抑愈嚴重，最後可能不可收拾。應該以對方可能接受的方式，用冷靜的態度表達出來，以誠相待。

2. 設身處地，站在對方立場來想

處理事情時，我們常只想到自己，覺得自己沒有錯，這是只站在事情的一

面，但卻沒想到對方可能也沒有錯，只是立場不同而已。因此要和對方溝通愉快，一定要能站在對方的立場來想。夫妻間的爭吵，多半是因為本位主義，只站在自己的立場想，如果也能退到對方的地位看一看，很多問題就都能改善了。

3. 多發掘對方優點、欣賞對方優點

大家熟知的一個現象是，結婚之前通常只看到對方的優點，結婚之後卻常挑剔對方的缺點，這樣對夫妻溝通是極嚴重的傷害。固然對方有缺點，但若能多看對方的優點，鼓勵他的優點，對方就能表現得更好；如果常揭人瘡疤，不但會傷其自尊，引起反感，而且有時會使對方產生消極的自我形象，以為自己是不好的。因此有缺點誠然應該設法改進，但對於無法改變的缺點，也要能接納。很多夫妻不能接納對方不能改變的缺點，而造成無法挽回的地步。

4. 增進雙方彼此的了解，並接納尊重對方的獨特性

我們常用自己的期望、要求，硬要對方做某些改變。事實上，我們可以對對方有所期望，但不一定要對方做如你期望般地改變；若要強迫對方改變，不如自己去做適應。有些未婚男女常抱著一種觀念，以為雖然我現在無法忍受對方的缺點，但婚後他會慢慢改變的，抱著這樣期望的人常會失望。婚姻是要彼此適應的，常表現對方喜歡的優點，了解自己的缺點，改變自己的缺點，且要能了解對方，接納對方獨特的個性，承認每一個人都是獨一無二的個體。

5. 自我了解與自我悅納

悅納自己是很重要的，接納自己的人與別人溝通比較能真誠坦然。因此要能接納自己不能改變的缺點，如果連自己都不能接納就會很難過，難過則不願與人溝通，容易過敏，覺得別人一直注意自己的缺點，而想盡各種方法來掩飾自己的缺點，常聯想別人一直在刺傷自己的缺點，雖然別人不一定有這種心理。對對方不信任，怕對方刺傷自己，會形成溝通上的障礙，因此自我悅納才能坦然面對問題。

6. 安排良好的居家生活

國內家庭協談機構發現，夫妻溝通產生的困難，引起家庭不愉快的阻礙有以下幾項：單調的生活、與他人比較、男性中心與女性支配慾、溝通時間內忽略應有禮節、把破壞的情緒輕易發洩、要求對方改變、婆媳不和及家庭生活不協調等，這些都可能產生夫妻溝通不良和家庭問題。在工業社會中，夫妻雙方都很忙碌，

可能太太回來，先生還沒回來，太太做完飯等大家吃飽，電視劇又開始了，這時又將注意力轉移到電視上，沒時間與配偶、孩子溝通，直到電視演完，兩個人都疲倦地上床睡覺了，第二天又是孩子上學、夫妻上班，「各奔前程」。沒有溝通時間，所以溝通不愉快。家庭中吃完晚飯後，是很好的溝通時刻，或者夫妻在睡前的枕邊細語也很重要。在日常我們可以安排些良好的居家生活，物質生活雖然需要，但物質的好是永無止境，因而有人提出「物質生活往下看，精神生活往上看」的說法，現今的社會已經達到追求生活品質的層面，不要為求更好的物質生活，而忽略夫妻精神生活，創造家庭和樂氣氛。

7. 客觀的態度、樂觀的心態

要促進夫妻溝通，應該採就事論事的態度，不要把過去類似的事，拿到現在來做推論，這是不公平的。沒有證據的事不可亂講，也不可不信任對方，不敢信任對方之人常是沒有自信心、沒有安全感的人，因此容易多疑，這種態度是不客觀，容易破壞溝通。夫妻之間開始懷疑對方的時候，覺得什麼都是可疑的，事實也都顯示出自己的猜測沒錯，很可能、也許、大概、一定、難怪……而下了結論，這是疑心生暗鬼。不相信一件事的時候，會想辦法證明自己的想法是正確的，這就是「自我期待說」。我們行為常受心理態度的影響，我們在溝通時會對別人產生誤解，形成溝通不良，常因我們以自己的心態來解釋對方的行為。所以應該就事論事，以客觀態度促進溝通。

其次談到樂觀的心態，凡事應該樂觀，雖然不是所有的事情都是我們所想像的那般美好，但是如果有一件事可能好、可能壞，我覺得寧可往好的方面想，否則整天拉著臉，氣氛嚴肅，讓對方覺得不愉快，溝通就會不愉快。心理學家曾研究：面對一件結果可能好、可能壞的事，如果往好的方面想，結果常是好的；往壞的方面想，結果則是壞的，為什麼？因為往好的方面想，心中就坦蕩蕩，沒有壓力、不焦慮、不緊張、不會悲傷難過，這時候比較能發揮自己的心理效能；如果往壞的方面想，心理就會焦慮、緊張，緊張就做不好，做不好更緊張，如此惡性循環情況下，結果當然是壞的。溝通時要先冷靜下來，樂觀的心態能使對方感染到樂觀的氣氛，有溝通的意願，進而溝通良好。

（三）夫妻和諧溝通的方法

1. 積極傾聽、表現尊重、接納與關懷

　　我們要有講話的技巧，首先要有聽話的技巧，聽話並不代表不講話就完了，聽話要讓對方知道你在聽，所以對方講話時，不要輕易去插嘴，或限制對方講話。除此之外，很多身體語言也很重要，讓對方知道你在聽話，這就是「積極傾聽」。有時讓對方知道你在聽他講話，可以利用各種表情、動作、姿態，可以關心地看著對方，當對方講到高興的事，可以對他會心一笑；講到不高興的事，可以安慰他，或做出許多安慰人的動作；有時可以用適度的點頭、微笑，或以適當的口語回饋。因為有你的傾聽，對方才會感到你的關心、尊重與接納。

2. 善於表達感受、慎用口語表達

　　語言表達是最直接的方法，有時口語表達不好，才是夫妻溝通的障礙，一件很小的事情，可能因溝通不好，演變到離婚的結局，到最後會用「個性不合」來解釋。事實上，有時不是個性不和，而是因口語溝通不良、言語不合理而造成。那麼夫妻溝通是否一定要揀好聽的來講呢？這也不見得，所謂會講話不是講假話、虛偽、巧言令色、諂媚奉承，而是講真心話，講讓對方能接受的真心話，例如：太太做了一道菜，當然希望得到先生的誇獎，不過事實上這道菜並不好吃，先生可就為難了，如果說不好吃，太太一定會生氣，搞不好以後不再做；如果說好吃，又昧了自己良心，但是這個答案並不只限於「好吃」或「不好吃」兩種，其中還有很多好的答案，能讓太太知道這道菜不好吃，而且又不會生氣，這就要靠口語表達的技巧，當然這並沒有標準答案。舉例來說，先生可以回答：「我覺得妳上次做的比今天的好吃。」一方面表示這次不好吃，一方面讓太太受到誇獎，將注意力轉移到上一次；或者說：「我想妳下一次做的會比今天的好吃！」這樣太太也不會生氣，因為先生還想吃我做的菜，下次我要好好研究、改進。這就是善於表達感受，慎用口語而產生良好溝通的效果。

3. 強調重要的、忽略不重要的

　　先生常會覺得太太嘮叨，雖然嘮叨可能原本代表關心，但是過分嘮叨，就由好意變為壞意，例如：做媽媽的對正在準備功課的孩子不停噓寒問暖，逼著孩子喝牛奶，這種關心的話只說一、兩次就夠了，因為孩子的注意力放在功課上，過分嘮叨會產生壓力，引起反感。夫妻之間更是如此，太太過分關心也會引起先生

反感,所以應強調重要的,忽略不重要的小事,不要把瑣碎的事物掛在嘴邊說個不停。

4. 溝通要具體清楚,言詞要合理、實際

溝通時要讓人知道你講的是什麼,有時候多一句話,會促進彼此了解,當然不要太嘮叨,但要講清楚,不然常會因為沒有清楚溝通,而產生誤會。多一句話能讓對方明白、更清楚,減少許多磨擦與誤會,這一句話就是不可免的。

其次講到言詞要合理,這也是一般人常忽視的一點。有些人常會對別人講:「你總是……」或「你從來沒有……」或許只有一、兩次的事情,就說成「總是」或「從來沒有」,這樣的話語是不合理、不公平,常會引起彼此的不愉快。

5. 身體語言的適當使用

身體語言很重要,有時由口語以外的表情、動作、姿態、語氣,能表現自己的意思。應讓對方不僅聽到恰當的口語,也能看到、感受到恰到好處的身體語言,才能有良好的溝通。

6. 冷靜的態度、幽默的話語

人如果常用很嚴肅的角度來看並不嚴肅的問題,常會很不愉快。很多事情已經臨頭了,不如用冷靜的態度來面對,一冷靜下來就比較能客觀分析問題;氣在心頭上,就很難分析問題;碰到問題,太過激動時,應先克制自己,讓自己先冷靜下來。幽默的話語可以促進彼此的溝通,幽默不是冷嘲熱諷,不是譏笑對方,尤其是譏笑對方一些無法改變的事實。在溝通時用平和的態度去糾正對方可以改變的缺點,可是不能用語言來羞辱對方不可改變的缺陷,這是言語溝通的原則。此先決條件就是要冷靜,不冷靜可能什麼都不管,一不做、二不休,用一些對方不能改變的事實加以嘲弄,有些人喜歡「炒冷飯」,把以前一些發生過的事實拿出來,讓對方無法爭辯,這些都可能妨礙溝通,所以冷靜的態度很重要,否則講話就會不得體。

7. 不遷怒、不找藉口,不要有過多的自我防衛

凡人皆有情緒,情緒反應可以表達出來,但是不要表達在不應該表達的地方,不要把對方當出氣筒或代罪羔羊,例如:太太打牌輸了錢,回家來找先生、孩子出氣,這就是遷怒,是不公平的。發洩情緒的方法很多,有些是用體力勞動的方式,有些是轉移到其他興趣,或看場電影、或埋頭猛吃,從生理滿足來消除

心理的不愉快。如果家庭中夫妻不愉快的情緒來自外界，可以和太太或先生傾訴，彼此互相討論是最好的發洩方法，但不要把怨氣發洩在對方身上，而是共同研究討論。若無法與配偶溝通，必要時可與知己朋友或專家協談，也是件好事，但不可遷怒。比如先生在辦公室受了氣，回家來把氣發在太太身上，如果做太太的也不願溝通問題，又把氣發在孩子身上，就會形成家庭不愉快的氣氛。

8. 就事論事、建設性的討論，不要變成惡言的爭吵

夫妻之間能知道對方最能接受的溝通方式，與對方做建設性的討論是很重要的。讚美的效果相當大，在對對方做建議事項之前，應先做些客觀的讚美。人人都喜歡接受應得的稱讚，如果只看到壞的一面，揭人瘡疤，常會傷人自尊，造成消極自我心態，一不做、二不休，乾脆壞到底。提供對方建設性的意見，不要惡言爭吵，可先就對方的優點提出讚美，較能使人接納。稱讚對必要的糾正方式是應有的，不要忘記禮貌的用語，將能增進夫妻的溝通。

二、婚姻的課題與婚姻成長團體

婚姻是成長在不同家庭背景的男女長期生活相處的過程。如何維持婚姻的長久，必須夫妻雙方有良好的適應，如何讓婚姻更美滿幸福，須靠夫妻兩人共同成長與創造。

在婚姻適應的過程中，Mace 提出十項婚姻成長的課題（張資寧，1992）：

1. 相同的價值觀和目標。
2. 繼續改進成長的承諾。
3. 溝通技巧：思想、感受和期望的坦誠。
4. 創造性解決問題。
5. 互相表達感激、關愛及了解。
6. 對性別角色看法的一致。
7. 彼此合作與工作的搭配。
8. 性生活的滿足。
9. 金錢管理。
10. 做個好父母；誰是一家之主？

Mace 夫婦在研究婚姻 40 年，和成千對夫婦努力從事諮商後，更精要地提出美滿婚姻得具備下列三要素：

1. 夫妻倆真誠共同承諾願意成長。

2. 有效的溝通方法與技巧。

3. 創造性（建設性）解決衝突。

Mace 認為，這三項中的每一項都很重要且缺一不可，因為它們彼此是互補的。要想擁有美滿婚姻必須三項都做到，還得持續保持下去。有了這三個要素，婚姻中其他方面的問題都可以迎刃而解。Mace 夫婦以這理念與內容，舉辦了許多夫妻團體的研習活動。

國內已有若干各種不同模式的夫婦成長團體，如表 11-1 所示（邱清泰，1979）。

表 11-1　不同模式夫婦成長團體

層次與時間	方　式	性　質	學習重點及目的	研習模式
A 2～6 小時／次	已婚男士研習 已婚女士研習	認知性學習	目的：提升對婚姻之認識，引發對美滿婚姻之渴求。 學習：側重講授、團體討論、分享與問題解答。	婚姻生活專題講座
B 8～16 小時／次	夫婦週末研習會	認知技巧性學習	目的：創造積極樂觀夫妻關係。 學習：感受的表達、價值觀的重建、夫妻互動與成長。	夫妻溝通懇談
C 2 小時／週 6～8 次	成長小組	技巧性學習	目的：人際關係溝通訓練、衝突處理。 學習：溝通技巧、同理心、親密度。	傾聽與關愛家庭錦團
D 2 小時／月	地區性支持小組	支援性學習	目的：持續並強化學得之技巧與經驗。 學習：支持並交換所得，發現新成長點。	成長支持小組

資料來源：邱清泰（1979）

第二節　親子關係與家庭團體

一、親子關係與親子溝通

　　親子關係是在家庭中除了夫妻關係外，極為重要的課題，尤其子女從出生開始，便接受父母的養育。父母除了撫養子女更要教育子女。建立良好的親子關係，促進親子間和諧的溝通是父母必修的課程。

（一）親子之間和諧溝通的基本觀念

1. 了解子女是親子溝通的基礎。了解子女包含了三方面：(1)了解子女生長的身心發展特質；(2)了解子女的個別差異；(3)了解子女行為的動機，比外表的行為更為重要。
2. 站在對方的立場來想是良好的溝通條件，發揮彼此的同理心。
3. 單是強調「愛」是不夠的，愛要有方法。
4. 「父母是人，不是神」，彼此應坦然真誠相待。
5. 不要有「你輸我贏」的心理，太講求面子。
6. 父母的恩愛感情與和睦的家人關係，家庭氣氛會影響親子溝通。

（二）親子溝通的重要原則

1. 傾聽彼此說話，表示關懷與了解。
2. 強調重要的，忽略不重要的。
3. 溝通時要具體，言詞要合理。
4. 彼此尊重與接納。
5. 父母應該以身作則，提供良好榜樣。
6. 非語言的溝通常比語言溝通更有力。
7. 父母可發脾氣，但不可羞辱人。
8. 給予彼此適當適時的讚美。
9. 切忌陳腔濫調與說教。
10. 多用建議性的討論，不要惡言的爭吵。

11. 不找藉口，不可遷怒對方。

12. 給予適當的許諾，合理的限制。

二、家庭溝通與成長團體

　　家是個複雜的組合，家這個團體成員的關係相當微妙，而任何環境或個人因素，都會影響與改變原有的關係。如何培養一個溫馨快樂、甜蜜的家庭生活是現代人所嚮往卻感到不容易的。

　　近年專家們發現此一需求，開始設計並實驗各種模式的家庭溝通，以協助家庭創造快樂和諧的氣氛，強化欣賞與鼓勵，發掘並善用家庭特質與功能。Sawin及多位專家（梅可望，1992）設計以下幾種家庭溝通團體的模式。

（一）家庭錦團 I（family clusters）

　　由 4 至 6 個溝通家庭成員組合的家庭群，由有經驗的領導者帶領，接受 3 至 12 週不等的互動經驗學習過程，協助成人與孩童在互動關係中成長。

（二）家庭錦團 II

　　由 3 至 5 個家庭，經過幾次定期的聚集，在親密和諧中，共同分享家庭生活經驗並充實家庭潛力，強化關係的積極面。

（三）充實的家庭（family actualization）

　　幫助一般家庭了解生活的衝突並學習如何處理之。強化分享的樂趣並加深彼此的關係，以充實家庭生活。每週 1 次，為期 8 週。

（四）家庭營會（family camp）

　　包含夫妻與家庭溝通成長的內容。美滿婚姻關係是家庭關係成長的基石，藉著週末數個家庭共同露營，讓子女們學習關愛與溝通，人數以 15 個家庭為限。

（五）單親家庭營（one-parent camp）

　　以單親家庭為主，藉著為期 1 週之露營，為單親父母提供教養子女的課程，包括技術支援及諮商服務。

（六）家庭週末營（family weekend）

採用 Sawin 之錦團模式用在週末營會中，成員以一半諮商家庭及一半正常家庭共同組成，促進美滿生活與潛能的發展。

（七）美滿家庭週末營（family enrichment weekend）

12 個家庭有 3 至 4 次週末營會，教導家庭成員欣賞、珍惜，強化家庭關係。

（八）幸福家庭（family enrichment）

一位成人對一位孩童，在有系統的活動中學習成長。

第三節　親子關係與夫妻團體活動設計

一、夫妻團體活動設計舉隅

設計者：包葛玲（1994）

第一週　活動主題：傾聽、感受表達
　　　　過程：1. 暖身活動。
　　　　　　　2. 介紹溝通成長研習。
　　　　　　　3. 說明基本規則。
　　　　　　　4. 傾聽障礙。
　　　　　　　5. 行為言語。
　　　　　　　6. 辨認情感。
　　　　　　　7. 接納差異。
　　　　　　　8. 出生別。

第二週　活動主題：同理心
　　　　過程：1. 暖身活動。
　　　　　　　2. 鼓勵。

3. 自由討論。

4. 閉目幻想。

5. 鼓勵練習。

6. 再論感覺。

7. 同理心評量表。

8. 評估反應、寫出反應。

9. 簡潔反應。

10. 擴大對話。

第三週　　活動主題：鼓勵、衝突處理

　　　　過程：1. 團體討論。

2. 性問題。

3. 討論程序。

4. 發掘優點。

5. 鼓勵的時機。

6. 辨識夫妻間的不愉快。

7. 對憤怒的反應。

8. 表達內心的感受。

9. 解決衝突的程序。

第四週　　活動主題：性與性愛

　　　　過程：1. 團體討論。

2. 課程。

3. 同理心。

4. 性事簡介。

5. 社會化傳言。

6. 性迷你講座。

7. 性事討論。

　　每週聚會 1 次，每次結束前皆有課終練習，包含家庭作業與分享。

二、親子、家庭團體活動設計舉隅

設計者：吳武典等人（吳武典主編，1994）

活動 1：一見如故

1. 目標：增進親子間的感情。
2. 策略：家庭諮商。
3. 時機：
    (1)團體初期或團體結束舉辦的晚會上。
    (2)週末營的單元活動。
4. 情境：
    (1)人數：親子共約 20 人。
    (2)場地：有台前台後之分的場地。
5. 時間：約 30 分鐘
6. 準備材料：面具 4 個，大衣服 4 套，紀念品 4 份（可分大小）。
7. 實施程序：
    (1)徵求 4 個親子組。
    (2)先請親族（父母、叔伯等）至後台換裝（親族限身高 150 公分以上）。
    (3)裝扮後之親族出現，擺出子女最熟悉的姿態及動作來吸引子女，但不可移動位置，也不可出聲、做手勢，或做眼神接觸、表現肢體語言。
    (4)由子女去猜自己的親族。
    (5)第二部分由子族裝扮（身高限 155 公分以上），程序同前。
發給每組參加者一份紀念品。

活動 2：交流道

1. 目標：增進家庭親子問題之處理能力。
2. 策略：家庭諮商。
3. 時機：團體中期。
4. 情境：

(1)人數：親子共約 20 人。

(2)場地：教室或空地。

5. 時間：約 1 個半小時。

6. 準備材料：親子問題數則。

7. 實施程序：

(1)主持人說明親子間必然有些衝突、做法不一致，所以才會有衝突和誤解。

(2)就以下這些狀況，每家可以選一個題目來做，親子共同想平常我們是怎麼做的：

a. 孩子有異性朋友來信時，我怎麼辦？孩子希望父母怎麼做？

b. 孩子成績考不好的時候，我怎麼說？我希望父母怎麼說？

c. 孩子的朋友來訪，孩子的父母不太欣賞，父母怎麼辦？孩子希望父母怎麼做？

d. 父母在孩子面前鬥嘴，孩子希望父母怎麼做？父母可以怎麼做？

e. 父母喜歡把他們的經驗拿出來和孩子討論和比較，孩子父母怎麼說？父母可以怎麼做？

f. 孩子希望父母多增加一點零用錢，孩子會怎麼說？父母可以怎麼做？

g. 孩子想玩電玩，孩子希望父母怎麼做？

h. 孩子覺得補習太累，孩子可以怎麼說？父母可以怎麼做？

i. 孩子因晚回家，父母急得像熱鍋上螞蟻，父母希望孩子怎麼做？孩子希望父母怎麼說？

j. 孩子升學或工作志願的決定，父母希望孩子怎麼做？孩子希望父母怎麼做？

(3)針對成員問題提出意見，並做綜合解答。

活動 3：心心相印

1. 目標：增進親子間的互動和感情。

2. 策略：家庭諮商。

3. 時間：團體初期。

4. 情境：

(1)人數：親子共約 20 人。

(2)場地：空地。

5. 時間：約 30 分鐘。

6. 準備材料：5 張海報紙、10 個書夾（或方便墊紙寫字的東西）、10 張椅子、紀念品 5 份（可分大小）。

7. 實施程序：

(1)徵求 5 對親子，每組 1 名工作人員，持海報將親子隔離。

(2)採用問答方式詢問彼此的答案，如爸爸（媽媽）最喜歡的顏色或孩子最喜歡的顏色（計 5 道題）。

(3)雙方將答案寫出。

(4)依答對次數頒獎。

8. 備註：不管用任何方式，公布答案前，以不看見彼此答案為原則。

關鍵詞彙

夫妻溝通　　　　　婚姻成長團體　　　　親子溝通

自我評量題目

1. 夫妻溝通困難的原因有哪些？
2. 夫妻和諧溝通應有何正確的態度？
3. 你認為夫妻和諧溝通有哪些方法？
4. 你認為在婚姻適應的過程中，有哪些婚姻成長的課題？
5. 親子之間的和諧溝通有何基本觀念？
6. 你認為親子溝通必須遵守哪些重要原則？
7. 試設計一種家庭溝通團體的模式。
8. 試設計一套夫妻團體的活動。
9. 試設計五個親子溝通的活動。

第十二章

問題解決團體

● 吳武典

學習目標

—— 研讀本章內容之後，讀者應能達成下列目標：

1. 了解團體決策之意義與技巧。
2. 了解團體決策的歷程與方法。
3. 探討促進與妨礙團體溝通的要素。
4. 分析溝通的型態與了解有效溝通的技巧。
5. 了解團體討論的意義與功能。
6. 探討各種團體討論方式及其應用。
7. 獲得主持團體討論的技能。

摘要

　　如何集思廣益、解決問題是本章的重點，其內容包括團體決策、團體溝通與團體討論三部分。一般而言，團體決策優於個人決策，在各種決策方法中，全體同意法雖然耗時最多，卻最有效。團體的決策通常經歷下列階段：確定問題、蒐集資料、形成假設、選擇解答、執行和評鑑。

　　有效的團體溝通建立在真誠、尊重與同理的基礎上，批判、指示、規避則有礙於溝通。溝通的主要技巧為傾聽與表達，均各有要訣；溝通的型態分權式優於集權式。

　　團體討論乃是一種共同思考，有助於解決問題、發展智慧。團體討論的方法有座談會、辯論法、六六討論法、參議法、腦力激盪術、配對討論法、混合法等。團體討論主持人應本著尊重、中立的態度與立場，促進了解，催化討論，其職責在塑造氣氛、把握主題、控制時間與啟發討論。

在民主、開放、多元的社會裡，充滿活力與契機，也充滿問題與挑戰。透過團體的方式解決問題、激勵創造，已成為時代趨勢。問題解決團體的功能即在促進溝通、集思廣益，解決問題，創造思考。根據研究，團體決策優於個人決策。團體決策之特質與歷程為何？各種決策方法之優劣為何？是本章首先要探討的重點。其次，本章將探討團體溝通的原則與技巧，並就團體討論的實施方法進一步探究，最後就如何主持團體討論做具體說明。

第一節　團體決策

一、團體決策的特質

團體決策（group decision-making）在許多方面優於個別決策（individual decision-making）（Johnson & Johnson, 1994: 226），包括以下幾點：

1. 催化成就動機。

2. 避免做出較有冒險性的決定。

3. 團體成員參與決定，因而認真執行決定。

4. 團體成員參與決定，因而促進行為與態度的改變，以利執行決定。

然而，並不是所有團體決策都是正確、有效的。有效的團體決策具有下列五種特質（Johnson & Johnson, 1994: 221-222）：

1. 充分利用團體成員的各種資源。

2. 有效運用時間。

3. 正確或優質的決定。

4. 所有成員充分執行決定。

5. 能增進團體解決問題的能力。

以上五項標準符合者愈多，團體決定的效率愈高；完全不符合的決策，則是無效的決策。

二、各種決策方式的比較

根據 Johnson 和 Johnson（1994），決策的方式主要有七種，各有優劣得失。

（一）權威決定，未經討論

此種決定方式在機構中頗為普遍。其主要優點是節省時間，適用於單純的或經常性的事務，成員期待領導者做決定，或成員普遍缺乏做決定的能力和資訊。

其缺點是效率不高。這是因為一人的資源有限，團體互動缺乏，成員執行決定的熱忱不足，意見紛歧或抱怨可能傷害團體的效能，眾人的資源未加利用。

（二）專家利用

此方式是讓團體中有某種專長的成員代大家做決定。其適用的時機為這一專家成員確是超人一等，且團體討論的助益不高，或成員不太需要去執行此決定。

此方式最大的難題是如何決定誰是專家，往往陷入「權力即知識」、「官大學問大」的窠臼；此外，它也具有上一方式的缺點——如成員參與熱忱不高、缺乏團體互動、意見紛歧、抱怨連連、團體效能降低、成員的資源未加利用等。

（三）廣泛徵詢，採取眾意

此一方式是個別徵詢（如用電話或問卷）成員意見，然後加以整理，採用多數人的看法，有點類似「多數決」（majority vote）。唯成員間並無溝通，且「多數」未必過半數。其適用時機為：成員集會困難，時機急迫，成員缺乏做決定的能力和資訊，適用的事務限於單純或經常性者。

其缺點是成員間缺乏溝通和討論的機會，成員對執行決定的熱忱不足，未解決的衝突和爭議可能損害未來的團體效能。

（四）權威決定，先有討論

許多團體（如企業與政府機構）採「首長制」，首長有權做決定，往往採用這種方法，即首長（領導者）召開會議，聆聽大家的意見後，宣布其決定。其優點是比上述三種方法較多運用成員資源，並從討論中獲得好處；領導者愈懂得聆聽和歸納，所做的決定也愈精確。

其缺點是：仍然未能激發成員執行決定的熱忱，成員間的衝突和爭議仍然未能化解，且成員可能有「爭寵」現象——一味討好領導者，或做出突出的表現以使領導者印象深刻。

（五）代表決定

由少數法定代表（如理事、委員、民意代表）行使決定權，或由少數人臨時聯合提議，若沒有異議，便迅速通過議案。其適用時機為：無法全體聚會討論、有時間壓力而只能代表負責、只有少數人具備相關知識、不須很多人參與執行；適用的事務屬於單純而經常性者。

其缺點是：少數人壟斷，沉默的大眾之心聲被忽視，多數人的資源未被運用，參與執行的廣度不足，仍可能有未解決的衝突與爭議，妨礙團體的效能，團體互動仍不足。

（六）多數決定

這是民主社會中最常用的方法──過半數的人出席，過半數的人同意。這種「多數決」的方法適用於：不重要的議題，缺乏足夠的時間透過討論以獲得一致的意見，不須全體成員參與決議的執行，議題不須深入地討論。

其缺點是「多數壓制少數」，形成不贏即輸或不輸即贏的「零和」局面，不利於未來團體效能的發揮；許多團體成員的資源未被利用，無法做到完全地參與執行，充分的團體互動益處也無法顯現。

（七）全體同意

這是有效的團體決策法，也是最耗時間的方法。使用這種方法，不但要有充分的時間，也要有足夠的耐力和討論技巧。

要達到全體一致（consensus 或 unanimity）事實上很難，其主要精神是「充分支持」──每個人都覺得有公平的機會影響決定；因此，即使少數人有不同意見，也不會有任何抱怨，因為他們的意見已充分表達並獲得尊重。充分表達、互相尊重、獲得協議（妥協）、共同執行，這是此一方法最大的好處；此外，此一方法往往能產生有革新性、有創意且高品質的決定，全體承諾執行，人人有貢獻，增進團體決策能力。它最適用於嚴肅、複雜、重要且須大家參與的決策問題。

此一方式並不拒絕不同的意見，要達到協議，對不同的意見的態度是：(1)藉以獲得更多資訊；(2)藉以協助澄清問題；(3)藉以驅使團體尋求較佳的方案。

一般而言，團體決策的品質愈佳，所需的時間也愈多，如圖 12-1 所示。

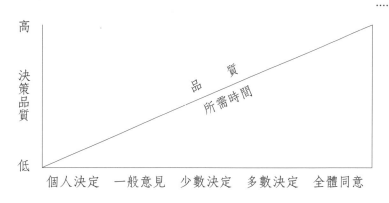

圖 12-1　決策品質與所需時間的交集

資料來源：Johnson & Johnson (1994: 245)

三、團體決策的歷程

　　團體決策歷程固然隨問題的性質不同而有變化，有效的決策歷程則通常經過下列五個步驟：

1. 確定問題：包括發現問題與界定問題。問題須是重要、急迫，且有解決的可能，問題的界定須清楚而正確，並為全體成員所了解和同意。

2. 蒐集資料：透過充分的討論和分析，蒐集解決問題所需的各種有關的正確資料，俾據以診斷問題的大小和性質，並分析促進和妨礙問題解決的因素或力量。

3. 形成假設：藉著開放而理智的討論、辯論，甚至挑戰，形成各種可能的解決方案。此時，應鼓勵成員做擴散思考或創意思考，務求方案多多益善，然後再進行系統的分析和綜合。

4. 選擇解答：在充分了解各種可能方案的利弊得失之後，運用適當團體決策的方法，選擇確實可行的方案。要獲得最後的結論，可能要花費不少時間，且經歷衝突和改變。

5. 執行和評鑑：團體完成決策之後，必須繼之以行動——全體成員認真地執行決議，並評鑑其效果。效果的評鑑包括過程評鑑（是否確實執行方案）與成果評鑑（解決了哪些問題）。如果執行後效果不彰，則團體便要考慮尋找替代方案，直至找到最佳方案為止。

　　總之，一般而言，團體決策優於個人決定，在七種決策方法中，全體同意法

雖然耗時最多,卻最有效;未經討論的權威決定方式,雖然節省時間,卻不符合民主的精神,也缺乏效率。團體決策有一定的過程,從確定問題開始,在選擇解答之後,還要執行和評價。沒有團體討論的決策固然不好;有團體討論,卻是「會而不議,議而不決,決而不行,行而不果」,也沒有什麼意義。

第二節　團體溝通

一、有效溝通的基石

有效的溝通乃建立在真誠、尊重、同理的基礎上。

（一）真誠（genuiness）

表裡如一,不戴面具,包括以下三個要素:

1. 自我覺知:了解自己的優缺點及特點,清楚自己言語與行為代表的意義。
2. 自我接納:肯定自己的價值,但也能做適度的自我批評——包括自我調侃。
3. 自我表露:不做作、不掩飾、不找藉口,無論成敗經驗,均能坦然陳述。

（二）尊重（respect）

即使對方有我所不欣賞的特質或意見,我仍能尊重他,包括以下三項:

1. 關心對方:以具體的行動,尋求對方的好處;多一些鼓勵,少幾分責難。
2. 接納對方:不懷偏見地對待他人,不求對方的完美;讚賞其優點,寬諒其缺點。
3. 尊重對方:尊重對方自我解決問題的能力,而不強迫;尊重對方的隱私,不隨意揭穿對方的面具。

（三）同理（empathy）

包括下列三要素:

1. 設身處地了解對方的感受。
2. 保持客觀。
3. 傳達設身處地的感受給對方。

二、意見溝通的絆腳石

（一）批判

批判是意見溝通的主要障礙，包括下列四種：

1. 批評：如批評「你寫的字太潦草了。」「這個計畫根本行不通！」
2. 標籤：如加上「笨蛋」、「懶蟲」、「傻子」、「天才」、「獨裁者」、「吝嗇鬼」等標籤。
3. 診斷：自以為是地替人做心理分析，經常以「防衛」、「自欺」、「自卑」、「恐懼情緒」等詞語描述別人的行為。
4. 評價式的稱讚：以長上自居的稱讚，使被稱讚者有被權威操縱的感覺。

（二）指示

這是一種潛在的障礙，往往混淆問題，阻礙思考，有下列五種：

1. 命令：用強制的方法發號施令，往往引發反抗或憎恨，並傷害自尊。
2. 威脅：以懲罰作為威脅，這比命令所產生的消極作用更大。
3. 說教：板起臉孔，擺出權威，告訴別人「應該」怎樣，往往引起焦慮，阻礙表達，製造偽善。
4. 窮問：過度或不當質詢，往往使對方不耐煩地回答而結束進一步的談話。
5. 勸告：「勸告」意味不相信對方有了解問題、解決問題的能力，往往隱含著這樣的語言：「瞧你多笨！」

（三）規避

這是一種「談話出軌」的狀態，有以下三種情形：

1. 轉移話題：缺乏覺知和傾聽，不理會對方的感受，把話題轉向對自己比較熟悉或舒適的方向。
2. 邏輯的辯論：邏輯重事實，不重情感；人際衝突的解決如只憑邏輯，將造成更大的心理距離，使彼此溝通更形困難。
3. 虛無的保證：未能了解對方真正的心情，而隨便給予「安慰劑」，既難以為對方接受，亦不能「對症下藥」。

三、意見溝通的技巧

意見溝通意味兩個人經驗世界的交流。在團體中，各人的內在世界有相同者，亦有不同者，如圖 12-2 所示：四人結合成一個小團體，有的部分是四人共有的（黑色部分），有的部分是個人獨有的（灰色部分），有的部分則是兩人或三人共有的（白色部分）。

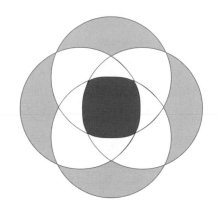

圖 12-2　四人團體的經驗世界

資料來源：Johnson & Johnson (1994: 145)

人際溝通乃是訊息（經驗）的收與發之交互歷程，溝通的技巧包括傾聽（收）與表達（發）兩部分。

（一）傾聽

1. 注意的技巧：包括適當的姿態、眼神接觸、安靜的環境等。
2. 延續的技巧：包括觀察行為語言、小小鼓勵、偶然發問、專注的沉默等。
3. 回應的技巧：有改換詞句、回應情感、回應意義、總結性回應等四種。

（二）表達

1. 行為訊息：以非批判性的話具體陳述發生的行為，如：「當你不假外出時……」。
2. 情感訊息：表露出內心的感受，如：「……我感到很懊惱……」。
3. 效應訊息：澄清那件行為對你的影響，如：「……因為需要與你共商的事

情就無法進行了。」

四、溝通的型態

團體的功能要能發揮，成員必須能做輕易而有效的溝通。在這方面，溝通網絡的安排，關係重大。根據研究（Leavitt, 1951; Shaw, 1964），溝通網絡會影響領導者的產生、組織的發展、團體的士氣及問題解決的效能。例如，在溝通網絡中居中的人往往就成為團體的領袖，因為他獲得的資訊最多，也最能主導團體的活動進行，也因此他的滿足度也最高。

團體網絡可概分為集權式（centralized pattern）與分權式（decentralized pattern）兩種。集權式的溝通網絡，所有的資訊流向一個人，他負責解決問題及傳遞訊息；分權式的溝通網絡則所有成員都可以獲得資訊，且都要負責解決其問題。

圖 12-3 的五種溝通網絡，中間的三種（鏈狀、Y 型、輪狀）屬於集權式，兩邊的圓環狀與開放式則屬於分權式。一般而言，分權式的溝通網絡之團體士氣高於集中式。如果工作單純且只須資訊的蒐集，則在速度及確度上，集權式較有效率；但如工作性質複雜且須對資訊加以分析，則分權式的溝通網絡效率較高。

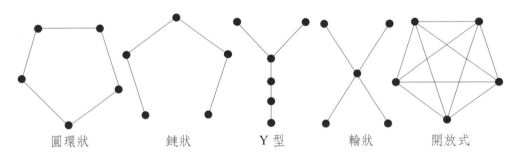

圓環狀　　　　鏈狀　　　　Y 型　　　　輪狀　　　　開放式

圖 12-3　溝通網絡

資料來源：Johnson & Johnson (1994: 161)

總之，有效的團體溝通建立在真誠、尊重與同理的基礎上；批判、指示、規避有妨礙溝通。溝通的主要技巧是傾聽與表達，都有其要訣。至於溝通的型態，分權式顯然優於集權式。

第三節　團體討論

一、團體討論的意義與功能

（一）意義

團體討論（group discussion）乃是藉著團體的互動，以進行訊息和意見交流的方式。它可以說是一種「共同思考」，包括「思考」與「協同他人」兩要素：

1. 思考：在團體裡檢核自己的觀念。
2. 協同他人：與他人交換意見，嘗試融合兩種或兩種以上不同看法，而產生新的看法；或參考他人的經驗，藉以修正自己的想法。

因此，共同思考有促成務實、創新和效率的潛力。當人們發現他人具有同樣的經驗和看法，或從不同經驗和看法中獲致一致意見時，一種新的團體、新的力量就誕生了。

（二）功能

團體討論的功能，簡要地說有下列四項（陳美芳、廖鳳池，1993）：

1. 鼓勵成員參與團體事務：當成員能對團體的事務發表意見，也有機會聽聽其他成員對團體的看法時，便能激起他參與團體事務的動機。
2. 引起成員對團體的興趣：透過面對面的交談，成員不再只是一個模糊的影像，而是一個活生生具有多層變異性的真實人類，由他們組成多彩多姿的團體，更能吸引成員對團體的興趣。
3. 達成決策以解決問題：團體的問題常非單一個體所能處理，透過面對面的交談，可以想出較好的處理方法，也可在討論中分配每個成員任務，以有效解決團體的問題。
4. 刺激思考以增進團體生產力：正如俗語所說：「三個臭皮匠勝過一個諸葛亮」，在面對面的討論中，大家集思廣益，當然比一個人獨自思考有較好的成果。

二、團體討論的模式與方式

吳武典（1981，1987）曾就團體討論的問題、方式與策略三向度，提出團體討論模式如圖 12-4 所示。

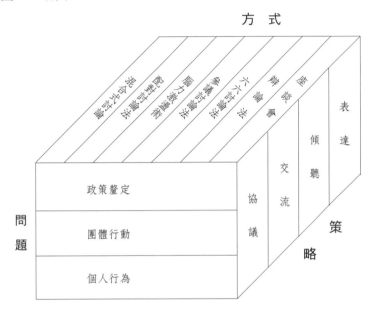

圖 12-4　團體討論模式

資料來源：吳武典（1987：430）

（一）問題

團體討論所欲解決的問題，不外乎下列三種：

1. 政策釐定問題：如「男女是否應合班？」、「是否採取榮譽考試制度？」、「學校運動場是否在週日開放？」、「義務教育年限是否應延長？」

2. 團體行動問題：如「我們應怎樣幫助車禍受傷的同學？」、「畢業旅行何處去？」、「教師節怎樣謝師？」、「要不要組團去參加歌唱比賽？」

3. 個人行為問題：如「青年對於傳統應該順從到什麼程度？」、「十幾歲的少年應有多少交異性朋友的自由？」、「對於喜歡說閒話的同學怎麼辦？」

（二）方式

團體討論的方式很多，主要有下列幾種：

1. 座談會（symposium）：針對一個主題，大家貢獻意見。通常分成兩個階段：第一階段由代表或專家學者就不同子題做「引言」，第二階段由大家提出意見或問題。主持人除介紹主題及引言人外，還鼓勵發言，最後做歸納。

2. 辯論法：有傳統「各說各話」式的辯論法（演說式），有「申論－質詢－答辯」極富挑戰性的奧勒岡（詢問式）辯論法。後者通常採333制，即甲、乙或正、反兩方各有3名辯士，抽籤決定發言順序。每人申論3分鐘，隨即以交叉方式接受答辯3分鐘，申論與質詢結束後休息3分鐘，再由雙方各推一人為結辯，各發言3分鐘，其順序為：後申論者先結辯，先申論者後結辯。這種辯論法可讓每人都有申論和質詢的機會，攻防激烈，不致於各說各話。

3. 六六討論法：又名「嗡嗡法」（buzz session）。每組6人，每人發言1分鐘，共發言6分鐘。每人發言之前，先共同靜思1分鐘，最後由主席歸納最好的意見。實際費時約10至15分鐘，仍極經濟。實際應用時，每組人數得略增減。六六討論法的實用程序歸納如下：(1)決定主題；(2)分組（每6人一組為原則）；(3)挑選主席與記錄（兼發言人）；(4)靜思1分鐘；(5)每人發言1分鐘；(6)自由交談3至5分鐘；(7)主席結論。

4. 參議討論法（panel discussion）：各小組推派代表，組成「參議會」進行討論。「參議會」的討論情形與小組討論類似，由總主席主持。「參議會」可在舞台上或大會場中央舉行，俾全體會員都目睹，唯只有「參議員」有發言權。

5. 腦力激盪術（brainstorming）：是一種道地「集思廣益」的方法，通常參加人數為6至12人。先有一個開放式的問題，由各人自由提出答案，然後歸併答案，再擬訂標準，審核答案，其不合標準者予以淘汰。腦力激盪的基本精神是「延宕的批判」。實施時應注意：(1)不立刻批判；(2)量重於質（多多益善）；(3)愈奇愈好（自由獻議）；(4)聯合與改進（搭便車）。

6. 配對討論法（paired discussion）：類似體育比賽中的「單淘汰制」，又叫「二四八法」。先由2人配對討論，獲得協議後再和別組的代表討論；再獲得協議後，再和別組代表討論。如以8人為例，即先有四對討論（每對

2 人），再成為 2 組討論（每組 4 人），最後為 1 組討論（8 人）。中間經過 3 次的討論，才得到結論，故是一種「深思熟慮」的討論法。實施此法時，宜先準備一些有關問題的答案單，並加以編號。

7. 混合式討論法：將以上兩種或兩種以上的方法混合應用。例如：(1)先做六六討論法，再做參議法，以便有更進一步的討論；(2)先做腦力激盪，激盪出各種可能答案後，即轉用配對討論法來整理和濃縮答案，一如捕魚，先「撒網」（腦力激盪術），再收網（配對法），故可名為「捕魚式討論法」。

（三）策略

各種討論法所運作的策略，不外下列四種：(1)表達；(2)傾聽；(3)交流；(4)協議。

把團體討論的問題、方式、策略等三個向度加以考慮，即如圖 11-4 所示。

理論上，這個模式有 84 個因子（3×7×4 = 84），例如：(1)使用座談會表達政策性意見；(2)使用六六討論法，針對團體行動問題，實施意見交流；(3)使用腦力激盪術，對個人行為，表達各項意見。當然，有些組合似乎是窒礙難行的，例如以辯論法進行協議，以六六討論法做政策的釐定等。到底哪些是可行的，也有待進一步試驗研究。不過，藉此模式，有助於在應用討論法時，有方向可循。

三、如何主持團體討論

團體討論的主持人是整個討論過程中的領導者，也是靈魂人物。他須熟稔議事規則，並充分運用催化技巧。

（一）基本態度——尊重

身為會議主持人，他應隨時提醒大家以下兩點：(1)尊重自己：了解自己的經驗和意見對團體有何價值，故勇於發言，以期有所貢獻；(2)尊重他人；深信他人的經驗和意見也具有同樣的價值，應尊重每一個人如同尊重自己。真誠地相互尊重，將可避免任何人獨占或壟斷討論。自重和尊重他人若能成為團體討論的基礎，將可轉化成為積極的傾聽和熱烈的參與。

（二）基本立場——中立

主持人的立場應該只是提出問題，不給答案，給予答案是團體的任務；當然，必要時他也可以退出主席立場發表意見，但這仍應盡量避免。他應敏察會眾說的話，如果覺得可能別人不了解或導致誤解，便要加以總述或澄清，以增進彼此的了解。

（三）基本職責——催化

1. 製造氣氛：包括顯示熱忱，給每位成員製造發言機會，藉由介紹活動或幽默感營造相互感應的氣氛，避免批判別人的意見等。

2. 把握主題：可利用重述主題、總述意見、指出討論的方向等，以澄清和把握討論的主題，避免討論中斷或迷失方向。

3. 控制時間：事先規定全程討論的時間、每人發言的次數和時間，調整每人發言的次數，表示想聽聽尚未發言者的意見等，以免討論時間過長或少數人壟斷發言。

4. 啟發討論：激發和鼓勵發言，如闡釋意見，提出問題，用詢問的方法間接鼓勵發言（避免用輪流法或指名發言），使用諸如「請發言……謝謝你……請繼續」等鼓勵而不批判的話語。

（四）場面構成

1. 氣氛：自由自在固然很好，但仍宜正式一點，不可變成聊天。

2. 人數：以 10 至 15 人為最理想，人數太多時，可分成兩組進行。

3. 座位：盡量採用圓環式或馬蹄式，以符合分權式溝通原則，便於面對面的交談。

4. 時間：以 1 至 2 小時為度。若須時較長，可分段實施，中間有休息時間。

5. 音響：場所宜清靜，彼此聲音可清晰聽到，必要時利用良好音質之麥克風，以增進效果。

6. 規範：會議規範宜就地事先提示，如有特殊程序，應先徵求大家同意。

7. 議程：應先行準備，並盡可能在會前連同有關資料，隨開會通知發給與會人員。

總之，團體討論是一種共同思考，有助於問題解決、啟發智慧。團體討論的

方式很多，靈活運用，可使「開會」成為有趣且有意義的活動。會議的主持人，應本諸尊重、中立的態度與立場，以促進討論，其職責是製造氣氛、把握主題、控制時間和啟發討論。在民主時代的社會裡，每個人都有開會的經驗，也有主持會議的機會，如果能夠把握本章所談的原理和技巧，相信必有助於把現代公民的角色扮演得更好。

關鍵詞彙

團體決策	決策方式	團體溝通
溝通網絡	團體討論	座談會
辯論法	六六討論法	參議討論法
腦力激盪術	配對討論法	混合式討論法

自我評量題目

1. 何謂團體決策？試比較團體決策與個人決策之利弊得失。

2. 試任擇一種決策方式，說明其應用時機及限制。

3. 試舉例說明促進有效溝通的因素。

4. 試舉例說明妨礙有效溝通的因素。

5. 試舉例說明傾聽與表達的技術。

6. 何以分權式的溝通型態優於集權式的溝通型態？

7. 團體討論即「共同思考」，試述其義。

8. 試任擇一種討論方式，說明其應用時機和限制。

9. 試談談自己主持會議或出席會議的經驗或心得。

第十三章

班級團體輔導

● 吳武典

學習目標

—— 研讀本章內容之後，讀者應能達成下列目標：

1. 了解班級團體的基本原理。
2. 了解改善班級團體的技巧。
3. 了解班級團體的經營技巧。
4. 了解班級常規問題處理方法。
5. 了解班級團體活動設計原則。

摘要

　　班級團體有其獨特的文化或氣氛，教師的領導具有決定性的影響。一般而言，民主式的領導會產生較佳的班級氣氛。欲改善班級氣氛，應確立目標、確定規範、增進了解、分工合作，並透過民主程序處理問題。

　　班級經營的項目包括班級行政管理、班級教學管理、學生自治活動、班級管理及班級常規範管理等。班級常規問題之發生，主要由於團體結構或團體歷程的變異或失常，各種常規管理模式可作為常規管理的理論依據；在實務上則可應用對準目標、雙管齊下、維持動勢、注意全體等技巧。

　　班級團體活動的設計須以學生身心特質與需要作為依據，並適當使用分組技巧。班級團體活動方式甚多，本章以「主席排」為例，做應用性之說明。

班級團體在性質上屬於「社會－心理」性團體，以教師為領袖，師生互動的量與質產生不同的班級氣氛（或稱班級氛圍）。如何運用教室內的團體動力來幫助學生成長發展或解決問題，是本章的重點。本章首先討論班級團體與班級氣氛，繼而探討班級經營策略及班級團體活動設計。

第一節　班級團體與班級氣氛

班級團體不只是教室裡一群人（教師和學生）的組合，更重要的是它的獨特文化或氣氛，吳武典（1984：18-23）在〈如何培養良好的班級氣氛〉一文中，根據有關文獻及其多年研究成果，做如下的分析。

一、基本原理

（一）班級團體的性質

家庭有家庭氣氛，學校有學校氣氛，社會有社會風氣，國家有國家格調。在學校裡，每個班級也有班級氣氛。

如果問：教室像什麼？班級像什麼？答案可能有趣得很，有人說教室像菜市場，很熱鬧，老師是小販，學生是顧客；有人說教室像戰場，學生與學生之間在鬥爭，老師與學生也在鬥爭；有人說教室像屠宰場，像閻羅殿……這些形容都太過分了。其實，教室就是教室，它是一個特殊安排的地方，它排除了社會和文化的污染，應是最純淨的地方。它是學術的小殿堂，大家在這兒安心地學習、成長。「大家」就是一個班級，包括老師和學生。

班級像個家庭，老師像家長，學生是家庭中的成員，於是「一家人」的甜蜜感覺產生了，彼此互相關懷、支持、協助，父母的理想從孩子們的成長中獲得實現。

然而，不是所有的家庭都令人有溫暖的感覺。有的家庭破碎了，沒了父母或父母離異，或者父母不愛孩子，孩子形同孤兒；有的家像戰場，父母感情不好，常拿孩子出氣……以致有些孩子寧願不回家，而到學校找家，如果學生與同學能接納他、關懷他，他在家失去的愛就得了補償；如果在學校裡也得不到滿足，沒有成就、沒有地位，他就可能到家庭外或學校外尋找「野食」，例如：參加不良

少年團體，尋求補償。

家庭要有個家長，沒有家長，家庭就失去重心，不但經濟上缺乏支柱，精神上也缺乏寄託。老師就像班級這個家的家長。

老師也像個園丁，照顧幼苗發芽、成長、茁壯，學生是幼苗，每株幼苗有不同的潛能，只要有良好的環境，得到良好的照顧，都可能成長發展。園丁除了設計良好的環境，還做除草、施肥的工作，排除發展中的各種障礙。因此，班級就像花圃或花園。

我們當然還可以把班級做其他的比喻，無論何種比喻，班級團體更具社會性，也具有心理性，它有社會團體的雛形，但其實它更屬於心理團體，基於情感結合的成分大於基於利益結合的成分。

（二）班級氣氛的形成

人際互動之後產生規範，規範代表期許，期待會產生壓力。在團體裡，每個人都要順從規範，否則就不被團體接納，甚至受到制裁。例如在圖書館裡，你就必須安靜，因為大家都在默默地看書；圖書館裡，安靜的氣氛代表團體的特質，團體氣氛一旦形成，它即回過來影響個人。正如我是家庭的一員，我影響家，家也影響我。這種氣氛會塑造人格，影響學習。好的班級氣氛使學生學得愉快，且有成就感；相反地，惡劣的班級氣氛，往往構成學生人格發展的障礙。

團體氣氛像空氣一樣，看不見，卻影響每個人；它是一種媒介，不可沒有它。然而它本身也是一個目標，因為團體的基本要求是和諧；我們不但希望每個人都能夠成長發展，也希望班級有溫暖、有榮譽。班級氣氛的形成和班級的互動狀態及個人特質有關，而最重要的還是教師的影響。

（三）教師領導的影響

在教室裡，雖然師生互相影響，不過，根據許多研究，教師影響學生的比較多，學生影響教師的比較少。這是因為教師有傳統的權威、豐富的知識及合法的權力，學生自然會比較在乎老師的行為；老師可以叫學生站起來唸書，可以給學生打分數，可以要求學生不可以這樣，不可以那樣……；但學生要評鑑老師，就屬於非常敏感的課題了。

過去老師的權威是絕對的，現在則是相對的；老師影響是否真正發生，還要看學生是否願意。雖然如此，老師的影響還是相當大的。教師應珍惜自己的角色，

發揮其影響力，而不是一味地要求恢復其權威。高壓式、注入式的權威容易引起學生的反感。權威應做適度的使用，其原則是與情感結合，形成民主式的領導。

二、團體氣氛

民主式的領導與權威式的領導產生的團體氣氛是迥然不同的。所謂團體氣氛，是透過團體內的互動與期待所產生的團體特質，可依通俗的說法和心理學的說法加以分析。

（一）通俗的說法

這個團體（家庭、班級……）是溫暖的還是冷酷的？是接納的還是敵意的？是緊張的還是輕鬆的？是團結的還是散漫的？這些說法很通俗，比較好的氣氛當然是溫暖、接納、輕鬆、團結的；比較差的氣氛是冷酷、敵意、緊張、散漫的。

（二）心理學的分析

比較常用的，有以下三種：

1. 是開放的還是封閉的：開放性的團體之特徵是強調自由自在、共同參與、權力分享、責任均攤，以成員（學生）為主體，容許改變或創新。封閉性的團體則是比較保守，不容許變革，權力集中、責任集中，沒有共同參與，遇到問題，依靠少數人來解決，而不是靠集思廣益。

2. 教師中心還是學生中心：教師中心是以教師為整個班級的核心，由他發號施令，主導全局。今天上什麼課？做什麼作業？怎樣評分？全由老師來規定；什麼行為是對的？什麼行為是錯的？對的要怎麼獎勵？錯的要怎麼處分？也全由老師來處理。有了問題和困難，趕快去報告老師，讓老師來告訴我們怎麼辦，這是以教師為中心。

   學生中心則是以學生為主體，老師從旁協助、催化、引導、鼓勵，經常採用來自輔導的方法，讓學生多發言，老師用傾聽來了解和接納學生。當然，老師也會提供一些意見，但不替學生做決定，而是幫助學生去思辨、做抉擇。學生的自尊和權益總是被優先考慮的。

3. 民主、權威還是放任：權威式的領導完全以教師為主，由他發號施令，學生沒有自由與主權。放任式的領導是老師什麼都不管，也不關懷，學生有最大的自由；老師對學生沒有愛，也沒有控制。

這兩種當然都不好。根據研究，在權威式的領導下，學生的學業成績還能維持一定的水準，但是人際和諧、情緒適應就非常糟糕。在這種氣氛下，學生變得緊張、焦慮而沒有安全感，隨時擔心會受到懲罰。因此，同學之間沒有關懷，只是希望別人失敗；以為別人考得比自己差，自己就顯得比較好；別人考得比自己好，自己就會被挑剔。至於放任，那更糟糕，生產力（成績）落空，和諧也落空。開始時，大家很滿意，自由了，解放了，什麼都可以來。漸漸地，發現什麼都得不到，最後變成弱肉強食，霸王當道，許多人被欺凌，一點安全感也沒有；基本心理需求得不到滿足，團體內充斥著不安與不滿的情緒。

至於民主式的領導，是絕對的尊重、適當的管理。一方面尊重個性發展，同時也尊重別人權益，仍然有適度的團體紀律。在這種情況下，學生學業表現良好、人際和諧、情緒穩定。因此，民主式的領導會產生較佳的班級氣氛。

三、團體向心力的來源

如果團體內的成員普遍有「我們」或「一家人」的感覺，便可以說他們對團體有了向心力。向心力的來源如下。

（一）認同團體的目標

如果大家都希望這個班級整潔有秩序，彼此相親相愛，並以學習為重，便會同心協力，愛護這個團體。「我希望我們的班像什麼？」這個答案愈一致，就表示團體的向心力愈強。

（二）喜愛團體的工作

班級裡有他喜歡的同學，他就會在乎這個班；班裡有他討厭的人，他就可能以遲到、曠課、逃學，甚至輟學、轉學，表示他的抗拒。再如，這個團體有好友參加，他邀請我加入，我便會考慮參加。

（三）滿足個人的需要

個人的心理需求如安全、愛、隸屬、自尊、成就，若能在團體裡得到滿足，這個團體對他就具有吸引力。

四、團體離心力的來源

一個團體如果沒有一體的感覺，彼此感覺陌生，甚至懷有敵意，便可以說這個團體有了離心力。團體的離心力來源如下。

（一）生活目標的缺乏

來到這個團體不知幹什麼，好像「上了賊船」，有被騙的感覺，因此渾渾噩噩地過日子，以至於覺得生活乏味、無聊。

（二）團體規範的失落

團體裡沒有規範，好人不能出頭，壞人為所欲為；做多做少都一樣，做好做壞沒有差別；這便如火車沒了軌道，大家安全沒有保障，逃出團體的想法便難以避免。

（三）學習歷程的不當

教室裡的學習歷程如果出現了障礙，如教得太容易，沒有挑戰性；或太難，怎麼努力都沒有成就；或作業太多、太難、不合理等，凡此都有可能造成學生對學習歷程的不滿，乃至於想離開這個班級。即使勉強留在班級裡，也是人在教室，心在他鄉。

（四）人際關係的不安

包括三種情況：一是內部形成許多小團體，團體間彼此對立或鬥爭，以致天下大亂；二是「團體角色的解組」。在團體裡，會有各式各樣的人，有品學兼優的模範生，有專門欺負弱小的小霸王；有開心果、保鏢、和事佬……在統統都有的情況下，保持一種動態的平衡。如果某些角色（如班長）大家搶著做，某些必要的角色（如乖寶寶、俠客）卻沒人當，則團體角色結構失去平衡，人際之間就發生不安現象了。第三種情況是師生發生摩擦，老師與學生彼此不喜歡，甚至相見如寇讎，團體的離心力自然擴大了。

（五）溝通管道的阻塞

如果學生有話不敢說，或想說又沒有適當的表達管道，便可能在廁所裡亂塗

亂畫，或藉上課傳字條、寫密告信等來發洩，問題不但未能解決，反而使團體內彼此猜忌，弄得烏煙瘴氣。

（六）團體氣氛的騷亂

有兩種氣氛是很有害的：一是懲罰的氣氛。如果老師動不動就罵學生，甚至打學生，便很難期望學生喜歡這個班級。因為懲罰愈多，氣氛愈不好。另一種是敵對的競爭氣氛，有些教師教學很認真，經常使用競爭的方法督促學生以提高學業成績。殊不知過度的競爭，往往造成人際的不安、嫉妒和攻擊，也會造成「別人的成功，是我的失敗」、「若要我成功，便要把別人搞下來」的錯誤心態，不但不利人際關係，也阻礙了自我的成長。

五、改善班級氣氛之道

要改善班級氣氛，首要強化班級內的向心力，減除離心力。具體策略如下。

（一）確立目標

一個人有了遠大的目標，當前的辛苦便能「甘之如飴」。同樣地，班級裡有大家共同追求的理想或目標，日子便比較好過。這個理想或目標不一定是要很遙遠、崇高，例如：希望快樂地過一天，希望功課能做完、學業進步，和同學關係良好，人格增進，對世界多些了解，對自己多些肯定，進而建立自己的志向，樹立一個服務的人生觀等，都很實在而可行。在班級裡，成就感應是大家努力的目標，老師要設法提昇學生的成就感。學生成就感一旦失落，就可能會尋求各種偏差的補償。尋求成就與榮譽應是班級裡首要確立的目標。

（二）確立規範

有了目標之後，接下來就要確立規範。例如：老師講課時，學生要聆聽；同學們有話要說，應先舉手；再如上美術課，一定要準備好工具，畫完了要自己收拾；有事或生病不能來學校上課，一定要請假；做作業時，可以輕聲討論，但不得喧譁；考試時，絕對不能作弊……等。

（三）增進了解

誤解的產生往往是因為缺乏溝通，彼此間多些了解，人際距離就會拉近。做

老師的要設法了解學生，同學之間也要互相了解。因此，班級應透過個別晤談、班會等機會多做溝通，班級輔導活動更是絕佳的時段。此外，應鼓勵學生主動找導師或輔導老師談話，並慎重處理學生所提出的各種意見，使教室成為一個沒有溝通障礙的環境。

（四）分工合作

班級團體也有社會團體的屬性，教室裡有各種工作要做，不只是學業的，還包括打掃、秩序、康樂、總務、服務等，最好讓每個人都負一些責任。分工之外，更要講求合作，彼此鼓勵、協調、支援，發揮團隊精神。盡忠職守與互相欣賞、互相支援都是應該強調的。

（五）民主程序

要建立良好的班級氣氛，應多運用民主的方法來處理班級內的事務，多讓大家參與決策、執行與督導。例如：班級生活公約宜由大家共同討論訂定，由風紀股長來執行，避免由老師一人來規定和執行。老師寫的規約一定是漂漂亮亮的，但那是老師的私約，不是同學的公約。大家訂定，大家遵守，這樣，同學即使被糾正、被處分，也沒有話說。

民主社會的重要特質之一是權力分享、責任分擔，民主的素養就從班級裡學起；老師是領導者，領導大家一起來管大家的事，一起來關心班務，一起來分享領導權、分擔責任。這時候，就沒有誰來管誰，或誰是主宰者的問題了。這時候，大家都是主人，都是要角，每一個人都有他的地位和成就。在這種情況下，每個人都要尊重自己——表達自己，努力工作；同時也尊重別人，欣賞別人，模仿別人，鼓勵別人，邁向共同成長。

合作謀事而彼此不鬥爭，乃是成長的不二法門；在教室裡，「共同成長」是良好班級氣氛的最重要指標，也應是大家共同的期望。

第二節　班級經營技巧

一、班級經營的內涵

所謂班級經營，吳清山、李錫津、劉緬懷、莊貞銀、盧美貴（1990：8）曾綜合各家之說，界定為：「教師或師生遵循一定的準則，適當而有效地管理班級中的人、事、物等各項業務，以發揮教學效果，達成教育目標的歷程。」

至於班級經營的內容，主要有下列五項。

（一）班級行政管理

包括環境布置、座位安排、認識學生、生活照顧、班規訂定、校令轉達、校規執行、各項競賽、家長聯繫、學生資料建立、保管與運用等。基本上，班級是學校行政體系的一環，導師是廣義的學校行政人員之一。

（二）班級教學管理

包括課程設計、教材選擇、教學方法的應用、作業規定、學習指導、成績評量等。基本上，這是學科教師的主要職責。

（三）學生自治活動

包括班級幹部組織與運作、班會活動的進行、社團活動及課外活動的安排與輔導等。基本上，學生自治活動是學生民主化訓練重要的一環；在校園內，「班會」是最重要的「實驗劇場」，導師的角色是「導演」或「民主導師」。

（四）班級氣氛管理

良好的班級氣氛有助於學生的學習與人格成長，本身亦是重要的目標。良好班級氣氛的營造包括師生關係、同儕關係、學習態度、常規適應等方面。

（五）班級常規管理

包括班級禮儀、生活公約、規範形成、意見溝通、衝突化解、學生違規問題

處理等。這是班級經營中，教師最感困擾，也最需要技巧的一項。因此，本節以較多篇幅將深入討論之。

二、常規問題的形成

班級常規問題，主要有下列五種，其嚴重性依序遞減（金樹人編譯，1994：2）：

1. 攻擊：對老師或同學在身體上或語言上的攻擊。
2. 缺德：如欺騙、說謊、偷竊。
3. 反抗權威：學生（帶有恨意地）拒絕老師所交代的事。
4. 班級干擾：大聲說話、大聲叫喊、遊走教室、學小丑、亂丟東西等（大多數的班級公約在處理這類不良行為）。
5. 遊手好閒：走來走去、不做功課、做白日夢等。

為什麼在教室中會發生常規問題呢？吳武典（1975，1985）認為，這個問題與個人的因素關係小，而與班級中的團體結構與團體歷程關係大。從班級心理的觀點來分析，最易導致常規問題的因素可能有下列幾項（吳武典，1975，1985）。

（一）學生對學習歷程不滿意

1. 課程太容易：課程缺乏挑戰性，學生的精力勢必另尋出口。
2. 課程太難：學生容易遭受挫折，而以攻擊行為（如打架）、粗暴行為（如丟物）、發怒行為等發洩；有時轉而成為「不在乎」的態度（如乾脆遲到或曠課）。
3. 教師的語言難懂：教師腔調太怪或用語太深，學生聽得吃力或覺得索然無味。
4. 作業太重：學生們個個情緒緊張，希望找些刺激調劑一下。
5. 作業太輕：學生們缺乏成就感，想找些刺激打發時間。
6. 規定的作業不當或不合理：由此引起普遍的憎恨行為。
7. 學習活動缺乏變化：生長中的個體需要常常活動筋骨，一講到底或照本宣科的教學方式，使他們感到厭倦。

（二）人際關係的不安

1. 個別的友誼與緊張：兩人友誼堅如鐵石，教師對其中一人的批評與責難，引起另一人的不滿；或兩人如水火不相容，教師對其中一人的讚譽，使得另一人大為氣惱。

2. 小團體的形成：班級中形成許多小團體，有時某小團體反抗一位教師，只是因為教師對另一小團體顯示太多的關愛。

3. 團體角色的解組：普通班級中，每個人都扮演某種角色，如領袖、模範生、發明家、替罪羔羊、暴徒、執法者、守衛、打鬥英雄、孤立者、俠客、老師的寵兒、第五縱隊、搗蛋鬼、和事佬、開心果等，多彩多姿，互相制衡，保持團體內的均勢。如果班上某種角色人物太多，或大家爭著做某種角色，便很可能引起常規問題。

4. 師生的摩擦：學生感到「不被喜歡或了解」或「被歧視」，師生間便會增加緊張氣氛，而引起常規問題。

（三）團體氣氛的騷亂

1. 懲罰的氣氛：教師慣用威脅、恐嚇來控制學生的行為，學生可能假順從（偽善），或以反抗、憎恨、欺凌弱小等手段來發洩被壓抑的情緒。

2. 敵對的競爭氣氛：學生們被驅策做無止無休攻擊性的競爭，其結果是團體中各分子間極度地不合作，甚至以別人的失敗與受懲作為自己的快樂泉源。

三、班級常規問題管理模式

美國著名教育改革家 C. M. Charles 教授在其所著《建立教室裡的紀律》（*Building Classroom Discipline*）一書（中文編譯本為：《教室裡的春天》）中，曾將各種有效的常規管理模式歸納成下列八種類型（參見金樹人編譯，1994）。

（一）團體動力型

以 F. Red 與 W. W. Wattenberg 為代表。他們主張運用團體動力的覺察來加強班級管理，認為：動機是行為與衝突背後的基本原因，了解學生的動機，教室的控制就成功了一半。

（二）眼觀四面型

以 J. S. Kounin 為代表。基於預防性的教育常規理念，他指出在團體中普遍存有一種「漣漪效應」，強調掌控全局、同時處理、維持動勢等策略的運用。

（三）行為塑造型

源於行為主義大師 B. F. Skinner。這個模式認為行為是由行為本身的結果所塑造，行為之後若緊接著增強物，該行為會被強化，藉此建立行為改變技術，並用之於班級常規管理。

（四）和諧溝通型

以 H. G. Ginott 為代表。他試圖建立一個安全、人本主義及建設性教育環境的溝通技巧。他認為教師就像父母一樣，有能力建立或破壞兒童的自我概念，他於是提倡「和諧的溝通」，幫助教師充分發揮其影響力。

（五）目標導向型

以 R. Dreikurs 為代表。他認為所有的學生都需要被認可，如果得不到認可，他們的行為就會轉向錯誤的學習目標。常規的教育不是處罰，而是教導學生懂得自我約束。

（六）肢體語言型

以 F. H. Jones 為代表。Jones 模式的主要精神是幫助學生喚醒自制力，他強調有效地運用肢體語言，提供誘因鼓勵學生表現教師期待的行為，以及在學生進行獨立作業時，提供有效的協助。

（七）果斷紀律型

以 L. Canter 和& M. Canter 為代表。Canter 模式的主要精神是教師對學生所表現出的行為要有果斷的堅持。他們提供一套規劃完善的步驟，以面對學生不能表現出預期行為的情形。這對於矯正性的常規訓練，非常有效。

（八）需求滿足型

以 W. Glasser 為代表。Glasser 的教育觀點以 1985 年為分界點，先前他提出「現實治療」理論，強調一個人現在所做所為才是解決問題的關鍵。後來他又闡明高品質的學校在於建立無高壓的學生管理，強調教師必須掌握優良常規之鑰。

四、班級常規問題的再界定

班級中的違規行為，其實主要是由教師界定的。欲改進常規管理，首先教師應檢討他對違規行為的觀點。下面是心理學家 W. J. Gnagey 的建議（引自吳武典，1985：77-78）：

1. 減少清單的項目：若非真正需要，少訂規則為妙。規則愈少，維持常規的行動也愈少，這是很明顯的道理。規定繁多，不但難以執行，且易形成具文，抵消了真正需要執行的規則的效力。

2. 項目宜適當：所有的規定應盡量具有教育的意義，從根本上著眼，而非注意枝節問題。例如制服是否燙得筆挺，上課時是否可嚼口香糖，實在不必加以規定。比這重要的多的是。

3. 項目宜有意義：項目的規定應以增進工作效率為目標，而不在順從項目本身。也就是說，這些規定在邏輯上要與教育工作相連，這樣，學生就不會認為這是獨裁的規定了。

4. 做積極的規定：一個積極性的規定可提示工作的目標，而非強迫就範。例如上實驗課，與其規定不能有任何聲音，不如規定一個可接受的「討論聲音」，讓學生在此限度內學習自我控制。

五、班級常規管理技巧

在執行上，有效的常規管理應如何？這個問題，美國心理學家 J. S. Kounin 及其同事們做了深入的研究。他們藉錄音錄影的設備實際觀察教室的活動，分析教師處理教室常規的行為及效率。他提出了下列幾個重要的原則（引自吳武典，1985：78-80）。

（一）對準目標（withitness）

教師須了解班級中正在進行的活動，當他需要制止違規行為時，所找的是正

確的對象，顯示出「腦後有眼」的能力。教師應避免：(1)找錯誤的對象加以申誡；(2)制止小問題，忽略大問題（如責罵一位耳語者，而讓兩個兒童在教室裡追來逐去）；(3)動作太緩（等到問題已傳染到全班或已惡化了，才採取行動）。

（二）雙管齊下（overlapping）

一位有效的教師能同時處理兩件事情，例如一面制止一個孩子的干擾行動，一面維持上課活動的進行。反之，一個無效的教師往往專注於一個小小的違規行為，而忽略了主要的班級活動。

（三）維持動勢（movement management）

一位有效的教師能維持班級活動，使趨向目標，運動不息。反之，一位無效的教師則表現下列的缺點：

1. 翻來覆去的：就像玩翹翹板遊戲似的，停止某種活動，開始另一種活動，不久又回過頭來，從事某種活動。
2. 過度逗留的：從事不必要的長談或長時間的固定活動，使整個活動的速度緩慢下來。
3. 支離破碎的：可以一次完成的活動，卻支離破碎地分成許多段落，減緩了工作進行的速度。
4. 目眩神搖的：容易為不相干的刺激所吸引，而遠離主要的活動。一位有效的教師則是目標導向的。
5. 隨意干擾的：一位有效的教師不隨意以突然的命令、問題或聲明中斷兒童們正在進行的活動，他能體諒到全體學生的心向（反應傾向）。一位無效的教師則往往隨他個人的需要任意擺布時間。

（四）注意全體（group focus）

一位有效率的教師之注意力永遠是及於全體學生的，即使只令一人朗讀或背誦，他也能注意到全體的反應。關於這一點，有以下幾項技術：

1. 發問，稍停，讓全體思考，再指名回答。
2. 以隨機方式指名回答，而不按照一定的順序。
3. 要大家評鑑某生的答案。
4. 當某生回答時，目光巡視全班。

5. 預先提出一個需要大家思考的問題。

以上特別介紹 Kounin 的研究，乃是基於兩個理由：第一，他強調的常規管理是防患於未然，而非處理違規行為於已發，具有積極的教育意義；第二，他所用的方法，避免使用懲罰，有助於創造一個健康、和諧的班級氣氛，使教室成為一個真正有助於學習的環境。

第三節　班級團體活動設計

一、活動設計原則

班級團體活動的特色，應是讓學生體驗生活並學習適應技能。因此，其活動設計應特別注重青少年身心發展之需要，以期促進其自我成長或預防問題行為發生。

活動進行的方式可採用不同形式，例如：教師講說、參觀訪問、自由搶答、分組競賽等。陳美芳、廖鳳池（1993）曾介紹 10 種班級團體活動方式：團體討論、創意思考、聯想活動、辯論活動、機智問答、角色扮演、身體活動、回饋活動、比擬活動及主席排（載於吳武典、金樹人等，1993：64-97）。

一般而言，由於班級團體人數可能高達 30、40 人乃至 50 餘人，屬於大團體，因此，活動分組便顯得很有必要，以培養學生合作、負責精神，增進學習動機。分組的方式可以多樣化，如隨機分組、動物分組、拼圖分組、詩詞分組、英文字母分組、部分自由分組、自由分組等（參照吳武典、金樹人等，1993：64-68），唯分組時，應注意下列事項：

1. 教師在進行分組之時，必須慎重考慮班級特性，經過評估後再決定採用高同質性或低同質性之分組方式；前者之凝聚力強，但也可能造成班上次級團體間之對立；後者可使學生重新認識班上同學，卻也可能出現組內學生意見不合，削弱團體隊競爭能力的現象。

2. 進行分組之後，如無特殊情形，應維持一學期之固定分組，以增強學生同舟共濟、有始有終的良好美德，老師也可在學期結束前進行學期總評鑑，使學生更努力參與，適度的物質或精神獎勵，將使學生更喜愛上輔導活動課程。如有特殊狀況產生，老師亦可打破原來的分組，重新安排。

3. 分組活動進行之各項競賽，應與輔導活動單元內容有關，不是純粹為競爭而比賽，過多之遊戲與比賽，將使學生過度強調勝利，忽略了輔導活動課程之意義與目的，使之變質為遊戲時間。

4. 分組活動本身是方法而非目的，進行各種活動之前應先說明活動目的，如為引起學生動機而暫時不說，也應在活動進行後，清楚地澄清活動之意義與目的，使學生了解活動的本質。如果學生競爭過於激烈，可於下幾次課程中，安排其他上課方式，以減緩學生之過度競爭現象。

5. 進行分組時，每組人數以 6 至 8 人較為理想，組內人數過多時，容易造成學生意見分歧或分工不均現象，部分學生可能沒有表現機會；組內人數太少時，每位成員之負擔較重，也可能出現單獨表現之情形，失去了原先採用分組活動之目的。

二、活動設計舉隅——以主席排為例（引自陳美芳、廖鳳池，1993）

（一）意義與功能

「主席排」係林一真（1975）所倡導的國中輔導活動實施方式，由於學生的座位大都固定，教師可協助學生將各排組織起來，輪流擔任輔導活動之策劃、主持或裁判。此種活動方式的主要目的在使學生由親身參與活動設計與執行中，產生成就感與榮譽心；師生在較頻繁與對等的互動中，增進彼此了解；學生在活動設計與演示中，激發創造潛能；全班在團隊合作中，形成更強的凝聚力與責任感。

（二）實施方法

「主席排」係指，擔任輔導活動策劃與主持的一排學生。採「主席排」方式進行教學時，教師應先協助該排學生組織分工，使每位學生能各司其職，學生擔任的職務可視活動設計與班級狀況，而做不同的安排。表 13-1 所列可作為參考（取自柯穎誠，1983）。

（三）程序

採「主席排」活動方式，教師宜與學生做完善的課前籌劃與溝通。其實施方法包括以下三階段：

表 13-1　「主席排」的成員與職務表

職務＼工作	活　　動　　前	活　　動　　時
主席	1. 參考單元內容、負責召集組員、約定時間商討本週活動要點。 2. 督促組員進行課前的討論、準備及設計等。 3. 安排組員蒐集或繪製活動所需資料及器材。 4. 帶動組員整理會場。	1. 介紹主席排成員（或由成員相互介紹、自我介紹）。 2. 說明本單元活動方式。 3. 提示本單元內容要點。 4. 主持活動進行與結論。 5. 把握時間連貫整個活動程序。
記錄	1. 小組聚會討論時，隨時記下討論大綱及構想，以免遺忘。 2. 將討論的最後結論或活動程序整理出來。 3. 上課前 10 分鐘將活動程序、單元名稱以板書或其他方式呈現給全班。 4. 拿輔導活動紀錄簿。	1. 負責整節課活動的實況記錄。 2. 記錄完畢，最遲在第二天立即將紀錄簿交給輔導教師。
聯絡	1. 設計職稱牌、獎牌、教具及活動的座位形式。 2. 聯絡組員共同製作。 3. 安排、指揮同學在活動前 10 分鐘完成排桌椅的工作。	1. 協助教具的展示。 2. 協助評分及秩序管理。 註：聯絡 1 至 2 名，可分為設計、場地布置等職務。
裁判	1. 準備設活動的評分項目。 2. 做好評分表格。	1. 說明評分方式。 2. 以公正的原則擔任評分工作，並計算總分。 3. 宣布競賽結果，並略做講評，說明優勝組有何值得學習的優點。
康樂	1. 決定本單元是否可加入康樂活動配合。 2. 決定本單元是否加入輕鬆笑話或歌曲教唱。	1. 教唱。 2. 帶領康樂活動。
計時	1. 預算各項活動的時間。 2. 決定是否準備哨子、碼錶等工具。	1. 提醒大家把握及控制時間。 2. 擔任計時工作。 3. 做「時間到」的提示。

資料來源：柯穎誠（1983）

1. 課前籌劃：教師可於前一節課預留時間預告下週活動主題，提醒學生預做準備，並推選主席排；教師並須利用課餘時間與主席排討論本單元的目標、活動方式與流程，督導成員分工，並交代其他注意事項。

2. 活動實施：由主席排主持活動，教師在必要時予以協助。

3. 教師講評：教師總結或補充活動重點、檢討活動準備與實施之優缺點、請同學互相回饋，並針對主席排表現情形，予以評述或稱讚。

（四）注意事項

採「主席排」活動方式，教師宜先了解學生及班級狀況，並考慮哪些單元適合採取本活動方式。「主席排」成員課前的準備更是活動成功與否的關鍵，因此在籌劃階段，教師與學生的討論極為重要；教師可結合數班共同討論以節省時間，但絕不可因事忙而省略。

關鍵詞彙

班級團體	班級氣氛	團體氣氛
團體向心力	團體離心力	班級經營
班級行政管理	班級教學管理	學生自治活動
班級常規管理	主席排	

自我評量題目

1. 班級團體與一般社會團體有何不同？

2. 影響班級氣氛的因素有哪些？教師對班級氣氛之影響如何？

3. 如何改善班級氣氛？

4. 班級經營包括哪些項目？何者的難度最高？為什麼？

5. 教室裡為何會有常規問題？

6. 試就常規管理模式，擇一加以深究，並說明其實際應用技巧。

7. 試就自己的經驗或看法，說明教室常規管理的訣竅。

8. 班級團體活動如何設計？試舉一例（不同於本章範例），加以說明。

第十四章

學校社團團體

◉ 張德聰

學習目標

—— 研讀本章內容之後，讀者應能達成下列目標：

1. 明瞭學校社團的定義。
2. 明瞭學校社團的重要性及功能。
3. 明瞭學校社團的種類。
4. 了解學校社團的組織與運作。
5. 了解如何有效地輔導學校社團。

摘要

本章嘗試由學校社團團體的特性、學校社團的組織與運作，以及如何輔導學校社團等三節說明學校社團團體。

學校社團團體不僅是學校生活輔導、休閒生活輔導、人際關係重要的一環，亦是學生情緒支持、自我成長、潛能發揮的重要生活支持網絡，於本章的第一節中分別介紹學校社團的定義、闡述學校社團的重要性、介紹學校社團的種類，以及分析學校社團團體的功能。

第二節中，則具體說明學校社團之組織流程，並以具體範例介紹學校社團之組織架構，進而介紹學校社團運作的基本原則。

在第三節中，具體說明如何有效地輔導學校社團，包括如何與輔導的社團建立良好輔導關係、澄清學校社團的功能及限制、如何協助學生於社團中成長、輔導學生發揮社團領導功能，以及說明輔導學校社團活動的有效運作的流程。

　　學校社團為學生於學校生活輔導中重要的一環，賴保禎、周文欽和張德聰（1993）述及生活輔導的主要目的，在培養個人的適應能力，故凡是與個人生活適應有關的問題，均應列為生活輔導的範圍，其內容包括日常生活輔導、健康生活輔導、休閒生活輔導、社交生活輔導、人格輔導、家庭生活輔導及學校生活輔導。其中社交生活、休閒生活，尤其與學校社團團體密切相關。吳武典、洪有義（1996）對心理健康之定義為：「不僅是沒有心理疾病或變態，進而指個人在身體上、心理上以及社會上均能保持其最高、最佳狀態。」而學校社團亦為學生生活中重要社會環境之一。青少年階段中，同儕關係對其人格發展影響甚鉅，除了影響其社會化外，對其情緒之支持、建立統整之自我形象，皆關係重大。所謂學校社團團體，基本上包含學校中青少年以至青年，甚至如空中大學之成人社團團體，但主要是指由國小四、五年級至大學一、二年級之青少年階段，其中學校社團團體為同儕關係的一種；目前企業徵才時，也常把是否參加學校社團、是否擔任過社團幹部等，列為其與人溝通能力、領導能力以及團隊合作的考量因素之一。基於上述之觀點，可以了解學校社團團體為團體種類中重要的一環，本章就由學校社團團體的特性、學校社團的組織與運作，以及如何輔導學校社團團體等三個部分加以說明。

　　完整的學校教育不僅在提供知識，即所謂「智育」，更包含如何培養成熟人格的「德育」，鍛鍊強健體魄的「體育」，與人相處和諧的「群育」，以及兼具能欣賞自己、別人及自然的「美育」。具體而言，學生除了學習知識外，如何於學校生活中善用學習資源、自我探索、自我了解、自我悅納、自我肯定、自我突破，以至自我實現的「自處」能力，是知識外的另一重要教育目標。學生不僅要專注於「自我」，還要能培養如何了解別人、接納他人、欣賞他人，而與他人合作的「待人」能力，也是學校生活輔導的重點工作；更進而培養學生「民胞物與」的胸懷，甚至擴展如宋儒張載所云「為天地立心，為生民立命，為往聖繼絕學，為萬世開太平」之氣魄，以及具備面對五光十色的社會中自我調適的能力。學校社團團體亦可視之為具體而微的「小社會」，對於上述目標的追尋，因有賴於多元化的課程與學習，而學校社團活動，實在是學生於求學生涯中最值得學生參與、學習的途徑之一。

第一節 學校社團團體的特性

本節分別由：(1)學校社團的定義；(2)學校社團在學習生活的重要；(3)學校社團的功能；(4)學校社團的種類加以說明。

一、學校社團的定義

1. 學校社團是正規課程的延伸：提供學生生活學習——學習與師長和同學相處、領導與被領導，以及如何自處與安排生活的機會（張德聰，1992）。
2. 學校社團是學生基於其志願——共同的旨趣、需要，和目標的自願性結合。成員之間，經由社團的共同意識型態，產生一種利害與共的相屬關係，共同遵循既定結構的宗旨進行持續性的發展活動。
3. 學校社團基本上在學校社團輔導的規範下實施，各級學校對於學校社團各有其輔導辦法。

因此學校社團的特性可以簡要歸納為：具有生活教育之學習性、志願性、學校輔導性，以及目標發展性之特點。

二、學校社團的重要性

有人形容社團是「沒有講台的教室」或「社會的縮影」，甚至有人以「沒有參加過社團活動，就不算有過學校生活」來形容社團在學校生活中的重要性。我們可由下列三點說明學校社團生活的重要性。

（一）由學校生活內涵襯托出學校社團生活的重要性

基本上學校學習生活的內涵包括下列各項：
1. 學習基礎學理，為未來學習更高深的學問做準備。
2. 生活的學習。
3. 生命意義的反省與思考。
4. 對社會的關心和服務。
5. 為未來生涯的規劃與準備。

由上述之學校學習生活之內涵中，可以了解絕非單由課程中即可習得，必須

與師長、同學切磋，尤其可藉由社團的參與，相互激盪中體驗反省，即杜威之「教育即生活」。

（二）由 Maslow 動機需求層次論之觀點

Maslow（1971）認為，人有基本之需求層次（need hierarchy），如生理需求、安全感，並由「愛」以及「被愛」之歸屬感，進而發展出自尊以及自我實現的需求。藉由社團之「接納與被接納」的互動更容易產生歸屬感，另外，社團也能滿足服務與被服務、領導與被領導自尊之需求，社團也提供了許多表現機會，讓大學生於其中觀摩學習，嘗試發揮潛能以自我實現。

（三）由發展的觀點

不論青少年、青年期及成人早期，由其發展之場所（如同儕、學校、友誼網及所處的社區）以及其發展所需之資源（如人際支持），來加強人際關係協調知能，這些均與社團有密切關係。社團中由於人際互動與學習，將更有利於個人自我抉擇、自我角色分化與調整，也更能接納多元價值之觀點。

即使一些空中大學之學生，於中年轉換期（40 至 45 歲）才參與社團，仍大有機會對自己的生活重新評估，對於工作、婚姻生涯之信念重新檢討及修正，使自我與實際社會之間獲致較佳的平衡。此外可藉由社團讓自己了解到，比自己年輕一代甚至年長一代不同之觀點，可以使自己更客觀地蒐集、了解社會之動態、資訊，更可由其中再次學習與不同年齡層之同學相處因應之道，有利於重新規劃下一個階段之生涯發展。至於成年晚期（60 至 65 歲）的學生，亦可由參加社團，而得到支持及生存的活力及意義，也有分享個人生活體驗的機會，產生新的友誼網及生命的意義。

三、學校社團之功能

學校社團之功能有不同之分類，以社團活動之功能可概分為社會生活、文化生活、經濟生活及政治生活之功能。張德聰（1992）進一步分析，可以細分為下述七種功能：

1. 增進人際關係的功能：由社團互動中，分享友情，建立較親近的人際關係，於社團中獲得同儕之接納，滿足歸屬感之需求，學習與人溝通，學習領導與被領導。

2. 學習與異性相處的能力與功能：由社團活動中增進對異性的了解，進而學習如何與異性相處，適當地扮演自己的「性別角色」，增進人格的成熟。

3. 由社團活動中學習獨立及調適的能力。

4. 學習休閒、興趣與技能培養的功能。

5. 提供個人成長的功能：由社團中學習競爭合作、服從領導、衝突協調的能力，提昇個人的成長。

6. 提供學習社會服務的功能：社團中有許多服務的機會，提供同學從中學習如何服務，此種經驗有利於自己的未來工作或家庭生活，更可擴展未來為社會服務的準備。

7. 校園民主、自由安定的功能：現代社會不僅是多元化，更朝向法治及民主化，由社團生活中學習民主精神、意見溝通、守法規範形成自由、民主的氣氛，有利於校園及社會安定。

四、學校社團之種類

一般而言，各級學校對於社團之分類雖各有其獨特性，但大致上可歸納為下列六種：

1. 學術性社團：如系學會、文藝寫作、辯論、佛學、哲學等。

2. 體能性社團：如登山、游泳、桌球、國術等。

3. 娛樂性社團：如露營、郊遊、攝影等。

4. 藝術性社團：如國樂、合唱、戲劇、書法、舞蹈、插花等。

5. 服務性社團：如慈幼、敬老、山地服務、社會服務等。

6. 聯誼性社團：如社團幹部聯誼會、校友會、同鄉會等。

大學社團活動方興未艾，可概分為學藝性、服務性、康樂性、聯誼性及綜合性（如兼具康樂及聯誼兩種特性），如表 14-1 所示。

表 14-1　○○大學學生社團分類

中　心　別	現有	學　藝　性　社　團	康　樂　性　社　團	服務性社團	綜合性社團
校　本　部	1				學生社團聯合總會
基　　　隆	10	外語研習社 語文系學會 藝文聯合會 電腦研習社	游泳社 桌球社 康樂聯誼社 舞蹈社	社會服務社	學生社團聯合會
台　　　北	22	課業研習社 達言研習社 英文研學社 哲語研習社 日文研學社 前瞻社 電腦資訊研究社	攝影社 茶藝社 戲劇社 登山社 舞蹈社 國劇社 合唱社 書畫社 插花社 球藝社 養生社 土風舞社	慈愛社	學生社團聯合會
台　北　二	18	課業研習社 簡訊社 人文系學會 文學系學會 商學系學會 管資系學會 無障礙教育研習社 日文進階研習社 社會科學系學會	合唱社 舞蹈社 氣功社 棋藝社 羽球社 太極拳社 書畫社	社會服務社	學生社團聯合會
新　　　竹	9	課業研習社 簡訊社	攝影社 舞蹈社 合唱社 登山社	社會服務社 交通互助社	學生社團聯合會
台　　　中	18	社科系學會 詩社 人系學會 簡訊社 商學系學會 生科系學會 公行系學會 管資系學會	康樂聯誼社 合唱社 書畫社 登山社 攝影社 吉他社 球藝社	社會服務社 炬光社	學生社團聯合會

表 14-1　○○大學學生社團分類（續）

中心別	現有	學藝性社團	康樂性社團	服務性社團	綜合性社團
嘉　義	10	簡訊社	攝影社 插花社 舞蹈社 桌球社 美姿社 保齡球社	社會服務社 急救社	學生社團聯合會
台　南	7	電算社 文藝社	康樂聯誼社 登山藝社 球藝社	社會服務社	學生社團聯合會
高　雄	12	課業研習社 資訊社 社會科學系學會	話劇社 插花社團 合唱藝社 棋桌球社 桌攝影社 舞蹈	慈愛社	學生社團聯合會
宜　蘭	9	編纂社 電腦研習社 般若佛學社	攝影社 舞蹈社 茶藝社 登山研習社	社會服務社	學生社團聯合會
花　蓮	6	學術研究社 編輯社	書畫社 登山社	社會服務社	學生社團聯合會
台　東	10	社科系學會 公行系學會 人文系學會 管資系學會 商學系學會 共同科系學會 生科系學 行政科學		社會服務社	學生社團聯合總會
澎　湖	7	資訊社 新聞社	攝影社 書法社 舞蹈社	社會服務社	學生社團聯合會
金　門	6	課研社 簡訊社	桌球社 書法社	愛心社	學生社團聯合會
合　計	145	54	61	16	14

資料來源：國立空中大學（2007）

第二節　學校社團團體的組織與運作

　　學校社團團體之特性，為學校之學生自願參與，在學校之社團輔導政策下，推動社團工作之發展，因此有其組織之流程，而一般學校社團亦有其組織架構，此外於學校社團運作的分工職掌，以及探討成功社團運作的基本原則，為本節之重點。

一、學校社團之組織流程

　　學校社團亦為團體的一種，如何結合有共同目標之同學，加以邀請、說明、結合成為社員、增進社員之凝聚力，進而培養訓練成為社團幹部，有效達成社團目標，傳承經驗，使社團不斷延續發展、成長，皆為社團組織必須考量的目標。本書第三章至第八章中團體發展的準備、形成、轉換、工作，而至結束階段之各種特徵、方法皆可參考。具體而言，學校社團之組織流程如下。

（一）籌備與申請

　　由志同道合之同學先行籌備委員會議，擬訂社團章程草案，了解學校有關社團中諸規定，如性質、人數、名稱……等基本要領，並提申請發起人會議，必要時邀請有關專長老師輔導，並向學校有關單位提出申請。

（二）舉行發起人會議

　　申請表經核准後，舉行發起人會議，由籌備委員邀請發起人，並達到學校規定人數以上，一般為 30 至 50 人，發起人會議應議定社團章程草案及召開成立大會之日期，並報請學校有關單位（高、國中為訓導處之訓育組，大學為學務處或輔導處之課外活動組）。

　　社團章程應載明下列各項：

1. 團體名稱。
2. 宗旨。
3. 社址。
4. 社員資格。

5. 社員人數之限制。

6. 社員之權利與義務。

7. 組織及職掌。

8. 社團幹部之產生及罷免程序。

9. 社團幹部之任期。

10. 社員大會之召開及程序。

11. 社團輔導老師之聘請。

12. 社費之繳交及管理。

13. 章程之通過及修改。

（三）召開成立大會

於達到發起人數並召開發起人會議後，即召開社團成立大會，通過社團章程，選舉社團幹部。一般之社團幹部任期一年，連任一次為限。有些學校為擔心影響學生課業，還規定每一位學生不得同時擔任 2 個以上之社團負責人，或兼任 3 個以上社團幹部職務。

（四）報准成立

於成立大會召開會議之後，依各校規定時限（通常為一週至一個月內）造具社員名冊，檢同社團章程及會議紀錄，報請學校有關單位核准後成立。

二、學校社團之組織架構

一般而言，各種學校社團之組織架構因社團性質而各有不同，有些如全校性之社團活動中心或社團聯誼會。現僅以單一性之學校社團之組織架構為例，來做說明（如圖 14-1 所示）。

一般學校社團之負責人，可因其性質設立社長（如慈愛社）、團長（如童軍團）或隊長（如足球隊），即負責人一名；設立副社長一至二名（有些藉此為下任社長之歷練），以下亦可依其性質及需要分設各組，如研修（進修）組、活動組、管理組（總務及出納組）、聯絡組、研發組、財務（會計）組。其中社務委員或諮詢委員會視需要而設，而其方式一種為具決策性，另一種為諮詢性（不具決策性）。社團分工之職掌如表 14-2 所示。

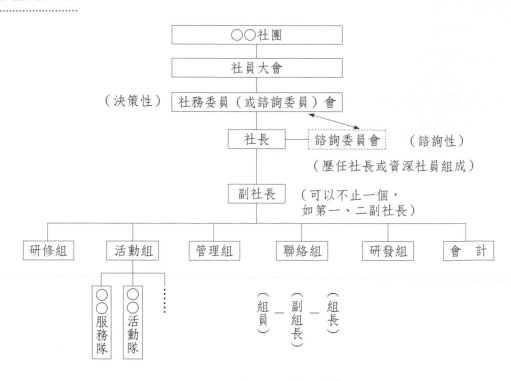

圖 14-1　社團之組織架構範例

表 14-2　學校社團之分工職掌

職　稱	主要分工職掌 （可因社團性質而彈性調整或增減）	備　　考
社　長	1. 綜理社務。 2. 代表社團。 3. 召開社員大會暨工作會報。	
副社長	1. 協助社長處理會務。 2. 社長因事不能執行職務之代理人。	
研修組	1. 辦理社員招募、進修訓練事宜。 2. 辦理社員資料建立、社員規章及榮譽表彰事宜。	
活動組	策劃辦理社團活動事宜。	可因專業活動而彈性增加組員。

表 14-2　學校社團之分工職掌（續）

職　稱	主要分工職掌 （可因社團性質而彈性調整或增減）	備　　　考
管理組	1. 辦理工作會報。 2. 財務管理。 3. 社團公文檔案管理。 4. 器材保管。 5. 事務工作。	可視需要分工為總務及出納。
聯絡組	1. 社團團員之聯絡服務事宜。 2. 社團公關宣傳事宜。	有些社團再細分為服務組及公關組。
研發組	1. 彙整社團年度工作計畫。 2. 研訂社團發展工作之近程、中程、長程發展計畫。 3. 負責專案工作之研究。 4. 負責社團內部之自我評鑑。	
備　考	1. 各組均可酌設副組長一人及工作組員若干人。 2. 有些社團並將社員依學院、地區或宿舍分成若干聯絡小組或互助小組，以利聯絡。 3. 社務委員或諮詢委員可依社團需要遴選，其工作職掌以諮詢或經驗傳承為主。	

資料來源：作者自編

三、學校社團運作之基本原則

1. 社團目標須明確具體。
2. 社團（活動）計畫要有效可行。
3. 社團溝通管道要能暢通。如出刊社訊，建立留言板。
4. 社團組織分工合作要良好。
5. 社團訓練有制度。
6. 社團幹部能以身作則。
7. 社團財務須健全公開。
8. 社團氣氛溫馨可感。如生日之卡片、慶生、發生問題之協助支援。
9. 社團經驗能有效傳承。如檔案建立、人才培養、經驗移交制度、幹部銜接

制度。

10. 社團榮譽要分享。

11. 社團社員要結合：多訪問、多關心、多溝通、多分工、多參與、多激勵、多服務、多示範、多請教、多尊重。

12. 社團工作須評鑑：每次活動召開檢討會，定期自我評鑑，不僅做總結性評鑑，並考慮形成性評鑑。

13. 社團資源能結合：如其他校內外同質性社團之拜訪、聯繫。

14. 社團輔導老師要請教：輔導老師宜聘與社團性質有關專長，並定期請教。

15. 相關優秀社團要觀摩：對於校內、外同性質優秀社團，適時參訪，觀摩學習。

第三節　如何輔導學校社團

學校社團輔導亦為學校之訓導、輔導員以及導師之重點工作，楊極東（1987）提到大學社團的幾個難題，事實上高中、國中社團亦皆然，包括下列各項：

1. 社團輔導人力在質與量上，大都呈現不足現象。

2. 社團輔導實務上，經費不足、溝通困難，輔導態度和方法不理想。

3. 學校未能重視社團之社會化功能。

4. 學生未能普及化參與。

5. 社團組織未盡理想，缺乏社團發展觀念。

6. 社團次級文化與學校整體文化不盡和諧。

7. 社團未能發揮民主教育效能。

如何有效輔導社團，防止產生上述的社團困境，可由下列幾點加以探討。

一、奠立良好輔導關係

社團輔導人員必須與學生或社團幹部建立良好的輔導關係，包括良好的輔導態度，如同理心、溫暖、真誠、接納；對於社團的了解及專長、良好的溝通方法，以及有效的行政領導及適時的支援；學校有關行政流程及法規的了解；社會資源的結合；學生社團的適時有效的參與；以及了解團體輔導的知能、動力及方法，

皆為學校社團輔導人員應具備的基本條件，如此應可以贏得學生的接納、信服。

二、澄清學校社團之功能

　　基本上社團活動功能，除本章第一節所述各點外，還包含提供發展多方面興趣和才能的機會，增進學生參與社會的正向經驗，發展組織與領導的能力，促進自我了解和自我肯定，並提供感情交融的場所，學校社團輔導人員可藉由討論、社團經驗分享、訪問社團、社團觀摩，以及參加社團幹部研習會，協助學生正確了解社團的功能。

三、協助學生在社團中成長與學習

1. 輔導學生主動地了解學校社團的種類及性質。

2. 引導學生自我探索自己參加社團的動機是人際取向？表現取向？休閒取向？服務取向？學術取向？參考各社團的性質，勾選自己較喜歡的社團。或參考有益社團之標準，即：(1)社員有親切感；(2)自己覺得有參與感、被接納的感覺；(3)社團工作會讓自己具有成就感；(4)對於所獲得社團經驗有滿足感。由其中將自己的需求與有益社團經驗媒合，以便選擇。

3. 試探的參與：輔導學生針對上述分析後，選擇幾個社團主動參加了解，再考量自己許可的時間，主要興趣及能力，選擇一至兩個社團參與。

4. 輔導學生參與的正確心態：

   (1)參與社團不一定馬上要當社長，先學習當一個好的社員，為未來學習擔任社團幹部的基礎。

   (2)參與社團不在製造知名度。

   (3)參與社團不在找伴侶，雖然社團有可能製造佳偶，但那是自然的形成而非刻意。

   (4)參與社團不在過分表現自我。

   (5)參加社團不是去「偷磚」——亦即抱著學習某種的知識或技巧，學了即離開或只享權益不盡義務，反之要學習去服務、分享。

   (6)平常心：以免過度期望而遭致失望。

   (7)不比較：加入社團不宜經常比較過去與現在的社團，可以積極建議，以身作則，共同努力。

   (8)常學習：如準備一本「社團成長日記」，把自己在社團中的心得加以記

錄，包含觀察社員優點等，相信由其中可以學習成長，亦可把握擔任幹
部學習服務及領導。

(9)多參與：有參與才有收穫，但須學習有計畫安排時間，以免影響生活或
功課。

(10)體諒心：社團中是人際相處的最好學習環境，學習服從多數人，尊重
少數人的意見，學習體諒及溝通。

(11)公私分明：社團之會務及帳目應公私分明，以免引起非議。

(12)持之以恆：謹慎選擇社團，持之以恆（至少一個學期），以免因三分
鐘熱度，不僅未能由社團中成長學習，反而給社團帶來傷害（張德聰，
1992）。

5. 輔導學生由社團中建立自己的支持網絡：因志趣相同，社團中的同學常能
成為一生的知己，甚或遇到自己人生的生涯貴人，因此可輔導學生由於社
團之相互切磋經驗中，構築學習生涯的支持網。

四、輔導學生社團領導功能的發揮

協助學生由社團活動中了解自己的領導風格。

如協助學生去探索，從小到大他所最欣賞及最不欣賞的領導者風格及特質，
以及他自己認為理想的領導者之條件及特質。進一步思考自己具備的領導特質，
或未具備但經學習可能達到的才能，可以多加發揮；此外，要學習去了解及尊重
別人的領導風格。並可由表 14-3「社團領導者『工作安排』自我評量表」（張德
聰，1992）自我檢核。

五、輔導學校社團活動有效運作

輔導學生學習社團活動設計之流程及運作（如表 14-4 所示）。

社團活動之設計及流程，對於學校社團之運作是十分重要的，如何周延且有
計畫地規劃、有效率地執行、客觀地評鑑，筆者由林雲騰（1981）之社團活動設
計流程表加以修改，可以了解社團活動由構想→計畫→執行→檢討→再循環到新
構思，可以輔導學生更具周延性、執行力，並可將此經驗移轉至未來工作生涯發
展。

表 14-3 社團領導者「工作安排」自我評量表

請於下述 20 個題目中,依據你一般的情況下於合適的格子內打「∨」。

	A 永遠如此	F 經常如此	O 有時如此	S 不常如此	N 從不如此
1. 我常會記錄自己的時間分配。					
2. 我會妥善管理自己的時間。					
3. 我常會浪費自己或別人的時間。					
4. 我了解自己的長處。					
5. 我了解自己的短處。					
6. 於領導時,我常會思考自己能貢獻什麼,承諾及執行。					
7. 擔任領導者時,我常會注意到同仁的長處,並加以鼓勵。					
8. 我善於與人溝通。					
9. 我善於與人合作。					
10. 我樂於學習自我發展以使工作更有效。					
11. 我善於發揮人的長處,並使其有成就感。					
12. 我能接納人的短處。					
13. 我善於運用主管的優點。					
14. 我能專心做一件事。					
15. 我能妥善安排工作的優先順序。					
16. 於決定優先順序時,我重將來而不重過去。					
17. 於決定優先順序時,我著重機會而非著眼於困難點。					
18. 於決定優先順序時,我選擇自己的方向而不盲從跟隨他人。					
19. 於決定優先順序時,我會配合現實予以檢討修正。					
20. 我相信有效的領導是可以學習的。					
小計	A ( )	F ( )	O ( )	S ( )	N ( )

資料來源:張德聰(1992)

計分方法：

將領導魅力測驗之結果，以下列方式計算：

5A ＋ 4F ＋ 3C ＋ 2S ＋ 1N ＝＿＿＿（領導魅力分數）

即答「永遠如此」：每題 5 分

答「經常如此」：每題 4 分

答「有時如此」：每題 3 分

答「不常如此」：每題 2 分

答「從不如此」：每題 1 分

結果分析：

1. 如果你的得分為 100～80 分，我們「非常同意」你是一位有效的領導者。

2. 如果你的得分為 79～60 分，我們「很同意」你是一位有效的領導者。

3. 如果你的得分為 59～40 分，我們「同意」你可能有機會是一位有效的領導者。

4. 如果你的得分為 39～20 分，我們「不太同意」你是一位有效的領導者。

5. 如果你的得分為 19～0 分，我們「非常不同意」你是一位有效的領導者。

基本上，我們認為一位有效或有魅力的領導者，能夠達成下列各項任務。

1. 了解並妥善管理時間，並能掌握時機。

2. 常能使自己及被領導者，發揮其長處，並有成就感。

3. 能安排有效的工作次序，並加以完成。

4. 能執行有效的決策。

5. 肯定有效的領導者是可以學習的。

6. 能反省自我的領導行為，並不斷改進及成長。

表 14-4　學校社團活動設計流程

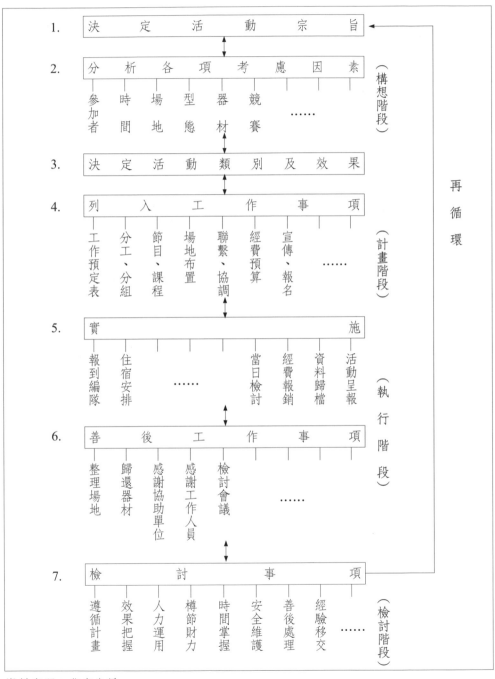

資料來源：作者自編

關鍵詞彙

學校社團團體　　　　學校社團之功能　　　　學校社團之種類

學校社團之組織流程　　學校社團之組織架構

自我評量題目

1. 請將所屬的學習指導中心之社團名稱、特性加以說明。

2. 如果你要成立學校社團，申請之流程為何？

3. 試述學校社團的功能？

4. 試以您參加過的社團之組織架構加以說明，並提出你所認為理想的學校社團組織架構為何？

5. 如果你是社團負責人，你如何有效地領導社團？

6. 如果你是學校社團輔導老師，你如何輔導學校社團？

第十五章
價值澄清團體

⬤ 洪有義

學習目標

── 研讀本章內容之後，學習者應能達成下列目標：

1. 了解價值澄清法的意義與起源。
2. 了解價值形成的過程。
3. 明瞭價值澄清法的功能及價值澄清的實施。
4. 透過團體活動方式，體會價值澄清的過程。

摘要

價值澄清法（values clarification）原係 Raths 有感於傳統道德教育或價值教育方法的缺失，提倡以事先設計的活動來教導學生審慎思考的技巧，並藉著學習的過程引導學生對自己的信念、情感、行為做自我分析，釐清自己的價值觀，學習價值形成的過程，解決價值衝突、發展自我。

價值形成的過程分成三階段、七規準。三階段為：選擇、珍視、行動。價值澄清的功能，除了釐清個人價值觀、解決價值衝突與混淆外，更有溝通、設身處地、問題解決、獨立與審慎思考、做決定與使個人內在信念一致等功能。

教師或輔導人員在價值澄清實施過程扮演的角色可能為：(1)活動設計者；(2)過程催化者；(3)價值分享者；(4)澄清示範者。價值澄清法中兩個最基本的方法是「澄清式問題」及「價值作業」。由此可設計許多不同內容與程序的活動，經由參與實際活動與演練，促使個人發展與成長。

第一節　價值澄清法的特色與功能

價值影響我們的言行，我們的言行也透露我們所抱持的價值；價值引導我們的生活，從我們的生活方式也可看出我們所重視的東西。世上無人能逃避價值的問題，也無人能自其行為中完全掩飾他的價值觀念（邱連煌，1978）。我們每個人每天都處在一個需要思考、提意見、做決定並付之行動的生活情境中。這些生活經驗，有些是熟悉的，有些是新奇的；有些微不足道，有些卻極端重要。但我們所做的每件事、每個決定，都是基於我們能意識到或不能意識到的信念、態度和價值觀。我們經常得自己決定應過什麼樣的生活。理想上，我們的選擇應基於我們所擁有的價值觀。但事實上，我們通常並不完全了解自己的價值觀。

我們每一個人都會有價值混淆的時候，但在青少年的階段，這種價值衝突更為嚴重（洪有義，1983）。傳統上，成人採用下列幾種方法來實施兒童與青少年道德教育與價值教育：(1)說教法（如說服法、教條法、訴諸良心法）；(2)限制選擇法；(3)訂立規則；(4)模仿。根據研究，這些由上而下強加束縛的道德規範，非由個人自由選擇後產生的道德價值，更不是個人運用智慧與複雜的環境交互作用後的理性結晶，其所培養出來的行為、信念和態度，不容易根深柢固，也不可能深植心中（邱連煌，1978）。是故 Raths 等人提出一種新的方法來取代這些陳舊的方法，即所謂價值澄清法。

一、價值澄清法的起源與定義

價值澄清法一詞是 Raths 在 1950 年代末期於美國紐約大學任教時首先使用的。直到 1966 年，他和 Harmin 及 Simon 合著的《價值與教學》（*Values and Teaching*）一書，價值澄清法才逐漸受到重視。

Raths 等人表示，價值澄清法乃是根源於教育哲學家 Dewey 的著作：*Theory of Valuation*（1939）及 *Moral Principle in Education*（1909）——所創造出來的教學策略；它強調教導學生一系列的「價值形成的過程」（process of valuing），而不是教導學生一套現成的價值觀（values）。此外，他們也承認引用了許多培養批判思考（critical thinking）的技巧於教學活動中。

價值澄清法是用來協助學生反省他們自己的生活、目標、情感、慾望和過去

經驗，以便發現自己的價值觀是什麼的歷程。它是人文主義運動（humanistic movement）的一部分，主張經由外顯的、結構式的自我探詢（self-inquiry）來研究自我。

　　價值澄清法的目標在於教導學生形成價值觀的技巧，並教導他們如何經常地再檢查自己的價值觀及自己做成決定。更詳細地說，這種方法是大量使用認知的自我分析策略，並伴隨一些引發情緒覺察的活動，來教導學生衡量各個價值選項的重要性，並表達自己的價值觀。

　　綜合許多學者的看法，價值澄清法就是以事先設計的活動來教導學生一些審慎思考的技巧，並藉著學習的過程引導學生對自己的信念、情感、行為做自我分析和自我反省。經由價值澄清法，學生可以釐清自己的價值觀、確立自己的形象，並學到價值形成的過程，進而能在這充滿價值衝突、價值混淆的社會中把持自我，充分發展自我（歐滄和，1982）。

二、價值形成的過程

　　價值形成的過程可說是價值澄清法理論的核心，它是讓教師設計、選擇活動的主要依據，也是教師希望學生能親自經歷，並從中學習的一系列歷程。

（一）Raths

　　依據 Raths 等人的看法，價值形成的過程可分為三個階段、七個規準。任何態度、興趣或信念要真正變成個人的價值觀時，必須符合下列所有規準，缺一不可。

1. 選擇

　　(1)自由的選擇。
　　(2)從多種不同的選項中做選擇。
　　(3)就每一選項的後果做過明智的考慮後才選擇。

2. 珍視

　　(4)對所做的選擇感到珍惜與高興。
　　(5)願意公開肯定自己的選擇。

3. 行動

(6)依據所做的選擇採取行動。

(7)重複實行，進而成為一種生活型態。

（二）Simon

然而，這些階段與規準的次序並不是絕對的，在經過多年的實驗使用與其他學者的批評之後，在 Simon 等人所編輯的價值澄清法手冊中以及 Hart 配合一手冊而寫的使用指引中，就把價值形成的過程改為下列程序。

1. 珍視

(1)讚許與珍惜。

(2)在適當時機中公開肯定。

2. 選擇

(3)從各種不同的選項中選擇。

(4)在考慮過各種後果後才做選擇。

(5)自由的選擇。

3. 行動

(6)採取行動。

(7)一致且重複地實行。

由此更改後的程序，可以發現這項理論架構被改得更具有實用性，例如：珍視階段與選擇階段的互換，使得價值形成的過程更能符合先前自我了解，再做理性選擇的發展程序。另外把「願意公開肯定自己的選擇」改成「在適當時機中公開肯定」，如此放寬了規準，使得這過程更符合實際。而把「自由選擇」放在選擇階段的最後，說明了人唯有充分考慮過各種可能的選項，並預測各個選項的後果後，才能排除無知的限制及外來不當的影響力，而做真正的自由選擇。

Hart 認為，這三個階段是代表著一個認同、改進（refinement）和應用（application）的歷程（歐滄和，1982）。在珍視階段，是要讓學生了解什麼對他才是最重要的，其目標在於達成自我領悟。在選擇階段，是要讓學生做精細的比較、分析後果、檢查影響力的來源，其目標在於做成適當的決定。在行動階段，是要支持、指導學生由認知上的討論轉變成現實世界中的行動，其目標在於過著建設

性的生活。

　　由最初所提出的理論架構，到後來學者所做的引申與擴展，可看出一直在嘗試著建立一個更明確的程序性架構，以便使教師依此架構來指導學生了解自我，學習做決定的技巧，並養成言行一致的習慣（歐滄和，1982）。

三、價值澄清法的功能

　　價值澄清法除了能釐清個人的價值觀、解決價值衝突與價值混淆外，尚有下列之功能：

1. 溝通：它能增進學生表達自己的想法、信念、價值觀和情感的能力。
2. 設身處地：它能增進學生設身處地了解他人的能力，尤其是對於那些環境與他們顯著不同的人。
3. 問題解決：它能增進學生以創造性、建設性的方法來解決日常實際問題的能力。
4. 獨立與批判思考：它能增強學生在社會中採取懷疑態度與批判的反應，並勇於表達其贊同與反對。
5. 做成決定：它能增進學生分析、衡量各種結果再做決定的能力，以減少事前的衝突及事後的懊悔。
6. 個人和諧：它能增進學生認清並掌握各種不同信念與價值的能力，並增進思想的變通性和開放性。

Simon 和 de Sherpinin（1975）認為，價值澄清法具有下列功能：

1. 使人們的行為更有目的性。
2. 使人們的行為更具有建設性或生產性。
3. 使人們的批判思考更銳利。
4. 使人們彼此有更好的關係。

第二節　價值澄清法的實施

一、教師或輔導人員的角色

　　教師或輔導人員在使用價值澄清之前，應先對自己所應負的責任及所應表現

的行為有深切的了解，否則就容易使它變成辯論或是價值的灌輸，而失去了價值澄清的真義。

在許多有關價值澄清法的文章或著作中，對於如何實際應用價值澄清法於團體情境中都有詳細的說明，如果加以歸納，可發現價值澄清法的使用者應扮演下列四種角色。

（一）活動設計者

使用者須事先選擇團體成員所關心的題材，設計適當的活動，必要時還得準備有關的閱讀材料及將討論的問題。

（二）過程催化者

使用者應創造一個溫暖、安全的心理環境，使澄清的過程能順利進行，例如：以接納、尊重及開放的態度鼓勵學生表達自己的想法或情感；提供多種選項供學生選擇；提出挑戰性問題激發學生更深一層的思考等。

（三）價值分享者

價值澄清法反對價值的灌輸，但並不反對使用者以團體成員的身分提出他的價值觀與別人分享；事實上，使用者的想法常可作為學生做選擇時的重要參考資源。

（四）澄清示範者

如使用者能善用澄清反應，那學生也會很快地學會在互相討論中使用澄清反應；如使用者敢在學生面前檢討、修正自己的價值觀，那學生也會減少自我防衛，而敢在團體中提出自己真正的想法來加以檢驗。

二、內容的選擇

Raths 認為，我們常會在下列領域中遇到價值的困惑與抉擇：

健康	友誼	愛與性	宗教與道德	休閒活動
政治	學校	家庭	法律與權威	個人嗜好
金錢	工作	財產	老化與死亡	戰爭與和平

因此，我們在設計活動時，可就上述的領域選擇適當的題材。在選擇題材時，應注意下列原則。

（一）要選擇與個人有關的題材

唯有題材與個人有切身關係時，學生才願意積極參與，對於學生內在自我之發掘才有助益。

（二）要考慮文化、社經背景上的差異

初次使用價值澄清的教師常須採用他人現成的活動設計，故應注意文化和社區背景等因素的影響。

（三）要顧及學生的認知發展階段

因認知能力上的限制，價值澄清法並不太適用於國小中年級以下學童。即使到了青少年，教師應儘量選用家庭、朋友、休閒活動等題材，而在活動設計上以偏重「珍視」階段為主。要等到學生的認知發展到足以進行比較抽象的推理時，才可選用宗教、政治、愛與性等題材，而活動設計上也可採用以「選擇」、「行動」為主的設計（歐滄和，1982）。

三、實施方式

價值澄清法如依其功能來看，偏向於發展性諮商；也因其具有發展性的性質，所以較易為教育機構所採用。它通常是被輔導人員及一般教師使用於下列幾種場合。

（一）個別諮商

雖然大部分的價值澄清活動是適用於班級或小團體的，但仍有些可用於個人諮商，例如：寫自傳、記日記、語句完成、價值問卷等，這都可在個別諮商中進行，並加以討論；或者是當作家庭作業，再於諮商時進行討論。

（二）團體諮商

價值澄清法的活動設計非常近似結構式團體諮商，唯團體諮商常較偏重情感的自我覺察，而價值澄清偏重於價值的澄清與做決定的技巧。因此，在實施團體

諮商時，如酌採價值澄清法的活動設計，更可增進其效果。

（三）「班級輔導活動」、「綜合活動」時間

現行國民中學課程中，每班每週還有一節的綜合活動時間，而價值澄清法的功能與輔導工作近似，且又有適於班級實施的活動設計，因此，由輔導教師來實施是最恰當了。唯我國的班級學生人數過多，使用時應多用書寫方式及小組討論，方能使每個學生有表達自我的機會，另一方面也可減少團體壓力的不良影響。

（四）班（級）會及團體活動時間

在班會及課外活動或團體活動時，除了各種才藝學習及必要活動外，可應用價值澄清活動，在實際的討論與省思中，促進個人成長。

（五）配合一般學科進行

雖非所有的學科都可加上價值澄清活動，但如國小的社會學習領域，國中的健康教育、公民與道德，高中的公民與社會科等都適於使用價值澄清法。

國內在教育當局的推動下，曾將價值澄清法運用在國小生活與倫理及健康教育的教學上，都有實證研究。

四、主要方法

價值澄清法中兩個最基本的方法是「澄清式問答」和「價值作業」。前者是以口頭問答的方式進行，適用於師生間一對一的情景，後者則是以書面提供閱讀材料及問題，可用於團體的場合。

在了解價值澄清法的理論基礎後，如能更進一步熟悉這兩種方法的特性或使用方法，則更能領會價值澄清法的真正精神。因此，本書依據 Raths 的代表性著作，對此兩種方法做一摘要性的介紹。

（一）澄清式問答

澄清式問答（clarifying response）通常是一簡短、非正式的對話，可用在教室、走廊、操場或任何師生常接觸的地方。只要在學校表露了他的態度、興趣、抱負或做了某些活動之後，教師即可對學生做此種問答。

澄清式問答的目的是要在學生的心中引發一疑問，溫和地督促他檢查自己的

生活、自己的行動和自己的觀念。

（二）價值作業

　　價值作業（value sheets）是一種有計畫的教學活動或練習，它設計用來鼓勵學生表達、檢驗和組織他們的價值觀。它的形式有許多種，但大都以書面的方式呈現，所以適於在班級中使用。它最常見的形式是在紙的上端印有一些閱讀的材料，如虛擬的故事、一篇短文、新聞時事、學校問題的陳述、詩歌、圖畫或一些對未來的假設等，這些材料大都是與學生的生活有關或是學生所關心的事物，它們能提供一些情境或背景來引發學生對即將討論的主題之注意與興趣。在紙的下端則是一系列教師所設計的開放式問題，用來激發學生對這一主題做深入的思考。

　　價值作業有多種不同的使用方法，比較適當的使用方法是把它當作家庭作業，或讓學生在自修時間或特別的教學時間內填寫，然後教師再依下列方式進行活動：

1. 將學生分組，然後讓學生各自在小組內發表他們所寫的內容，這種方式可避免學生在表達時故意去迎合教師的意思。

2. 學生交出他們所寫的答案紙，然後由教師從中選出能代表不同觀點的，或能充分解說這論題的答案紙，來加以宣讀或討論；但除非學生願意，否則教師不必說出這是誰寫的。

3. 學生將答案紙交給教師，教師在每張答案紙上加上一些簡單問話，這些簡單問話是根據價值形成理論來寫的，可以進一步幫助學生就自己所寫的內容再做深一層的思考。

4. 由學生自行組成一評選小組，然後由評選小組就所有的答案紙中挑選出具有代表性的答案紙加以宣讀，或貼於布告欄上。

5. 每一學生在教室內寫下答案，然後全班對這主題做一般性的討論。這時要注意個別思考、個別作答要先於團體討論，且討論時教師要保護學生表示不同意見的權利，並且在適當時機提出不同的觀點或其他可選擇的途徑，以擴展學生的思考範圍。

　　在各種使用的方法中，最無效的方法是直接拿它來做班級討論。因為學生如要澄清自己的價值觀就需要一安靜的環境來深入思考，小心地做決定，但在熱烈的班級討論中，學生是不可能冷靜下來做獨立而深入的思考的，這時他所想的可能是如何贏得這場爭論或如何表達以獲取同學和教師的接納，這對學生的價值觀

是難有任何影響的（歐滄和，1982）。

五、實施原則

在實施價值澄清的過程中，為了達到良好效果，避免中途走樣或半途而廢，Volkmor、Pasanella 和 Raths（1977）提出了一些主要的原則，說明如下。

（一）創造一個安全的心理環境

輔導員應對成員採取信任與尊重的態度，並視每一位成員為重要而且獨立可接納的個體。在安全與信任的氣氛下，成員才能真實自在的表達自己、省思自己。

（二）為價值觀的發展提供一個適當的架構

輔導員應熟悉並使用價值建立過程的三個階段——珍視、選擇及行動。

（三）避免道德化

輔導員不急於將所選題材集中在道德價值上，亦應避免對成員的價值觀做道德的批判，而應透過澄清的過程，讓成員自己去省思與改變。

（四）逐步介紹價值澄清法

輔導員應依照成員的認知發展能力和成員關心的領域來選擇題材，設計活動。要循序漸進，不可揠苗助長。

（五）可自行設計活動

輔導員在已熟悉價值澄清的原理及設計方法後，應可自行創造適用於自己帶領團體成員的活動。

（六）要有耐心

輔導員不要期望成員都能立即出現突發性改變，成員可能需要一段時間的思考與改變，而且價值澄清也不是解決各種問題的萬靈丹。

六、實施技巧

Casteel 和 Stable 認為，價值澄清技巧的運用要分以下四階段循序漸進，才有

效果（馮觀富，1990），說明如下：

第一階段：了解期。這一時期的設計是使個人表達自己，而且分享相關知識和資料，由個人多種可能的行為方式中自由選擇表達自己。

第二階段：相對期。這一階段的設計在幫助個人整理接觸到的資料，進而將這些資料和我們想要著重的概念相連結。這個階段包括了選擇和讚許的過程。

第三階段：價值形成期。在這一階段中，個人表達了他們對上述資料或概念好惡的感覺及自己的選擇、決定，個人再次肯定了自己的選擇。

第四階段：反映期。這一階段的設計是鼓勵個人公開表達出自己的價值觀和感覺，再一次經驗自己、肯定自己的決定和偏好。

第三節　價值澄清團體活動設計

價值澄清法所使用的技術，除了澄清式問答外，可設計各種形式的活動，應用在教學或個別與團體輔導中，例如：在 Raths 的《價值與教學》一書裡，就列舉了 20 種；在 Simon 等人的價值澄清手冊所列出的技術更多達 79 種。國內洪有義（1983）曾主編將此手冊翻譯成中文，其中許多活動過程設計更加以修改，以較符合我國國情。其實只要根據價值澄清之七個規準，我們也可隨時隨地、因時制宜地設計一些活動，靈活運用。以下介紹幾種團體使用的活動，以供參考，期望團體領導者能舉一反三。

活動一　姓名卡

一、目的

　　本活動旨在使學生能深入了解自己的價值觀，使其能公開肯定自己的想法，也可以讓團體的成員彼此互相熟識。

二、程序

　　每位學生準備一張十六開的卡紙和一枚別針。在卡紙的一側寫上自己的姓名，旁則寫上五、六個描述自己的語詞，例如：好動、易怒、喜歡打球、樂觀、實際、小器、不拘小節等。然後在卡紙的另一面也寫上姓名，旁邊則寫上幾個和自己有關的數字，例如：身高、年齡、體重、電話號碼、家中人數、月考成績、家中門牌號碼等。注意卡紙上的字儘量寫大一些。

　　其次，把卡紙用別針別在衣服上，學生可任意挑選一面呈現在外，然後離開座椅，在教室四處走動以便參觀（和被參觀）別人的資料，並和他人互相討論這些資料的內容。

三、給團體領導者或教師的建議

　　描述自己的語詞可由學生自由發揮，教師不必加以任何限制，也可以讓他們寫上任何與自己有關的資料。

活動二　價值焦點遊戲

一、目的

在充滿支持與接納氣氛的環境中，最容易探索自我的價值觀念。因此，想把價值澄清活動做得成功，首先要製造有利的氣氛，使學生彼此尊重，使其培養出一種胸襟，也就是：「即使不同意某人的意見，但也能尊重對方，並且有嘗試了解他的意願。」本活動旨在訓練學生更有效地了解他人的觀點，而不是一味地拒絕他人、排斥他人，甚至想改變他人。

二、程序

首先，教師應請學生把幾個不完整的句子填滿，成為意義完整的句子，例如：

我在一群＿＿＿的人中間感覺最舒服了。

我在一群＿＿＿的人中間感覺最難過了。

接著把全班以 3 人一組的方式分成許多小組，每位組員在小組中將有 5 分鐘的時間成為其他兩人注意力的焦點，也就是說，在這段期間內，其他兩人必須把目光完全聚集在這位核心人物身上，而讓他陳訴被完全注意的感受。

這個活動有以下三項規則：

- 聚焦規則：每個成員有 5 分鐘的時間成為其他兩位組員注意力的焦點，因此時間未到終了，其他兩人不可轉移其注意力；然而，必須注意盯著焦點人物的眼光必須柔和。
- 接納規則：對焦點人物必須表現出接納的態度，用點頭、微笑等表示了解的方式來做反應。如果有不同意焦點人物的觀點時，也不必急於一時說出來。

活動二　價值焦點遊戲（續）

- 引導規則：儘量去了解焦點人物的想法，可以發問足以澄清其個人感受的問題，但須注意所問的問題不能把注意力移轉到發問者自己身上。

三、給教師的建議

　　本活動可以配合其他使用小組討論方式進行的價值澄清活動，因為它可以訓練學生學會傾聽別人的評語。聚焦規則在必要時可以刪除。本活動終了時，可讓學生使用五點量表來評估自己和其他成員在活動中所表現的傾聽能力，然後也可以就此一評估的結果進行討論。

活動三　生活餡餅

一、目的

1. 使學生注意時間及金錢等的運用。
2. 使學生知道生活資料及如何利用人生。
3. 提出一些學生如何生活的思考問題。

二、程序

1. 老師在黑板上畫一個圓圈代表一個人的生活，再將圓圈劃分成 4 等分，每一等分代表 6 小時，然後讓學生估計下列活動在一天中所花費的時間（每個學生所花費的時間都是不同的），這些活動是：(1)睡覺；(2)學校；(3)工作；(4)與朋友相處；(5)做家事；(6)單獨玩、看電視或閱讀；(7)整理房子；(8)與家人相處（包括進餐時間）；(9)其他娛樂時間。

2. 學生自己所估計的時間未必正確，但是加起來須有 24 小時，而且畫出來的圖會類似於下圖：

活動三　生活餡餅（續）

3. 讓學生思考下列問題，並將其寫在「價值資料庫」上：

　(1)你滿意你的時間分配嗎？

　(2)你希望生活的最大部分是什麼？將其畫出來。

　(3)你能合理地改變你的時間嗎？

　(4)你願意做自我契約並簽下自己的名字嗎？

4. 若時間允許的話，學生尚可分析某一類的活動如學校活動，花多少時間在上課、運動、交朋友上等，也可以就數學、英文課再細分。

5. 當學生分析了每個活動後，可以討論許多「價值資料庫」上的問題，也可以分享彼此的時間分配表。

三、給教師的建議

1. 老師應強調無任何正確劃分生活的方法，因為每個人的生活都不同，只重視此策略可以使學生更清楚自己的生活，而由學生自己決定是否改變時間的分配。

2. 尚有很多事情的分配可以由生活餡餅中看出，如一星期的花費、衣服的種類、聽音樂、看書等。

3. 這個策略除了可以陳列生活的事實資料外，尚可使個體自我省察，視自己是否充分利用時間。

活動四　生命調查表

一、目的

1. 此活動請學生回顧其生命中主要發生過的事，與其生活的重點。

2. 在此生命計畫的系列中，此活動將前幾次的活動聯繫起來，並且讓學生脫離對過去或未來的幻想。

二、程序

1. 教師將學生分為 4 人一組，其中一位是焦點人物，另一位記錄焦點人物對此調查表的回答，另外兩位負責澄清問題以協助此活動之進行；4 個人輪流扮演不同的角色。

2. 以下列舉幾項可供提出的問題：

(1)在你一生當中，最快樂的是哪一年（或哪一時間）？

(2)你對做什麼事很拿手？

(3)說出一個你一生中的轉捩點。

(4)你一生中最低潮的時候是什麼時候？

(5)你有沒有在某一事件中表現出絕大的勇氣？

(6)你有沒有一段時期非常悲傷？是否不止一個時期？

(7)說出你做得不好，但你仍然必須做下去的事。

(8)哪些是你很想停止不做的事？

(9)哪些是你很想好好再做下去的事？

(10)說說你曾經有過巔峰時期的體驗。

(11)說說你希望有的巔峰時期的體驗。

(12)你有沒有想極力建立起來的價值體系。

(13)說出一個你一生中喪失的機會。

(14)有哪些事你想從此時好好做的？

3. 14 個問題也許太多，教師或同學可酌情增減。

活動四　生命調查表（續）

4. 每個小組須先將焦點人物次序決定好，但以不妨礙活動的進行為原則。

5. 每位同學最多給 10 分鐘的「焦點人物」時間。

6. 記錄好之後，將資料交回給「焦點人物」本人。

7. 如果學生願意的話，可以在家裡寫好答案，再帶回小組中與別人討論。

三、給教師的建議

1. 注意避免由於焦點人物所發表的言論而引起爭論。

2. 被推派出來的焦點人物只有 10 分鐘可回答，為了使此活動生動而緊湊，教師可在第 9 分鐘報時，以便下一位同學做準備。

活動五　關於我

一、目的

　　有系統而且連續不斷地提供學生機會，使他們去分析自我、檢討自我，以及發現自我。

二、程序

　　老師叫學生隔天寫一個「關於我」的故事，像日記一樣。同學們之間可以相互交換傳閱各人的故事，也可以將自己的故事讀給班上同學聽，或者拿回去給父母看。他們可以把已寫成的故事增長、改變，或者將幾篇故事編成一篇自傳。下面列舉幾個「關於我」的題目：

　　(1)我是誰？

　　(2)誰照顧我？

　　(3)我感到驕傲的是……

　　(4)有一天我將成為……

　　(5)我最有趣的經驗

　　(6)假如我能改變世界

　　(7)我的朋友

活動六　個人盾牌

一、目的

　　關於價值澄清的問題,例如:「到底我在做什麼?」、「我只是在應付別人嗎?」、「我是不是自己生命的主宰?」、「我的生命和別人有無不同?」這個活動可以幫助學生去思考這些問題。

二、程序

　　1. 老師發給每位同學一張「盾牌」,如下圖或讓學生自畫一張。

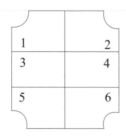

　　2. 學生用圖畫、符號……等非語文的方式回答下列問題:

　　　(1)到目前為止,你認為你最成功的事蹟是什麼?

　　　(2)你的家人最大的成就是什麼?我目前最想做的事?

　　　(3)別人做什麼事可以令你高興?

　　　(4)到目前為止,你認為你最失敗的事是什麼?

　　　(5)如果你只有一年的生命,但保證你所致力的事一定成功,你將做什麼?你想成為什麼樣的人?

　　　(6)當你死後,你希望別人怎麼評斷?

　　3. 學生們分成若干小組,輪流解釋圖畫中的意義,但是也可以保留他不想與別人分享的問題。

　　4. 學生也可以把圖畫拿在胸前四處走動,互相觀摩。

活動六　個人盾牌（續）

三、給教師的建議

1. 學生不可以用文字描述，除了第六個問題之外。

2. 不強調圖畫的藝術價值，圖畫可以很簡單也可以不完全，甚至很不科學，只要學生知道他們表達什麼意義就行了。

3. 其他的問題也可以代替以上的問題，例如：

   (1)有什麼事情是你從來不想動的？

   (2)你將來想從事什麼職業？你想成為什麼樣的人？

   (3)在幾歲以前，你想有什麼成就？

   (4)畫三樣你所擅長的活動。

   (5)你的座右銘是什麼？

關鍵詞彙

價值澄清法　　　　　　澄清式問答　　　　　　價值作業

自我評量題目

1. 何謂價值澄清法？

2. 傳統道德教育與價值澄清法有何基本的差異？

3. 價值澄清法中有關價值形成過程的三階段、七規準是什麼？

4. 教師或輔導人員在價值澄清法實施過程中應扮演何種角色？

5. Raths 認為在哪些領域中常遇到價值的困惑與抉擇？

6. 價值澄清法在哪些場合中常為教師或輔導人員使用？

7. 輔導員在實施價值澄清過程中，應注意哪些原則？

8. 價值作業使用的一般過程為何？

9. 設計三個一般價值澄清的活動在團體中使用。

第十六章

創造性團體

● 吳武典

學習目標

—— 研讀本章內容之後，讀者應能達成下列目標：

1. 了解創造的意義和創造思考的基本策略。
2. 了解團體創造的重要性與創造性團體的組成。
3. 探討創造性團體的歷程與領導的技巧。
4. 探討創造性團體的主題與活動設計要旨。
5. 介紹創造性團體的活動設計的實例，培養設計活動的能力。
6. 培養學習者對創意思考的正確認識和積極參與創意活動的態度。

摘要

　　常用的創造思考策略如下：腦力激盪術、六六討論法、六三五激盪法、奔馳法、十二思路啟發法、六頂思考帽、七何檢討法、屬性列舉法、型態分析法、系統改變法、糾合法、自由聯想法、意象組合法、變異法、逆向思考法等。

　　所謂團體創思法，就是以小團體（小組）的方式來進行創造思考的活動，其已廣泛地應用於教育界和企業界，用以解決問題，提出新策略或創造新產品。創造性團體的成員不宜過多，團體成員的同質性不宜太高，問題的性質也是團體組成重要考慮的因素之一。

　　在創造性團體的歷程方面，Olson（1980）對於創意思考的催化歷程提出「做下去」（DO IT）的三階段、十步驟的見解，相當精闢：(1)界定問題（聚心、抓心、展心）；(2)發展「異」見（促心、驚心、放心、合心）；(3)鑑識「卓」見（決心、換心、動心）。這個「做下去」的創思催化歷程，也是創造性問題解決的歷程，在團體中實施，效果更大。當然，其過程並不是一成不變的。

人類具有無限的創造潛能，創造（creativity）也是人之所以為人的重要特質，它帶來人類的文明和進步。誠如 Osborn（1963）所云：「人類文明的歷史，主要為人類創造力的紀錄。」在宇由中，創意取之不竭，你能否成為一個創意人，關鍵在於你是否有開放的心胸和實踐的決心（Husch & Foust, 1987）。對個人而言，創新是一種迷人的高峰經驗；就企業而言，它是一種挑戰並且潛藏利潤。有時，你會發現，原來事業的成敗繫於那一點點微小的方法之差異，工作是單調乏味還是新鮮有趣，端在於其間是否融入了想像和創造。但是，創造沒有定規，本身也沒有對錯，你必須自己選擇、自己決定，這會很自由，也很震撼！你要釋放自己，但又不能一人獨斷獨行，盲目探索，浪費時間、精力和資源，而必須觀摩他人之長，學習和別人共同思考。共同思考，是人類與其他生物的重要歧異點，也是創造的重要訣竅。透過團體的歷程，可以使創意更激發，產生「一加一加一大於三」的效應。漫遊太空不是夢，但那是集思廣益、群策群力的結果，不是嗎？

據此，本章首先介紹創造思考的基本策略，再說明創造性團體的形成與歷程，最後舉例說明創造性團體的活動設計。至於有關創造的理論，不是本章重點，故不加述評。

第一節　創造思考的意義和基本策略

一、創造思考的意義

用最簡單的話來說，創造就是「不一樣」。從認知的層面來看，它是一種能力，也就是「創造力」，包括能提出與眾不同的點子，思路敏捷，能突破現狀，並能精益求精。換句話說，當擁有如 Guildford（1956, 1967, 1986）和 Torrance（1966）所指稱的獨創性（originality）、流暢性（fluency）、變通性（flexibility）、精進性（elaboration）四要素時，意謂「創造力」已經到位。若從情感的角度來看，「創意」可以視為一種人格特質，也就是「創造性」，當人們形容一個人很有創造細胞、不拘世俗、舉手投足與眾不同時，其實就是因為這個人具有如 Williams（1971）所指稱的好奇心（curiosity）、想像力（imagination）、挑戰性（challenging）和冒險性（risk-taking）等情意特質。在這方面，也許我們還可以加上幽默感、容忍曖昧等特質（吳武典，2006）。

就創造所涉及的因素而言，主要有四項：創造者（person）、創造過程（process）、創造品（product）和創造的環境（place），合稱為 4Ps（Rodes, 1961）。也有人將第四個 P 改為 press，意指工作環境所加之於創造者的創造壓力（郭有遹，1994）。後來，Henry（1994）補充了四個要素：積極（positivity）、愉悅（playfulness）、熱情（passion）和堅持（persistence），可稱為新 4Ps。

Amabile（1996）進一步指出創造的三條件：內在動機（intrinsic motivation）、特定領域技巧（domain-relevant skills）和創造思考技巧（creativity-relevant skills）。其中，她尤其強調內在的動機——一種躍躍欲試或欲罷不能的直覺式衝動。至於創造需要特定領域技巧，乃是說創造不能無中生有，必須與某種知識技能領域結合；也就是，要創造就要學習，否則巧婦（空有創思技巧）亦將難為無米之炊（不學則無術）。

我留美學人郭有遹（1983）在《創造心理學》一書裡，曾對創造做了一個綜合性的定義，如下：

「創造是個體或群體生生不息的轉變過程，以及智情意三者前所未有的表現。其表現的結果使自己、團體或該創造的領域進入另一更高層的轉變時代。」（頁 7）

這個定義適用於創造者、創造過程、創造品和創造的環境（或壓力）四者中的任何一種，也可以包括四者的全部，以及創意思考的各項特質。此定義的另一項特色是創造者不僅指個人，也包括團體。團體的創造，創造的團體，是一而二，二而一的重要課題。此外，此定義也意涵「創造」的本質固然是「變」（不一樣），但仍要有方向感，即要「變佳、變優」或「向上提升」（邁向更高層的轉變）才有意義。

關於創造思考的特質，我們還可做下列的描述：

- 創造必須透過思考，然而思考未必創造；無根的思考、錯亂的思考，畢竟無法創造。
- 創造不是無中生有。它必須有素材、技巧和動機，正如烹飪，要有米菜、要有巧手，還要有一把火才行（根據 Amabile 的卓見）。
- 創造力有一般性，為各行各業所共需，如前述的獨創、流暢、變通、精進；也有其特定性，也美術創造、音樂創造、戲劇創造、舞蹈創造、文學創造、科學創造、機械創造、建築創造……，各有其不同的要素。

- 創造有大創造（大 C），也有小創造（小 c）。前者如愛迪生發明電燈、牛頓發現地心引力、愛因斯坦提出相對論；後者如廢物利用、改編歌曲、編創故事。點點滴滴的小創造，都值得鼓勵，畢竟大創造或可能源於一時的靈感，但大成就必須經過經年累月的鑽研和奮鬥，不可能一蹴而成。

- 創造力不是任何人的專利品，事實上，人人可以成為創意人。我國平民教育學家陶行知在抗戰期間，倡導「處處是創造之地，天天是創造之時，人人是創造之人」的創造力教育理念（引自陶行知，1991：738），確是經典之論。

二、創造思考的基本策略

創造技法百百種，運用之妙，存乎一心。茲介紹常用的創造思考策略如下。

（一）腦力激盪術（brainstorming）

這是 Osborn（1963）首創的「創造性問題解決法」（creative problem-solving, CPS），是一種典型的「集思廣益」方法，先有一個開放式的問題，由各人自由獻議，其基本精神是「延宕的批判」（delayed criticism）。

腦力激盪術的基本原則、步驟及注意事項，於本書第十二章第三節曾簡單介紹過，茲再做以下幾點補充。

1. 基本原則：

   (1)暫緩批評：不立即做任何優缺點的評價。

   (2)愈多愈好：點子愈多愈好，以量制質。

   (3)愈奇愈好：自由奔放地自由聯想，不要怕跟別人不一樣。

   (4)聯合與改進：鼓勵巧妙地利用並改善他人的構想。

2. 步驟：

   (1)決定問題。

   (2)說明規則（如上述四原則）。

   (3)激勵發言。

   (4)記錄所提出的意見或觀念。

   (5)歸併整理所提出的意見或觀念。

   (6)共同決定評估標準。

   (7)根據評估標準，共同選取最好的意見。

3. 注意事項：

(1)參加人員以 6 至 12 人最恰當。

(2)討論的主題必須是開放性的問題，事先提出，其意義為大家所了解。

(3)主持者要設法維持熱烈的氣氛。

(4)準備黑板（白板）或海報紙，扼要記下所有提出的意見或觀念。

(5)避免專家涉入。

（二）六六討論法（discussion 66）

這是以腦力激盪法為基礎，期使在最短時間內達到「人人參與」、集思廣益之方法。此法又名「嗡嗡法」（buzz session），意謂它一旦啟動，氣氛熱鬧非凡。其原意為 6 人一組，每人發言 1 分鐘（共 6 分鐘），每人發言之前，先共同靜思 1 分鐘，最後由主席歸納出最好的意見。在實際運用上，可稍做變通，每組人數得略增減，並得增列短暫自由討論時間，以便補充意見或有所釐清。因此，它實際費時約 10 分鐘至 15 分鐘，仍極經濟。此法之優點為時間經濟、人人參與，缺點為時間有限、不能深談。

此種彈性六六討論法的步驟（參見本書第十二章第三節）及注意事項如下：

1. 步驟：

(1)決定主題。

(2)分組（儘量 6 人一組）。

(3)各組中推舉一位主持人（兼記錄員）。

(4)共同靜思 1 分鐘。

(5)每人發言 1 分鐘（主持人控制時間）。

(6)自由交談 3 至 5 分鐘。

(7)主持人歸納大家的意見。

(8)各小組代表（通常為各小組主持人）在大團體中報告結果。

2. 注意事項：

(1)討論的主題必須是開放性的問題，事先提出，其意義為大家所了解。

(2)主持人亦可邀請一人為記錄員。

(3)各小組代表對全體人員報告後，可再由全體成員進行討論或評價。

(4)上述第八程序雖非六六討論法本身，在時間許可情況下，宜盡可能實施之，以擴大分享，並利於進一步的討論。亦可結合其他討論法（如參議

法或二四八法），以補此法發言時間有限、不能深談的缺陷。

（三）六三五激盪法

這是指有 6 位參加者，各提出 3 個設想並在 5 分鐘內完成之方法，可說是腦力激盪術和六六討論法的變型。

1. 步驟：

(1)提示問題。

(2)分組（儘量 6 人一組）。

(3)寫下構想：每人都必須在卡片上寫出 3 個設想，並在 5 分鐘內完成。

(4)傳遞並補充構想：5 分鐘一到，每個人要把自己的卡片傳給右邊的人。在第一個 5 分鐘內，各人分別在傳送到自己的卡片上補填上 3 個構想。這樣，每隔 5 分鐘一次，一共 6 次，30 分鐘為一個循環。因此，每一個循環可得到 108 個構想。

2. 注意事項：

(1)過程中不能說話，讓思維活動自由奔放。

(2)由 6 個人同時進行思維作業，可產生高密度的構想。

(3)可以參考他人的構想，加以改進或加以綜合。

(4)避免因參加者地位上的差異或性格的弱點，而影響意見的提出。

(5)卡片的大小以A4或A5開紙張為宜，最好上面畫有橫線，並編以序號。

（四）奔馳法（SCAMPER）

Osborn（1963）在其《應用想像力》（*Applied Imagination*）一書中，曾提出使用檢核表（checklist）法，以進行歸納性的轉換，產生新的構想。這些變換包括：調適（adapt）、修改（modify）、擴大（magnify）、縮小（minify）、重組（rearrange）、倒轉（reverse）、組合（combine）等。奔馳法（Eberle, 1971, 1982）的設計，即是檢核表法的修正應用。這種設計主要藉由幾個英文字的代號，來幫助我們了解並實際運用，我們可用「代合調改用消組」單字代表，以利記憶（參見陳龍安主編，1991；張玉成，1994）：

1. 替代（Substituted, S）：何者可被「替代」？誰可取代？有沒有其他材料程序、地點可代替？

2. 結合（Combined, C）：何者可與其「結合」？結合觀念、意見？結合目

的、構想、方法？

3. 調適（Adapt, A）：何種觀念可借來一用？有什麼事物與此類似？有沒有不協調的地方？須做怎樣的調整？

4. 修改（Modify, M）：可否修改得更好？改變意義、顏色、聲音、大小、形式？

5. 他用（Put to other uses, P）：可否應用在其他方面、其他場合？使用新方法？

6. 消除（Eliminate, E）：可否消除？有沒有可以排除、省略或取消之處？

7. 重組（Rearrange, R）：有沒有可以旋轉、翻轉或置於相對地位之處？怎樣改變事物順序？或重組計畫、交換組件？

（五）十二思路啟發法（12-way thinking）

十二思路啟發法的原名叫「十二個聰明的辦法」，是上海市的創造教育工作者在指導和田路小學進行創造力啟發教育的過程中，總結提煉出來的。這個方法應也是脫胎於 Osborn（1963）的檢核表（如表 16-1 所示）。

表 16-1　十二思路啟發法的大意

項目	大意	Osborn 檢核表中相關內容
加一加	增加、組合	可否增加什麼？可否附加些什麼？可否增加使用時間？可否增加頻率、尺寸、強度？可否提高性能？可否重新組合？可否嘗試混合、合成、配合、協調、配套？可否把物體組合？把目的組合？把特性組合？把觀念組合？
減一減	削減、分割	可否減少些什麼？可否密集、壓縮、濃縮？
擴一擴	擴大、放大	可否增加新成分？可否加倍？可否擴大若干倍？可否放大？可否誇大？
縮一縮	收縮、密集	可否縮短、變窄、去掉、分割、減輕？可否變成流線型？
改一改	改進、完善	可否改變功能、顏色、形狀、運動、氣味、音響外型、外觀？是否還有其他修改的可能性？
變一變	變革、重組	可否變換？有無可互換的成分？可否變換模式？可否變換布置順序？可否變換操作程序？可否變換因果關係？可否變換速度或頻率？

表 16-1　十二思路啟發法的大意（續）

項目	大意	Osborn 檢核表中相關內容
搬一搬	搬去、推廣	有無類似的東西？利用類比能否產生新觀念？過去有無類似的問題？可否模仿？能否超過？有無類似的東西？利用類比能否產生新觀念？過去有無類似的問題？可否模仿？能否超過？
學一學	學來、移植	有無新的用途？是否有新的使用方式？可否改變現有使用方式？
代一代	替代、變換	可否代替？用什麼代替？還有什麼別的排列、別的成分、別的材料、別的過程、別的能源、別的顏色、別的音響、別的照明？
聯一聯	插入、聯結	可否連結另一領域？可否插入別的想法？
反一反	顛倒、反轉	可否顛倒？可否正負顛倒、正反顛倒、頭尾顛倒、上下顛倒、位置顛倒、作用顛倒？
定一定	界定、限制	如何界定？有否限制？

資料來源：莊傳釜、張振山（1998）

（六）六頂思考帽（6 thinking hats）

　　Edward de Bono 所創的「六頂思考帽」法（許麗美譯，1990），可增進我們的思考效率——用嶄新、睿智的方法處理問題，結果證明效果驚人。

　　六頂不同顏色的帽子代表六種不同的思考角色，戴上哪頂帽子，就要練習演好那頂帽子所規範的角色。戴上白帽，表示中立；戴上紅帽，表達情緒；戴上黑帽，代表批判或否定；換上黃帽，迎接陽光般的樂觀；綠帽帶來豐富的創意；像天空的藍帽，引領你超然地俯瞰問題。一旦網羅所有可能的解答，就著手分類，如表 16-2 所示。

　　六頂思考帽的概念有兩個主要的目的：第一是簡化思考法，容許思考者一次處理一件事，不必兼顧情緒、邏輯、資料、希望和創造力；第二是容許變更思考法，而不具攻擊性。如果能了解各頂帽子的意義，而加以適當地運用，在討論問題時就能發揮極大的效用。

表 16-2　de Bono「六項思考帽」法的應用

顏色	特質	例句
白帽（中立）	客觀審視數據和資料	有何資料？還需哪些資訊？
紅帽（情緒）	將感覺、預感、直覺合理化	別問為什麼？就是不喜歡！
黑帽（批判）	合乎邏輯的否定，察覺缺失、分析優劣、批判得失。	真的嗎？不會有危險？
黃帽（樂觀）	合乎邏輯的肯定，積極樂觀，正向的思考，找出可行性和利基。	這觀點有何利益和發展？
綠帽（創意）	創新有活力，生機盎然，想出新點子。	這觀點不錯，有無更新的？
藍帽（理性）	冷靜思考，監控思考過程，做出明智的抉擇。	下一步怎麼做？

（七）七何檢討法（5W2H method）

這是一種對現有的辦法或產品，從七個角度來重新檢討的思考策略。消極方面，它可以指出缺失所在；積極方面，它可以擴大思路，改善現況。這七個問題如下（以「促銷商品」為例）：

1. 何人（who）：誰是可能的顧客？
2. 何事（what）：他們需要的是什麼？
3. 何時（when）：什麼時候是促銷的好時機？
4. 何地（where）：在什麼地方促銷最好？
5. 何故（why）：顧客購物的動機是什麼？
6. 如何（how）：如何使顧客心甘情願地掏出錢來？
7. 何價（how much）：怎樣的價格既有利潤又有競爭力？

（八）屬性列舉法（attribute listing）

Crawford（1954）首創屬性列舉法，其要領是針對某一物品或問題列舉出其重要部分或特質，再就所列各項逐一思索改進之必要、可能和辦法。所謂改進，包括改變某些特質（如大小、形狀、顏色等），或組合部分成為新的建構。

以進餐為例，我們若要改良飯後的甜點，可以先想出跟它有關的一切——原

料、形狀、顏色、滋味等,然後就其中一點加以改變,或把其他事物跟那一個屬性產生關聯。

把所列舉的屬性加以連接,可形成矩陣,從而產生無數的點子。再以進餐為例,我們可先列舉若干屬性,如人員、地點、時間、食物、特殊效果等。每一項下面再列出一些可能的方式,如「人員」一項可以寫下家人、朋友、窮困者、名人等;「地點」一項可能是家中某處、室外、郊區、露營區等;「時間」一項可能是早餐、午餐、晚餐、點心時間等;「食物」可以列出各種食品;而「特殊效果」可能是音樂、電視、香味、菸味等。列好之後,從各類中隨機選取一項可以構成新鮮感的主意(黃宜敏、蘇芳柳譯,1989:106)。例如,隨便挑出小孩、地下室、早餐、漢堡、音樂加以組合,那不就是一幕「小孩在地下遊戲室,在音樂聲中把漢堡當早餐吃」的特殊景象嗎?

(九)型態分析法(morphological analysis)

此法為 Zwicky(1957)與 Allen(1962)所倡。它是以結構的分析為基礎,使用組合技術,來產生更多的新觀念。實施時,下列的步驟可供參考(陳龍安主編,1991):

1. 儘量從多方面想問題。
2. 把有關問題的要點一一列舉出來。
3. 找出每一個要點可能產生的變化。
4. 將可能產生的變化相互結合,形成許多新觀念。

實施時,學生必須就待解決的問題或改進的事物,提出兩類以上不同的屬性,分別列出所有的要點,再進行排列組合。例如「如何設計一幢好房子?」:

房屋的形式為第一類屬性,其可能的變化有平房、樓房……
房屋的材料為第二類屬性,其可能的變化有木造、磚造、鋼筋水泥……

將以上兩種屬性之要點結合,就可以形成木造平房、木造樓房、磚造平房、磚造樓房等不同的結構型態;表面似乎毫無關係的觀念,互相結合即可形成新的觀念。

Guilford(1956)的「智能結構」說(structure of intellect, SI),也可以說是型態分析法的運用,內容(contents)、運思(operations)及成果(products)即為他所分析的三大重點(向度),然後列出各向度之細項,再組合為 $4 \times 5 \times 6 =$

120 個智力因素（後來擴增為 5×6×6 ＝ 180 個因素）。

（十）系統改變法（system changes）

系統改變法與型態分析法有異曲同工之妙，兩者都要先找出系統或結構的要素，再進行新的組合。系統改變法強調透過新的組合，新而有效的系統。以下是一個典型的系統改變法的實例——「結構一改，銷路大增」（引自陳放編著，1997：49-50）。

　　美國一家名叫「通用」的寵物食品公司，準備推出一種新的罐頭狗食。眾所周知，美國是全世界最大的消費市場，各行各業競爭都非常激烈，任何新商品想在行業領域出人頭地是件十分困難的事。單是一種狗罐頭就有數十上百種品牌，個個都有其特色，個個有其吸引力，後來者想「居上」可不是一件容易的事。為了殺出重圍，企劃部門想出了一個策略，將狗食分為以下三種：

　　1. 老狗食：高齡狗專用。廣告詞為：「吃通用牌老狗專用食品，使您的愛犬延年益壽，使家庭更和樂、溫馨。」

　　2. 中狗食：壯、中年狗專用。廣告詞為：「吃通用牌中狗專用食品，可使您的愛犬有強壯的身體，幫助您把『家』看得更好。」

　　3. 小狗食：幼、小狗專用。廣告詞為：「通用牌小狗專用食品，可促進小狗發育，快速成長。」

人們從年齡上看狗，大都只分大、中、小三種，而三種狗都被這個策略鎖住了。這個「市場區隔」分段銷售策略確實抓住了狗主人的消費心理。一般人的觀念裡，狗食就是狗食嘛！狗食還有點菜的嗎？然而，通用食品公司打破了人們對狗食的制式觀念，給狗食做了嚴密的市場區隔。除非不養狗，否則，無論大、中、小狗，都已經被他的行銷策略鎖定了。難怪通用狗食在琳瑯滿目的狗食市場中，異軍突起，在短短的半年中就穩穩地立足於市場。

（十一）糾合法（synectics）

又稱分合法，由 Gordon（1961）首先倡導，係運用隱喻（metaphor）或類推（analogy）的方式產生新的觀念，如：「如果教室像電影院，會發生什麼事呢？」其基本原理是使熟悉的事物變得新奇（由合而分），反之使新奇的事物變

得熟悉（由分而合）。前者要運用隱喻或類推的技巧，後者則要使用分析的方法。依此原理，創造者必須指出問題或事物中的元素何者是熟悉的，並以隱喻或類推的方法，化熟悉為新奇，增進創意思考能力。葛登提出下列四種隱喻或類推的方法：

1. 直接比擬（direct analogy）：將兩件事物、觀念或情境做直接比擬。例如：三明治與一群人有何相似之處？

2. 擬人比擬（personal analogy）：將自己視為問題或事物中的某一元素。例如：想像你是管中的牙膏，你將有何種感覺？

3. 對抗比擬（compressed analogy）：將兩種元素故意對立，然後結合成新的關係。例如：大聲的耳語、痛苦的微笑、古典的浪漫、美麗的缺陷發生於何處或何種情境？

4. 狂想比擬（fantasy analogy）：在尋求解答的過程中，盡可能循不尋常的途徑去思索或盡可能牽強附會，而不論多麼稀奇古怪。例如：教師問：「如何搬走操場上的大石頭？」學生可做諸如「發動螞蟻大軍」、「使用大氣球」、「動用大象」等狂想曲。

（十二）自由聯想法

阿基米德說過，如果他有一根夠長的槓桿，有個支撐點，他就能夠移動地球。聯想也是一根槓桿，可以解決世界的問題以及我們本身的問題（引自 Parnes, 1981）。

Parnes（1981）指出，以知識經驗為基礎，運用聯想技巧去尋找並建立事物間新而有意義的連結關係，便是創造的過程（引自張玉成，1994）。茲以圖 16-1 為例，請問：你看到了什麼？

答案很多，可能包括漏斗、窗簾、皇冠、兩個臀部等。我們亦可以單字、符號、聲音等為媒介，做自由的聯想，以增進創意思考能力。茲再舉「使鵝卵石變成高檔工藝品」的實例（陳放編著，1997：26）：

美國有一位青年，有一次在海灘上散步時偶然被一塊美麗的鵝卵石絆了一下，於是產生了一個創意：如果把這些漂亮的鵝卵石變成商品多好？接著他就想到要在上面刻上「我愛你」、「愛情永恆」、「永遠想你」、「忍」、「你愛我嗎」……等字樣，使它成了一件件高檔工藝

品。他照者這個創意進行下去，最後成了百萬富翁。

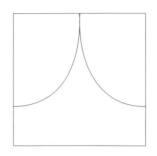

圖 16-1　聯想的媒介

（十三）意象組合法

　　Parnes（1981）指出，思考的最終成品不一定是由一個簡單的想法所形成，而是由於你把不相干的事物形成相干之後，引發許多有關聯的管道，終於產生新的觀念。

　　在第二次世界大戰時，蘇聯紅軍與德軍對壘。有一天在兩軍陣地交界處不遠的地方，一位正在值勤的蘇聯紅軍士兵突然發現德軍陣地上有一隻貓出沒，於是他猜想到：能夠養貓的必定是德軍的高級軍官，那個地方很有可能是德軍指揮部所在地。他把這個情況向上級做了彙報，又繼續觀察了兩天，發現貓還是經常出現。後來蘇聯紅軍調來砲兵集中火力轟擊了那個地方……戰役結束後得到情報說，那個被澈底摧毀的地方，果然是德軍的一個司令部（引自陳放編著，1997：74-75）。從貓想到高級軍官，這是意場感應；而從高級軍官又聯想到司令部，這是相關聯想；貫穿起來，就是意象組合。

　　文學創作用到意象組合的情形更為普遍。如詩人辛笛，在〈提筆人〉這首詩裡，就以孤寂的意象為主，時景意象為襯，前後貫穿起來，意境淒迷：

　　　　她提著一筐子的哀愁
　　　　到江邊去拋丟
　　　　江波翻起滾滾白浪
　　　　流不盡的是她的愁

　　　　她提著一筐子的孤寂

到深山去埋葬

山中泥土長滿青苔

埋不掉古今人的寂

她提著一筐子的童心

粉下數著晶瑩

破碎的泡沫茶自飲

完整的那不是時景

（十四）變異法

語云：「窮則變，變則通，通則靈。」每個事物都有其原來的用途或功能，如能變通使用，便可能一物多用，或化腐朽為神奇。想想看：磚塊除了建築用途外，還能做什麼？原子筆除了用來寫字外，還能做什麼？垃圾除了丟棄外，還能做什麼？

以下就是一個「廢料變寶，身價百倍」的例子（引自陳放編著，1997：102）：

美國有一座百年以上歷史的女神銅像，翻新後現場留下了兩千噸廢料。這些廢料既不能就地焚化，也不能挖坑深埋，清理裝運到相距甚遠的垃圾場，運費又十分昂貴。許多人眼睜睜地看著一大堆廢料，毫無辦法。這時，一個名叫期塔克的人自告奮勇地承包了這件苦差事。他對廢料進行了分類利用，製成女神銅像紀念品，如把廢銅皮改鑄成紀念幣、把廢鉛鑄成紀念尺、把水泥碎塊做成小石碑；甚至把朽木泥土也裝在玲瓏透明的盒子裡。這樣一來，本來一文不值、難以處理的垃圾，頓時身價百倍，人們爭相選購。兩千噸廢料被一搶而光，斯塔克本人也因此發了大財。

再看看這個「茅台酒走向國際的奇聞」（引自陳放編著，1997：201）：

1915 年，在國際巴拿馬商品博覽會上，各國送展的商品琳瑯滿目，美不勝收。可是，中國大陸送展的茅台酒，卻因包裝古舊，很長時間無人問津。當時，博覽會上的一個中國工作人員眉頭一皺，計上心來。他

提著一瓶茅台酒，走到展覽大廳最熱鬧的地方，故意裝作不慎把酒瓶摔在地上。酒瓶落地後，一股濃郁的酒香頓時瀰漫了整個大廳，人們同聲讚道：「好酒！好酒！」自此，習慣喝香檳、白蘭地的外國人，才知道中國茅台酒的魅力。這位中國工作人員這個計謀果然奏效，為茅台酒打開了銷路；同時茅台酒在這次博覽會上被評為世界名酒，從此聲名遠播。

這位工作人員的「突破性」「冒失」行為，其實是「出奇制勝」的高度創意表現。

（十五）逆向思考法

逆向思考法也是一種「出奇制勝」的方法，是思維向度的翻轉，把問題倒過來想，具有高度的變通性。所謂「欲擒故縱」、「以退為進」、「欲迎還拒」、「把吃苦當作吃補」、「以刺激消費來刺激生產」等反其道而行的想法或做法，都可以作為這個方法的註腳。

諸葛亮以「空城計」驚退司馬懿的大軍；甲乙兩人「騎馬比慢」，甲鞭抽乙所騎的馬使之快行而獲勝；某服飾店掛的招牌是「非流行」，結果引來一大堆好奇的顧客；某餐館掛牌「黑店」，反而人潮不斷……凡此，都是逆向思考或反向操作的事例。

第二節　創造性團體的形成與歷程

一、團體創造的重要性

有這麼一個寓言故事：

> 有兩隻驢子被主人用一條繩子拴在一起。牠們為了搶食東西兩側的草堆，一開始時互不相讓，結果誰也吃不到。後來互相協商，腳步一致地先吃一邊的草堆，吃完再吃另一邊的草堆。最後雙方都吃得飽飽的。

創意也一樣，創意交換，則創意倍增，達到「一加一大於二」的效果。正

如：「如果你有一個蘋果，我也有一個蘋果，咱們交換以後，你我仍只有一個蘋果；但是如果你有一條創意，我有一條創意，相互交換一下，你我都有兩條創意。創意碰到創意不免產生新創意，就算至少產生一條新創意，則你我都有了三條創意。」（陳放編著，1997：104）

歷年來，創造學者對於創造力的研究，大都著眼於個人創造力和創造經驗的探討，甚少涉及團體或組織的創造。時至今日，創造力研究的範圍愈來愈廣，「創造學」（creatology）已儼然成為一門科際整合的科學。以後的科學研究將是集體創思的時代，如何使個人的創造力在團體創思活動中呈現相加相乘效果，而非相減相除效應，是值得我們研究的課題（毛連塭，2000）。

美國紐約州立大學水牛城分校曾進行一項研究，比較在問題解決上，個人創造和團體創造的效果。結果發現，在好主意的產量上，參加團體腦力激盪的受試者比獨自創思的受試者多出了 70％。看來，「三個臭皮匠勝過一個諸葛亮」，不無道理。個人的創造能力有其限度，若能相互激盪，將可產生更大的創思效果，團體創思法因此而產生。

所謂團體創思法，就是以小團體（小組）的方式來進行創造思考的活動。團體創思法自 20 世紀 60 年代以來已發展出許多模式，且廣泛地應用於教育界和企業界，用以解決問題、提出新策略或創造新產品。其主要策略已如本章第一節所述。

二、創造性團體的組成

創造性團體的成員不宜過多，以 6～12 人為宜（如腦力激盪術），5～7 人更佳（如六六討論法、六三五激盪法）。人太少，「異」見不多，激盪不足；人太多，則各人的參與及貢獻相對減少，容易產生冷漠感。

至於團體成員的特質，同質性不宜太高。成員的年齡、學歷、經驗、價值觀念、文化背景等如果太接近，便可能使思維僵化或窄化；反之，如果團體成員的異質性高，在獲得最好的答案之前，便較可能發展出多樣而新鮮的想法。

問題的性質也是團體組成要考慮的因素之一。如果主題是要發明一種新型的鉛筆，網羅機械工程師、工業設計師、市場產銷等專家作為團體的成員，固然極有必要，但在概念形成階段，加入一些在此領域沒有經驗的人，如家庭主婦、秘書、領班，或不同領域的專家，便有「胡椒粉加鹽巴」的效果。專家可用以鑑別什麼是好的意見，並加以修改和付諸實行；外行人則嬉遊於不尋常、狂野、變異

的思考線上，提供刺激和作料。

三、創造性團體的歷程

　　Ohlsen 等人（1988）對於創意思考的催化歷程提出「做下去」的三階段、十步驟的見解，相當精闢。我們不妨以「界發鑑」及「聚抓展、促驚放合、決換動」為口訣，加強印象，並便於記憶。

（一）界定問題

1. 聚心（mind focus）：弄清楚這問題為何存在？它包括哪些小問題？

2. 抓心（mind grip）：寫下至少三個關於問題性質的形容詞，將它們組合起來，以確定所要解決的問題是什麼。

3. 展心（mind stretch）：列舉問題解決的目標、準據和需要克服的障礙，再詳列細項。

（二）發展「異」見

1. 促心（mind prompt）：與不同背景的人促膝談心，借助他們的想法擴大自己的思路。

2. 驚心（mind surprise）：列下怪誕可笑的想法，藉以激發出合理的解決問題的辦法。

3. 放心（mind free）：在問題與荒謬的事物之間，硬是找出相似點，藉以激發新奇的想法。

4. 合心（mind synthesize）：把彙集的想法用合乎邏輯的方法加以組合，藉以刺激新的想法。

（三）鑑識「卓」見

1. 決心（mind integrate）：審視你的目標和準據，憑個人的感覺選擇最好的想法。

2. 換心（mind strengthen）：毫不留情地列出你想法的負面部分，再從負面找出正面的意義，然後修正你的想法，使缺點減到最少。

3. 動心（mind energize）：儘量誇大你的想法可能產生的利與弊，修改你的辦法，使可能的弊減到最少，利發揮到最大。

這個「做下去」的創思催化歷程，也是創造性問題解決的歷程，在團體中實施，效果更大。當然，其過程並不是一成不變；上述「十心」，其實，「運用之妙，存乎一心」。

創造性團體的聚會，最好有恆常性，好像三餐一樣，是一種習慣，也是一種享受。為確保創造性團體順利而有效地進行，以下是一些須注意的事項（陳龍安主編，1991；Guilford, 1986; Olson, 1980）：

1. 暖身活動：在正式創意思考活動開始之前，在自由、無壓力的情境下，先實施5～10分鐘的暖身活動。如：自由說出某物（迴紋針、牙籤、橡皮筋、磚塊、報紙……）的用途，營造熱烈反應的氣氛。

2. 建立安全、尊重與包容的氣氛：任何人在團體裡都被尊重，任何意見都受到歡迎。對別人的意見或看法，不隨意、不立即給予負面的批判。

3. 鼓勵不尋常的想法和答案：對於獨特的意見或看法，要耐心傾聽，並給予支持和鼓勵，以促使大家開放思考，並勇於表達。

4. 容許錯誤及失敗：鼓勵「嘗試」，而不強調「成功」或「完美」，並學習從錯誤及失敗中，獲得有價值的經驗或教訓，以免患得患失，不敢嘗試。

5. 尊重個別差異：尊重個人的興趣和想法，不強求一致的標準或答案。

6. 察覺創造力多層面：創造力的表現涉及認知與情意的各層面，其表現的方式也不限於紙筆，在語言、肢體、操作等各方面，皆可涉及。創造力且可與各專業領域結合，產生實際的效益，如「創意＋繪畫＝畫家」，「創作＋寫作＝作家」，「創意＋詩歌＝詩人」，「創意＋身體動覺＝舞蹈家」，「創意＋音符＝作曲家」，「創意＋科學＝科學家」，「創意＋口語＋肢體語言＝名演員」，「創意＋廣告＋品質＝名牌」……等。

四、創造性團體的領導

在數學裡，全體等於部分之和；在團體裡，則常常不是這樣。團體領導者有極大的機會和責任使整體大於部分之和，這就有賴於他有效的催化技巧。

身為創造性團體的領導者，首先他要遵循類似前述「做下去」的程序，以鼓勵參與、維護成員自尊、傾聽而不專斷的方式帶動團體。其次，他要避免搶先表示意見或立即批評別人的看法；他要幫助大家弄清楚問題的性質，而不是表示他對這問題已了然於胸；他要避免顯示對某項主意的偏愛；他要以微笑、點頭、「嗯嗯」的語言等，增強意見的提出；必要時，他要對某些觀念加以澄清或歸納；他

的領導風格是溫和而有力的。

要成為一位有效的創造性團體催化員，不妨做做下面的練習（Olson, 1980）：

1. 試列舉五種可鼓勵沉默的成員參與活動的方法。

2. 試列舉五種可使多話的成員不至於壟斷全場的方法。

3. 有什麼辦法可增進傾聽的能力？

4. 根據「做下去」的三階段、十步驟，找出一個有待解決的問題，試在團體中催化創意思考。

5. 提出一個你認為有待解決的問題，列出至少 25 種你認為的好對策，然後要求每位成員寫下他認為的最好的辦法。比較一下你的想法和團體的想法相同和相異之處。

6. 邀請一位商人、發明家或詩人等「局外人」到你的創意團隊來，並且要帶著一個問題來。你言明要幫助他解決問題。試用「做下去」催化技巧的「聚心」和「驚心」，協助他解決問題。讓他們選擇最好的方法。再用「換心」技巧幫助他修改他所選的方法。

7. 觀察一位團體領導者帶團體的情形，然後列出其領導技巧的優點和缺點。

8. 實際觀察一個團體，試回答下列的問題：

   (1)他們界定問題了嗎？

   (2)他們傾聽彼此的意見嗎？

   (3)他們把批判和觀念構成加以區隔嗎？

   (4)他們彼此在競爭嗎？

   (5)所有成員都參與嗎？

   (6)有人壟斷全局嗎？

   (7)他們遵循某種團體的程序嗎？

   (8)在團體效能的增進方面，領導者還可以有什麼作為？

第三節　創造性團體活動設計

一、主題的選擇

　　有人就有問題，有問題才有創造；無論發現或發明，都從問題開始。問題無所不在，創意也俯拾皆是。要做團體式的創意思考訓練，就從尋找主題開始。Olson（1980）曾從教育、社會、生活、企業、醫療、法律、政治、工程、建築、生涯發展、生態保護、未來世界、創造發明等方面，列舉了可供創意思考成長訓練的主題，林林總總，有 137 則之多。茲各列舉 5 則（共 70 則）如下。

（一）教育

　　1. 如何激勵學生學習的動機？
　　2. 如何使社區與學校有更好的合作關係？
　　3. 學校（小學、中學或大學）應引進什麼新課程？
　　4. 畢業後如何繼續接受教育？
　　5. 學生如何改進學習的習慣？

（二）社會

　　1. 怎樣使年輕人對老人多一些尊敬和關懷？
　　2. 怎樣使人們彼此更多互相關懷？
　　3. 如何使政府管制和自由企業取得平衡？
　　4. 如何幫助窮人脫離貧困？
　　5. 我們如何對世界和平做出貢獻？

（三）生活

　　1. 我們如何發洩怒氣而不傷人傷己？
　　2. 工作和娛樂如何取得平衡？
　　3. 如何維護健康？
　　4. 如何使居家生活多彩多姿？

5. 如何使人們快樂一些？

（四）企業

1. 想出 10 種新的服務業。

2. 想出 20 種促銷冰淇淋的方法。

3. 如何強化自由企業制度？

4. 如何減少超市裡順手牽羊的事件？

5. 如何有效評鑑僱員的工作表現？

（五）醫療

1. 醫師如何減少誤診產生的醫療糾紛？

2. 如何挑選好醫師？

3. 如何預防疾病的發生？

4. 如何減少醫藥上的花費？

5. 如何減少看病排隊等候的時間？

（六）法律

1. 如何減少小偷？

2. 警察與律師如何改善其公共形象？

3. 法院如何減輕其工作負擔？

4. 警察目前的工作項目中，有哪些是可以剔除的？

5. 怎樣才能使人們「開車不喝酒，喝酒不開車」？

（七）政治

1. 怎樣使民意代表真正代表民意，而不是代表個人的利益？

2. 怎樣使真正優秀的人才投入政治？

3. 怎樣使選民真正了解候選人？

4. 個人如何對國會的運作發揮影響力量？

5. 如何預防官吏貪污舞弊？

（八）工程

1. 太空計畫對人們有什麼好處？
2. 怎樣使汽車更安全一些？
3. 怎樣使水庫的興建對環境的衝擊減到最小？
4. 如何運用河川的潛在能源？
5. 如何供水到沙漠地區？

（九）建築

1. 如何建造不怕地震的房子？
2. 如何縮短政府部門審查建築設計圖的流程？
3. 如何使地價維持合理水準？
4. 怎樣的建築會節省能源？
5. 怎樣應用電腦技術在建築業上？

（十）生涯發展

1. 如果下週你即將退休，你準備做什麼？
2. 如果不計較賺多少錢，你會選擇什麼樣的生涯？
3. 如果你只在乎賺多少錢，你會選擇什麼樣的生涯？
4. 何種生涯會使你獲得最多采多姿的經驗？
5. 何種生涯會使你有最多創造性表現的機會？

（十一）生態保護

1. 有什麼辦法可以節省能源？
2. 有什麼辦法可以減少垃圾產量？
3. 如何減少市區的空氣污染？
4. 如何避免農地面積逐漸減少？
5. 如何減低高速公路上的噪音？

（十二）未來世界

1. 30 年後，都會區的交通系統會是怎樣的面貌？

2. 30 年後，家庭生活會有怎樣的改變？

3. 未來 20 年內，你希望這個世界有所改變的三件事物是什麼？

4. 未來 20 年內，教育上可能的改變是什麼？

5. 20 年後，在哪些方面人們會更有創造性？

（十三）創造

1. 自然界中，什麼東西最具有創造的象徵性？

2. 有創意的人如何渡假？

3. 國會應如何立法以增進人民的創意思考？

4. 創意的婚姻具有哪些特質？

5. 資深公民（長青族）在哪些方面具有創造性？

（十四）發明

1. 汽車要怎樣改進，才能坐得更舒適些？

2. 設計一個牙籤的容器。

3. 設計一個自動餵狗的機器。

4. 發明一個老人喜愛的玩具。

5. 設計一個會跳的玩具。

　　時光流轉，今天我們已到了 21 世紀。20 多年前 Olson 所提的問題，都解決了嗎？還是仍然存在？今日，知識爆發、世事多變，可供創意思考成長訓練的主題，更不在少，讀者能想出一些現代人面臨的重要而待解決的新問題嗎？

二、活動設計範例

（一）Myers 和 Torrance 之活動單元

　　美國學者 R. E. Myers 和 E. P. Torrance 二人於 1961 年出版《思與行》（*Imitations to Thinking and Doing*）一書，介紹數十則活動設計，茲摘介數則如下（引自張玉成，1994）。

活動一　大變化

〔說明〕

假如平日所熟悉的事物突然有了巨大變化，可能會帶來什麼後果？請回答下列各題。

〔題目〕

1. 假如獅子變得跟蟑螂一樣大小。
2. 假如人類發明了隱形假牙。
3. 假如豬長了翅膀。
4. 假如人類的頭髮一夜之間突然變成紅色。
5. 假如白天變為 40 小時。
6. 假如每天上午 8 至 12 點濃霧不散，伸手不見五指。

活動二　假如你是魔術師

〔說明〕

人不全是被動地適應環境，有時也需改造環境。假如你現在具有法力，能改變任何事物，那麼你要如何改變下列事物呢？

〔題目〕

1. 你要將把哪樣食品變甜一點，使更美味可口？
2. 你要將把哪樣用品變小一點，使更臻完美？
3. 你將把什麼聲音變大一點，使更為悅耳？
4. 你認為什麼事物加上翅膀，會更為美麗？
5. 你認為什麼事物變成圓形，會更舒適？
6. 你認為什麼事物倒退（流）了，會變得更美好？
7. 你認為什麼事物隱密些，會更好玩些？
8. 你認為什麼事物變得硬些，會更耐用？
9. 你認為什麼事物加大一些，會更好玩？
10. 你認為什麼事物變成紅色，會更有價值？

活動三　廢物利用

感恩節的前一天，某慈善單位送來一箱救濟物，打開一看，裡面真是琳瑯滿目，裝有各類物件（如下列），請問你能利用這些物件組合成（不用工具）哪些有意義的東西嗎？如何拼組而成呢？

〔物件項目〕

磁鐵一個，開罐器一個，棒球手套一個，一雙尼龍絲襪，兩打錢包，一把鋸子，棒球棒一支，三輪車一輛，針一把，線一卷，髮夾一盒，鑰匙鍊一串，一件毛衣，叉一把，鏟與掃把各一，網球拍一個（沒有線），火柴盒一個，彈珠二十三顆。

你想組合成什麼？　　　　　你準備如何做（組合）？

1.　　　　　　　　　　　　1.

2.　　　　　　　　　　　　2.

（二）Williams 之活動單元

美國學者 F. E. Williams 依據他所倡導的創造思考教學策略 18 項，編製了數百個單元活動設計。陳英豪、吳鐵雄、簡真真（1980）參照其中資料編著《創造思考與情意的教學》一書，介紹 320 個教學單元，頗具參考價值。茲摘述數則如下。

單元十　土法暖身

〔目的〕

啟發流暢、變通和獨創的思考。

〔適用課程〕

自然科學

〔教學方法〕

　　教學策略之五──激發法。

　　教學策略之十二──發展法。

　　教學策略之十八──視像法。

　　在寒冷的冷天，要靜坐教室聽課，實在是一件苦差事。因此，上課前老師不妨讓孩子們先活動一下筋骨，熱熱身，這樣比心較容易進入上課狀態。

　　假設你正與一位好朋友在嚴寒的地區露營，你們已穿上所有可資禦寒的衣服，卻仍然直打寒顫，冷透心田。現在，在沒有電的情況下，你能想出多少不尋常的方法來取暖？

　　下次在寒冷的天氣裡上課，你也可以運用這些由學生想出的方式來熱身。

單元九十　「2」的聯想

〔目的〕

　　啟發變通的思考和想像力

〔適用課程〕

　　數學、藝術

〔教學方法〕

　　教學策略之二──歸因法。

　　教學策略之八──重組法。

　　教師問學生：「當我說『2』或當你看到『2』這個數字時，你心中會想到什麼？」讓我們來看看當一個人想知道一個字或一個數字時，會有多少不同的想法。讓學生把「2」的概念以各種方法表達出來，可用粉蠟筆、紙、剪刀、漿糊（膠水）、膠帶等文具。

　　下面是一些學生的反應：

$1 + 1 = 2$

$4 - 2 = 2$

2 個車輪的馬車。

生日蛋糕插 2 支蠟燭。

錶上指著 2 點。

雙胞胎。

身體上成對的部分（手、腳、耳、目等）。

（三）Tiedt 之等人的教學單元

美國學者 Tiedt 等人（1989）曾出版《中小學思考教學》（*Teaching Thinking in K-12 Classroom*）一書，列舉一些單元活動，頗值參考，茲擇要介紹如下（引自張玉成，1994）。

範例一

〔單元名稱〕

變通性

〔年紀〕

四至十二年級（小四至高三）

〔單元目標〕

透過活動體會變通性的重要，以及培養變通性思考的態度。

〔教材大綱〕

利用「九圓點」之遊戲以提示有時必須能突破心靈習慣的界線，才能想出方法解決問題。提供一些日常生活問題，以供嘗試變通自己的機會。

〔教學過程〕

1.引起動機：教師展示九圓點（圖 16-2），要求學生以 4 條直線貫穿這 9 個點，但線必是連續的，並且不可倒退畫或重疊畫。5 分鐘後了解作答情形，最後老師揭示答案，並強調突破心理界線的重要性（不受習慣限制）。

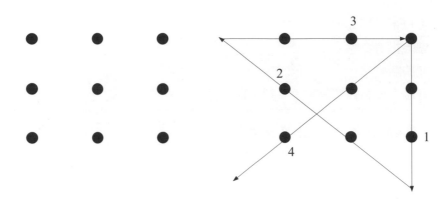

圖 16-2　九圓點圖

2. 中心活動：教師提供一些主題，供學生選擇其一進行探索。例如：

(1)教室裡座位的安排有哪些不同的方式？

(2)假如上課不用課本，那麼老師怎麼教？同學怎麼學？

(3)假如上課不用紙和筆，那麼老師怎麼教？同學怎麼學？

(4)請列舉似是而非或並非絕然如此的成語、格言或諺語

(5)請列舉三項自己經歷過的不如意事，並試將它們解釋為積極、友好的事。

3. 發展活動：請學生列出自己準備改變或調整的事項（如在家作息），並有計畫地逐一嘗試去做（例如每週一項），記錄實施的情形和結果。

4. 評鑑活動：從紙筆作業和行為習慣兩方面的表現評量，但須注意「變化」未必就好，須留意其妥適性。

範例二

〔單元名稱〕

　　獨特性

〔年級〕

　　四至十二（小四至高三）

〔單元目標〕

　　熟練腦力激盪術以想出保存事物的各種方法，特別重視新奇、獨特意見的提出。

〔教材大綱〕

　　教師列出食物、友誼……等具體的、抽象的事物，讓學生想出各種保存或維持的方法；隨後選擇其中一項寫成報告或文章。

〔教學過程〕

1. 引起動機：請由生日聚會談起，教師提示下列問題，請學生回憶自己曾經有過的最熱鬧的生日派對：

   (1)生日派對會場布置得如何？

   (2)哪些人參加派對？

   (3)安排了哪些活動？食物、餘興活動？

   (4)你收到哪些禮物？

   (5)你有什麼特別感受？

   (6)你如何保存當天派對的氣氛和感受？

   (7)焦點擺在最後一題「保存」技巧上，請同學提供意見，並歡迎有創意的意見。

2. 中心活動：教師備妥一張作業紙，上列七個主題，發下請學生從中選題作答。作答完畢，請他們從中選擇一題自己認為最滿意者，把它加強構思闡釋，寫成一篇文章。

作業紙如下：

　　說明：我們用不同方法去保存不同的東西。例如用冰凍保持魚的新鮮，用鹽醃保持肉的不腐壞；但是保存的方法去進步中，例如魚肉可用真空包裝以改善保存狀況。下列七項事物該如何保存呢？請動腦想一想，想得愈多，愈新奇有效，愈受歡迎。

　　草莓、巧克力的味道、新鮮空氣的芬芳、假日的喜悅、誠實、友誼（自定一項）。

3. 發展活動：上述七樣事物的保存（存）方法除須筆寫出來外，進一步要求學生把其最得意的一項構想畫出來，甚或製作出來。配合所寫報告把作品展示，供大家欣賞。

4. 評鑑活動：評鑑標準宜在學生開始進行作業紙前共同討論商訂，據此標準（如下）分組進行，逐一相互評審：

(1)文章的審查標準：創新性、清楚度、周全性、文筆流暢。

(2)作品的審查標準：精確度、細膩性、妥適性。

三、學校課程活動設計範例

　　完整的創意思考學校課程活動設計，在中小學資優教育中，經常有之。茲舉一例說明（如表 16-2、16-3 所示）（引自蔡典謨主編，2000：105-107）。

表 16-2　資優生充實課程活動設計

類　　別	創造思考	單元名稱	夢幻城市
活動時間	90 分鐘	設計者	胡桂琴

設計動機	經過嚴重的地震後，最近時下都在討論怎樣的房子較安全，哪裡的都市較適合人居住。不禁令人想到如果要規劃一個都市，是很不簡單的，需要考慮到的地方很多，且須多方面去思考，因而想到此活動讓資優生去設計自己心目中的夢幻城市，來激發學生的創造力		
設計經過	首先，在網路上找與此主題有相關的資料，發現某家廠商出的電腦遊戲「夢幻新世界」與建構城市有關。所以，先安排讓學生觀看一下這個遊戲內容，讓學生有個頭緒，知道大致可以如何建構自己心中的夢幻城市，並告訴學生這只是建議參考用的，自己可以天馬行空地發揮創造思考能力去建構自己心中的夢幻城市。		
參考資料	1. 電腦遊戲：夢幻新世界・華義國際公司發行 2. 參考資料： http://www.shoppingguide.c om.tw/newssoft/mewssoftware19990726_2.htm		
活動目標	1. 激發學生的聯想力 2. 鼓勵學生發揮其想像力和創造力 3. 增進與同儕合作的能力	教學資源	電腦、電腦遊戲、紙、筆、作業單（一）、（二）

活　動　內　容	時間	備　　註
一、引導活動 　　教師先問學生們有沒有玩過什麼電腦遊戲，請學生分享經驗。	5 分鐘	若教室內沒有電腦，老師可在上課前先預備好電腦，並帶至上課教室。
二、發展活動 　　1. 教師首先解釋電腦遊戲（夢幻新世界）的內容。 　　2. 利用電腦開啟遊戲，老師示範城市可以如何去建構，舉例讓學生參考。 　　3. 給學生填寫作業單（一）檢視一下自己所居住的城市給自己的感覺為何？ 　　4. 請學生自行分組，約 4 人一組最恰當。	10 分鐘	若老師沒有夢幻新世界或是類似的軟體可供教學使用，也可自己先行畫一張讓學生參考。
5. 先讓學生們討論自己所填寫的作業單（一）。分給學生們白紙，然後一起討論如何建構心目中的夢幻城市。	10 分鐘	
6. 告訴學生可以儘量去發揮，不要受限於現在自己生活中的所聞所見，多多去激發自己的想像力及創造力，也可天馬行空地去設計心目中的城市。	40 分鐘	作業單（一） 不限定範圍大小。可畫很多張，然後再將紙接起來。
三、綜合活動 　　1. 請各組報告自己組內所設計的夢幻城市，並解釋為何要如此設計，班上同學可以彼此給建議。 　　2. 請學生票選覺得哪一組設計得較令自己喜歡，大家給予最高票的那一組掌聲鼓勵。	20 分鐘	
四、回饋 　　1. 老師告訴學生凡事皆可多方面去探討、思考，多去激發自己的創造力。激發潛能，創造卓越。 　　2. 發給學生作業單（二），讓學生自己去思考、練習。	5 分鐘	作業單（二）

表 16-3　資優生充實課程活動設計作業單

類別：創造思考	單元名稱：夢幻城市	設計者：胡桂琴
學生：	班級：	日期：

內容

有情天地，夢幻城市

◆我現在所居住的城市是：_____

◆我住在這兒已經有_____年了

◆它所給我的感覺是：（可複選）

　　□很整齊、乾淨　□還可以啦！勉強可接受　□溫馨　□很有人情味
　　□充滿火藥味　　□很骯髒、很亂　　　　　□熱鬧　□沒安全感
　　□不適合居住

◆居住在這裡，我感到：

　　□很喜歡　□還好　□沒感覺　□很討厭
　　因為它：_____

◆下列針對城市的各項品質加以個人的評鑑：

　　A. 道路設計　□良好　□尚可　□太差了
　　B. 建築物　　□良好　□尚可　□住起來怕怕的
　　C. 空氣品質　□良好　□尚可　□快無法呼吸了
　　D. 交通情況　□便捷　□尚可　□需加強改善
　　E. 公共設施是否完善　□很好　□尚可　□需加強改善
　　F. 人情味　　□很濃　□還好　□太冷淡、太無情
　　G. 人口多寡　□可再多住進一些人　□剛好　□有點太擁擠了
　　H. 教育制度　□令人滿意　□尚可　□令我有點不想上課了
　　I. 藝術氣息　□濃厚好　□尚可　□好像大家都不重視

◆我個人覺得自己所居住的地方是……

　　　　　　　　□有情天地　□悲情城市　□其他（請說明）_____

◆我認為這個城市在哪方面可以再改進，讓它更美好？

　_____

　我認為可以這樣改進：_____

◆我認為這個城市可以增加些什麼來讓它更美好？

　_____

關鍵詞彙

創造	腦力激盪術	六六討論法
六三五激盪法	奔馳法	十二思路啟發法
六頂思考帽	七何檢討法	屬性列舉法
型態分析法	系統改變法	糾合法
自由聯想法	意象組合法	變異法
逆向思考法	創造性團體	團體創造

自我評量題目

1. 創造的四要素（4Ps）指的是什麼？
2. 團體創造與個人創造有何不同？團體創造的重要性為何？
3. 腦力激盪術、六六討論法與六三五激盪法三者的共同處是什麼？有無應用上的差別？
4. 試用奔馳法或十二思路啟發法，針對某一產品，提出改進意見。
5. 本章所介紹的 15 種創意思考策略中，何者你最偏好或最有心得？試說說你的經驗或看法。
6. 為確保創造性團體順利而有效地進行，宜注意哪些事項？
7. 試列舉五種可鼓勵沉默的成員參與創思活動的方法。
8. 試列舉五種在你的專業領域裡，可供創意思考成長訓練的主題。

第十七章

探索教育於
團體輔導的運用

● 張德聰

學習目標

——研讀本章內容之後，讀者應能達成下列目標：

1. 了解探索教育的意義、歷史與演變。
2. 學習探索教育學習與領導理論。
3. 了解探索心理治療對行為改變的觀點
4. 探索心理治療對行為改變的觀點與諮商活動的實施。
5. 了解探索教育的應用與展望。
6. 了解探索教育應用範例。

摘要

　　以探索教育理念為基礎的諮商方式，其實施方式之特色包括：經驗式團體學習，擴展戶內之隱密團體分享方式，為包括戶內及戶外、動態加靜態的團隊方式，同時結合自然體驗教育，可以團康活動加團體輔導，不斷有機會在試驗、再練習，適合各年齡層之體驗學習，適合各級學校、非營利組織及企業組織，同時可以增進個人潛能之發揮、提高自我效能、團隊合作。

　　探索教育輔導課程主要由六個部分組成：包括探索潛能、體驗學習、戶外或野外自然體驗學習、個人及小組問題解決、溝通方法及團隊合作。而其課程主要是利用不同環境進行活動，作為全方位學習課程：如歷奇活動、山藝訓練、野外定向、攀岩及運動攀登、游繩下降、繩網、體能訓練、輔導遊戲或指令任務等，更重要的包括輔導員的引導、協調和小組分享及討論。

第一節　探索教育的意義、歷史與演變

　　探索教育自歐美各國推展以來，漸為香港、大陸與台灣地區教育與企業界重視，而且其實施方式常以團隊運作方式，許多活動與團體輔導之結構式小團體活動相似，並且適用於各年齡層、各行業，且能提升個人之自我效能及團隊合作精神，並可運用於戶外及野外自然場地，為團體輔導工作的新趨勢。

一、探索教育的意義

　　探索教育（Project Adventure, PA）為一種有目的、有計畫，藉由探索教育理論，運用小團體活動，設計適合成員對內在自我潛能探索，對外在環境變動的挑戰，並藉由團隊合作，探索自我關係與團隊人際關係，以增進自我效能、自我概念，促進人際溝通、衝突化解、合作信任，以發揮個人及團體潛能、正向改變的覺知，改善社會互動的一種團體教育模式。

　　探索，英文「adventure」，解釋為奇遇、冒險的經歷，探索本身包含了一定程度的技巧，與慣常生活方式不同的經驗。因此香港的學者及實務工作者譯為「探索」，有探索奇蹟的涵義，意為經過探索教育的歷程，增進個人的潛能、自我概念、自我效能有若經歷了奇蹟一般。

　　香港稱為「歷奇計畫」，根據一般人在團體各發展階段中的需求，以及各類探索活動所需的一般智能和特殊智能，設計一系列的活動程序，以增強嘗試新的情境和問題的動機，學習解決問題的技能和方法（李義男，2000）。

　　由於「Adventure」直譯有冒險、挑戰意義，但顧慮國情不同，民風較為保守，金車基金會乃選用「突破休閒活動」為本土化之名稱，想突破傳統休閒只是好玩的刻板印象，而更是兼具教育精神和休閒價值（金車基金會，1998）（引自曹天端、周鳳琪、陳穆瑩，2001）。但國內學術界（如台灣師範大學公民教育與活動領導學系、台北體育學院）、青少年服務組織及救國團、福音園，大都翻譯成「探索教育」。探索含有向未來及未知挑戰之意味，較為接近外展訓練學校之原創意義，也含有冒險的精神（也有人翻譯為「主題式冒險」）。

　　筆者將探索教育的特性依據英文單字（Adventure），每個字母加以相關特性的單字聯想，歸納為下列九點：

1. Aware（覺察性）：探索教育讓參加成員藉由小團體活動來覺察自我、了解他人、因應時機、探索環境、達成個人及團體的目標。

2. Direction（方向性）：方向亦為目標，探索教育具有藉由活動，認識自己及團體的方向，達成目標的特性。

3. Value（價值感）：探索教育已為國內外相關學者及實務工作者證實，可提升個人潛能發揮及團體或組織凝聚力，增加團隊工作效率，因此具有價值感。

4. Empower（賦能性）：探索教育具有正向觀點，領導者及團隊成員於歷程中，不斷相互增強支持，並探索每位成員的成長及對團隊的貢獻，因此具有賦能性功能。

5. Nature（自然學習性）：探索教育運用自然的環境，讓團體成員對自然環境進行探索與學習，因此具有自然學習性。

6. Training（訓練性）：探索教育各項團體活動，皆可讓成員由不斷探索學習，藉由團體智慧的探索、練習，成長改善，增進個人及團體成員的信心。

7. Unique（獨特性）：探索教育活動中，皆基於人本精神，考量個人的個別差異性及團體的獨特性，因此更具多元應用的可行性。

8. Respect（尊重性）：探索教育進行中，均需尊重每位成員，尊重團體成員的個人隱私，個人意見的尊重，團體意見參與的尊重，認為每一位成員對團體都是有貢獻的，也尊重團體的專業倫理，如受益權、免受傷害權、自主權、公平對待權及忠實權。

9. Experiential（體驗性）：探索教育是一種體驗式學習（Experiential learning），又稱發現式學習、經驗為主學習、活動學習或互動學習，由成員自願參與一連串活動，分享他們所經驗的體驗，由其中獲得新的知識或領悟，並且能將這些體驗應用於日常生活及工作上（蔡炳剛、吳漢明，2002）。

二、探索教育相關的名詞與意義

除了上述探索教育的意義外，與探索教育相關的名詞與意義分述如下。

（一）探索諮商（Adventure Based Counceling, ABC）

香港譯為「探索為本輔導」，這是美國獨創的 PA 模式，並有其獨特之理論架構及介入歷程，強調有計畫，循序漸進的介入程序（李德誠、麥淑華，2002）。狹義而言，是指透過團體成員的遴選、在新奇陌生的環境中、經由一系列精心設計的活動程序，幫助成員達到自我成長及諮商目標的一套特定手法；廣義而言，則泛指任何含有探索元素的諮商輔導取向，或是蘊含諮商輔導元素的探索活動及程序（Nadler, 1992）。

（二）探索心理治療（Adventure Therapy, AT）

香港譯為「探索治療」。李德誠、麥淑華（2002）提出「探索治療主要以探索程序去挑戰負面行為及強化正向改變」。李義男（2000）則認為探索心理治療是「利用活動經驗為諮商內涵，協助個人解決動能問題，提升個人改變和適應能力，進而發展整合身心和精神的生活性向和態度」。

（三）探索教育計畫（Project Adventure Program, PAP）

將原本在戶外實施的冒險性體能活動，諸如攀岩等活動，簡化成只需簡單教具，即可在學校實施，強調團體動力培養與探討的活動課程。此外，在九年一貫課程綜合活動領域中的指定單元探索活動，對探索教育活動課程的定義為：「強調體驗學習，並以運用身體學習與情境塑造為特色的系列性團體活動」，活動的目標在透過團體歷程，以發現個別差異，促進相互學習，加深人我互信，促成團隊成長（蔡居澤、廖炳煌，2001a）。

三、探索教育的意義、歷史與演變

Chris Loynes（1990）提到探索教育的發展，其源起可追溯到英國戶外教育的興起。當時有兩位人士思考，如何運用戶外的挑戰作為教育的一部分：一位是Baden Powell，是大家所熟知的童子軍運動的創始人；另一位是猶太裔德人 Kurt Hahn（1886-1974），他於 1941 年在英國創辦了外展訓練學校（Outward Bound School），也就是探索教育的發展源頭（引自李詩鎮，2002；李德誠、麥淑華，2002）。

Kurt Hahn 為德國教育家，首創外展訓練學校（Outward Bound），他曾經於

德國 Salem 的私立男子中學及英國 Gordon stoun 的學校擔任校長。Kurt Hahn 身為教育工作者，深刻感受到學校教育的有限與不足，甚至因為牽就政策而忽略受教者之情形與需求。他認為學校教育早已經不能完全提供團體成員平衡成長的機會與空間，例如：心理智商啟迪與教育，以及情緒智商啟迪與教育，人際社交關係常識，人格氣質教育的訓練，或是個人的需求不被重視，個人才華被忽略等等。Kurt Hahn 於教育實務經驗中發現，一般團體成員普遍缺乏自信，不懂得對人心懷感恩並缺乏同理心，因此他決定研究發展一套能夠改進這些缺失的教育方式。其中一個非常有效的改革計畫便是提供團體成員親身體驗挑戰、突破、冒險的成長經驗，例如：團隊形成遊戲，如小小島或諾亞方舟活動；達成人際溝通協調遊戲，如最佳拍檔遊戲；突破創意的思考遊戲，如腦力激盪活動；平面低阻礙性質的活動流酸河活動；或是運用野地探險體驗，如尋寶活動；或是特殊歸化低、中、高空繩索冒險挑戰活動，抑或是藉由探險、溯溪、攀岩、沙漠等活動衝擊個人在群體活動中的動力。這樣的新理念，由於當初德國的政治觀念及社會經濟甚為保守，並未推展開來。

　　Kurt Hahn 的「冒險教學」觀念，在第二次世界大戰期間，竟然被延伸到正規軍事訓練之中。二次世界大戰之初，英國海軍在德國潛艇襲擊下傷亡慘重，尤其是年輕士兵傷亡更為慘重。當時英國海軍無法理解為什麼老兵可以在海上持續較久；因此，英國海軍要求 Kurt Hahn 運用他的「冒險教學」理論和經驗發展一套短期、有效的計畫來訓練士兵，就是現今結合戶外休閒運動如登山、健行、野地定向、溯溪、攀岩、獨木舟、馬術等訓練活動的「外展教學」課程。外展的解釋是離開海港、一個安全的地方，出海去面對大自然的挑戰的意思，也類似我國早期的救國團野外活動。這些計畫可以增加學習者的自信心及因應困境能力、生存機會和團隊合作的精神（修改自泰山在新店大豐國小以糾察隊的團隊合作訓練所辦的成長營，無日期）。

（一）國外探索教育的發展概況

1. 心理治療為主的探索教育課程之歷史發展

　　Berman 和 Berman（1994）在 1900 年代早期州立醫院的「營帳治療」（tent therapy），即運用戶外作為治療環境最早的嘗試。Davis-Berman 和 Berman（1995）在十幾年的時間內，有一些報告出現在精神病學的文獻中，並指出將精神病人移出建築物，置入醫院草坪營帳的治療效用（引自蔡居澤，1998）。

Davis-Berman 和 Berman（1994）提到了 1990 年代中期心理治療性探索教育活動的發展，這個時期有許多較複雜的露營課程（camping programs）開始出現，其主要方法包括；觀察、診斷及心理治療（psychotherapy）等。而由密西根大學所舉辦的 Fresh Air Camp（新鮮空氣營隊），更聘僱受過專業訓練的諮商及心理學者，為具有心理健康問題的參與者做診療。此外，在德州的達拉斯也有類似的活動：Salesmanship Club Camp（營業員俱樂部營隊）於 1946 年成立，其目的在為情緒困擾的兒童服務。其創立 Campbell Loughmiller 的目的在於，他認為野外心理治療課程（therapeutic wilderness programs）應該使缺乏合作感的參與者，由課程中認知到危險及立即的自然影響。根據 Loughmiller 的說法：成功地面對危險，能使參與者由此活動體驗中建立自尊；而接受野外自然的影響中，則使參與者由中得知合作的重要（引自蔡居澤，1998）。

綜言之，在 1900 年代初期到中期，探索教育的發展主要是以戶外實施心理治療性的活動為主，其重點是「心理治療」，其對象從早期的精神病人，到後來則是有心理健康問題的人及有情緒困擾的兒童。

2. 經驗教育為主的探索教育課程之歷史發展

而在 1970 年代至 1990 年代中期，則有另一個以經驗為主的課程（experience-based programs）在學校與大學間展開，是為探索教育課程的第二個軌道，並與第一軌道平行發展。而兩個軌道之間，許多影響人物是相同的，如早期的思想家 Joho Dewey 及 1940 年代創立戶外學校（Outward Bound）的 Kurt Hahn。後者認為應該同時促進團體成員身心兩方面的發展，此外他也特別強調社區與服務觀念（蔡居澤，1998；James, 1993）。

綜觀國內外相關文獻，體驗教育為主的探索教育課程，可分為以下五個時期（余紫瑛，2001；李義男，2000；李詩鎮，2002；曹天端等，2001；蔡居澤，1995a）：

(1)外展訓練學校（Outward Bound School, OB）時期

1941 年，德國教育學者 Kurt Hahn（1886-1974）於英國威爾斯創設一所戶外學校（Outward Bound school），奠定日後探索教育發展的基礎（余紫瑛，2001）。

Kurt Hahn 是一位具前瞻性的教育學者，在擔任德國南方的 Salem 學校校長時，發現許多團體成員在社交活動及個人需求上不受重視，並普遍存在健康不佳、

缺乏信心、進取心與冒險心不足、記憶力與創造力衰退、技能與努力不夠、缺少修養或自律能力,以及對他人不夠體諒、不夠信任等問題(李詩鎮,2002;Richards, 1990; Schoel, Prouty, & Radcliffe, 1988)。以他的觀點來看待當時的社會,他看到當時社會病態如下(引自蔡居澤,1995a):

> 現代的工業化使人的身體不健康。文明的生活使年輕一代變成沒有
> 自動自發的精神。現代忙碌的生活,使人們缺乏記憶和想像。科技進步
> 使傳統技藝衰落,故人的技能也隨之衰退。生活較容易舒適,所以缺乏
> 自律。競爭而忙碌的生活,而使大家失去熱誠。

為了改造這個社會,他決定由教育改革來對人們產生一些正面的影響(蔡居澤,1995b)。Kurt Hahn 秉持著體驗教育「從做中學」的理念,認為傳統的教育太重視單向的智育發展,他想要擴展現代教育,超越認知的領域,以處理團體成員的情感、人際關係和精神等問題,因此,他發展出一種以體驗為基礎的教學模式,訓練領導員帶領一群團體成員去完成一系列緊張激烈但可達成的工作(曹天端等,2001)。

當時設立時是採用一個月的訓練課程,包含:操舟、體能競技、越野的地圖與方位、急救和山脈旅行;戶外學校強調:應用身體的訓練,而非訓練身體。教育方法則結合小團體方式、服務活動和原野探索活動,並強調精神與意志的鍛鍊(李義男,2000)。

而其學校取名為「Outward Bound」,實有深沉的意義。在英國當一艘船要出航,必定會在前 24 小時於該船船尾升起旗幟,此旗幟代表該船已完成出航前的最後準備與檢查。引用到外展訓練學校,其意義是代表年輕人已完成全人格的訓練,將成為獨立自主的社會人。外展訓練學校可說是協助年輕人「開創人生旅程的準備」(陳皆榮,1992)。

(2)美國戶外領導學校(The National Outdoor Leadership School, NOLS)

美國於 1962 年在科羅拉多洲設立第一所戶外學校,而後美國的戶外學校擴展出兩大學校戶外教育潮流。

a. 在大學方面,首任戶外學校教練 Paul K . Petzoldt 鑑於急需戶外領導者,而在 1965 年於 Lander Wyoming 正式成立美國戶外領導學校(NOLS),致力於培訓外展學校領導人才,並且促成後來原野教育協會(The Wilderness Education Association, WEA)的成立。現在已發展到非洲、墨西哥、阿拉

斯加、華盛頓州和懷俄明州等（李義男，2000；李詩鎮，2002）。

Bachert（1990）介紹美國戶外領導學校是一非營利組織，其創校之宗旨為發展和教導野外的技巧，鼓勵不衝擊自然環境的教育，同時培訓戶外的領導者（引自曹天端等，2001）。它的課程提供學員有機會來領導，使學員能塑造自己的社會（在山區裡面），並體驗自己真實的能力（蔡居澤，1995b）。

Bachert（1990）認為有效的戶外領導者，必須結合「技能」、「知識」和「判斷」，而透過不斷地直接練習和實際的領導經驗，以發展青少年的領導潛能。由於美國戶外領導學校對於培育戶外領導人才的努力與貢獻，而促進日後戶外活動和探索教育的推廣和發展（引自李詩鎮，2002）。

b. 在中小學方面，導向探索活動創立人 J. Pieh，因參與經營戶外學校，而將之應用於學校正規課程活動。導向「探索活動在學校使實施的良好效果，聯邦政府予以支持與推廣」，而流行於全美國和世界各地（李義男，2000）。

(3)原野教育協會（WEA）

美國野外法案（The Wilderness Act）在 1964 年通過，引發一些人們應如何經理、使用野外來充實人們生活的理念（蔡居澤，1995b）。

而後因為 Petzoldt 在外展學校擔任首席指導員的體驗，讓他深知此一議題的重要性，因此積極結合大學教授、政府部門官員與戶外活動組織領導者，於 1977 年在西伊利諾大學成立原野使用教育協會（The Wilderness Use Education Association, WUEA）。1980 年改為原野教育協會（李詩鎮，2002）。其創立之宗旨在於，倡導使用野外資源時，對環境應負起保存與維護的責任，以提升野外活動的品質，並發展一套課程，作為培育戶外領導者認證標準的課程依據。

WEA 設有三個層次的認證制度和標準，分別是：技能（skills），針對使用者的認證；領導（leadership），針對領導者的認證；指導（instruction），針對指導者的認證（李詩鎮，2002）。

WEA 所發展的認證課程項目有 19 項，包括探險行為、環境倫理、旅程規劃、歷史和文化、裝備、服裝、糧食、基本露營技巧、健康與衛生、航海、追蹤技巧、氣候、緊急救護、求生技能、水上安全救護、單一模式旅行之特殊知識、領導經驗督導、領導者的判斷力、評估技能。直到目前為止，仍無很大的架構變化（李詩鎮，2002）。

(4)經驗教育學會（the Association for Experiential Education , AEE）

經驗教育協會（AEE）是一個以會員支持為主的國際性學術組織，從 1977 年成立以來，至目前為止已擁有 35 個國家中，大約 2,000 位個別會員和團體會員，其成員包含範圍很廣泛，例如：教育、休閒娛樂、戶外探索活動、心靈健康、青少年服務、管理發展訓練等（李詩鎮，2002）。

Garvey（1990）提到從 1970 年代開始，探索教育在美國已有多個不同領域的組織投入和推展，但卻缺乏一個能整合的組織機構。當時正在發展的外展學校和一些大學等學術機構合作，舉行若干會議討論經驗教育的學習方法，如何運用在各領域及發展。因而順勢在 1977 年整合為一較為專業的組織，就是「經驗教育協會」。AEE 成立之使命為：促進經驗教育，支持經驗教育人員，透過研討會、出版書籍刊物、學術研究、工作坊等方式，進一步發展體驗學習法（引自李詩鎮，2002）。

Garvey（1990）指出，經驗教育學會的發展初期，在組織中包含四個不同領域的專業團體，而探索教育即是其中最重點之一。在 1980 年，AEE 另組探索選擇專業團體（Adventure Alternatives Professional Group），因為 AEE 的許多成員運用經驗學習方法與技巧，在原野和冒險的學習情境中，故協會亦致力於探討計畫安全實施的發展與研究。AEE 的專業團體現已增加為六個，而探索選擇專業團體亦已改名為探索治療專業團體（Therapeutic Adventure Professional Group, TAPG）（引自李詩鎮，2002）。

(5)探索教育活動（Project Adventure）

在 1970 年代美國的教育界，開始有一些改革的聲音出現，如：戶外活動的課程是否可以運用在傳統的體育課程的教學？團體成員在體育課中是否可以學到如何在團體中解決問題？同樣也能在生物課中以團隊合作方式上課？團體成員們在社區中是否能夠協助某些團體解決問題（李詩鎮，2002）？

於 1970 年代初期，美國教改聲浪十分顯著，他們發出一些對於現有教育制度的疑問聲音；例如：體育課程能不能安排到野外進行呢？體育課程中能否加入「如何解決群體間的衝突」？一般課程裡是否也可以改用團隊合作（分組）方式來學習呢？團體成員可不可以在較輕鬆的氣氛中上課呢？甚至是否可以提供團體成員與家人或社區之互動關係的學習課程？學習的目的不就是要幫助團體成員生活的能力嗎？教育改革者發出種種探索新式教育的聲音。

服務於麻薩諸塞州 Hamilton Wenham 中學的校長 Jerry Pieh，他於 1962 年在

教育學院研究所進修的時代，就已經開始參與父親 Bob Pieh 在明尼蘇達州的戶外訓練學校的活動，這些經驗以及他對戶外訓練學校的活動極高的評價，幫助他思考，如何將戶外訓練活動延伸到傳統的教育中。於是他與該校同事 Gray Baker 他們一起研發一個為期三年革命性的教育方案——「冒險計畫」，也就是為團體成員安排在幽默、有趣、活潑、挑戰、冒險、突破的體驗活動，並且一方面引導團體成員嘗試覺察困境與問題，一方面幫助團體成員從中學習個人及團隊成長。這樣的「體驗教育」概念逐漸成熟而被採用，甚至發展至各種年齡層，各類團體都能夠以不同形態的主題來進行「體驗教育」活動。

此「冒險計畫」就是將戶外訓練活動的過程融入學校教學課程之中；並且將此計畫書提供給聯邦政府的教育部門。經過一連串的辯論與說服，Jerry Pieh 校長他們所提出的教育計畫獲得教育單位肯定與採納。因此，該校逐漸也成為教育改革冒險計畫理論與實踐「主題式的冒險教育」（Project Adventure, PA）的研發中心及主要師資訓練基地。

Pieh 和他的教育夥伴所提出的「冒險計畫」，十分接近 Kurt Hahn 的「冒險教育」理念，也可以說他們沿襲 Kurt Hahn 的「冒險教育」理念發展出一套新的「戶外教學」課程。

後來 Pieh 他們發覺校園教學課程與軍事訓練之間有所差異；因此他們逐漸研發出一套更為適合校園學習的活動課程。由於這套課程之設計都與野外山林樹木及繩索、攀岩有關，因此非常受到團體成員們的歡迎。Pieh 他們稱之為「戶外探索教學」，進而成立公司推廣戶外「探索教學」活動。繼續不斷研發適合各級學校、團體、政府機關，以及企業單位等不同對象的課程。

因企業之規模日益擴大，團隊式的工作方式日益被迫切需求，台灣業界對團隊建立及培養的需求也隨之增加。金車基金會引進後改名為「突破休閒」，而後來的九年一貫課程綱裡的「探索」一詞及解釋，因而接受到探索教育的影響。從「體驗教育」到「冒險戶外教學」到「主題式的冒險教育」到「團體發展」到「突破休閒」及「探索教育」，其哲學思想與精神目標是大同小異，即讓團體成員生活及未來人生能有不平凡的體驗，而充分學習成長並享受生命（泰山在新店大豐國小以糾察隊的團隊合作訓練所辦的成長營，2003）。

3. 探索教育課程的合流

　　1970 年代也可說是兩大軌道漸漸合流的開始，無論是強調心理治療的效用，或是注重經驗學習，在這個年代突然增加很多不同形式的戶外課程，而其主要目標係針對問題青少年（包括有心理健康問題的青少年及犯罪青少年），而在方法上也有心理治療的效用及經驗學習融合的趨勢（蔡居澤，1998）。

4. 探索輔導在香港的發展

　　香港為亞洲地區最早引進探索教育之地區，其乃以野外活動或探索活動為主的青少年服務機構，主要有一些青少年制服團體，如男童軍、女童軍、民安隊少年團、基督少年軍、義勇軍少年團、海事少年團、航空青年團和紅十字會少年團等；而非制服團體則有野谷、海谷、突破機構，愛丁堡獎勵計畫及青少年中心所舉辦的野外活動訓練班。但以上各機構所進行的野外活動，均以提供健康活動為主要目標，而較少深入處理個別成員的成長問題。

　　早期較有計畫和系統地利用探索及野外活動去協助個人成長的機構，為香港外展訓練學校。在該校第二任校長的大力推動下，外展訓練課程除了有野外及體能訓練外，加入很多自信心訓練、溝通遊戲、團隊合作精神訓練和個人突破的戶外活動。1990 年初，有一些愛好野外活動的教育工作者、社工及青年輔導員，開始察覺到利用野外活動去輔導青少年的成長，會有明顯的效用，且能加深青少年間彼此的了解和互信。他們開始嘗試把野外活動、探索教育，結合體驗教育和小組輔導技巧，用以協助在學業和行為上有偏差的團體成員。參與此類試驗計畫的社工及老師們都認為透過探索為本輔導活動，可以很快地建立自我價值，改善溝通技巧；並且透過小組內的互動和一起面對危機，他們可以學習到互相關懷及尊重對方。1992 至 1996 年間所舉辦的試驗計畫，計有突破機構的「中團體成員綜合甜練計畫」——獵鹿者和飛鷹計畫、基督教女青年會（YWCA）樂華中心的「連山區之旅」、YWCA散石灣青年營的「中團體成員探索訓練營」，和伊斯蘭英文中學的「青年領袖歷險訓練計畫」等。

　　1995 年初，一些社會工作者和教師在參加一個攀登教練班期間，分享教學心得時，發現大家都或多或少地正利用攀登活動及其他探索活動去進行青少年的成長輔導。當時向他們介紹一些以探索為本輔導的書籍及資料，並指出在美國已經有一些組織以探索活動，為邊緣青少年、吸毒者、監守行為的青少年罪犯和有問題的家庭進行輔導工作；他們並稱自己為「探索輔導員」或「探索治療師」。攀

登教練訓練班完畢後，部分成員還保持聯絡，並交流有關探索為本輔導的資料和經驗。與此同時，突破機構成立基督信仰探索為本輔導義工小組（Christian Adventure Based Counseling Group），定期召開分享會，交流心得，探討理念和實踐。

1995 年 7 月 1 日至 8 日，香港突破機構的李德誠先生和李耀輝先生，參加了在澳洲柏斯舉行的第一屆國際探索治療會議，該次會議的參加者是來自世界各地從事探索活動的人士，包括有社會工作者、教育工作者、心理治療師、大學教授、探索活動教練及旅遊公司代表等。二人回港後召開了一次分享聚會，向與會者介紹世界各地探索治療的動向和新發展，指出國外的輔導員已進行深入研究探索治療的方法及技巧，並朝向著重個人在野外的體驗和心靈重整的研究之趨勢。自該次分享會後，有十多位熱心人士自發地組成一個「探索為本輔導探索小組」，把探索為本輔導的資料進行整理，分析和研究，進一步將探索教育輔導推展到香港，進而影響探索教育輔導大陸與台灣的發展（劉有權，2008）。

（二）國內探索教育的發展概況

回顧國外探索教育的演進與發展歷程之後，據此檢視台灣發展探索教育之現況，或可為探索教育在台之發展提供借鏡與反思。探索教育的理念與組織（如 OB 與 PA）雖早已有國內教育學者引入介紹，但因未予以推廣而未獲大眾重視；其開始蔚為風潮，則可能是因美國的探索教育公司授權台灣成立台灣的中華探索教育公司，將其運用在公司企業的教育訓練上，而後乃廣為推展；近幾年則在教育界引起注意與重視，舉辦了一些探索教育的營隊活動和教師研習活動；多個民間組織亦投入探索教育理念的推廣與活動的進行。

比較探索教育在美國和台灣發展的差異處，可發現美國探索教育的發展是先從教育改革需求的「教育領域」而最後至「企業領域」，但台灣的發展則剛好相反，首先是在「企業領域」中大力推廣，而後才至「教育領域」（曹天端等，2001）。

曾任救國團研發處副處長的沐桂新（1995）發現，探索教育在歐美的發展已有悠久的歷史，而且探索教育與救國團的團康與野外活動，如大地遊戲，十分貼切，但在台灣的發展卻正在啟蒙。救國團曾在 1980 年至 1982 年間嘗試引進並推動探索教育，由於時機並未成熟及缺乏領導人才，因此中斷（引自曹天端等，2001）。1994 年，沐桂新至美短期進修休閒活動管理，回國後以休閒治療為主

題，在救國團《團務通訊》撰文，首次提到探索教育之相關設施與活動，但並未積極推行。同年，國立台灣師範大學公民訓育系嘗試開設國中童軍教師在職進修班，進行實驗性的教學與實施，又點燃探索教育的火苗（蔡居澤、廖炳煌2001b）。1995 年金車教育基金會孫慶國執行長至美國參加夏令營的年會，發現美國有許多單位都很重視探索教育活動。隨後在 1996 年，孫慶國兩度參加有關探索教育研討會，體認到此一活動課程可以對國內教育界、休閒活動界、青少年服務機構，或心理輔導中心、青少年犯罪矯治機構等單位，產生一些新思維和活動模式。於是在 1997 年，邀請兩位專家來台作三場示範講習，會後發現參加者反應良好，因此於 1998 年組團赴美學習，將此一經驗教育模式引進國內。

1997 年，國際發展公司也引進探索教育活動，專注在企業界的團隊發展與建立領域的推廣，為探索教育增加了許多助力。2002 年，另與宏碁集團於渴望園區，設置高空繩索課程。

而政府機構如青輔會，1998 年曾邀請國外講師來台辦理研討會，1999 年辦理突破休閒志工訓練營，並且每年補助國人至美國參加經驗教育年會部分經費。教育部自九十學年開始施行的九年一貫制中小學新課程，也將探索教育列入綜合活動學習領域十大指定單元之一，形成教育政策中的一環，開啟探索教育的另一個契機。

2002 年起，救國團也積極辦理專職幹部及義工幹部的訓練，並且把「探索教育」列為六大核心工作之一。派員出國研習，或邀請國外專家來台講習，並在救國團復興活動中心霞雲坪營區，建立戶外「探索教育學校」，增添高低空繩索課程設施，為探索教育提供更完善的訓練場所與服務。日後並將陸續於澄清湖、日月潭等活動中心繼續增設探索教育學校，在曾文、金山建立探索教育基地擴增探索教育戶外活動設備，並成立專責企管顧問公司，積極為各級學校教師、社團幹部與學校，工商企業機關團體、非營利企業組織之幹部、員工與志工，特定團體如登山社、救難大隊……等，以及非行青少年、虞犯青少年、殘障青少年等特殊團體，提供服務（中國青年救國團探索教育中心工作推動小組，2002）。

「張老師基金會」更於原有團體輔導員訓練外，加強探索教育輔導訓練知能，將團體輔導與探索教育綜合發展為新的團體輔導模式。

由上述的簡述可以發現，探索教育的體驗學習模式，已逐漸受到台灣教育界、非營利組織的青少年輔導工作、企業組織的教育訓練、童子軍、諮商輔導、戶外休閒活動等領域的重視，具有潛在的發展價值，值得了解、學習與發展。

第二節 探索教育學習與領導理論簡介

探索教育所運用的理論包括學習理論中的體驗學習（Experiential Learning），社會心理學的增強、觀摩、示範、嘗試錯誤，團隊合作，以及探索教育團體的領導原理。

一、探索教育的學習理論

探索教育的學習理論，包含三部分，尤其體驗學習是探索教育計畫（PA）的中心課題，所以本文將先由體驗學習開始談起，接著是選擇性挑戰、全方位價值契約等內容。

（一）體驗學習

1. 體驗學習的定義

根據Gass（1993）認為，體驗學習通常可定義為：「從個體的實際行動與行動反映之結合，主動獲得知識的一種過程（learning by doing and reflection）」。體驗學習是一種積極主動而非被動的過程，要求學習者具自發性動機並對學習本身負責。

2. 體驗學習的特徵

余紫瑛（2000）整理Gass（1993）的觀點，提出體驗學習的特徵為：在個人成長的過程中，欲產生學習或行為上的改變，需強調直接性經驗（direct experience），所有的改變均需要某種形式的體驗作為其來源的基礎。體驗學習即要求學習者盡可能地接近此來源基礎，因為此種直接性經驗轉換的過程，比其他形式的學習更有價值。

Plato、Aristotle，以及 Wurdinger（1995）則認為體驗學習有三個特徵：

(1)親身經歷是提供個體學習的最佳工具。

(2)擴大個體的心理特質或優點，是個體所渴望的。

(3)願意冒險，對於個體的成長是很重要的。

學習的目的是為了獲得新的東西，並且將新學到的技術或資訊，應用在有用

的考驗。為了要學習，個體必須願意冒險將自己暴露在陌生的危險中；願意試驗舊東西是否可變新東西，並且願意形成新的結論。

　　儘管學習和體驗兩者都是必須從未知中探索而來，然而當體驗與學習同時結合在一起之時，會更加強調必須在真實的世界中學習，所以每個人都應該有機會，在真實的世界中經由積極參與，包含壓力、努力、自我決定、犧牲、目標達成、完成技術，以及與他人合作達成目標的學習活動，達到個體的自我滿足（引自 Priest & Gass, 2005）

　　Henton（1996）也提出三個體驗學習的特徵：

(1)經由體驗學習所獲得的觀念和經驗，可使人們發展出一種掌握權力及信心增長的能力。

(2)學習者在體驗學習活動中，直接遭遇到身體的、智力的、情緒的素材，可使學習者與他人之間，發展出一種有愛心的態度，使人與人，人與自然、人與社會有更深度的連結。

(3)在體驗學習活動階段中，允許團體成員根據他們的優勢來接觸活動中的各種元素。

　　綜合以上學者的說法，可得到體驗學習的定義及特徵如下：在陌生新奇的真實環境的挑戰中，個體抱持主動積極、勇於冒險的態度，去經歷壓力、選擇、犧牲、互助合作等難題，進而完成任務目標，拓展個體優點，達成自我成長的知識或技術獲得之過程。

3. 體驗學習的類型

(1)Dewey 體驗學習模式（Dewey's experiential learning model）

　　陳建成（2003）歸納 Dewey 在其著作的觀點，提出 Dewey 體驗學習模式的觀點，摘要如下：

　　在 Dewey 所著的《學校與社會》（*School and Society*）一書中，他認為學校的學習要以實際的活動為主。大家也都知道 Dewey 的幾句名言，即是「教育即生活。生活是體驗繼續不斷的重組和改造。」這也就是一個人能夠由學習而進步的意思。

　　Dewey 的另一本著作《體驗與教育》（*Experience and Education*），就在說明「做中學」這個主張。另一方面，Dewey 是實用主義的主張者。實用主義就是以體驗為本體，體驗本體是「連續」和「改變」。在教育經歷中，一個人存在預

期生活的環境中，環境對人產生的影響，就如人遇到刺激，而發生反應，再反應到環境中去，這兩種作用，稱作人與環境的交互作用。交互作用連續不斷，人的體驗也就時時刻刻的改變與轉化。教育就是連續體驗累積和轉化改變的歷程。

Nold（1978, 引自 Hopkins & Putnam, 1993）並將 Dewey 模式的教學理念，如圖 17-1 所示。

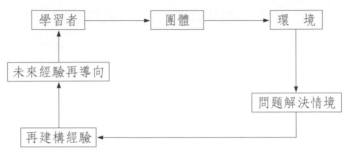

圖 17-1　Nold（1978）Dewey 模式（Dewey's instructional model）

資料來源：Hopkins & Putnam (1993: 90)

(2)Lewin 的體驗學習模式（Lewinian experiential learning model）

陳建成（無日期）提出體驗教育的另一個根源是 Lewin 的體驗模式，摘要說明如下：

Lewin 的體驗學習可分為四個階段，是以立即的具體體驗作為觀察與反思的基礎，而由觀察與反思中去一般化或類化成抽象的觀念或理論。這些抽象的觀念或假設又作為下次行動指導方針以創造新體驗。此循環有兩個重點是特別值得重視的：首先為當下具體體驗（here-and-now），其次為回饋機制（feedback）。Lewin 所謂當下具體體驗是以成員共同參與，當下所獲得的體驗為主，其概念如圖 17-2 所示。

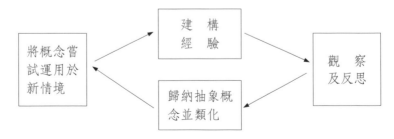

圖 17-2　Lewin 經驗學習模式（The Lewinian experiential learning model）

資料來源：Hopkins & Putnam (1993: 79)

(3)體驗學習圈

　　探索教育將 Dewey 的體驗學習模式與 Lewin 的體驗學習模式作一結合，形成體驗學習圈，分為四個部分，如圖 17-3 所示。

圖 17-3　體驗學習圈

資料來源：Henton (1996: 40)

茲將圖 17-3 由 Henton（1996）提出的各階段重點工作，說明如下：

a. 活動階段（active）活動可以說明欲學習的概念或啟發問題，通常限制在 15 至 50 分鐘必須結束。而活動的功能在於除了特定團體目標外，活動目標就是要讓活動和所欲學習的材料相連結。

b. 回饋階段（Reflecting）：回饋階段的重點有兩個：其一是澄清事實，了解團體成員對活動的真實了解程度；其二是了解團體成員的學習模式，為下一階段的深度學習做準備。而回饋的功能在於，當團體成員看別人如何做時，他們的分析技術及後設認知也會獲得改善；透過他人的回饋，團體成員可學得更多有效解決問題的方法；回饋對個人及人際的成長都很重要，常感到挫敗的團體成員，並無法從體驗中學習。

c. 概念化階段（Generalizing and Abstracting）：在本階段檢視抽象概念與具體體驗的結合程度。亦即檢視團體成員已從活動中學到什麼，以及他們決定如何運用到其他地方。而其功能在讓團體成員從活動中學習人格成長，可讓他們自然地在生活中運用相似技巧。

d. 轉換階段（Transfer）：在本階段，團體成員知道他們的方法為何不可行，也知道團體成員的責任及回饋他人的模式。而轉換的功能在於，可使團體成員明白，當他們將所學知識從一個情境轉移至其他情境時，他們會了解新知識應用的限制，而變得更有現實感。

（二）體驗學習圈與 ABC 模式的結合

　　依據 Henton（1996）論述，以探索諮商模式（ABC model）的用語而言，討

論階段通常使用「What？」、「So What？」、「Now What？」三種基本問題來促使團體討論其經驗，與「體驗學習圈」觀念結合，即形成圖 17-4（引自余紫瑛，2000）所示。

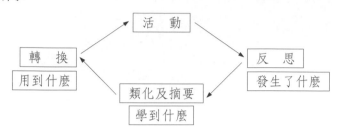

圖 17-4　探索諮商的問題過程

資料來源：余紫瑛（2000：40）

筆者嘗試進一步分析體驗學習圈加以詮釋，如圖 17-5 所示。

基於人本精神以正向及希望，參與探索教育活動，由具體經驗覺察「發生了什麼『現象』」；在團體中建構目標設立與全方位價值契約，藉由團體中之觀察、反思、歷程體驗及彙整經驗，對歷程中的經驗分享討論「表達團隊整體自經驗中學到了什麼」，進而產生概念的形成，並類化這些經驗到真實世界，進行實驗性觀念與應用。

1. What？ 詢問成員們在活動中「發生了什麼『現象』」？

2. So What？ 表達團隊整體自經驗中學到了什麼？

3. Now What？成員決定如何將在活動中所得到的經驗或技巧，應用到下一個活動與真實生活中，希望對日後有較好的改善及期待有所助益，作為活動的結束。

綜言之，探索教育中的「體驗學習圈」（experiential learning cycle），乃是採取 Dewey「做中學」（learning by doing）的教育哲學為基礎，而以 Lewin 之「體驗學習圈」（experiential learning cycle, ELC）作為實務操作的核心架構；再以此架構來搭配各專業領域的資源，包括企管、諮商、康輔、休閒活動等專業知識，形成專業的探索／體驗課程。依此模式，透過學習需求診斷、課程設計、活動方案引導，遂行各項訓練發展的目標（陳建成，2002；Priest & Gass, 2005）。

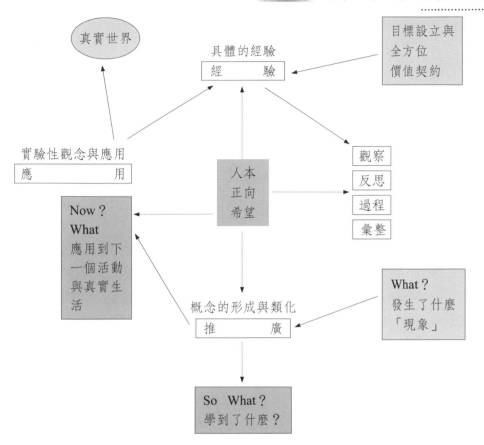

圖 17-5　體驗學習圈詮釋

資料來源：張德聰（2008）

（三）選擇性挑戰（Challenge by Choice）

Henton（1996）認為，我們之所以學習，是因為我們有興趣，而探索和挑戰就會引起我們的興趣。在體驗學習中學到較多的團體成員，就是他們探索學習到的內容較其他人豐富。由此可知，選擇性挑戰是探索教育計畫的操作原則。

Henton（1996）也提出以下幾個支持選擇性挑戰的觀點。

1. 遭遇挑戰時可促進認知、自我及人際的成長

他並提出接觸有挑戰的危機，可促使認知成長，並擴大智力容量，尋找新的連結，新的方法，達成更大的目標。此可從兩方面來談：

(1)近側發展區：Vygotsky認為近側發展區是個體不熟悉的，會感到不舒服的地方，所以需要新的技巧來因應，故會產生學習效果。

(2)認知失衡：從 Piaget 觀點而言，個體持續地在現有知識基礎上，結合新經驗、知識、和資訊。直到解決失衡，而重新達到平衡為止，這可說明接受挑戰者的成長及認知發展之因。

只有每個個體自己最了解自己的弱點、優勢、限制及目標，也知道自己何時準備好去學習新知，故提供支持的機會可達到新的領域，並藉由不同種類的挑戰，而發展出真正、有意義的學習。

2. 人類有稱職和勝任的基本需求

個體不僅要勇於面對挑戰，而且必須理解挑戰是可以處理的。可控制的即可實踐的體驗，可使個體產生正向焦慮。從生理觀點而言，壓力會促使大腦功能處於開或關的狀態，故可促進學習。當學習者了解自己有選擇如何學習的機會，可使團體成員善用自己的優勢來學習，並促使他們自我激勵，與所欲學習的材料結合。

3. 人類渴望在未知或有企圖心的情況下，發揮潛力，達到成功

成功來自於個體被鼓勵去面對挑戰，並對結果有所期待。當個體有成功經驗時，在嘗試足以勝任的挑戰之下，會導出另一個成功的結果。自我效能是評估個體遭遇困難時，能夠發揮多大的潛力。而當個體處在一個支持氣氛，亦即全方位價值契約要平衡危險的目的。如果團體成員感到威脅勝過安全，那麼大腦會意識到危機，而降低功能，無法做深度學習。

在全方位的價值契約下，學習者及領導者才能達成選擇性挑戰的任務，而領導者也應聲明，選擇性挑戰不是學習者選擇被什麼挑戰，而是願意挑戰什麼問題。

此外，選擇性挑戰提供一種請求他人協助的規範，它能使學習者定義及確認自我成長的程度。而部分較有能力的同儕，也可藉由幫助他人，而學到更多。他們不僅可以學到知識，還能發展出其他的運用方式，並廣泛應用在其他層面；能力較差者，則藉由他人的鼓勵而獲得進步。

（四）全方位價值契約（Full Value Contract, FVC）

余紫瑛（2000）整理幾位國外學者的觀點（Ellmo & Graser, 1995; Schoel, Prouty, & Radcliffe, 1988）提出，全方位價值契約是探索課程中最有價值、最重要的

觀念，因為團體中的每個成員與團體本身均有價值，將這些價值整合即成為團體的行為指導規範。因此，全方位價值契約乃是讓團體成員共同努力發覺正面積極價值的一種進程，它通常應用在鼓勵、目標設定、團體討論，以及解決衝突上。促使團體增進下列四種價值：自我、他人、學習團體，和學習經驗和機會。因此，在成為探索活動團體的成員時，每個人均需同意承諾遵守團體所訂定的價值契約。其主要理念包含：共同約定使團體能合作運行，並齊力達成個人與團體的目標；共同約定確保團體成員身體及心理的健康安全，並願意遵守團體行為指導規範；共同約定真誠地給予和接受積極的或消極的回饋，並致力於改變達成適當的行為。

　　Henton（1996）則認為在體驗學習活動中，全方位價值契約意指尊重團體的整體性，也同時尊重成員的多元性。當團體成員和領導者在學習過程中，一起工作、互相支持，相互尊重彼此，這就是全方位價值契約。他並提出學習者在體驗學習中，要達到全方位價值契約的標準，必須遵守五個行為要素：

1. 在這裡（Be here）：可分成身體、情緒及精神在這裡。身體在這裡，是指承諾身體的親身參與，如說話、傾聽等；情緒在這裡，是指在學習過程中，承諾理智的參與，因為在深度學習中，必須超越移情的限制才能達到；精神在這裡，則指採取一種支持性的參與態度。

2. 安全（Safe）：Maslow（1962）認為，當個體的基本歸屬及安全需求滿足後，才會延伸到認知、心理、情感的需求。Rogers（1951）也認為，每一個學習者必須在進入自我考驗、自我成長和面對危機的新領域之前，先擁有自信的人性觀。身體安全建立在情感安全的基礎之上，例如：學習者若能在合作遊戲、問題解決遊戲中，能夠接受安全及友善的身體接觸時，那麼他們較可能接受在情感安全的前提下，面對人際的危機。

3. 設定目標（Set Goals）：全方位價值契約需要團體成員為了達成團體的共同目標，一起努力，並且在與個人目標相不同時，能夠互相支持體諒。

4. 誠實（Be Honest）：不僅要對他人，也要對自己誠實。當成員願意承諾誠實時，他們會提問題，確實了解所學的知識等。

5. 進行和保留（Let Go and Move on）：許多時候，個體在意見未被同意時，以及無法解決爭執或無法發現共同原則時，會感到混亂。為了讓即將到來的任務得以進行，學習者必須先選擇將他們的不同意見暫時保留，並能接納、體諒與自己的不同意見。

二、探索教育的團體領導原理

　　依據 Elimo 和 Graser（1995）的研究指出，探索活動的精神在於，有機會能再試一次（引自余紫瑛，2000）。而有效的領導者在活動或遊戲的成敗，扮演舉足輕重的角色，他們的任務在於經由有系統的活動設計，使所帶領的探索教育團體，能夠協議訂定具有教育性或治療性的目標，並使成員在活動課程中，發揮學習效果。

　　探索教育活動的領導階段，有三個程序，即所謂「探索活動波段」如圖 17-6 所示：簡介（brief）、活動（activity）和分享討論（debrief）。其過程有極高的波峰，也有極深的波谷，在波谷期間做準備，在波峰期間進行活動，在下一個波谷作分析、回饋，當一個波動結束，就會有另一個繼續。

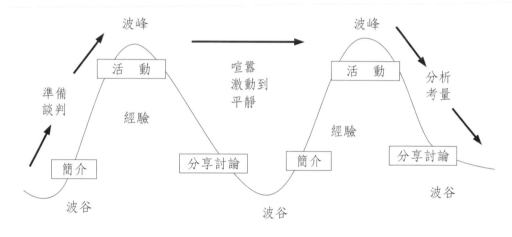

圖 17-6　探索波

資料來源：修改自 Martin、Leberman 和 Neill (2002)

　　依據 Henton（1996）指出，每一個活動的課程均包括這三個進程階段，在活動進行中融入積極主動性的過程，故其有別於其它的技能發展訓練和原野訓練計畫（周鳳琪，2001），分別說明如下。

（一）簡介

　　領導者首先告知成員即將進行的活動方向，說明活動規則、限制與安全事項（周鳳琪，2001）。最重要的是活動目標的設定、澄清和架構，是可以因參與者

的需求而討論調整的。在探索教育中，有一套全方位的價值契約（full value con-
tract），包括：出現、專心、說真心話、開明的態度、重視身心安全（莊瑞飛，
2001）。

（二）活動

　　活動是經驗學習的重要方法。因此領導者要依據成員的需求目標及程度而選
擇適當活動，並讓成員能夠超越舊方法，採用新的方法或規則，並接受他人引導、
支援，以解決團體面臨的問題。在活動中應強化的重點為：高度參與力、合作程
度、冒險犯難精神、身心安全、信任、誠實。

　　領導者的角色在鼓勵成員超越、挑戰其覺知的體能與情感能力；然而蔡居澤
（1995a）提到領導者本身的融入也很重要，可從不同的參與者團體中獲得不同的
反應，享受不同的樂趣（引自莊瑞飛，無日期）。此外，選擇性挑戰的原則仍然
重要，不論成員是否嘗試參與活動，都應能得到領導者的支持，因為「嘗試」比
「結果」更重要。而「探索活動波段」的觀念能使團體成員知道，如果此時他們
選擇放棄參與挑戰，之後仍然有機會，即強調挑戰永遠有「再重做」的機會。（周
鳳琪，2002）。

　　領導者應適時地介入和指導，隨時視參與者的狀況而調整活動內容或規則，
促使全體一同解決問題，並遵守全方位價值契約（莊瑞飛，2001）。

（三）分享討論

　　此階段為成員談論其探索經驗的過程，也是探索教育和一般遊戲活動最大的
不同點。藉著分享參與者的看法和經驗、內心的感動，達到自我成長的目的。周
鳳琪（2002）歸納國內外學者的論述，將探索教育的「三段論法」，說明如下：

1. 發生了什麼「事實」（What）：讓參與者單純回憶活動歷程。詢問成員們
   在活動中「發生了什麼『事實』」？強調重點不只是任務的達成，而是討
   論團體互動的實況和個人發生的問題。
2. 學到了什麼（So What）：說出自己的感受，是否履行契約和固守規則。表
   達團隊整體自經驗中學到了什麼？「有沒有造成任何改變」？鼓勵成員將
   此種經驗抽象化和普遍化，並要求成員依據個人和團體的目標，來評估表
   現結果及給予其他成員回饋。
3. 現在如何應用（Now What）：思考能否應用到其他活動，或把經驗類化到

日常生活中。讓成員有自我檢視及省思的情境，提供改善與自我成長的機會。成員決定如何將其所學應用到下一個活動與真實生活中，希望有較好的改善及期待在活動中所得到的經驗或技巧，對日後有所助益，作為活動的結束。

而討論的運用原則如下：反省思考、開放心胸、尊重彼此、願意改變、同理心、自我價值。領導者應幫助成員處理潛在的衝突與抗拒等敏感事件，但非訓話，而是引導成員以全方位價值契約的精神，自主地提出、處理問題，鼓勵大家參與討論分享，自發性選擇的原則仍須重視。

三、探索輔導的核心理念

綜合上述，可將探索教育的核心理念，歸納如下：

1. 透過經驗及反省的學習。
2. 強調人與自己、與別人及與大自然的關係。
3. 運用探索以達到個人成長。
4. 使用野外自然環境為成長及治療的處境。
5. 安排合宜的探索設施及有計畫之介入。
6. 結合團康、童子軍、戶外活動、團體諮商與治療、探索教育、學習心理學與社會心理學等不同專業。
7. 探索與不同系統（如學校、社會服務、醫療）的結合。
8. 重視整體的支持及團隊精神。
9. 強調帶領探索教育輔導者的基本知能、人格特質及榜樣。

第三節　探索心理治療對行為改變的觀點與諮商活動的實施

本節介紹探索心理治療（Adventure Therapy）歷程中，行為改變的觀點、探索諮商活動的實施、探索活動團體階段與類型、團體活動討論架構及探索活動之評鑑，分別說明如下。

一、探索心理治療歷程中，行為改變的觀點

　　根據 Nadler（1992）指出，探索活動是使成員經歷失調的狀態，藉置身新奇且相互合作的環境中，接受解決問題的情境設計，體會成功的經驗，再經由轉化經驗，增加成就感，促使概念化，轉移至未來的經驗中（引自周鳳琪，2002）。

　　茲將探索心理治療改變行為的各階段說明如下，如圖 17-7 所示（周鳳琪，2002）：

415

1. 成員：成員期待有意義的學習機會，這種期待的心理可增加內在刺激。
2. 失衡引發重新建構：探索經驗中，經由與過去經驗不同的改變，引起失衡引發重新建構，才能產生新的改變，因個體被迫整合新知識，或重組存在的概念。

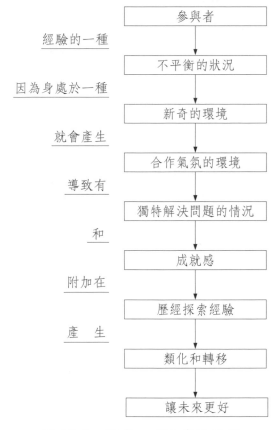

圖 17-7　探索心理治療的進程

資料來源：周鳳琪（2002）

3. 新奇的場所：處身於不熟悉的環境，有助於突破自我限制，喚起自我覺知。

4. 合作的環境：透過設定目標、人際溝通的分享，營造合作而非競爭的學習氣氛有助於團體凝聚力的培養。

5. 獨特的解決問題情境：採漸進方式，由簡單至複雜，讓成員共同發揮智力、情意、體能資源學習解決問題能力。

6. 成就感：成功經驗可以增進自我概念、自我信念、情意技能，以及更有效率解決問題的技巧。

7. 體會經驗：鼓勵成員進行反思，表達所體驗的想法和感覺。

8. 概念轉化及轉移：探索經驗的目的在幫助成員將所學產生聯結，回到家庭之後，在行為或知識上能持續所學得的改變。

二、探索諮商活動的實施

茲提出以下探索諮商實施探索活動之必要要素，以具體掌握探活動之精神：

1. 選擇性挑戰（Challenge by Choice）：依據 School、Prouty 和 Radcliffe（1988）等人的意見，認為選擇權總是操之在個人，也就是成員在活動過程中，有權利選擇何時參與活動和參與活動的程度。如果個人因為不舒服，選擇在一旁觀察，可先在旁扮演一個觀察角色（引自周鳳琪，2002）。

2. 全方位價值契約（Full Value Contract），如下：

出現 （Present）	參與每次訓練，而且盡可能重心放在課程學習上，將任何會使分心的排除。
專注 （Pay Attention）	將全部注意力放在體驗及了解課程上。聆聽是最基本的態度，不只是聆聽他人，更要聆聽內心的聲音。
說真心話 （Speak Your Truth）	當下說出真心話。要明白，你的感覺不但是獨一無二，自己及他人有潛在的學習價值，所以自由地說，誠實地說真心話，同時也虛心的聆聽他人意見。

開明的態度 （Be Open To Outcomes）	也許你對即將發生的學習經驗持有成見或心懷恐懼，請試著放棄這些成見和恐懼，以開明的態度來迎接全新學習經驗的產生。若你能保持開明的態度和開放的心胸，不在課程結束前做任何斷章取義的評斷，那麼在課程結束後，你會發現自己在心智成長上會有料想不到的驚人收穫。
注意身體 情感上的安全 （Attend To Safety）	團隊中的每個人都有責任確保學習環境的安全無虞，不論在言語或肢體行為上，都要注意與支援，相信他，同時竭盡所能地給予夥伴最大的鼓勵與支援，相信他人也會回報你，以真心相扶持。

資料來源：探索教育發展機構（2003）

3. 遠離熟悉環境：Gass（1993）認為，讓參與者遠離熟悉的環境，沉浸在新情境中，可讓個人對成功與否不會預設立場，在新情境中，能使個人較能限制自我破壞的行為；也由於生疏的環境是簡化而直接的，讓參與者能單純地處理該環境所呈現的問題；生疏的環境也提供了與日常生活的對比環境，這是重組經驗過程的第一步。以上三項能增強心理治療的效果（引自周鳳琪，2002）。

4. 冒險的壓力：戶外探索活動最大的不同就是冒險壓力，壓力是戶外探索計畫中心，活動的設計要促使參與者能挑戰自我定義，鼓勵個人超越他們認為的自我限制（蔡居澤、廖炳煌，2001b）。

5. 成功的經驗：探索諮商活動的另一項原則是設計成功的經驗，Zwart（1988）在戶外探索計畫中，「成功是建立在成功心理之上的」。因此，參與者很難去拒絕他們的成功經驗，藉由領導者的協助，挑戰自我知覺限制，發覺未開發的潛能和優點，無形之中，問題青少年便開始產生某種程度上的改變（引自蔡居澤、廖炳煌，2001b）。

6. 解決問題為主的活動經驗（Confrontation-based experience）：探索活動就是參與者必須立即解決的問題，活動的特性在強調個體面對自我，藉體會體能上成功的感覺，為未來生活提供持續性的動機，即啟發嘗試的勇氣（蔡居澤、廖炳煌，2001b）。

所以探索教育的原則之一，即提供一系列有層次的問題解決經驗，個體從中

體會成功並反思，即能在將來運用。

三、探索活動的團體階段與類型

PA（Project Adventure）「主題式冒險訓練」，課程安排是針對成員的學習目標不同，個別為其設計課程內容，參考蔡居澤、廖炳煌（2001a）的觀點，基本上，探索教育基本冒險課程的團體階段有以下幾階段。

（一）第一階段

解凍及熱身，此階段是要引發成員興趣、注意或挑戰，讓學員可以進入體驗的主題中。此階段課程是稍稍具有挑戰性的活動，並且要盡量使全部的學員皆能漸漸融入這個階段。例如：姓名接力賽。

（二）第二階段

溝通及信任建立。這個階段是要運用相互接觸機會來增加彼此觀察和溝通，來相互了解彼此的異同，此階段容易產生衝突，這時需要提出問題、引發討論，讓團隊走向下一個問題解決的階段。例如：雙手連心的活動。

（三）第三階段

建立問題解決及決策模式。此時領導員最重要的是清楚成員目前的焦點是否偏離主題，要能夠引導問題的方向，讓成員能夠明白此時團隊解決問題是何種方案？是否全體團隊成員都同意？例如：信任倒。

（四）第四階段

團隊成員的社會責任（Social Responsibility）是PA非常重要的特性，因為PA教育的最終目的，就是讓成員可以將體驗帶回生活中，所以在團隊合作時，清楚個人及團隊探索的社會責任是什麼？例如：低空及高空的繩索課程。讓成員透過協助夥伴的安全確保動作，來體認到所謂的社會責任。

冒險活動的最後階段是建立個人責任（Personal Responsibility）。藉由親身體驗成功經驗的過程，掌握到冒險訓練中的學習目的，再將抽象概念轉移生活中。

四、團體活動討論架構

參考蔡居澤、廖炳煌（2001a）的觀點，將活動討論架構分為：(1)引導討論的過程，以及(2)引導討論時可提出的問題兩個部分，分別說明如下：

（一）引導討論（Debrief）的過程──六大要點

發生了什麼（What）？	1. 發生了什麼現象？ 2. 這個現象曾經發生過嗎？
學到什麼（So What）？	3. 你滿意這種學習嗎？為什麼？ 4. 在生活中上有沒有類似的情境？情境相同嗎？
如何應用（Now What）？	5. 這個活動讓你對自己有什麼認識？ 6. 對於接下來的活動或你的生活中，可以應用的地方有哪些？

（二）引導討論時可提出的問題

要點	問法
提出開放式問句	你覺得怎麼樣？有何感想？
注重學員的感覺	你有什麼感覺?大家現在有什麼感覺？
重述他們的感覺	你們一定覺得鬆了一口氣。
引出學習重點（每次只專注一個重點）	可以從當中學到什麼？
觀察學員言語及非語言上的反應行為	是否有疑慮 無趣、氣憤等情形？
測試觀察反應度	其他人有什麼感覺？
適當的自我表露	我不明白，其他人明白嗎？
要求團隊提出總結	我們達成了哪些目標？
課程回顧	我們大致上做到了哪些……這樣子夠嗎？
注重對行為的觀察	他的哪些做法讓你有這種感覺？
更深入的探討	能不能多談一些？有什麼例子可作為代表？
要求團隊提出自我診斷	這裡現在發生了什麼事？
診斷	大家是不是用搞笑的方式來迴避重點？

資料來源：蔡居澤、廖炳煌（2001b：31-32）

五、探索活動之評鑑

在參考蔡居澤、廖炳煌（2001b）的資料後，將探索教育的評鑑從兩個方向來說明：(1)以評鑑的方式來區分；(2)以評鑑的步驟區分，如下。

（一）以評鑑方式區分

1. 領導者觀察日誌：領導者觀察日誌可作為評鑑資料來源，由研究者與領導者共同分析日誌的內容，例如：記錄領導者與成員的對話過程、記錄觀察到的行為表現，來驗證成員參與探索活動的經驗前後，使否變的合作、負責任。

2. 訪談：以訪談個人及團體的方式來蒐集資料，是延伸反思過程的評鑑方式。

3. 活動日誌：學者Raffan和Barrett（1989）以及Warner（1984）均提過：個人日記或實驗日誌是經驗課程用來分析、比較新的資料來源。將書面反思資料與經驗學習方法整合，是很重要的分析資料，如本章附錄 1 所示。

4. 同儕互評：研究者可將參加者對同儕的觀點加以記錄，當成一項分析團體動力及領導型態的工具。整體而言，活動評鑑可採用質化研究和量化研究並行的方式，是較完整的評鑑方式。

（二）以評鑑步驟區分

第一步活動前分析計畫與準備		第二步：帶領	第三步：評定
預估分析	1. 他們是誰？ 2. 界定課程的目的 3. 邏輯的合理性： 　(1)時間 　(2)人物 　(3)地點 　(4)事情 　(5)器材道具 　(6)如何辦理 　(7)成本分析 4. 依據 GRABBS 原則判斷團體凝聚力階段	在課程活動中	1. 邀請、但不強迫 2. 情境設定： 　(1)信任建立 　(2)讓參與者感到舒服自在 　(3)塑造適當行為模式 3. 帶領風格： 　(1)清楚簡單 　(2)表現熱忱 　(3)利用幽默與影響力 　(4)溝通態度：聆聽反應 4. 提供適當的挑戰 5. 具有創造力 6. 實驗與創造風險承擔 7. 問自己：為何做這件事？給自己一個好答案 8. 準備好改變你的計畫
計畫	1. 什麼可行？ 2. 什麼好玩有趣？ 3. 是否合乎目標 4. 活動的程序： 　(1)從什麼活動開始？ 　(2)破冰遊戲需多少時間？ 　(3)每個活動費時多少？ 　(4)如何包裝呈現活動？ 　(5)他們應自你這裡得到何種資訊？			1. 檢視團隊，並根據 GRABBS 原則調整課程內容。 2. 適時提出分享與回饋，如本章附錄 2 所示： 　(1)團隊準備好了嗎？ 　(2)討論身心是否造成安全感 　(3)鎖定一、二個主題 　(4)問「怎樣」、「又怎樣」、「現在要怎樣」 　(5)反應——根據團隊狀況
準備	1. 準備所有道具和所需物品 2. 與所有領導者一起準備 3. 有備份活動計畫 4. 檢查活動場地	課程之後	9. 觀察和聆聽 10. 要好玩有趣	1. 什麼是有效的？ 2. 怎樣會運作更有效？ 3. 下次你會做出什麼不同的活動？

資料來源：蔡居澤、廖炳煌（2001b：34）

第四節　探索教育的應用與展望

一、探索教育發展的五大領域

探索教育活動從 1971 年開始運作以來，一直不斷地成長發展。從原先的教育的領域不斷地擴散到其他領域，包括醫院的精神醫療部門、心理復健中心、犯罪矯治機構、公司行號、企業團體、非營利組織、社區服務、休閒產業等。參考探索教育在美國的發展五大領域，亦可推廣於我國。

（一）教育類

探索教育是美國基礎教育法案第三條的方案，而其冒險性挑戰性的活動相當受到青少年的歡迎，目前探索教育模式的課程，已廣為美國各地公立學校的接受和肯定，也已發展出一套 AITC（adventure in the classroom）教學模式，頗具特色（Henton, 1996）。台灣地區正在推展九年一貫及教育改革，探索教育不僅培養個人之自我效能，更可增進團隊合作，遵守團隊紀律，與公民教育及群己教育密切有關，而且寓教於樂，頗值得職司教育改革當局參考。

（二）親子關係和社區發展

探索教育在社區的運用，打破種族年齡和職業等的限制，提供相互扶持的力量，在社區中由各種不同的文化背景成長環境所組成，透過探索教育活動在社區發展中提供連結人心的橋樑。尤其台灣外籍新娘日益增多，外籍勞工也日益增多，探索教育若能於社區發展，亦可增進族群融合及促進社區總體經營。

（三）心理治療與犯罪行為矯治

在一次因室內病床不足而形成的臨時性戶外醫療中發現，在擁有戶外生活經驗的病人，比醫院內的病人康復情形更佳，因而走出戶外探索心理治療的一片天空。探索教育也曾經幫助紐約市的 University Height 高中，以及喬治亞州的 Ddkalb 社區替代學校，發展出一套針對犯罪傾向，或已犯罪者、殘障及心理偏差者的復健計畫。探索教育也自行發展出一套矯正問題青少年的訓練計畫，並與喬治亞州

政府合作，在 Newton 郡成立一座彩虹湖學校（The Rainbow Lake），專門收容那些有社會不適應症的團體成員。每位團體成員先接受 12 週次等不同週次的矯治訓練，接者再依個別需求的不同，接受不同時間的訓練。訓練期間所有團體成員都在校區參與工作，與參加這項以探索性活動為基礎的輔導諮商計畫，並同時啟發團體成員的社會適應功能。我國中途學校亦可參考探索教育輔導做法，以增進輔導功效。

（四）企業組織與非營利組織

　　探索教育在美國、加拿大、歐洲、亞洲等全球各個國家，幫助過不少工商企業團隊，協助團隊建立與發展、團隊領導、團隊效能、團隊向心力、團隊凝聚力、團隊合作等教育訓練方案。包括 IBM、ESSO 石油、蘋果電腦、CITIBANK、美國童軍總會、美國陸軍總部……等國際企業團隊都是見證者。在台灣亦有許多企業及非營利組織邀請民間機構，以探索教育代訓員工，增進員工之向心力及團隊合作力。

（五）休閒產業界

　　在美國許多休閒場所或夏令營地等，普遍架設探索教育戶外繩索設施。透過探索活動，相互鼓勵同時思考如何幫助對方成功。營地的管理人員必須學習如何運用自發性挑戰的概念，幫助青少年學習真實的面對自己，身為團體的成員，如何貢獻自己的力量及發現自我價值。目前國內休閒場地已經逐漸增加探索教育設施。

二、探索教育在台灣的展望

（一）成立專門組織

　　由於探索多屬於有危險性的挑戰活動，而非一般隨意的康樂活動，所以必須有一專門機構繼續研究及開發，以培養領導人才，研究設計課程及推廣探索教育活動的理念的方式，並建立具公信力的活動與領導證照制度。為探索活動培訓種子教師，奠下扎根基礎。目前世界各地已有多處戶外學校，台灣亦可朝設立戶外學校的方向發展。

1. 中國童子軍教育學會應可參考「探索教育專門組織」的方向發展，研發類似木章制度戶外領導證照制度，訂立戶外領導規則，讓童軍戶外教育制度

化與標準化,以利人才之培訓與紮根。

2. 此外學術界,如台灣師範大學公民教育與活動領導學系,亦可朝培訓活動領導師資發展,或成立一探索教育專門學術機構,負責探索活動之設計、實施與評鑑,以建立一有系統的研究活動的組織。台北體育學院並於該校設立探索教育設施,積極推展相關課程、訓練及研究。

3. 救國團探索教育雖已列入該團六大核心工作,專任幹部講習也將探索教育活動列入體驗之課程,期能讓該團專任幹部有所體認並能積極推行,並積極推動各項不同進階訓練;總團部並成立探索教育中心公司全力推展服務,並於全省各地,包括霞雲坪、日月潭、澄清湖等設置三所探索教育學校,以及金山、曾文探索教育基地。自 2002 年來,已經培育許多探索教育的帶領人才,且積極推廣於學校、非營利組織及企業界。但未來能須加強團體輔導知能,以免探索教育輔導仍脫離不了團康活動的窠臼。

(二)培育專業師資

為推展探索教育,可以運用下列方式,改善探索教育師資不足的窘境:

1. 現職童軍教師的進修:童軍課程與探索教育,在模式運作上是較為近似的課程,故而,教育當局應儘速辦理密集的研習課程,使老師了解探索教育的核心概念。以便於統整課程,進行各學科之間的協同教學聯繫,提高教學成效。

2. 民間探索機構代訓:自民間探索機構引進探索教育,經營探索教育,已近十年的歷史,民間機構也培養不少的探索教育種子。學校機構可以研習的方式培育師資,並可以委託民間探索教育機構,運用民間的場地,加強對於各級學校探索教育師資的訓練。

(三)活動場地建構與充實

1. 目前台灣已有多個探索教育場地,北、中、南皆有,尤其救國團利用其各地活動中心,設置了三個探索教育學校及兩個訓練基地,且因場地之特性除共通性活動外,並規劃不同的探索設施,如金山活動中心之海上探索活動、霞雲坪探索教育學校之山訓及溯溪探索活動、澄清湖之游泳池探索教育活動,但東部尚無合適的專門場地以從事戶外探索活動,建議民間機構能往東部開發,設立探索場地,或由政府以「發展重點學校」的方式,於

各縣市偏遠地區且校地幅員較廣的學校，設置簡易訓練場，如台北市教育局亦計劃於至善國中設置探索教育基地。

2. 政府可以在北、中、南、東四區，興建戶內及戶外的低高空訓練場。甚至把未來因少子化廢校之山地學校，建構探索教育訓練場的功能，並提升轉型為戶外學校，規劃一套完整的訓練模式並從事研究及開發探索教育的內涵，以發展出適合台灣教育文化的課程方案及相關配套措施，如澎湖、小琉球可以建構海上探索教育活動場地。

3. 於各級學校中善加運用校園空間、設備，如體育館、運動器材（如跳箱），方便學校老師進行活動，由於老師是最了解團體成員的人，所以老師是最合適的探索活動帶領人，先讓老師熟悉探索活動的進行流程，且能就近進行，相信這樣的效果最大。

（四）推廣於學校教育

1. 融入九年一貫綜合活動領域中。
2. 校外教學能發展「探索教育」精神。
3. 在學校推展社團發展探索活動。
4. 運用探索活動進行小團體輔導工作。

（五）推動探索諮商與探索治療

探索活動的本質即結合「輔導」與「遊戲」，在自然狀態中讓團體成員自覺與體驗，且探索活動能滿足青少年追求刺激的需求，用以輔導學校適應不良的團體成員，相信較傳統以談話為主的方式更能發揮效果。美國已有實證研究證明，將探索活動應用於犯罪預防與犯罪矯治的成效十分良好。李義男（2000）提到，沒有健全的諮商活動，則戶外教育就變成戶外休閒活動，對於一般有緩和身心的益處，但對行為問題的青少年並無多大矯治效果。因此有效的戶外諮商活動應結合學校教育者、社區工作者和諮商專業人員共同合作發展。目前探索教育訓練中，團體輔導帶領訓練要再加強，接受過傳統團體輔導訓練活動的團輔導員，若有機會接受探索教育訓練，當可克服此問題。

（六）落實社區發展

民間力量如能在社區大力推廣，以結合社區意識及凝聚力進而產生安定社會

力量。善用社區機構,如社會教育館、文化中心、活動中心、舉辦有關探索活動之演講、親子座談、假日生活營等,提供民眾另一種休閒方式。

台灣各地區目前已有空中大學、空中技術學院、空專及社區大學,亦可開設成人探索教育課程,結合國外自助團體模式增進探索教育之發展。

(七)發展另類休閒產業

結合民間機構及政府力量來實施探索活動,逐步在全國播種、紮根,從學校環境開始,藉由探索活動的參與,培養人際溝通、合作、信任、解決問題的能力,探索內心情緒,結合過去經驗,並將活動經驗應用至未來生活中,進一步探索大自然的奧妙、宇宙的神秘,開啟探索的好奇心,成就人生的真諦。讓探索教育的功能全能發揮,使得教育改革的步伐,真正向前邁一大步(修改自曹天端等,2001)!

第五節　探索教育團體範例

探索教育團體可以運用在不同年齡及各級學校或企業,謹以應用於大學導師輔導學生生涯規劃研習營為例。

創造明日的太陽──運用探索教育於生涯團體輔導研習會

人生之生涯每個階段都需要學習自我探索,以能了解自我、接納自我、自我突破到自我實現,同時需要探索世界、了解世界、接納世界、影響世界,創造被需要的條件。

生涯中,您可以決定隨遇而安,也可以學習適切規劃與發展;消極而言,是讓自己不白來生生這一遭,積極而言,是為自己創造明日的太陽。

本研習會將針對學校導師,提供探索教育團體輔導的基本精神、基本技巧,透過運用探索教育於生涯團體輔導研習會,讓導師於學生生涯輔導的時候有嶄新的觀點。讓我們先自我成長才能幫助學生。

一、主辦單位：○○科技大學

二、研習時間：○○年○月 ○日（五）9：00～16：00。

三、研習地點：團體輔導室

四、研習對象：導師

五、研習內容： 運用探索教育法生涯規劃團體

日期	○月○日（星期○）
團體輔導員：A & B	
09:00 － 10:30	美好新發現 －報 到－ 一、研習課程說明與學習目標澄清與確定 　　1.暖身活動──名字疊羅漢 　　2.魔毯──再認識夥伴。 　　3. 美好新發現──正向眼光練習 　　4.學習目標的澄清──掌中乾坤練習 　　Q & A
10:30 － 10:45	茶　　敘
10:45 － 12:00	二、創造明日的太陽──生涯規劃 　　1. 生命中正向經驗的回顧與分享──生涯線練習 　　2. 如何設定生涯規劃目標 　　　生涯黃金三角形 　　　(1)生涯自我的追尋 　　　(2)生涯環境探索 　　　(3)生涯資訊之蒐集 　　　(4)生涯目標之探索 　　3. 盲蛇尋寶練習──生涯突破 　　上午成長與收穫分享& Q & A
12:00 － 13:00	休息走遠路 －午餐－
13:00 － 14:30	4. 生涯困境之多少－硫酸河練習－生涯困境突破。
14:30 － 14:45	茶　　敘
14:45 － 16:00	三、創造明日的太陽──生涯規劃單之練習 四、今日之成長與 Q & A
	進一步自我學習 家庭作業 閱讀書籍

範例單元一

單元名稱	名聲飛揚＋優點放送
目的	1. 暖身：團體熟悉，增進認識及促進團體凝聚力。 2. 引發各人參加團體的動機及興趣。
人數	6～12 人。
時間	20～15 分鐘。
場地	安靜舒適的場地，室內外皆可。
實施程序	1. 趣味報數：以英文、國語或台語，甚至日語報數。 2. 第一號先報自己姓名。「我是……」 3. 第二號先複述第一號姓名，再報自己姓名。 　「我是……，他（她）是……」 4. 第三號依次類推，每一號在介紹自己之前，必須複述前面各位的姓名，直到最後一位將全部成員姓名複述。 5. 最後一號反順序，除介紹自己的姓名外，加一個自己的優點。例如：「我是親切的〇〇〇」！ 6. 倒數第二號：「他（她）是親切的〇〇〇！我是可愛的＊＊＊！」 7. 依次類推，每一號在介紹自己之前，必須複述前面各位的優點＋姓名，直到第一號介紹完結束。 8. 結束後分享活動中之體驗： {{SUBTABLE}}
注意事項	1. 安排順序可以男女交替，增加趣味。 2. 以彼此不熟悉者同一組，增加適當壓力。 3. 可準備紙筆記下成員姓名。 4. 同組成員可以協助提示。 5. 如果分成兩組，可每組抽一位成員介紹其他組員。
教材	紙、筆。
預備方案	姓名接力賽或拋球交友。
備註	亦可於姓名疊羅漢後加喜歡的水果、興趣或運動。

發生了什麼（What）？	1. 發生了什麼現象？ 2. 這個現象曾經發生過嗎？
學到什麼（So What）？	3. 你滿意這種學習嗎？為什麼？ 4. 在生活中上有沒有類似的情境？情境相同嗎？
如何應用（Now What）？	5. 這個活動讓你對自己有什麼認識？ 6. 對於接下來的活動或你的生活中，可以應用的地方有哪些？

範例單元二

單元名稱	魔毯
目的	1.增進團體成員的認識。 2.複習前一個活動團體成員姓名的認識。 3.由分組中增加團隊凝聚力。
人數	6～12 人。
時間	20～15 分鐘。
場地	安靜舒適的場地，室內外皆可。
實施程序	1. 依 1、2 報數，將團體成員分為兩組。 2. 領導這說明程序及示範練習。 3. 每一分組成員分別蹲在桌巾的兩端。 4. 領導者及協同領導者各執桌巾一角，拉起桌巾，讓雙方看不到對方。 5. 各分組各派出一名小組代表，蹲在小組前遮住的桌巾後。 6. 領導者數 1、2、3 之後，放下桌巾。 7. 各小組代表看到對方小組代表先叫出名字者勝利。 8. 依次派出小組代表，進行程序如 5-7。 9. 小組分享經驗：

發生了什麼 （What）？	1. 發生了什麼現象？ 2. 這個現象曾經發生過嗎？
學到什麼 （So What）？	3. 你滿意這種學習嗎？為什麼？ 4. 在生活中上有沒有類似的情境？情境相同嗎？
如何應用 （Now What）？	5. 這個活動讓你對自己有什麼認識？ 6. 對於接下來的活動或你的生活中，可以應用的地方有哪些？

	10. 重新練習。 11. 再分享。
注意事項	練習前須先進行小組自我介紹或相關暖身活動，讓彼此認識姓名。
教材	桌巾一條可以遮住 6 個人，1.5×1 公尺
預備方案	小記者，或拋球交友。
備註	若小組領導者只有一人，可邀請小組成員一位或於小組人數為奇數時邀請落單者共同拉桌巾；但適當時機換人讓協助拉桌巾者回小組參加練習。

附錄 1　探索教育活動學習日誌範例

探索教育活動學習日誌

姓名_____　____年___月___日

一、在此次活動中，所發生的或我所觀察到想到的內容是什麼？

二、在此次活動中，所發生的事實和現象，與實際生活的關聯為何，或是生活
　　中也有類似的事情發生呢？

三、如何將本次活動所獲得的體驗及心得，在未來的實際生活中去運用及實行
　　呢？

附錄 2　探索教育整體活動回饋表

1	2	3	4	5
非常不符合	有一點不符合	沒意見	有一點符合	非常符合

一、活動方面

  1. 我能了解探索教育的意義及目的。

  2. 我覺得活動時間安排妥當，不會太鬆或太趕。

                  4

  3. 我覺得活動地點適當，不會受到干擾

                  3

  4. 我覺得活動雖有風險卻仍是安全的。

                  1

  5. 整體而言，我喜歡這次的活動。

  6. 以後如果有類似的活動我會再參加。

  7. 我經歷了很多新奇的經驗。

  8. 我印象最深刻的活動是＿＿＿＿＿＿　為什麼＿＿＿＿＿＿＿＿

  9. 我最喜歡的活動是＿＿＿＿＿＿　為什麼＿＿＿＿＿＿＿＿

  10. 我最不喜歡的活動是＿＿＿＿＿＿　為什麼＿＿＿＿＿＿＿＿

二、團隊方面

  11. 經過這一次的活動後，大家更愉快的認識了。

  12. 我覺得整體的合作氣氛是愉快的。

  13. 活動中我們能彼此溝通合作以解決問題。

  14. 我喜歡和大家一起活動。

  15. 我覺得老師的帶領方式不錯。

  16. 在整個活動中我覺得團隊發生最大的衝突在＿＿＿＿＿＿時候，
      為什麼＿＿＿＿＿＿＿＿＿＿＿＿＿＿＿＿＿＿＿＿＿＿

  17. 在整個活動中我覺得團隊最有凝聚力是發生在＿＿＿＿＿＿時候，
      為什麼＿＿＿＿＿＿＿＿＿＿＿＿＿＿＿＿＿＿＿＿＿＿

三、個人方面

  18. 在活動中，我很認真地投入參與活動。

  19. 在活動中，我真誠地分享自己的經驗和感想。

  20. 參與活動後，我更加認識自己、了解自己。

  21. 參與活動後，我對自己的體能更加有信心。

  22. 參與活動後，我更能和別人有良好的互動。

  23. 我能將活動中所體會到的經驗應用在日常生活中。

  24. 我會和家人朋友分享在這裡所獲得的經驗。

  25. 我覺得人只要不斷地嘗試，就能做到自己想要做的事。

  26. 我相信若能事先計劃能使事情做的更好些。

  27. 整個活動中，對我最大的幫助或收穫是＿＿＿＿＿＿＿＿＿＿＿

  28. 參加活動後，我覺得自己最大的收穫是＿＿＿＿＿＿＿＿＿＿＿

關鍵詞彙

探索教育	探索諮商	探索心理治療
探索教育計畫	體驗學習	全方位價值契約

自我評量題目

1. 試述探索教育的意義。

2. 試述探索教育歷史與演變。

3. 試述探索教育發展的五大領域為何。

4. 試述探索教育在台灣的展望。

5. 試述全方位價值契約之內涵。

6. 試述體驗學習圈的詮釋。

7. 試述探索教育的核心價值為何。

8. 試述探索教育的活動實施原則。

9. 試述探索教育的團體活動討論架構。

10. 試述如何進行探索教育的評鑑。

參考文獻

中文部分

中國青年反共救國團青少年輔導中心（1992）：**團體領導者訓練實務**。台北市：
　　張老師文化。

中國青年救國團探索教育中心工作推動小組（2002）：**本團探索教育中心工作推
　　動計畫**。台北市：中國青年救國團（內部文件）。

毛連塭（2000）：創造力研究的發展。載於毛連塭、郭有遹、陳龍安、林幸台
　　著，**創造力研究**（頁 55-124）。台北市：心理。

牛格正（1980）：會心團體。載於宗東亮等著，**輔導學的回顧與展望**（頁 227-
　　244）。台北市：幼獅文化。

牛格正（1983）：諮商專業倫理之探討。**輔導月刊**，19（2），2-9。

包葛玲（1994）：**傾聽與關愛**。台北市：天恩。

朱秉欣（1975）：**怎樣改善人際關係——坦誠團契的理論與技術**。台北市：光
　　啟。

何長珠（1980）：**諮商員與團體**。台北市：大洋。

余紫瑛（2000）：**探索教育活動影響國中團體成員自我概念與人際關係之實驗研
　　究**。國立台灣師範大學公民訓育研究所碩士論文，未出版，台北市。

吳武典（1975）：班級中的常規心理。原載於**國教季刊**，2（9），2（10）。又
　　載於吳武典著，**青少年問題與對策**（頁 69-80）。台北市：張老師文化。

吳武典（1976）：一個團體諮商實驗課程。**測驗與輔導**，23，358-360。

吳武典（1981）：團體輔導模式初探。**教育心理與輔導**，10，2-6。

吳武典（1984）：如何培養良好的班級氣氛。**學生輔導**，33，18-23。

吳武典（1985）：**青少年問題與對策**。台北市：張老師文化。

吳武典（1987）：**散播愛的種子——輔導的理念與方法**。台北市：張老師文化。

吳武典（1993）：班級團體的性質。載於吳武典、金樹人等著，**班級輔導活動設計指引**（頁1-6）。台北市：張老師文化。

吳武典（2006）：如何推動創造力教育。**今日教育**，71，103-110。

吳武典主編（1990）：**輔導原理**。台北市：心理

吳武典主編（1994）：**團體輔導手冊**。台北市：心理。

吳武典、金樹人等（1993）：**班級輔導活動設計指引**。台北市：張老師文化。

吳武典、洪有義（1996）：**心理衛生**。台北縣：國立空中大學。

吳武典、洪有義、張德聰（1996）：**團體輔導**。台北縣：國立空中大學。

吳武典、洪有義等（1983）：**如何進行團體諮商**。台北市：張老師文化。

吳清山、李錫津、劉緬懷、莊貞銀、盧美貴（1990）：**班級經營**。台北市：心理。

呂勝瑛（1981）：**成長團體的理論與實際**。台北市：遠流。

宋湘玲、林幸台、鄭熙彥（1985）：**學校輔導工作的理論與實施**。高雄市：復文。

李義男（2000）：探索教育之超越心理功能。**公民訓育學報**，9，63-80。

李詩鎮（2002）：探索教育的發展現況。**中國青年救國團團務通訊月刊**，654。

李德誠（2003）：**香港歷奇輔導的理念與界限**。2003年4月24日，取自http://www.hkiac.org.hk/paper3.htm

李德誠、麥淑華（2002）：**整全的歷奇輔導**。香港：突破出版社。

阮美蘭（1983）：小型團體諮商對改善兒童人際關係效果之實驗研究。**台北市師專學報**，9，69-95。

周鳳琪（2001）：國中適應不良學生參與探索諮商團體之效益研究。國立台灣師範大學公民訓育研究所碩士論文，未出版，台北市。

周鳳琪（2002）：國中適應不良團體成員參與探索諮商團體之效益研究。**公民訓育學報**，11，203-205。

林家興（1980）：**會心團體與人際關係訓練**。台北市：天馬。

林振春編譯（1984）：**團體領導者實務工作手冊**。台北市：心理。

林振春、王秋絨等（1992）：**團體輔導工作**。台北市：師大書苑。

林雲騰（1981）：經營（救國團）鄉市區團委會經驗談——基層團委會系統化管

理。台北市：救國團社會青年服務處。

邱清泰（1979）：從夫妻的溝通問題看促進親子溝通的方法。**張老師月刊，3
（1），50-52。**

邱連煌（1978）：價值教育之新方法──價值澄清。**師友，133，2-7。**

金樹人編譯（1994）：**教室裡的春天──教室管理的科學與藝術**（增訂版）。台
北市：張老師文化。

洪有義（1983）：團體諮商探索。載於吳武典、洪有義等著，**如何進行團體諮商**
（頁 15-20）。台北市：張老師文化。

洪有義（1988）：夫妻溝通。載於吳武典、洪有義編著，**心理衛生。**台北縣：國
立空中大學。

洪有義主編（1983）：**價值澄清。**台北市：心理。

夏林清（1983）：如何設計與帶領結構性團體。載於吳武典、洪有義等著，**如何
進行團體諮商**（頁 71-86）。台北市：張老師文化。

泰山在新店大豐國小以糾察隊的團隊合作訓練所辦的成長營（2003）：2003 年 4
月 24 日，取自 http://residence.educities.edu.tw/supertazan/%B1%B4%AF%C1%
B1%D0%A8.htm

國立空中大學（2007）：**學生手冊。**台北市：作者。

張玉成（1994）：**思考技巧與教學。**台北市：心理。

張景然、吳芝儀譯（1995）：G. Corey 著。**團體諮商的理論與實務**（Theory and
practice of group counseling）。台北市：揚智。

張資寧（1992）：**走向幸福。**台北市：天恩。

張德聰（1992）：如何在社團中成長與學習。**空大學訊，177，32-38。**

張德聰（1999）：**運用「焦點解決法」於「成人生涯轉換諮商」效果之研究。**國
立台灣師範大學教育心理與輔導研究所博士論文，未出版，台北市。

張德聰（2008）：**中台科技大學導師焦點解決探索教育生涯成長研習營手冊。**台
中市：私立中台科技大學（未出版）。

張德聰、周文欽、張景然、洪莉竹（2004）：**輔導原理與實務。**台北縣：國立空
中大學。

探索教育發展機構（2003）：**全方位價值契約。**2003 年 5 月 20 日，取自
http://www.paidea.com.tw/c2.htm

救國團張老師（1985）：**張老師儲備訓練工作手冊。**台北市：張老師輔導人員研

習中心（未出版）。

曹天端、周鳳琪、陳穆瑩（2001）：探索教育在台灣發展之初探。**公民訓育學報**，10，179-209。

梅可望（1992）：**幸福家庭手冊**。台北市：天恩。

莊傳釜、張振山（1998）：**創造工程學基礎**。北京市：解放軍出版社。

莊瑞飛（2001）：綠野仙蹤——探索教育下的遊戲。**翰林文教雜誌**，20。

許麗美譯（1990）：E. de Bono 著。**六項思考帽**。台北市：心理。

郭有遹（1983）：**創造心理學**。台北市：正中。

郭有遹（1994）：**發明心理學**。台北市：遠流。

郭為藩（1976）：教師的角色。載於蔡樂生等著，**教育心理學**（頁 62-76）。台北市：中國行為科學社。

陳　放編著（1997）：**創造閃電**。北京市：中國城市出版社。

陳建成（2002）：**探索教育——體驗學習的教育哲學及架構**。2003 年 4 月 24 日，取自 http://www.cyc.org.tw/monthly_dtl.asp?no=181

陳皆榮（1992）：**小學高年級團體成員冒險性活動之實驗研究——焦慮與自我概念之變化**。大專體總八十一年度體育學術研討會專刊。

陳美芳、廖鳳池（1993）：班級輔導活動方式。載於吳武典、金樹人等著，**班級輔導活動設計指引**（頁 69-97）。台北市：張老師文化。

陳若璋、李瑞玲（1987）：團體諮商與團體治療的回顧評論。**中華心理衛生學刊**，3（2），179-215。

陳英豪、吳鐵雄、簡真真編著（1980）：**創造思考與情意的教學**。高雄市：復文。

陳龍安（主編）（1991）：**創意手冊**。台北市：台北市市立師範學院創造思考教育中心。

陶行知（1991）：**陶行知文集**（董寶良主編）。北京市：人民教育出版社。

曾華源（1989）：**小團體領導指南**。台北市：張老師文化。

曾麗娟譯（1988）：**讓我們更親近——靈活運用團體技巧**。台北市：張老師文化。

馮觀富（1990）：**國民中、小學輔導與諮商理論與實務**。台北市：心理。

黃月霞（1991）：**團體諮商**。台北市：五南。

黃宜敏、蘇芳柳譯（1989）：S. J. Parnes 著。**神奇的腦袋瓜**。台北市：心理。

黃堅厚（1985）：**青年的心理健康**。台北市：心理。

黃雪杏（1988）：**成長團體輔導對高中學生自我概念、自我實現及人際關係的影響**。高雄市：高雄市立高雄女子高級中學。（未發表）

黃惠惠（1993）：**團體輔導工作概論**。台北市：張老師文化。

楊極東（1987）：**大學教育與人生**。台北市：桂冠。

劉有權（2008）：**歷奇為本輔導的發展——香港經驗的反思**。2008 年 9 月 1 日，取自 http://www.hkiac.org.hk/paper8.htm

劉德生（1980）：團體諮商——對國中生自我接納的影響。**國立台灣師範大學教育研究所集刊，22**，551-561。

歐滄和（1982）：**價值澄清法對國中後段班學生成就動機及社會態度的影響**。國立台灣師範大學輔導研究所碩士論文，未出版，台北市。

潘正德（1995）：**團體動力學**。台北市：心理。

蔡典謨主編（2000）：**資優生充實課程彙編**。高雄市：國立高雄師範大學特殊教育中心。

蔡居澤（1995a）：探索教育活動在童軍教學上的應用。**中等教育，46**（6），114-120。

蔡居澤（1995b）：探索教育與心理治療活動之探討。**公民訓育學報，4**，409-432。

蔡居澤（1998）：探索教育課程在青少年防制犯罪的運用。**公民訓育學報，7**，273-284。

蔡居澤，廖炳煌（2001a）：**探索教育活動理念與實例——從活動中探索自我與團隊**。台北市：救國團總團部社會處。

蔡居澤、廖炳煌（2001b）：**探索教育與活動學校**。台南市：翰林。

蔡炳剛、吳漢明（2002）：**72 個體驗活動理論與實務**。香港：匯智。

蕭　文（1977）：國中學生人際關係欠佳之輔導研究。**教育與心理研究，3**，218-223。

賴保禎、周文欽、張德聰（1993）：**輔導原理與實務**。台北縣：國立空中大學。

羅俊昌（1984）：**增進專科學校學生人際關係之輔導實驗研究**。國立台灣教育學院輔導研究所碩士論文，未出版，台北市。

英文部分

Adonun, T. W. et al. (1950). *The authoritarian personality*. New York: Harper & Row.

Allen, M. S. (1962). *Morphological creativity*. Englewood Cliffs, NJ: Prentice-Hall.

Amabile, T. M. (1996). *Creativity in context*. CO: Westview Press.

American Group Psychotherapy Association [AGPA] (1978). *Guidelines for training of group psychotherapists*. New York: The Author.

American Psychological Association [APA] (1973). Guidelines for the psychologists conducting growth groups. *American Psychologist, 28*, 993.

Association for Specialist in Group Work [ASGW] (1989). *Ethical guidelines for group counselors*. Alexandria, VA: The Author.

Association for Specialists in Group Work [ASGW] (1990). *Ethical guidelines for group counselors and professional standards for the training of group workers*. Alexandria, VA: The Author.

Bates, M., Johnson, C. D., & Blaker, K. E. (1982). *Group leadership: A manual for group counseling leaders* (2nd ed.). Denver, CO: Love Publishing.

Bernard, J. M. (1979). Supervisor training: A discrimination model. *Counselor Education and Supervision, 19*, 60-68.

Berne, E. (1961). *Transactional analysis*. New York: Grove Press.

Borgers, S. B., & Koenig, R. W. (1983). Uses and effects of modeling by the therapist in group therapy. *Journal for Specialists in Group Work, 8*, 133-138.

Bormann, E. G. (1975). *Discussion and group methods: Theory and practice* (2nd ed.). New York: Harper & Row.

Brown, R. (1988). *Group processes: Dynamics within and between groups*. New York: Blackwell.

Butler L. (1987). Anatomy of collusive behavior. *NTL Connections, 4*, 1-2.

Cartwright, D., & Zander, A. (1968). *Group dynamics: Research and theory* (3rd ed.). New York: Harper & Row.

Childers, J. H. Jr., & Couch, R. D. (1989). Myths about group counseling: Identifying and challenging misconceptions. *Journal for Specialists in Group Work, 14*, 105-111.

Corey, G. (1990). *Theory and practice of group counseling* (3rd ed). Monterey, CA: Brooks/Cole.

Corey, G. F. (1995). *Theory and practice of group counseling* (Chinese edition). Taipei, Taiwan: Yang-Chih Book Co. Ltd.

Corey, G. et al. (1992). *Group technique* (2nd ed.). Monterey, CA: Brooks/Cole.

Corey, M. S., & Corey, G. (1992). *Groups: Process and practice* (4th ed.). Pacific Grove, CA: Brooks/Cole.

Cormier, L. S. et al. (1993). *The professional counselor: A process guide to helping* (2nd ed.). Boston, MA: Allyn & Bacon.

Crawford, R. P. (1954). *The techniques of creative thinking.* New York: Hawthorn.

Delbecg, A. L., Van de Ven, A. H., & Gustafson, D. H. (1975). *Group techniques for program planning: A guide to normal group and dephi process.* Glenview, IL: Scott-Foresman.

Derlega, V. J., & Janden, L. D. (1981). *Introduction to personal adjustment.* Scott, and Company.

Eberle, B. (1971). *SCAMPER: Games for imagination development.* New York: D. O. K. Publisher.

Eberle, B. (1982). *Visual think: A "SCAMPER" tool for useful imagine.* New York: D. O. K. Publisher.

Eddy, W. B., & Lubin, B. (1971). Laboratory training and encounter groups. *Personal and Guidance Journal, 49*(8), 625-633.

Ellis, A., & Bernard, M. E. (1986). What is rational-emotive therapy (RET)? In A. Ellis & R. Grieger (Eds.), *Handbook of rational-emotive therapy* (Vol. 2). New York: Springer.

Ellmo, W., & Graser, J. (1995). *Adapted adventure activities: A rehabilitation model for adventure programming and group initiatives.* Dubuque, IA: Kendall/Hunt Publishing Co.

Epstein, N. B. et al. (1981). Problem centered systems therapy of the family. *Journal of Marital and Family Therapy, 7*, 23-31.

Forsyth, D. R. (1990). *Group dynamics* (2nd ed.). Pacific Grove, CA: Brooks/Cole.

Gass, M. A. (1993). *Adventure therapy: Therapeutic application of adventure program-*

ming. Dubuque, IO: Kendall/Hunt Publishing Company.

Gazda, G. M. (1989). *Group counseling: A developmental approach* (4th ed.). Boston, MA: Allyn & Bacon.

George, R. L., & Dustin, D. (1988). *Group counseling: Theory and practice*. Englewood Cliffs, NJ: Prentice-Hall.

Gibb, J. R. (1972). Meaning of small group experience. In L. N. Solomon & B. Berzon (Eds.), *New perspectives on encounter groups*. San Francisco, CA: Jossey-Bass.

Gladding, S. T. (1994). *Effective group counseling*. Greenboro, NC: Eric/CASS.

Gladding, S. T. (1995). *Group work: A counseling specialty* (2nd ed.). Englewood, NJ: Prentice-Hall.

Glasser, W. (1985). *Control theory: A new explanation of how we control our lives*. New York: Harper & Row.

Gordon, W. J. (1961). *Synectics*. New York: Macmillan.

Guilford, J. P. (1956). The structure of intellect. *Psychological Bulletin, 52*, 267-293.

Guilford, J. P. (1967). *The nature of intelligence*. New York: McGraw-Hill.

Guilford, J. P. (1986). *Creative talents: Their nature, uses and development*. Buffalo, NY: Bealy Limited.

Hansen, J. C., Warner, R. W., & Smith, E. J. (1980). *Group counseling: Theory and practice* (2nd ed.). Chicago, IL: Rand McNally.

Hare, A. P. (1976). *Handbook of small group research* (2nd ed.). New York: The Free Press.

Hare, A. P. (1982). *Creativity in small groups*. Newbury Park, CA: Sage.

Henry, W. A. (1994). *In defense of elitism*. New York: Doubleday.

Henton, M. (1996). *Adventure in the classroom: Using adventure to strengthen learning and build a community of life-long learners*. Dubuque, IA: Kendall/ Hunt.

Hill, W. F., & Gruner, L. (1973). A study of development in open and closed group. *Small Group Behavior, 4*, 355-381.

Hopkins, D., & Putnam, R. (1993). *Personal growth through adventure*. UK: David Fulton.

Husch, T., & Foust, L. (1987). *That's a great idea!* Berkeley, CA: Ten Speed Press.

Jacobs, E. E., Harrill R. L., & Masson, R. L. (1994). *Group counseling: Strategies and skills* (2nd ed.). Pacific Grove, CA: Brooks/Cole.

Janis, I. L. (1982). *Groupthink: Psychological studies of policy decisions and fiascos* (2nd ed.). Boston, MA: Houghton Mifflin.

Johnson, D. W., & Johnson, M. F. P. (1991). *Joining together: Group theory and group skills* (5th ed.). Boston, MA: Allyn & Bacon.

Johnson, D. W., & Johnson, M. F. P. (1994). *Joining together* (4th ed.). Englewood Cliffs, NJ: Prentice-Hall.

Jourard, S. M. (1971). *The transparent self* (2nd ed.). New York: Van Nostram.

Kauff, P. F. (1970). The termination process: Its relationship to separation-individuation phase of development. *International Journal of Group Psychotherapy, 27*, 3-18.

Kitchener, K. S. (1984). Intuition, critical evaluation, and ethical principles: The foundation for ethical decisions in counseling psychology. *The Counseling Psychologist, 12*, 43-55.

Kline, W. B. (1990). Responding to "Problem" members. *Journal for Specialists in Group Work, 15*, 195-200.

Lacoursiere, R. B. (1980). *The life cycle of groups*. New York: Human Sciences Press.

Leavitt, H. (1951). Some effects of certain communication patterns on group performance. *Journal of Abnormal and Social Psychology, 46*, 48-50.

Levinson, D. J. (1978). *The seasons of a man's life*. New York: Alfred A. Knopf.

Lewin, K. (1936). *Principles of topological psychology*. New York: McGraw-Hill.

Lewin, K. (1947). *Frontiers in group dynamics*. New York: Harpar & Row.

Lewin, K., Lippitt, R., & White, R. (1939). Patterns of aggressive behavior in experimentally created social climates. *Journal of Social Psychology, 10*, 271-299.

Mahler, C. A. (1969). *Group counseling in the school*. Boston, MA: Houghton Mifflin.

Maples, M. F. (1988). Group development extending Tuckman's theory. *Journal for Specialists in Group Work, 13*, 17-23.

Martin, A., Leberman, S., & Neill, J. (2002). Dramaturgy as a method for experiential program design. *The Journal of Experiential Education, 25*(1), 196-206.

Maslow, A. H. (1962). *Toward a psychology of being*. Princeton, NJ: Van Nostrand.

Maslow, A. H. (1971). *The farther reaches of human nature*. New York: Penguin Company.

441

National Association of Social Workers [NASW] (1981). *Standards for the private practice of clinical social work*. Washington, DC: The Author.

Ohlsen, M. M. et al. (1988). *Group counseling* (3rd ed.). New York: Holt, Rinehart & Winston.

Olson, R. W. (1980). *The art of creative thinking*. New York: Harper & Row.

Ormont, L. R. (1988). The leader's role in resolving resistance to intimacy in the group setting. *International Journal of Group Psychotherapy, 38*, 29-45.

Osborn, A. F. (1957). *Applied imagination*. New York: Scribner.

Osborn, A. F. (1963). *Applied imagination: Principles and procedures of creative-solving* (3rd ed.). New York: Charles Scribner's Sons.

Parnes, S. J. (1981). *Creative behavior guidebook*. New York: Charles Cirbner's Sons.

Pfeiffer, J. W., & Jones, J. E. (Eds.) (1969-1975). *A handbook of structured experiences for human relations training*. La Jolla, CA: University Associates.

Pistole, M. C. (1991). Termination: Analytic reflections on client contact after counselor relocation. *Journal of Counseling and Development, 69*, 337-340.

Priest, S., & Gass, M. A. (2005). *Effective leadership in adventure programming*. Champaign, IL: Human Kinetics Publishers.

Rodes, M. (1961). An analysis of creativity. *Phi Delta Kappan, 42*, 305-310.

Rogers, C. (1951). *Client-centered therapy: Its current practice, implications and theory*. London: Constable

Rogers, C. (1970). *Carl Rogers on encounter groups*. New York: Harper & Row.

Sarri, R. C., & Galinsky, M. J. (1985). *Individual change through small groups* (2nd ed.). New York: The Free Press.

Schoel, J., Prouty, D., & Radcliffe, P. (1988). *Islands of healing: A guide of based counseling*. Hamilton: Project Adventure, Inc.

Schutz, W. C. (1973). Encounter. In R. Corsini (Ed.), *Current psychotherapies*. Itasca, IL: F. E. Peacock.

Shaprio, J. L. (1978). *Methods of group psychotherapy and encounter: A tradition of innovation*. Itasca, IL: F. E. Peacock.

Shaw, M. (1964). Communication networks. In L. Berkowitz (Ed.), *Advances in experimental social psychology* (Vol. 1) (pp. 111-147). New York: Academic Press.

Shaw, M. E. (1981). *Group dynamics: The psychology of small group behavior* (3rd ed.). New York: McGraw-Hill.

Shulman, L. (1992). *The skills of helping* (3rd ed.). Itasca, IL: F. E. Peacock.

Simon, S. B., & de Sherpinin, P. (1975). Values clarification: It can start gently and grow deep. *Phi Delta Kappan, LVI*, 679-682.

Sonstegard, M. A., Dreikurs, R., & Bitter, J. R. (1983). The teleoanalytic group counseling approach. In G. Gazda (Ed.), *Basic approaches to group psychotherapy and group counseling* (3rd ed.) (pp. 507-551). Springfield, IL: Charles C Thomas.

Stockton, R., & Morran, D. K. (1982). Review and perspective of critical dimensions in therapeutic small group research. In G. M. Gazda (Ed.), *Basic approaches to group psychotherapy and group counseling* (3rd ed.). Springfield, IL: Charles C Thomas.

Stogdill, R. M. (1974). *Handbook of leadership*. New York: The Free Press.

Super, D. E. (1990). Career and life development. In D. Browen, L. Brooks & Associates (Eds.), *Career choice and development: Applying contemporary theories to practice* (2nd ed.) (pp. 197-261). San Francisco, CA: Jossey-Bass.

Torrance, E. P. (1966). *Torrance test of creative thinking*. Princeton, NJ: Personnel Press.

Trotzer, J. P. (1977). *The counselor and the group: Integrating theory, training and practice*. Montery, CA: Brooks/Cole.

Trotzer, J. P. (1989). *The counselor and the group* (2nd ed.). Muncie, IN: Accelerated Development.

Tuckman, B. (1965). Developmental sequence in small groups. *Psychological Bulletin, 63*, 384-399.

Tuckman, B. W., & Jensen, M. A. C. (1977). Stages of small group development revisited. *Group and Organizational Studies, 2*, 419-427.

Volkmor, C. B., Pasanella, A. L., & Raths, L. E. (1977). *Values in the classroom*. Columbus, OH: Charles E. Merrill.

Wessler, R. L. (1986). Rational-emotive therapy in groups. In A. Ellis & R. Grieger (Eds.), *Handbook of rational-emotive therapy* (Vol. 2). New York: Springer.

White, R., & Lippitt, R. (1968). Leader behavior and member reaction in three "Social Climates". In D. Cartwright & A. Zander (Eds.), *Group dynamics: Research and theory* (3rd ed.) (pp. 318-335). New York: Harper & Row.

Williams, F. E. (1971). Assessing pupil-teacher behaviors related to a cognitive-affective teaching model. *Journal of Research and Development in Education, 4*, 19-37.

Wrenn, C. G. (1985). Afterwood: The encapsulated counselor revisited. In P. Pedersoen (Ed.), *Handbook of cross: Cultural counseling and therapy* (pp. 323-329). Westport, CT: Greenwood Press.

Wurdinger, S. D. (1995). Building a new model in experiential learning theory. In *the AEE Proceedings Manual*. Boulder: AEE.

Yalom, I. D. (1985). *The theory and practice of group psychotherapy* (3rd ed.). New York: Basic Books.

Yalom, I. D. (1995). *The theory and practice of group psychotherapy* (4th ed.). New York: Basic Books.

Zwicky, F. (1957). *Morphological astronomy*. Berlin: Springer Verlag.

索引

中文索引

4
4
8

英文索引

筆 記 欄

筆 記 欄

筆 記 欄

筆 記 欄

國家圖書館出版品預行編目資料

團體輔導／吳武典、洪有義、張德聰著.
-- 二版. -- 臺北市：心理, 2010.02
　　面；　公分. --（輔導諮商系列；21090）
參考文獻；面
含索引
ISBN 978-986-191-346-9（平裝）

1. 團體輔導

527.41　　　　　　　　　　　　　　99001776

輔導諮商系列 21090

團體輔導（第二版）

作　　者：吳武典、洪有義、張德聰
責任編輯：郭佳玲
總 編 輯：林敬堯
發 行 人：洪有義
出 版 者：心理出版社股份有限公司
地　　址：231 新北市新店區光明街 288 號 7 樓
電　　話：(02) 29150566
傳　　真：(02) 29152928
郵撥帳號：19293172　心理出版社股份有限公司
網　　址：http://www.psy.com.tw
電子信箱：psychoco@ms15.hinet.net
駐美代表：Lisa Wu（lisawu99@optonline.net）
排 版 者：龍虎電腦排版股份有限公司
印 刷 者：博創印藝文化事業有限公司
初版一刷：2004 年 7 月
二版一刷：2010 年 2 月
二版四刷：2019 年 9 月
Ｉ Ｓ Ｂ Ｎ：978-986-191-346-9
定　　價：新台幣 500 元